Hardcore Techno Guidebook

まえがき

　2019 年にパブリブから出版した『ブレイクコア・ガイドブック』でまさかの著作デビューを果たしたのだが、有難い事に二作目を出版させて頂く事になった。しかも、今回は『ハードコア・テクノ・ガイドブック』である。ブレイクコアに続き、ハードコア・テクノも遂に書籍となって出版される時が来たのかと我ながら驚いている。ここ数年、ハードコア・テクノのリバイバルが巻き起こっていたのもあって、絶好のタイミングでの出版であり、出るべくして出たという感じだろうか。

　今から数年前、Facebook で世界的トップ DJ の Nina Kraviz がハードコア・テクノをプレイしている動画がシェアされ、自分の所まで回ってきた。Nina Kraviz はテクノの枠から超えたトラックもプレイしていたので、彼女がハードコア・テクノをプレイした事には驚きはなかった。その時は正直、彼女がハードコア・テクノをプレイするのは一時期的な出来事であって長く続くとは思えなかったが、筆者の予想を裏切り、結果的に彼女はハードコア・テクノをリバイバルさせる大きな流れを作り上げた。

　実際に、ハードコア・テクノが再び注目を集めた要因の一つとして、Nina Kraviz が Marc Trauner こと Marc Acardipane のレコードをプッシュしたのは大きかった。Marc Acardipane は本書のキーパーソンであり、これから読み進めて頂くにあたって彼の名前を何度も見る事になる程、ハードコア・テクノにおいて最重要人物であり、絶対的な存在だ。Nina Kraviz は Marc Acardipane の Pilldriver 名義のレコードを自身の DJ セットで頻繁にプレイし、Dusty Angel や 100% Acidiferous といった Planet Core Productions 関連のトラックもプレイしていた。さらに、彼女のレーベル трип のコンピレーションに The Mover(Marc Acardipane) が参加するなど、この一連の流れもあって Marc Acardipane と彼のレーベルである Planet Core Productions への関心が再び高まり、本書が生まれるキッカケにも繋がっている。

　この『ハードコア・テクノ・ガイドブック オールドスクール編』で紹介しているのは、90 年代前半に巻き起こったハードコア・テクノのムーブメントを作り上げたパイオニア、アンダーグラウンドで地道に活動を続け、裏側からハードコア・テクノを支えたアーティスト、ハードコア・テクノに新たな側面を付け足してサブジャンルの発展に関わったアーティストなどであり、出来るだけ多角的な視点でチョイスした。ハードコア・テクノの素晴らしい多様性を重視し、現代だからこそ注目すべきテクノとハードコア・テクノの関係性についても触れている。

　UK ハードコアのチャプターでは、イギリスという国の特殊性とサンプリングミュージックの偉大な歴史をハードコア・テクノを通して理解出来るだろうし、デジタル・ハードコアのチャプターはブレイクビーツを主体としているが、当時のハードコア・テクノがどれだけの影響力を持ち、アンダーグラウンド・シーンの繋がりが強かったのかが分かるはずだ。

　そして、全体を通してもう一つのテーマに「Rave」がある。近年日本でも盛り上がりを見せている Rave ミュージック / カルチャーに関して、その当事者達に体験を語って貰った。

　さらに、本書は『ブレイクコア・ガイドブック』の続編的な物でもある。ブレイクコアには、ハードコア・テクノを原点としているアーティストが多く、幸いにも自分の周りにはハードコア・テクノからブレイクコアへと変化する瞬間を体感した人や、貴重な資料を持っている人がいた。ブレイクコア・シーンに関わってきた自分の強みを活かし、ハードコア・テクノから分かれていった一つの可能性であるブレイクコアからの視点も交えて執筆してみた。貴重な資料をブレイクコア界隈の友人達から譲り受け、そこに自分が所有しているレコード、CD、テープ、データ、Zine、雑誌に Web のアーカイブを辿り、出来るだけ細かい情報も入れ込んでみたので、ハードコア・テクノに関わりが無かった人でも何か引っかかるものがあって楽しんで貰えるだろう。

　最後に、ハードコア・テクノには非常に多くのアーティスト、レーベル、そしてサブジャンルが存在する。一冊で収められる範囲の限界もあり、複数冊に分かれたシリーズでの出版となったが、ピックアップしていないからといって重要視していない訳ではない。それぞれの作品とスタイルに魅力と歴史があり、本書で扱っているのはハードコア・テクノの一部分である。この後には、『ハードコア・テクノ・ガイドブック インダストリアル編』の出版も控えており、そちらではインダストリアル・ハードコア、クロスブリード、スピードコア、エクスペリメンタル・ハードコアなどを扱っているので、そちらにも期待しておいて欲しい。

　まずは、この本がハードコア・テクノの壮大な歴史の入り口に入る為のキッカケとなってくれれば幸いだ。

目次

013　Chapter 1 90's Hardcore

135　Chapter 2 UK Hardcore

197 Chapter 3 Digital Hardcore

253 番外編 Post Rave

サブジャンル解説

ハードコア・テクノ　Hardcore Techno

本書でメインに扱っているテクノのサブジャンル。1990 年にリリースされた Mescalinum United の「We Have Arrived」がハードコア・テクノの最初の曲とされている。90 年代初頭、ドイツを中心にハードコア・テクノは盛り上がりを見せ、アメリカ、ベルギー、オランダ、イタリア、オーストラリアなどから主要なアーティスト / レーベルが続々と現れた。インダストリアル・ミュージックや EBM/ ニュービートといったジャンルの要素が強く、ダークで硬質なサウンドに特化したものから、Rave ミュージック / カルチャーからの影響が色濃く出た煌びやかでアッパーなもの、よりテクノのフォーマットに忠実なインテリジェントなものまで様々。

ガバ　Gabba

アシッド・ハウス、ダッチ・ハウス、ニュービート、ハードコア・テクノが混ざり合い、生まれたオランダ発のジャンル。ガバ (Gabba) とはオランダ語のスラングで「仲間」という意味。音楽だけではなく、ファッションやライフスタイルとしても発展し、世界のサブカルチャーに今も影響を与えている。アーリーレイブ、またはロッテルダム・テクノとも呼ばれている。Paul Elstak がガバのパイオニアとされ、彼のレーベル Rotterdam Records は Euromasters、Rotterdam Termination Source、DJ Rob のリリースによってガバをダンスミュージック・シーンに定着させた。その他にも Terror Traxx、Mokum Records、Ruffneck Records、H2OH Recordings、そして Mid-Town Records が手掛けたレーベルからガバ・クラシックがリリースされている。

インダストリアル・ハードコア　Industrial Hardcore

ハードコア・テクノのサブジャンルの中でも、実験的で自由度の高いスタイルの一つであり、ヨーロッパでは規模も大きく安定した人気がある。無機質で機械的なサウンドにフォーカスしており、BPM は 130 から 180 前後をメインとしているが、200 以上の高速なものもある。90 年代と 2000 年代以降で、インダストリアル・ハードコアのサウンドと定義は変化しているが、根本的にはハードコア・テクノの核となる部分を追求しているスタイルであり、ダンスミュージックとしての機能性を重視している。Enzyme X、The Third Movement、Genosha Recordings、Meta4 などがインダストリアル・ハードコアの代表的なレーベルである。詳しくは『ハードコア・テクノ・ガイドブック インダストリアル編』にて。

UKハードコア　UK Hardcore

ハードコア・テクノとブレイクビーツ・ハードコア /UK Rave ミュージックに、ヒップホップの要素を交えたイギリス発のスタイル。本書での UK ハードコアとは、ハッピーハードコア文脈での「UK ハードコア」とは別である。自国のダンスミュージック・カルチャーに深く根付いており、他の国とは違った独自の発展を遂げているのが特徴。他のジャンルを積極的に取り込む事も UK ハードコアの特徴的な部分であり、早い段階からジャングル / ドラムンベースをハードコア・テクノとミックスし、クロスブリードの誕生にも大きな影響を与えている。また、インダストリアル・ハードコアとの融合で UK インダストリアルというスタイルも生まれた。代表的なアーティスト / レーベルは本書の「UK Hardcore」にて詳しく触れている。

Subgenre

スピードコア　Speedcore

90 年代前半にハードコア・テクノから派生したサブジャンル。初期は BPM250 前後であったが、BPM300 が平均となっていき、そこから BPM1000 を超えるまでとなった。メタルやグラインドコアといったバンドのサンプルを多用しており、ダンスミュージック外のリスナーからも人気がある。Disciples of Annihilation『..Muthafuckin' New York Hardcore』や DJ Skinhead『Extreme Terror』をリリースしたアメリカの Industrial Strength Records、オーストラリアの Bloody Fist Records、ドイツの Shockwave Recordings/Napalm などがスピードコアの土台となった作品を残している。スピードコアからはフラッシュコア、エクストラトーン、スプラッターコアといったサブジャンルも生まれた。

デジタル・ハードコア　Digital Hardcore

ハードコア・パンクやスラッシュメタルにブレイクビーツ・ハードコア、ハードコア・テクノ、ジャングル、インダストリアル・ミュージック、ノイズミュージックを掛け合わせたスタイル。Alec Empire がパイオニア的な存在として知られ、彼が主宰していた Digital Hardcore Recordings がデジタル・ハードコアの代表的なレーベル。音楽的スタイルとしてはブレイクビーツを主体としていたが、初期 Atari Teenage Riot や Ec8or の様にハードコア・テクノ / ガバを取り入れた楽曲もあり、ハードコア・テクノとの関わりも深い。Alec Empire が語った「ハードコアとは、スピードによって決まるのではなく、攻撃性によって決まる」の様に、非常に多種多様な作品展開を行いながらも、一貫して反骨精神やアグレッシブさを重視していた。

フレンチコア　Frenchcore

フランスのハードコア・シーンで活動していた Radium と Al Core のユニット Micropoint を筆頭に、90 年代後半から確立されてきたスタイル。BPM200 前後の高速ビートが主体ながらも、ミニマルで反復性が強い為、高速のハードコア・テクノのサブジャンルの中でもダンスフロア向けに特化したダンサブルなトラックが特徴的。フリーテクノ / フリーパーティーからの派生でもあり、初期のフレンチコアには実験的でノイジーなものもある。Dead End Records、Psychik Genocide、Audiogenic といったレーベルがフレンチコアの名作をリリースしており、代表的なアーティストは Micropoint、Radium、Al Core、The Speed Freak、DJ Japan、Dr. Peacock、The Sickest Squad など。

クロスブリード　Crossbreed

ドラムンベースとハードコア・テクノ / インダストリアル・ハードコアを混合させたスタイル。BPM は 175 前後でハードコア・テクノ / インダストリアル・ハードコアの要素をドラムンベースのフォーマットに落とし込んでいる。2000 年代後半から徐々に形成されていき、2010 年にオランダのインダストリアル・ハードコア・ユニット The Outside Agency が自主レーベル Genosha One Seven Five からリリースした『Crossbreed Definition Series』でクロスブリードが誕生。以降も PRSPCT、Union Recordings、Yellow Stripe Recordings、Future Sickness Records などによって、クロスブロードはヨーロッパを中心に爆発的な人気を得て、サブジャンルとして定着した。

レーベル解説

PLANET CORE PRODUCTIONS

🌐 ドイツ　🕐 1989

Planet Core Productions（通称PCP）は、1989年に Marc Trauner（Marc Acardipane）と Thorsten Lambart（Slam Burt）によってフランクフルトを拠点に活動を開始。第一弾作品として Mescalinum United の『Into Mekong Center』を発表。当初はテクノを主体としていたが、1990年にリリースされた Mescalinum United の『Reflections of 2017』にて、世界で最初のハードコア・テクノ・レコードをリリース。ハードコア・テクノの歴史において最も重要なレーベルである。

INDUSTRIAL STRENGTH RECORDS

🌐 アメリカ　🕐 1991

アメリカのハウス/テクノ・シーンでは知られた存在であったプロデューサー/DJ の Lenny Dee が立ち上げたハードコア・テクノ・レーベル。1991年に Mescalinum United と The Mover のスプリット・レコード『Planet Core Productions Special Double AA Side』を発表して、レーベルの活動を開始させる。その後、Turbulence、English Muffin、Fuckin Hostile による革新的なレコードを立て続けに発表。現在も精力的に活動を続けており、ハードコア・シーンの名門レーベルとして高い人気を誇る。

OVERDRIVE

🌐 ドイツ　🕐 1991

Beatdisaster Records の傘下レーベルとして設立。テクノ・アーティスト/DJ である Andy Düx がオーナーを務めていた。1991年からレコードのリリースが始まり、Mark N-R-G、Tracid Posse、Tribal Ghost、Microbots のレコードを発表。1992年にリリースされたコンピレーション『Hardcore Trax Vol. 1』からハードコア・テクノ色を強めていき、1993年に C-Tank と Clone I.D. のハードコア・テクノをリリース。テクノやトランス文脈でも重要な役割を果たしているが、ハードコア・シーンにおいても重要なレーベルであった。

ROTTERDAM RECORDS

🌐 オランダ　🕐 1992

世界で最も有名なガバ・レーベルの一つ。Mid-Town Records の傘下レーベルとして1992年に Paul Elstak がオーナーを務め、Euromasters、Rotterdam Termination Source、Sperminator、Neophyte、Evil Maniax によるガバ・クラシックのリリースで知られる。Rotterdam Records のレコードは本国オランダのヒットチャートにも入り、ガバ・ムーブメントの中心的レーベルとして世界中から人気を集め、Forze Records や Terror Traxx と共に90年代のガバ/ハードコア・シーンを牽引した。

MONO TONE

🌐ドイツ 🕐1992

The Speed Freak、Mike Ink、E-De-Cologne と
いったドイツのハードコア・テクノ・シーンの重
鎮アーティストの貴重な初期作品をリリースして
いたレーベル。Phase IV や Slime Slurps、Search
& Destroy、Cyberchrist など、Martin Damm のプ
ロジェクトを数多く手掛けており、名盤『Speed
City』も Mono Tone から発表されている。Atom
Heart、Jammin' Unit、Space Cube、Walker も
Mono Tone のコンピレーションに参加しており、
ドイツのテクノ史においても重要な役割を果たして
いた。

MOKUM RECORDS

🌐オランダ 🕐1992

90 年代中頃に起きたガバ・ムーブメントの火付け
役的な存在の一つ。1992 年に設立されてから現
在までに、Technohead、Chosen Few、Search
& Destroy、Omar Santana、Scott Brown、The
Outside Agency、Frazzbass といったハードコア・
シーンの重鎮アーティストの作品を発表。ガバから
ハッピーハードコア、インダストリアル・ハードコ
アまで様々なスタイルのレコードをリリースして
おり、数多くのクラシックを残している。印象的な
Mokum Records のロゴと赤いレコードはガバ・ファ
ン以外にも広く浸透している。

RUFFNECK RECORDS

🌐オランダ 🕐1993

Patrick van Kerckhoven（DJ Ruffneck）が 1993
年に設立したレーベル。ハードコア・テクノ / ガバ
にブレイクビーツ / ジャングルを混合させたアー
トコアというスタイルを確立し、90 年代中期に圧
倒的な人気を得ていた。Wedlock、Juggernaut、
Knightvision、Undercover Anarchist といった
Patrick van Kerckhoven のプロジェクトをメイン
に、Predator や Comababy といったアーティスト
のレコードを発表。今もプレイされ続けるクラシッ
クを多く残している。2019 年にはサブレーベル
Ruffneck Anomalies を立ち上げた。

DROP BASS NETWORK

🌐アメリカ 🕐1993

アシッドを主軸としたハードコア・テクノや実
験的なテクノのリリースでカルト的な人気を得
ているレーベル。Delta 9、The Speed Freak、
Somatic Responses、DJ Pure から Adam X、
Frankie Bones、Freddy Fresh、Woody McBride、
DJ Hyperactive のレコードをリリースしており、
アシッド・テクノ・シーンからも壮絶な支持を受け
ている。過去には、ジャングル / ドラムンベース専
門のサブレーベル Ghetto Safari とハードコア・テ
クノ専門レーベル Six Sixty Six Limited も運営して
いた。

KOTZAAK UNLTD.

🌐 ドイツ　🕐 1994

Planet Core Productions のサブレーベルとして
スタート。第一弾作品として Marc Acardipane と
Lenny Dee によるユニット Leathernecks の『Test
Attack』を発表。Stickhead、Jack Lucifer、Dogge
Team、The Kotzaak Klan といったダークなスピー
ドコアやハードコア・テクノをリリースし、スピー
ドコアやテラーコア・ファンの間では根強い人気が
ある。Planet Core Productions が活動をストップ
させた後も 2000 年後半までは活動を続けており、
サブレーベル M-Series も運営していた。

BLOODY FIST RECORDS

🌐 オーストラリア　🕐 1994

Mark Newlands (Nasenbluten/Overcast) によっ
て設立されたオーストラリアを代表するハード
コア・レーベル。1994 年から 2004 年までに
Nasenbluten、Syndicate、Overcast、Epsilon、
Embolism、Hedonist、Memetic といったオースト
ラリアのアーティスト達のレコードを発表。ロー
ファイでざらつきのある独特なサウンドと、ラップ
やスクラッチ、ブレイクビーツ、さらにはノイズま
でをも駆使した異色で過激な Bloody Fist のスタイ
ルは、ブレイクコアの元祖ともいわれている。

NETWORK23

🌐 イギリス　🕐 1994

イギリスの伝説的なフリーパーティー・サウンド
システム Spiral Tribe のレーベル。SP 23、Crystal
Distortion、Ixindamix といった Spiral Tribe 関連か
ら、Unit Moebius、Somatic Responses、Caustic
Visions のレコードをリリースしており、ブレイク
ビーツからテクノ、アシッド、ハードコア・テクノ
など、Rave やフリーパーティーの現場に特化した
トライバルでサイケデリックなレコードを発表。ど
のレコードも非常にクオリティが高く、どれもプレ
ス数が限られていた為、Network23 の作品は今も
高額で取引されている。

SHOCKWAVE RECORDINGS

🌐 ドイツ　🕐 1994

Martin Damm (The Speed Freak) と Claudius
Debold (B.C.Kid)、そして複数のテクノ・レーベ
ルを経営していた Michael Zosel の 3 人によって
1994 年にスタート。ロックやポップスなどの大ネ
タを使った陽気なハードコア / ガバ・トラックか
ら、メタリックなスピードコア、ストレートなハー
ドコア・テクノなど、様々なスタイルのレコードを
発表。Martin Damm 関連の作品をデータ販売して
いる Re:Fusion Collective の Bandcamp にて、入
手困難だった Shockwave Recordings の過去作も
データで購入可能になっている。

EPITETH

🌐 フランス 🕐 1994

フランスのハードコア・シーンを代表するアーティ
ストの一人である Laurent Hô 主宰レーベル。イン
ダストリアル・ハードコアやフレンチコアの先駆け
的なレーベルとしても有名であり、ハードコア・
シーンに多大な影響を与えた。Laurent Hô、Double
Face、DJ Freak、Radium、Micropoint、Traffik、
AI Core といったアーティストから日本のハードコ
ア・ユニット OUT OF KEY のレコードも発表して
いる。2000年中頃から活動がストップしていたが、
2018年にコンピレーション・レコード『Bassdrum
And Waves』を発表し、活動を再開させた。

FISCHKOPF HAMBURG

🌐 ドイツ 🕐 1994

Eradicator、Burning Lazy Persons、Amiga Shock
Force、No Name、Taciturne といったハードコ
ア・テクノ / スピードコアから、Christoph De
Babalon、Monoloop のジャングルまでリリースし
ていたドイツのアンダーグラウンドなハードコア・
シーンを代表するレーベル。カルト的な人気を誇
る Taciturne、No Name、Christoph De Babalon、
EPC のデビュー作をリリースしている。スピード
コア / テラーコアやエクスペリメンタルなハードコ
ア・テクノ好きからは今も根強く支持されている。

DIGITAL HARDCORE RECORDINGS

🌐 ドイツ 🕐 1994

Alec Empire が 1994 年にスタートさせたレーベ
ル。ブレイクビーツ・ハードコアやオールドスクー
ル・UK ハードコアに、ハードコア・テクノ / ガバ
やインダストリアル、パンク、デトロイト・テク
ノのエッセンスをミックスしたアグレッシブなブ
レイクビーツ・ミュージックを軸にしたデジタル
ハードコアというジャンルを世界に広めた。Atari
Teenage Riot や Ec8or のアルバムはヨーロッパ、
アメリカ、日本でもヒットし、メジャーのロック・
シーンからも評価を受けた。実験的な電子音楽をメ
インに展開する Geist Records というサブレーベル
も運営していた。

DEATHCHANT

🌐 イギリス 🕐 1994

Hellfish 主宰のレーベル。1994 年から現在まで精
力的にレコードのリリースを行っており、ハード
コア・シーンに必要不可欠な存在として世界中に
熱狂的なファンがいる。90 年代初頭から活躍する
UK ハードコアの重鎮から、Deathmachine、The
Teknoist、I:Gor、Liquid Blasted、Khaoz Engine
といったハードコア・アーティスト達の作品もリ
リースしている。ヒップホップ・サンプルを多用し
たファンキーなハードコアから、ラガジャングルや
グリッチをハードコアとミックスしたブレイクコア
的なものまで様々なスタイルを提示しており、UK
ハードコアを更新し続けている。

NAPALM

🌐 ドイツ 🕐 1994

重く歪んだインダストリアル・ハードコアやスピードコアをメインに、アーティスト名とタイトルが全て Napalm で統一されていたミステリアスなレーベル。2003 年までに 15 作のレコードを発表。Napalm はオーナーである Martin Damm を筆頭に、DJ Moonraker & Patric Catani や B.C.Kid が参加しており、インダストリアルやアシッド・テクノの要素が強いストイックなハードコアの傑作を発表している。サブレーベルである Speedcore はブルータルなスピードコアを専門的に扱い、Agent Orange は実験的なインダストリアル・ハードコアの 7" レコードを発表していた。

BLOC 46

🌐 フランス 🕐 1998

Manu le Malin と Torgull のレーベル。彼等が DJ セットで披露していたテクノ的な要素を多く含んだハードコア・テクノ / インダストリアル・ハードコアを中心に、実験的なハードコア・テクノを発表。Manu le Malin と Torgull のアルバムやシングル、彼等のバンド Palindrome、そして Aphasia、El Doctor、J.F. Willis のレコードをリリースしていた。実験的でダークでありながらも、フロアでの機能性が重視された作風が特徴的である。ハードコア・シーンの中でも異彩を放っており、特にインダストリアル・ハードコア・シーンに与えた影響は大きいと思われる。

HANGARS LIQUIDES

🌐 フランス 🕐 1998

フラッシュコアのパイオニアとして世界中のエクストリーム・ミュージック好きから絶賛される La Peste 主宰レーベル。1998 年に EPC の 12" レコードを発表し、活動をスタートさせる。La Peste、Senical、Neurocore、Atomhead、Korrigan、Fist of Fury のレコードを発表しており、エクストリームで実験的な新しいハードコアを提示していた。Hangars Liquides のリリースによってフラッシュコアというジャンルはハードコア・シーンを中心に、IDM やエクスペリメンタル系のリスナーにまで知られるまでになった。

REBELSCUM

🌐 イギリス 🕐 1999

The DJ Producer が A&R を務めたレーベル。1999 年から 2013 年の間に、The DJ Producer を筆頭に Hellfish、Detest、DJ Akira、Tripped、Stormtrooper、Dolphin&The Teknoist、Coffeecore（Drokz）、Strontium のレコードを発表しており、どの作品もハイクオリティで斬新なアイディアに満ちた名作を残している。UK インダストリアルというジャンルの先駆的なスタイルを提示しており、今も Rebelscum のレコードは DJ 達から重宝され、新しい世代からも支持を受けている。

THE THIRD MOVEMENT

🌐オランダ 🕐2001

DJ Promo、N-Vitral、D-Passion、The DJ Producer、DJIPE といったインダストリアル・ハードコアのトップ・アーティスト達が所属している最重要レーベルの一つ。2001 年に DJ Promo と DJ X-Ess によってスタート。インダストリアル・ハードコアのクラシックを数多く発表している。アンダーグラウンドとメインストリーム・シーンの双方から高い評価を受けており、ハードコア・シーンの中心部を担う存在である。過去には、Industrial Strength Records との共同レーベル Industrial Movement も運営していた。

HONG KONG VIOLENCE

🌐オランダ 🕐2001

スピードコア / テラーコア・シーンのトップ DJ/アーティストである DJ Akira 主宰レーベル。スピードコア / テラーコアからブレイクコアや UK ハードコア、インダストリアル・ハードコアまで取り込み、一貫してストイックな作品リリースで高い評価を受けている。オランダの大型ハードコア・フェスティバル Dominator では、Hong Kong Violence がオーガナイズするステージがあり、毎年ユニークなラインナップが集結する。近年はアパレルも運営しており、ハードコア・シーンで活躍するアーティストやレーベルのオフィシャル・グッズを販売している。

GENOSHA RECORDINGS

🌐オランダ 🕐2003

Eye-D と DJ Hidden が 2003 年に立ち上げたインダストリアル・ハードコア・レーベル。彼等のユニットである The Outside Agency の作品から、The Enticer、Deathmachine、Petrochemical による硬派なインダストリアル・ハードコアを発表。どの作品もクオリティが高く、芸術的な世界観を持ち合わせており、ハードコア・シーンのアーティストやレーベルから圧倒的な信頼を集めている。サブレーベル Genosha One Seven Five は、ドラムンベースとハードコアをミックスしたクロスブリード・スタイルを専門にした作品をリリースしている。

PRSPCT RECORDINGS

🌐オランダ 🕐2005

オランダのドラムンベース・シーンで活躍していた Thrasher がスタートさせたレーベル兼イベント。ドラムンベースをメインに、ハードコア・テクノの要素も交えたハードコア・ドラムンベースを早い段階から展開し、その後のクロスブリードの発展に大きく関わった。2011 年からはハードコア専門レーベル PRSPCT XTRM を設立し、Delta 9&Fiend、Sei2ure、Hellfish、The DJ Producer、Somniac One、Adamant Scream のレコードを発表。ハードコア・シーンにおいても壮絶な人気を得ている。

Chapter 1
90's Hardcore

90's ハードコア解説

Circuit Breaker – Trac-X

Urban Primitivism – 684

90年代前半、テクノ・シーンではハードコアな作風が人気であったらしく、全体的にBPMも速くサウンドもハードな物が多い。今では想像しづらいかもしれないが、Richie Hawtin も Circuit Breaker 名義で『Trac-X』というハードコア・テクノのレコードを制作し、Atom Heart で知られる Uwe Schmidt は Urban Primitivism、Atomu Shinzo、DATacide 名義でハードコア・テクノ/ガバに特化した作品を制作していた。

Mijk Van Dijk は Loopzone 名義での EP『Home Is Where the Hartcore Is』でハードコア・テクノを作り、Dave Clarke は Fly by Wire 名義で過剰に歪ませたアシッドを用いたハードコア・テクノ的なトラックを制作。Moby は BPM が1015まで跳ね上がる「Thousand」という楽曲を発表し、イタリアの Lory D もアルバム『Antisystem』でハードコア・テクノの要素を取り入れていた。Robert Armani はシングル『Hit Hard / Ambulance Two』で自身のハードコア・テクノ・トラックと Bonzai Records の DJ Bountyhunter のリミックスを収録したシングルを残している。Sven Väth は『An Accident in Paradise (Remixes)』で Lenny Dee & John Selway(Disintegrator) をリミキサーに起用し、DJセットでは PCP のレコードと Sperminator の「No Women Allowed」もプレイ。Jeff Mills も DJ セットで Marusha、Edge of Motion、Circuit Breaker のレコードをプレイし、その当時のハードなスタイルを自身の「Berlin」というトラックで表している。

これ以外にも、90年代初頭から中頃に掛けてハードコア・テクノとガバに影響を受けた作品は多く生まれており、90年代前半は間違いなくハードコア・テクノがダンスミュージック・シーンで大きな影響力を持っていた。

ハードコア・テクノの発祥地フランクフルト/PCPの誕生

その全ての始まりとなった曲が Mescalinum United の「We Have Arrived」である。「We Have Arrived」は世界で最初のハードコア・テクノと言われており、ガバを筆頭に多くのサブジャンルを生み出した元となっている。Mescalinum United をハードコア・テクノの元祖というのであれば、それを生んだフランクフルトという場所はハードコア・テクノ発祥の地と呼べるだろう。

Free Base International – The FBI Futureworld EP

ドイツには偉大なテクノの歴史があり、フランクフルトにも赫々たるテクノのストーリーがある。フランクフルトのダンスミュージック・シーンは Sven Väth、Pascal F.E.O.S.、Heiko MSO、Uwe Schmidt(Atom Heart/Senor Coconut)、Roman Flügel、Mark Spoon、Isolée、René Pawlowitz(Shed)、Kai Tracid といったテクノ、ハウス、トランス界の有名アーティスト達を輩出し、最近では電子音楽の歴史をまとめた博物館 Museum of Modern Electronic Music の建設でも話題となった。フランクフルト空港の中にあった Dorian Gray や Sven Väth の Omen といった伝説的なクラブもテクノ・ファンには知られているだろう。そして、フランクフルトはハードコア・テクノにおける最重要レーベル

兼グループ Planet Core Productions が生まれた場所でもある。

　Planet Core Productions 通称 PCP は Marc Trauner(Marc Acardipane) と Thorsten Lambart(Slam Burt) によって 1989 年に設立。同年に Marc Trauner による Mescalinum United の 12" レコード『Into Mekong Center』をリリースして活動をスタートさせた。1990 年には Cyborg Unknown、Trip Commando、Pandemonium、コンピレーション『Frankfurt Trax Vol. 1 - House of Techno』を発表し、サブレーベル Dance Ecstasy 2001 も開始。ヒップホップのバックグラウンドを持つ彼等は FBI(Free Base International) としての『The FBI Futureworld EP』や、PCP としてのライブパフォーマンスにもヒップホップのテイストを強く反映させ、サブレーベル Dope on Plastic から Al Rakhun Feat. Bunker Youth『To the Audience』といったヒップホップのレコードも制作。Marc Trauner 曰く、彼等は当時のフランクフルトのヒップホップ・シーンとも繋がっていたそうだ。

V.A. - Frankfurt Trax Vol. 1 (House Of Techno)

Mescalinum United『Reflections of 2017』

　そして、1990 年に Marc Trauner は Mescalinum United として『Reflections of 2017』を発表。収録曲の「We Have Arrived」は 1989 年に作曲されており、1990 年にホワイト盤が作られ、その後正規盤がリリースされたという。『Reflections of 2017』が生まれた背景に関しては、本書に収録されている彼のインタビューで語られているので是非ご覧頂きたい。個人的にも、Mescalinum United の「We Have Arrived」が世界で最初のハードコア・トラックという事には同意である。もし、それ以前にハードコア・テクノと呼べるものがあるとすれば、「We Have Arrived」と同等かそれ以上にハードなサウンドを持ったテクノが存在していなければいけないが、そういった作品には出会えていない。

　近いと感じる作品では、インディペンデントな活動やライブパフォーマンスなどで PCP と類似性を見出せるアメリカの Underground Resistance のメンバーであった Jeff Mills が、Anthony Srock とデトロイトで結成した Final Cut の 1989 年作アルバム『Deep into the Cut』(2016 年には Rashad Becker のマスタリングによって再発) は Mescalinum United と同じく、インダストリアルと EBM をテクノと融合させたダークで硬質なテクノ・トラックであり、ハードな側面もある。だが、「We Have Arrived」の激しさには及ばないが、ハードコア・テクノのファンも『Deep into the Cut』は楽しめるはずだ。

　1991 年は PCP にとってターニングポイントとなった年であった。The Mover『Frontal Sickness Part 1』、T-Bone Castro/Ace the Space『Ace in the Hole』、Alien Christ『Of Suns and Moons』、Raw Power Organisation『1991 (And I Just Begun)』といった傑作を連発し、PCP はドイツのテクノ雑誌『Frontpage』の表紙も飾った。当時の記録や本書での各アーティストのインタビュー

Mescalinum United - Reflections Of 2017

Final Cut - Deep Into The Cut

90's Hardcore

を読めば解るだろうが、当時のPCPの勢いは凄まじく、テクノ・シーンで異彩を放ち革命的な活動を繰り広げていた。この頃の音源を聴き返すと、Marc Traunerの作曲レベルは当時から非常に素晴らしく、ダンスフロアにいる人々の高揚感を煽るアッパーなメロディから心の深い所にまでしみ込んでくるディープなメロディをテクノ、ハウス、ヒップホップ、ブレイクビーツといったスタイルと合わせ、タイムリーなサンプリングやコンセプチュアルなサンプリングと相まって、総合的に芸術性の高い作品を生み出している。それによって、彼等の作品は30年近い時間が経過しても、未だ多くの人々を魅了させているのだろう。

ドイツを代表する存在へ

Friends Of Alex – What Is..? Fick Dich

V.A. - Frankfurt Trax Volume 2 (The House Of Techno)

1992年以降も精力的に作品をリリースしていき、その中でも、Friends of Alex『What Is..? Fick Dich』とAce the Space『9 Is a Classic』はヒットし、数万枚も売り上げたそうだ。T-Bone Castro、Nasty Django、Smash?など、ストレートなハードコア・テクノのリリースも増えていき、BBCのJohn PeelもMescalinum UnitedとThe Moverをプレイした。

彼等はPCDというディストリビューションを開始し、PCP関連の作品からドイツ以外の国の作品も扱い、様々なスタイルのダンスミュージックを世に広めようとしていた。この頃からMarc Traunerは多数の名義とユニットを掛け持ちしており、PCPもサブレーベルの数が増えていく。コンピレーション『Frankfurt Trax』シリーズに収録されている名義を含めて、Marc Traunerの変名プロジェクトにはそれぞれにキャラクター性が付けられており、その設定を重視したことによって手癖はあるが、別々のスタイルとサウンドを確立させている。

当時のPCPのライブ映像を見ると、機材を扱うMarc Traunerを中心にMCやダンサーなど、フードや覆面を被った複数人のメンバーがステージでパフォーマンスし、フロアを熱狂させていた。

同時多発的に広がるハードコア・サウンド

PCPの存在とハードコア・テクノのスタイルが世界に広まったのには、アメリカのIndustrial Strength Recordsの存在も大きい。Leonardo DidesiderioことLenny Deeによって1991年に設立されたIndustrial Strength Recordsの第一弾作品となったのが、Mescalinum Unitedの「We Have Arrived」とThe Moverの「Nightflight (Non-Stop to Kaos)」を収録した『Planet Core Productions Special Double AA Side』であった。

Mescalinum United / The Mover – Planet Core Productions Special Double AA Side

80年代からArthur Baker、Brooklyn Funk Essentials、Tommy Mustoとの仕事を経験していたLenny Deeは、Falloutを筆頭に既に幾つかのクラシックなレコードを発表していた。1989年にXL RecordingsからリリースしたFrankie Bonesとのコラボレーション作『Just as Long as I Got You』は1万5千枚以上を売り上げ、The KLFのアルバムとシングルに参加するなど、この時点でLenny Deeはイギリスとヨーロッパで高い人気を得ていた。Raveシーンで人気であったLenny Deeが始めたレーベルには、きっと多くの注目が寄せられていたのは確実だろう。そしてリリースされた『Planet Core Productions Special Double AA Side』がLenny Deeのテクノやハウスのフォロワー

に広がっていった事によって、PCP の存在は知られていったのだと予想される。

　第二弾作品は Lenny Dee、Neil McLellan、Eric Kupper がプロデュースした「Whurlwind」と、
同曲を Mike Logan Kogan(Roy Batty) と The Mover がリミックスした「Whurlstorm」を収録した
Turbulence 名義のシングルを発表 (後に、Turbulence は Marc Trauner のプロジェクトとして Super
Special Corp からシングルをリリースしている)。その後も、Industrial Strength Records は English
Muffin、Crowd Control、Disintegrator、Amiga Traxs のシングルをリリースし、Lenny Dee は
Knight Phantom や Industrial High といったプロジェクトでさらにハードコア色を強め、多くのクラシッ
クを作り上げた。

アメリカからイギリスへ

　イギリスでは、『2 Go Mad in Boscaland』や『Harmonik Distortion EP』といったブレイクビー
ツ・ハードコアのクラシックをリリースしている DJ H.M.S.(Steven Pacquette) と Freshtrax(John
Vaughan/Jon the Dentist) に よ っ て レ ー ベ ル Boscaland
Recordings が 1992 年 に 設 立。1993 年 に The Men from
Del Bosca present... The Tekno Clan 『The 'Boscaland
Experience』と『Bram Stoker's 'Panic in London'』をリリー
スし、以降も The Men from Del Bosca、Retro-grams、The
Dentist from Boscaland など、DJ H.M.S. と Freshtrax のハー
ドコア・プロジェクトをリリース。

The Men From Del Bosca present...
The Tekno Clan – The 'Boscaland
Experience'

　彼等の作品は、アシッド色の強い UK 産アシッドコアやガバ・ト
ラックであったが、テクノとハウスを下地に Rave という空間での
機能性を重視している。それによって過激なサウンドと BPM であ
るが、ダンスミュージックとしてのフォーマットを崩さずにハード
コアなサウンドを作り上げ、サイケデリックなトリップ感を誘うイ
ギリスらしいスタイルを作り上げていた。

　GTO、Tricky Disco、John + Julie 名 義 で Warp、XL
Recordings、NovaMute といったトップ・レーベルから立て続
けにヒット作をリリースしていた Lee Newman と Michael Wells も C of E(Church of Extacy) 名義
でハードコア・テクノにフォーカスしていく。彼等が監修したハードコア・テクノのコンピレーション
『Technohead - Mix Hard or Die』もスタートし、アメリカやドイツ、オランダのハードコア・テクノ /
ガバ・シーンとの繋がりも強化させていった。

ガバが誕生するまで

　1990 年、Hithouse 名 義 で の「Jack to the Sound of the Underground」 と「Move Your
Feet to the Rhythm of the Beat」でオランダのハウス・ミュージック史に多大な影響を与え
た Peter Slaghuis は Hithouse Records を ス タ ー ト さ せ、
Holy Noise 名義で『Father Forgive Them』をリリース。その
後、Hithouse Records は The Second Wave(Speedy J)、
Meng Syndicate(Secret Cinema)、Origin(Like a Tim)、High
Profile(Michel De Hey & DJ Rob) といったアーティスト達の初期
作品も発表。

Holy Noise Presents The Global
Insert Project – The Nightmare

　同じ頃、ロッテルダムのナイトクラブ Parkzicht でレジデント DJ
を務めていた Rob Janssen こと DJ Rob はベルギー、イギリス、
ドイツを頻繁に訪れて新しいレコードを輸入し、ニュービート、デ
トロイト・テクノ、ブレイクビーツをハウスとミックスしていた。
Parkzicht はガバの発祥地ともいわれているが、それは DJ Rob が
オランダとヨーロッパで生まれた最新のレコードをプレイしながら
実験を繰り返していた事が重要であった。DJ Rob はドラムマシン

DJ Mac & DJ Rob – Feel The
Rhythm

の TR-909 を 12" レコードにミキシングするスタイルをいち早く取り入れた DJ の一人としても知られ、1991 年にリリースした DJ Mac との共作『Feel the Rhythm』はオランダのハウス・クラシックとして認識されている。

　時代と共鳴していく様にサウンドはどんどん激しくなっていき、1991 年 Holy Noise に DJ Paul Elstak と Rob Fabrie が加わり、Holy Noise Presents the Global Insert Project『The Nightmare』をリリース。『The Nightmare』を筆頭に、Meng Syndicate『Artificial Fantasy / Carpediem』など、Hithouse Records はオランダの土着的なハウス・ミュージックとベルギーのニュービートが混ざり合ったハードなサウンドを作り上げていき、そこからガバへと繋がっていく伏線が表れている。

　Parkzicht では DJ Rob が Paul Elstak 達の音源をプレイし、Parkzicht は 2 週間ごとにレジデント DJ 達のミックス・テープを販売。Parkzicht で起きていた実験が形となって人々に伝わっていき、ロッテルダムのハードなシーンが形成されていった。

V.A. - Parkzicht Presents: Real
House

Rotterdam Records設立/ガバがメインストリーム化するまで

　1992 年に Paul Elstak は Rotterdam Records を立ち上げ、Euromasters『Amsterdam Waar Lech Dat Dan?』 と『Alles Naar De Klote』、DJ Rob『1992 Is for You』、Sperminator『No Woman Allowed』、そして『NME』が 1992 年のワースト・レコードに選んだが、結果としてオランダとデンマークのトップチャートにもランクインし、ガバというジャンルを世界的に広めたクラシックである Rotterdam Termination Source の『Poing』を発表。Phil Wilde(2 Unlimited/T99) は過去のインタビューで、2 Unlimited のヒットチューン「No Limit」は「Poing」からインスピレーションを受けたと語っている。他にも、Holy Noise としてリリースされなかったハードなトラックを The Sound of Rotterdam 名義で形にした『Volume 1』など、短期間でこれだけのガバ・クラシックを Rotterdam Records はリリースした。

　そして、ガバはダンスミュージック・シーンで人気となっていき、テクノやハウス系コンピレーションにもガバのトラックは収録され、Euromasters『Alles Naar De Klote』は Rising High Records

からもリリースされた。Euromasters の「Rotterdam Éch Wel! (Parkzicht Mix)」は Mescalinum United の「We Have Arrived」からのサンプリングと思われる所があり、キックやシンバルの潰し方からも Mescalinum United からの影響が見えるが、Mescalinum United よりもハードな方向性を突き進んでいる。ガバはガバ・ハウスとも呼ばれている様に、Rotterdam Records の面々はハウス・ミュージックの要素が根深く、Paul Elstak は Peter Slaghuis からの影響が伺え、他の Rotterdam Records のガバ・トラックにもハウス・ミュージックを下地としているのがガバとハードコア・テクノとの違いの一つだと思われる。ガバの特殊性の一つとして、ジャンルを形成するサウンド面以外でも、Euromasters の『Amsterdam Waar Lech Dat Dan?』などで表れている様に、ロッテルダムとアムステルダムの複雑な関係も初期のガバには欠かせない部分である。

Euromasters – Amsterdam Waar Lech Dat Dan

1993 年に Rotterdam Records は Paul Elstak と Joey Beltram のユニット Hard Attack の『Vol. 1』や Neophyte の『The Three Amiga's EP』をリリース。日本の avex trax 制作によるコンピレーション『Rotterdam Techno = Hard Hard Hard』も始まり、オランダのガバは日本にも流れてきた。

ハードコア・テクノ/ガバに欠かせないベルギーのダンスミュージック・シーン

ハードコア・テクノとガバのルーツともなっているニュービートとベルギーのダンスミュージック・シーンは非常に重要だ。ニュービートが無ければ、ハードコア・テクノの存在は今とは違ったものになっていただろう。

Rotterdam Termination Source – Poing

80 年代後半にベルギーで生まれたニュービートは、ベルギーの Front 242 や The Neon Judgement などの EBM とニューウェーブ、ダークウェーブ、インダストリアル、アシッド・ハウス、さらにハイエナジーやユーロポップをクロスオーバーさせたスタイルとされている。ブリュッセルの DJ Fat Ronny が 1986 年に発表された EBM ユニット A Split-Second の「Flesh」をクラブでプレイする際、本来 45 回転であるレコードを 33 回転にしてピッチコントロールを +8 に設定し、スローダウンさせた状態でイタロ・ディスコやニューウェーブ、EBM とミックスし始めたのがニュービートの起源とされている (後に「Flesh(33 rpm +8 Pitch)」という音源も正式にリリースされている)。

80 年代中頃には Go Slow という DJ スタイルがベルギーで流行し、多くの DJ 達が取り入れ、そのスタイルを真似たスローなレコードも作られていく。当初は Fat Ronny がプレイしていたブリュッセルのナイトクラブ Ancienne Belgique に因んで AB music と呼ばれていたそうだが、次第にそれはニュービートという単語に定着した。80 年代後半には、アメリカのシカゴ・ハウスとアシッド・ハウスの影響が EBM の妖艶さと肉体美などと合わさり、そのサウンドはさらに力強くなる。

ある特定のジャンルのテンポを落とした (もしくは上げた) 事によって新たなジャンルが生まれる事は珍しくないが、ベルギーではテンポを落とす手法が根付いているのか、2011 年に Soulwax/2manydjs の Radio Soulwax にて Bonzai Records などのフーバーシンセが鳴り響くベルギーの初期ハードコア・テクノを BPM115 まで落とした『This is Belgium Part Two: Cherry Moon on Valium』というミックス動画が公開されている。

A Split - Second – Flesh

当時のハードコア・テクノがスローダウンされた事によって雰囲気が変わり、音圧も太くなっていた。

ニュービートからハードコアへ

　1984 年にヘントにて Renaat Vandepapeliere と Sabine Maes によって設立された R & S Records もニュービートの影響を受け、活動初期は Public Relation「Eighty Eight」などのニュービートのレコードをリリースしている。1988 年には Confetti's「The Sound of C」と Lords of Acid「I Sit on Acid」がヒットし、ニュービートはメインストリームでも人気を得た。同年には T99 が『Slidy』と『Invisible Sensuality』というシングルをリリースしており、この頃の T99 はニュービートをメインとしたスタイルであった。

　そして、90 年代に入ると Lords of Acid の Maurice Engelen は Praga Khan と Channel X としてハードコアなサウンドにフォーカスしていき、「Rave Alarm」「Injected With a Poison」「Rave the Rhythm」などのヒットチューンを連発。同じく、80 年代からニュービート・シーンで活動していた Frank De Wulf も 90 年代初頭に「The Tape」などの Rave クラシックをリリースし、Olivier

Confetti's - The Sound Of C...

Abbeloos は Quadrophonia 名義でのシングルや T99 に加入して「Anasthasia」を制作。R&S Records は CJ Bolland(Cee-Jay)「The Ravesignal」、Spectrum「Brazil」、Human Resource「Dominator」、Beltram「Energy Flash」などのクラシックを立て続けにリリースした。1991 年に The Hypnotist がリリースした『The Hardcore EP』の様に、イギリスのブレイクビーツとベルギーのハードコアをミックスさせたスタイルも目立つようになる。この時期は、純粋にテクノと呼ばれる事もあれば、ハードコアと呼ばれる事もあり、コレクターやマニア達は今もこの時代の作品に対するカテゴリーで議論している。

　もう一方で、ニュービートはトランスの誕生にも関わっていき、80 年代末から 90 年代初頭にインドで行われたゴア・パーティーの映像では、Front 242、Confetti's、Dreams などの EBM/ニュービートがプレイされているのが確認出来る。そして、1992 年に Bonzai Records がスタートし、Liza 'N' Eliaz と Pieter Kuyl による Stockhousen『E-Mission』を発表。Krid Snero は初期ハードコア・クラシック「White Line」を Say No More からリリースし、ベルギーのハードコア・シーンはドイツ、イギリス、アメリカと並び強大な存在へとなっていった。

　ベルギーのダンスミュージックの歴史に関しては、2012 年に公開されたドキュメンタリー『The Sound of Belgium』やコンピレーション『This is the New Beat』と『New Beat, a Belgian Dance Revolution』もチェックすることをオススメしたい。

Aphex Twinとハードコア・テクノ

　Aphex Twin はテクノ、アンビエント、エレクトロニカにおいて大きすぎる程の影響力があり、電子音楽の歴史において欠かせない重要人物である。ブレインダンスやドリルンベースといったスタイルを生み出し、Skrillex、Lapalux、Nabihah Iqbal、さらにはコメディアンの Aziz Ansari までもが Aphex Twin からの影響を公言している。ハードコア・テクノの歴史を振り返る時、そこにも Aphex Twin の姿を見つける。日本ではハードコア・テクノの文脈から Aphex Twin の功績が語られる事が少ないが、確実に大きく関わっている。

　まず、ハードコア・テクノのファンにはお馴染みであるが、Aphex Twin とハードコア・テクノの繋がりが形となったのは 1992 年に R & S Records からリリースされた Mescalinum United『We Have Arrived (Remixes by Aphex Twin & the Mover)』からである。Aphex Twin が手掛けた二つのリミックス (QQT Mix と TTQ Mix) は、Manu Le Malin や The Outside Agency といったハードコア・シーンの DJ から Luke Vibert もプレイしている。Aphex Twin 名義での楽曲では、1991 年にリリースした『Analogue Bubblebath』収録の「Isopropophlex」と「AFX 2」、『Analogue Bubblebath Vol 2』

収録の「Untitled」は通常のテクノよりも重いキックを用いたハードコア・テクノ的な作風となっていて、速度感はハードコア・テクノよりも遅いが、PCP と Overdrive のレコードにも共通する部分がある。1992 年にリリースされた『Xylem Tube EP』収録の「Tamphex (Headphuq Mix)」は暴力的に打ち鳴らされるビートにクレイジーなアシッドが突っ込んでくるアシッドコア的な楽曲であった。

Caustic Window – Compilation

　他にも、AFX 名義でリリースした『Analogue Bubblebath Volume 3』収録の「.942937」は「We Have Arrived」のリミックスをアップデートさせた様なインダストリアル的でメロディアスな楽曲で、『Analogue Bubblebath 4』収録の「Gibbon」もハードコア・テクノ的だ。「Xtal」などの琴線に触れるメロディアスな曲と並行してこの様なハードな楽曲も残している。当時のハードコア・テクノを意識したというよりも、彼の中のパーソナルな部分が生み出したのではないだろうか。

　さらに、Aphex Twin の Caustic Window 名義の作品はよりインダストリアルでアシッドコア的と言える過剰なサウンドの曲が多い。1992 年にリリースされた『Joyrex J4 EP』を筆頭に、『Joyrex J5 EP』収録の「Astroblaster」はデトロイト・テクノを攻撃的に再構築したフロア直下型のハードコア・トラックとなっている。1993 年にリリースされた『Joyrex J9 EP』収録の「The Garden of Linmiri」と「We Are the Music Makers (Hardcore Mix)」はインダストリアル・ハードコアにもカテゴライズ出来るのではないだろうか。音圧を整えれば今も十分にハードコア・テクノのパーティーでも通用するし、Genosha Recordings や MadBack Records といったレーベルの作品にまったく引けを取っていない。気になった方は Caustic Window の過去作を一枚にまとめた『Compilation』を聴いてみて欲しい。

　DJ プレイにおいても、Current Value や Limewax のスカルステップをプレイしているのは有名であるが、Hellfish と The DJ Producer もプレイしており、「Theme from Fuck-Daddy」や「Rude Attitude」「Man vs. Machine」といったトラックをプレイしていた。他にも、Kopfkrank Terror Team や I:Gor がメンバーであった Kielce Terror Squad などのスピードコア・トラックもプレイしていたそうだ。ヴィクトリア＆アルバート博物館ではブレイクビーツ・ハードコアからジャングル、ドラムンベース、そしてハッピーハードコアまでをプレイし、Sonar Festival ではハードコア／ガバをプレイしていたそうで、本人曰く、上品な音楽を求められる様な場所で Rave ミュージックをプレイしたかったとのこと。

ドイツ全土へ波及、そしてイギリスやオランダに逆進出

　アメリカ、イギリス、オランダから強烈なレコードが世界に向けて放たれていた頃、ドイツのフランクフルトでは Marc Trauner 達が革新的な作品を制作し、実験的要素を交えながら自分達のサウンドに磨きをかけていた。

　同時期、ドイツでは他の都市からも様々なアーティストとレーベルが出現。80 年代に P.D. というインダストリアル系バンドで活動していた Achim Szepanski が 1991 年に設立したレーベル Force Inc. は Ian Pinnekamp(Ian Pooley) と Thomas Gerlach(DJ Tonka) のユニット T'N'I や Space Cube、Thomas P. Heckmann の Skydiver と Exit 100、Wolfgang Voigt(Mike Ink) の Love Inc などをリリースしていた。

　同年 12 月には Low Spirit Recordings の WestBam が中心となり、ベルリンで Mayday がスタート。第一回目のモットーは『Best of House and Techno '91』とされ、DJ では Frank de Wulf、WestBam、Sven Väth、Tanith、Dave Angel、Sascha、Marusha、Neutron 9000、ライブには Ravesignal、Speedy J、Mental Overdrive、The Hypnotist などが出演し、5000 人を動員した。

1992 年には Mono Tone から Martin Damm が Phase IV と The Speed Freak 名義でレコードをリリース、Overdrive は C-Tank や Mark N-R-G をリリースし、Alec Empire もテクノからブレイクビーツ・ハードコアのスタイルに変化していた。Sven Väth は PCP を積極的に紹介していき、コンピレーション『Frankfurt Trax』の二作目と三作目に R U Ready として参加。

ドイツのテクノ・カルチャーの創始者の一人として知られる Thomas Andrezak こと Tanith は、レーベル Bash からリリースした『T2 EP』でドイツのタフでラウドなテクノとイギリスの Rave ミュージックの要素を融合させ、一部で伝説的な存在となっているパーティー Breakcore をスタート。イギリスにも進出していき (この時の話は本書の The DJ Producer のインタビューの中にも出てくる)、Tanith は PCP のレコードからオランダやベルギーのハードコア・テクノとガバもプレイし、Tresor のレジデントも務め当時の主要な Rave にはほとんど出演していたそうだ。

1992 年 4 月に開催された Mayday では、『A New Chapter of House and Techno』をモットーに Aphex Twin、GTO、Joey Beltram、Jeff Mills、Lenny Dee、T2(Outlander) などが出演。ジャンルの幅も広がり、前回を遥かに上回る 1 万 2 千人を動員し、当時のテクノに対する熱狂的な盛り上がりとシーンの成長の度合いが感じられる。まだ全体的に数が少なかったのもあるだろうが、テクノを軸に様々なジャンルを自由に楽しめる環境と姿勢があった様にも見える。同年 12 月にも Mayday は開催され、Richie Hawtin や Adam X、Force Mass Motion(Michael Wells)、Mark Spoon に加えて Sound of Rotterdam と Paul Elstak のオランダのガバ勢も出演、WestBam の『The Mayday Anthem (Remixes)』にも Paul Elstak がリミックスで参加。

1993 年にオランダのアムステルダムで開催された Hellraiser には PCP、Gizmo、Buzz Fuzz、Lenny Dee といったハードコア・テクノ / ガバのアクトをメインに、CJ Bolland と Tanith も出演。この頃に残されたガバのミックス・テープをチェックすると、ガバだけではなく、テクノやブレイクビーツ・ハードコアもミックスしている。ガバのレコードだけで一晩プレイするのにはレコードが足りない状況もあったのと、スタイルとサウンドが固定化される前であった為、それらのジャンルのレコードを取り入れていたのだろう。DJ が求める理想のスタイルやサウンドに近いレコードを探し出し、選曲とミックスによって自身のスタイルを作り上げていた時代の DJ 達には相当のスキルとセンスが必要とされていた。

ハードコア・テクノ分岐点

そして、1993 年 4 月に行われた 4 回目の Mayday『The Judgement Day』にて、ハードコア・テクノは一つの分岐点を迎える。

『The Judgement Day』には Moby、The Prodigy、Lisa 'N' Eliaz、John & Julie、Resistance D、Frankie Bones、そして、PCP がライブ・アクトで出演。今までのラインナップの中でも一際豪華で異彩であり、動員数も 1 万 6 千人を記録している。現代でもクロスオーバーなラインナップが集結するダンスミュージックのフェスティバルはあるが、その先駆けとも言える様な内容ではないだろうか。今でも『The Judgement Day』の映像が幾つか見られる

のだが、様々なジャンルがプレイされ凄まじい数
の人々がフロアで盛り上がり、理想的な空間が出
来上がっている。

　だが、ハードコア・テクノにとっての分岐点と
は、残念ながらポジティブな話ではない。どういっ
た理由があったのかは謎のままであるが、『The
Judgement Day』でのPCPのライブがLow
Spirit Recordingsのスタッフによって強制的
に中断され、Lenny DeeのDJプレイも何らか
の理由によって音量を下げられたりなどの妨害が
あったらしい。この話は以前からずっと語られて
いたが、確認する方法が無かったので真意は不明
であった。しかし10年程前にYouTubeにその
時のPCPのライブ映像がアップされ、遂にその
瞬間を我々は目にした。その映像では、PCPはハー
ドコア・テクノを主体としたセットを披露してお
り、当時の彼等の中でも特にハードなトラックを
プレイしている。ステージには数人のMCとダン
サーがパフォーマンスしており、Marc Trauner
が機材をコントロールし、フロアからは歓声とホ
イッスルが鳴り響き、MCはその熱狂の渦を操る
様にコールアンドレスポンスを行い、観客もそれ
に応えている。順調に見えていたが終盤近くにな
り、Marc Traunerの所にMaydayのクルーが

駆け寄り何かを話している。彼等のジェスチャーからは、MaydayのクルーはMarc Traunerに演奏をス
トップする様に催促し、それを拒んでいる様に見える。その後すぐ、Ace the Space「9 Is a Classic」
のイントロが流れ、フロアの熱はさらに熱くなっているがステージの照明は完全に落とされ、そして音も止
まり次のDJのプレイが始まってしまった。PCP側は当初予定していたプレイ時間を守っており、オーバー
していた訳ではないらしいが止められてしまったらしい。

　John & JulieとしてDJセットで出演し、この映像を撮影したMichael Wellsにあの日何があったの
かを聞いてみたが、詳細は解らず、Low Spirit Recordingsの誰かがライブを止め、とても緊迫した雰囲
気だったのは覚えていると教えてくれた。ベルリンとフランクフルトのシーンが以前から問題を抱えていた
という話もあり、当日のPCPとLenny DeeのスタイルがMaydayにはラウド過ぎたといった説もある。

　この一件によって、Marc TraunerはLeathernecks名義でLenny Deeをボーカルに迎えた「At
War」（『Frankfurt Trax Volume 4 - The Hall of Fame』収録）というハードコア・トラックを制作。
Lenny Deeは「Low Spirit, suck my cock!」と叫び、彼等はLow
Spirit Recordingsを名指しでディスした。Maydayにはその後も
Lunatic Asylum、Ilsa Gold、Bonzai Allstars、Paul Elstak、
Gizmo、Laurent Hô、Manu le Malinなどのハードコア・テクノ
やガバのアーティストが出演していたが、徐々にハードコア・テクノ
/ガバは扱われなくなり、それぞれ別々の道を歩み始め、ジャンルは
どんどん細分化され、シーンの繋がりが以前よりも狭くなっていった。

V.A. - Frankfurt Trax Volume 4 (The
Hall Of Fame)

ハードコア・テクノのゴッドファーザーで今も活躍するパイオニア

Marc Acardipane

- ⦿ Planet Core Productions
- ◔ 1989
- ⊕ http://www.planet-core.com/

⊕ ドイツ

伝説的なレーベル Planet Core Productions とその傘下レーベルから、Mescalinum United、Ace the Space、The Mover、Marshall Masters など数十個の名義を使い分け数々の名作を発表し、ハードコア・テクノ・シーンにおいて絶対的な存在として君臨し続ける Marc Trauner こと Marc Acardipane。90年代から今に至るまで、ハードコア・テクノからガバ、トランス、ドゥームコア、ブレイクビーツ、インダストリアル・ハードコア、ジャンプスタイルなど、様々なジャンルを自己流に解釈した独創的な作品を発表しており、ダンスミュージック・シーン全体に多大な影響を与えている。ハードコア・テクノ / ガバ・シーンを中心に、90年代の Rave シーンを彩ったハードコア・クラシックから実験的でカルト的なアンダーグラウンド・クラシック、そして、Scooter vs. Marc Acardipane & Dick Rules としてリリースした「Maria (I like It Loud)」などでメインストリームのダンスミュージック・シーンでも知られている存在であり、今も精力的に活動を続けている真の開拓者。ハードコア・シーンにおいては不動の地位を築き上げているが、テクノのシーンでも同等に大きな影響力を持っている。特に、近年は The Mover 名義でのアルバム・リリースや、трип のコンピレーションへの参加、過去の名作の再発などで次世代のテクノ・アーティストや DJ、リスナーからも支持を受けている。2020年には、過去の名曲のリマスタリングに加えて、Nina Kraviz、VTSS、Perc、Gabber Eleganza などによるリミックスを収録した『The Most Famous Unknown』が発表された。

Mescalinum United

Reflections of 2017
ドイツ
Planet Core Productions
1990

世界で最初のハードコア・テクノ・トラックとされている「We Have Arrived」を収録した Mescalinum United 名義での 2 作目の 12" シングル。圧倒的な力でねじ伏せられる強靭なサウンドと、いつの時代に聴いても遥か先の未来を感じさせるフューチャリスティックな世界観が合わさった革新的な作品であり、その後のダンスミュージック・シーンに多大な影響を与えた名盤。発表から 30 年が経過したが、今もその影響力は衰えずにいる。全てはこのシングルから始まり、またここに戻ってくるのである。Mescalinum United 名義の他のシングルも同等に素晴らしいので是非チェックを。

Ace the Space

9 Is a Classic
ドイツ
Dance Ecstasy 2001
1992

煌びやかで強力なエネルギーを放っているフーバーシンセに引き込まれる 90's Rave クラシック。1992 年には数多くの Rave クラシックがリリースされているが、「9 Is a Classic」はその中でも非常に重要な役割を果たした。特徴的なフーバーシンセのサウンドは、ハードコア・テクノ以外のシーンにおいても大きな影響を与えたはず。後にリリースされた GTO、303 Nation、Human Resource、Lenny Dee によるリミックスも素晴らしい。1992 年のリリース以降、幾度も再発やリミックス集が作られ、2000 年以降も様々なアーティストによるリミックスが作られている。

Planet Phuture

2017
ドイツ
Super Special Corp
1992

Amiga Trax、Fucking Hostile、French Connection のレコードを発表していた Super Special Corp からリリースされた 12" シングル。PCP と Marc Acardipane にとって重要な数字である 2017 がタイトルになっている。デトロイト・テクノやニューウェーブ的な要素が散りばめられたディープなサウンドスケープとメロディが魅力的であり、後に Marc Acardipane が開拓していく実験的なハードコアやドゥームコアの原型とも言える内容。Planet Phuture 名義では 1996 年に Dance Ecstasy 2001 からもシングルを残している。

Nasty Django

Ey Fukkas! EP
ドイツ
Dance Ecstasy 2001
1992

Mescalinum United 名義と同じく、90 年代のハードコア・テクノ／ガバ・シーンで有名な Nasty Django 名義の 12" シングル。ハードコア・テクノにブレイクビーツ・ハードコアや EBM を連想させる屈強なハンマービートを絶妙に織り交ぜたアグレッシブな作風。一度聴いたら忘れられなくなるアッパーなメロディが印象的な「Ey Loco! (Kinky Muthaship)」も収録。他にも、Nasty Django 名義では「King of FFM」や「Hardcore Muthafucka」というクラシックを残している。

Mescalinum United

We Have Arrived (Remixes by Aphex Twin & the Mover) ドイツ
R & S Records 1992

Aphex Twin の『Classics』と『26 Mixes for Cash』にも収録され
た事によって、ハードコア・テクノ・シーン以外にも広く知られているリ
ミックス。原曲の素材と世界観を重視しながらも、Aphex Twin の天才
的なアイディアと構成力によって驚異的なリミックスを生み出した。初期
Aphex Twin のトレードマークでもあったインダストリアルな硬いビー
ト・と歪みがこれ以上ない程に完璧に仕上がっている。特に、「QQT Mix」
の方はインダストリアル・ハードコアに分類出来る位にハードコアな作風
で、まったく古さを感じさせない未来の音楽を作り上げている。

The Mover

The Final Sickness ドイツ
Planet Core Productions 1993

1993 年に発表された The Mover 名義の 1st アルバム。2017 年に
Planet Phuture からリマスタリング版がリリースされ、LP も再発され
た。ダークでドゥーミーなテクノを主体に、インダストリアルやドローン
的な要素が入り混じっている。トラックごとに世界観が出来上がってお
り、Marc Acardipane のパーソナリティがとても強く反映されていると
感じる。ノイジーでエクスペリメンタルなトラックとフロアライクなト
ラックとのバランスも完璧だ。アルバム全体を通して時代を先取りし過ぎ
ていた名盤である。

Leathernecks

Test Attack ドイツ
Kotzaak Unltd 1994

Stickhead や Jack Lucifer のリリースで知られているテラーコ
ア / スピードコア・レーベル Kotzaak Unltd. の第一弾作品。Marc
Acardipane の Leathernecks 名義のシングル。「Schaiiieeessseee」
を筆頭に、怒りと皮肉に満ちた攻撃的なトラックが収録されている。
Lenny Dee のボーカルをフィーチャーした名曲中の名曲「At War
(Rmx)」が特に有名であるが、インパクトのあるイントロに引き込まれ
る「The Harder, the Better」も無駄の無いキレッキレなハードコア・
トラックで素晴らしい。

V.A.

Lost 5 / Lost 6 ドイツ
Cold Rush Records 1994

1994 年に発表された Cold Rush Records の 2 枚組コンピレーション
LP。参加アーティストは Freez-E-Style、Marshall Masters、Tilt!、
Cypher など、全て Marc Acardipane 関連のプロジェクトとされてい
る。ハードコア・テクノ好きならば一度は耳にした事があるかもしれない
印象的なフレーズで有名なクラシック「Stereo Murder」のオリジナル
ヴァージョンが収録。「Stereo Murder」は 1996 年にリミックス集が
リリースされ、1998 年には自身によってリメイクした「Don't Touch
That Stereo」もリリースされた。

Inferno Bros.

Slaves to the Rave (The PCP & DE 2001 Mixes) ドイツ
Dance Ecstasy 2001 1995

ハードコア・シーンに燦然と輝く名曲。1995 年の発表以降、60 を超えるコンピレーションと Mix CD に収録され、Neophyte や Stunned Guys のリミックスも作られた。映像化された Thunderdome でのライブパフォーマンスも有名であり、近年も大規模フェスティバルではプレイされている。Rave に渦巻く巨大なエネルギーを楽曲に反映させ、途切れることのない絶対的な解放感と、絶頂に包まれる様な最高の瞬間を味わえる。The Mover と Pilldriver では Rave のダークな部分をクローズアップしている様であったが、今作ではその逆の側面をストレートに映し出しているのではないだろうか。

Marshall Masters

E-Ternal ドイツ
Acardipane Records 1998

Planet Core Productions での活動を経て、1998 年に Marc Acardipane が立ち上げたレーベル Acardipane Records から発表された Marshall Masters 名義の 12" シングル。タイトル・トラック「E-Ternal」は、リリース当時の時代背景を感じさせるトランシーなハードコア・テクノ。B 面の「World Evacuator」では、Pilldriver 名義での実験的なハードコア・スタイルを受け継ぎながらもよりダンスフロアを意識した様な作りになっている。90 年代後半の Marc Acardipane の作風を象徴した一枚ではないだろうか。

Rave Creator

Divine Dancer ドイツ
Acardipane Records 1999

Cold Rush Records や Dance Ecstasy 2001 からシングルを発表していた Marc Acardipane のプロジェクト Rave Creator が 1999 年にリリースした名作。他のプロジェクトよりもハードで重みのあるハードコア・テクノ・スタイルで、インダストリアル・ハードコア的とも言える部分もあり、若干ホラーテイストも感じさせる。Rave Creator 名義では他にも「Into Sound」や、The Mover & Rave Creator 名義で「Atmos-Fear」といったダークで重みのあるダンサブルなハードコア・テクノの名曲を残している。

Marc Acardipane

Today Tomorrow Forever / Only God Can Judge Me ドイツ
Acardipane Records 2000

Planet Core Productions の T シャツにも使われていた彼等のスローガン的な「Today Tomorrow Forever」は、シンフォニックなサンプルを上手く使ったドラマチックなトラックとなっており、ハードコアのフェスティバルや大規模 Rave に映えそうな 1 曲。Marc Acardipane らしいシンプルながらも、繰り返し聴いてもまったく飽きのこないメロディが抜群の効果を発揮しているアッパーでストーリー性のある展開が魅力な「Only God Can Judge Me」も、同じくドラマティックで壮大なハードコア・テクノとなっている。

Marc Acardipane Feat. The Horrorist

Metal Man	ドイツ
Acardipane Records	2000

Oliver Chesler の EBM/ テクノ・プロジェクト The Horrorist をボーカルに迎えた 12" シングル。タイトル・トラック「Metal Man」は、Marc Acardipane らしい退廃的でスケールの大きいダーク・レイブ感のあるハードコア・テクノなトラックに、The Horrorist の荒々しいパンキッシュなボーカルを乗せたフィジカル度の高いトラック。両者の個性が上手く溶け合った名曲である。「Metal Man」は後に The Horrorist のアルバムにも収録され、ライブでも披露されている。インダストリアル・メタルや EBM 系のリスナーにもオススメ。

The Mover

Frontal Frustration	ドイツ
Tresor	2002

数多くの名作をリリースしているテクノの名門レーベル Tresor から 2002 年に発表されたアルバム。ハードコア・テクノやドゥームコアのエッセンスも活かしたノイジーでダークなトラックから、低音の鳴りが心地よいダビーな要素を感じさせるトラック、アッパーでトランシーなトラックなど、軸はぶれずに幅広く様々なスタイルを披露している。The Mover としては、2018 年にアルバム『Undetected Act from the Gloom Chamber』をリリースし、今も Marc Acardipane のメインプロジェクトとして頻繁にライブを行っている。

Turbulence

Classic Hardcore Vol. 2	ドイツ
ACA2017 Productions	2007

Marc Acardipane も頻繁にプレイするハードコア・クラシック「6 Million Ways to Die」と、Rotterdam Records からのリリースでガバ / ハードコア・シーンではお馴染みの The Headbanger によるリミックス、『Turbulence over Europe 92/93 (Self Protected)』収録の「Disaster Area」をリマスタリングした Turbulence 名義のシングル。2011 年に公開された F. Noize による「6 Million Ways to Die」のリミックスも原曲の素材を活かしたユニークでフレッシュな内容であった。

Pilldriver

Classic Hardcore Vol. 3	ドイツ
ACA2017 Productions	2008

Marc Acardipane の実験的なハードコア・プロジェクト Pilldriver が 90 年代に残したクラシックをまとめた一枚。1995 年に Cold Rush Records から発表された『Awake in Neo Tokyo』に収録されていた「Pitch-Hiker」と、1997 年に同レーベルから発表されていた Tilt! とのスプリットに収録されていた「Apocalypse Never」を収録。最初から最後までキックだけで構成されている「Pitch-Hiker」は非常に中毒性が高く、危険なトリップ感に誘われる。照明が機能していない真っ暗なダンスフロアの中で爆音で聴いたら確実にぶっ飛ぶだろう。

Marc Acardipane インタビュー

インタビュー：梅ヶ谷雄太
翻訳 :L?K?O

Q：ご出身はどちらですか？　どういった環境で育たれましたか？　現在はどこを拠点に活動されていますか？

A：ドイツのフランクフルト生まれ。祖父はイタリア人で、自分の名前はそれに由来してるんだ。子供の頃は至って普通だった。ちょっとゲットーぽい所で育ったんだけど、人が言うほど悪いところではなかったな。1996 年以降はハンブルクを拠点にしているんだ。

Q：あなたが本格的に音楽に興味を持ったキッカケは？　最初に買ったレコードなどは覚えていますか？

A：僕は AC / DC の大ファンだから、初めてのレコードは多分彼等のどれかだと思うよ。去年彼らの CD を全部買い直したんだ（もちろんレコードでもまだ持ってるけどね）。僕はよく長時間を飛行機で過ごすから、彼等のアルバムを全部聴き直したんだけど、振り返ってみると、AC / DC に無意識の内に大きく影響されてたんだって気づいたよ。例えば、ギター２本とベースが一体となってハーモニーを奏でている感じとか。自分もシンセで同じことしてるなって。今まで気づいてなかったけど、そう、無意識に影響されてたんだ。

Q：あなたのホームタウンはどういった所でしたか？　音楽シーンやコミュニティなどはありましたか？

A：フランクフルトは完全にアメリカの音楽が席巻してて、それはアメリカ兵がフランクフルトに駐屯してたからだと思う。僕等はラップ、ヒップホップ、グラフィティー、ブレイクダンス、マイアミベース、アメリカのストリートファッションに夢中だったよ。自分は US ラップのストリートに根ざした姿勢が好きだった。少し名前を挙げれば、N.W.A.、Ultramagnetic MCs、Beastie Boys、Public Enemy とか。最初期に、Thorsten、Pan と僕でラップバトルのイベントに出てたんだ。テクノのパーティーなんか無かった時代に。でも、そこには全然溶け込めなかったよ。他のクルーの連中は僕等を変な奴等だと思ってたし。ある日、鏡に映る自分を見て、僕等はドイツ独自のストリートミュージックを作らなきゃいけないって気づいたんだ。ハードコア・テクノの誕生さ！

Q：あなたの音楽からはインダストリアル・ミュージックの要素を感じますが、インダストリアル・ミュージックやドイツのインダストリアル・シーンからの影響はありますか？

A：ああ、ほんの少し名前を挙げると、ドイツのバンドの Kraftwerk、Einstürzende Neubauten、

D.A.F.、ベルギーのバンドの Front 242、The Klinik、イギリスのバンドの Nitzer Ebb とかから大きな影響を受けていたよ。

Q：ベルリンの壁があった頃のドイツの雰囲気を覚えていますか？　壁の崩壊はあなたの人生に何かしらの影響を与えていますか？

A：壁があった頃のベルリンには一度だけ行ったことがあるよ。バスで行ったんだけど、降りることも停まることすらも許されない軍の規制エリアを通った時は本当に怖かった。でも、ベルリンの壁は自分の人生や音楽にはなんの影響もなかったね。

Q：ご自身で音楽制作を始めたのはいつ頃からですか？　最初はどういった音楽を作られていましたか？

A：僕はバンドで活動していたんだ、生々しくてダーティーなパンクさ。確か 1983 年頃だったかな。僕らは 4 人で、シンガー、ドラマー、ベース、自分はギターだった。ライブもしていて、規模は大きくなかったけど、楽しんでたよ。バンドを通じて、若かった頃のほとんどの時間を防空壕の中で過ごしたんだ。なぜなら、そこが僕等のリハスタだったからね。

Q：テクノ、ハウス、エレクトロといったダンスミュージックに興味を持ったキッカケは？

A：僕が始めた頃はテクノの DJ なんていなかったんだ、自分の知る限りでは。ドイツではイベントすらまだなかった。それでも、間違いなく初期のデトロイトテクノやマイアミベースやシカゴハウスに影響されているよ。

Q：あなたが最初に Rave を体験したのはいつですか？　フランクフルトにはどういった Rave シーンがありましたか？

A：フランクフルトで初めて開催された Rave は Omni という名前で、Sven Väth がオーガナイズしたんだ。僕等もライブしたよ、1992 年だった。「We Have Arrived」を初めてライブで演奏したのがその時だった。初期に受けたインタビューで自分はこんなことを言った。「もうすぐロックのコンサートの様にでかいホールでテクノのパーティーが開催される」って。インタビューワーは笑ってたな。でも、1993 年にそれは現実になった。Mayday がドルトムントのヴェストファーレンハレ（Dortmunder Westfalenhalle）で開催されたんだ。

Q：1989 年にドイツで Love Parade が始まりましたが、あなたは Love Parade に対して当時どういった事を思っていましたか？　過去に Love Parade に出演したことはありますか？

A：正直なところ、自分は Love Parade には全く興味がなかったんだ。一度ブッキングされたことはあったけど、僕等がプレイすると聞いた Low Spirit が僕らのトラックをキャンセルしやがったんだ。

Q：同年に、あなたは Planet Core Productions（通称 PCP）を Thorsten Lambart と共に立ち上げましたが、自分達でレーベルを作った経緯を教えてください。PCP の設立当初のコンセプトは？

A：僕等はまだテクノのレーベルがなかった頃にレーベルを始めたんだ。コンセプトは、「凍てつく暗い未来の恐怖に立ち向かえ。僕等の音楽に立ち向かうことが出来れば、準備完了だ！」

Q：PCP はドラッグ（フェンシクリジン）の名前として知られていますが、そういった意味も込められているのでしょうか？

A：いいや、PCP は単に Planet Core Productions の短縮形だよ。ドラッグの PCP はやったことないしね。

Q：PCP の第一弾リリースである Mescalinum United の『Into Mekong Center』について。このレコードの制作にはどれ位掛かりましたか？　どういった機材を使用されていましたか？　『Into Mekong Center』はドイツのテクノ DJ 達からサポートを受けましたか？　Mescalinum United の名前の由来は？

A：制作にどれ位かかったかは覚えてないな。機材に関しては、当時は 1 MB の半分のメモリーの EMU Emax sampler しか持ってなかったんだ。『Into Mekong Center』は多くのドイツの DJ にプレイされたよ。例えば、DJ Dag とかね。彼はフランクフルト空港にあった有名な Dorian Gray club のレジデントだったんだ。あの曲はそこでかなりの人気だった。そして、あの曲のおかげでドイツ初のテクノのレコードのディストリビューター AMV と連絡を取り合う様になったんだ。Mescalinum United っていう名前はダジャレさ。

Q：その当時、レコードをプレスする費用と時間はどれ位掛かったのでしょうか？　インターネットが無かった頃は、どの様にして自分の音楽を広めていったのでしょうか？

A：レコードはそこら中にあったんだ。僕等はレコードによって自分達の事をプロモートしていた。広告会

社や雑誌なんて無かったからね。僕等は店やDJ達にレコードを送っ
たし、クラブに行って直接DJ達に渡していたよ。初めの2タイト
ル、PCP001 と PCP002（品番）は 2500 枚ずつプレスした。

Q：その後、Freebase Factory や Cyborg Unknown でエレクト
ロやヒップホップのレコードもリリースされ、Trip Commando で
はテクノを作り、新たにレーベル Dance Ecstasy 2001 もスタート
されました。レコードの売り上げは順調でしたか？

A：売り上げはとても良くて、売り切れるのもすごく早かったよ。
売り始めた当初は昔ながらのやり方で車で売ってたんだ。テクノの
レコード屋なんてまだ無かったからね。レコードを売ることだけで
生計を立てていたんだ。

Mescalinum United – Into Mekong
Center

Q：PCP 名義でのライブパフォーマンスを開始されたのはいつ頃か
らですか？　どういったパーティーに出演されていましたか？

A：1989 年はまだライブはやってなかった。1990 年になって
小さなクラブでやるようになったんだ。まだパーティーという感じではなくて、大体週末ですらなかった。
1991 年には、Nine Inch Nails のサポートバンドとして演奏したけどね。

Q：1990 年に Underground Resistance は『Sonic EP』と『Your time is Up』をリリースしてい
ましたが、彼等の作品はリアルタイムでチェックされていましたか？　彼等の作品についてどう感じていま
したか？

A：UR は大好きだよ。もちろん知っていたし、PCD（Planet Core Distribution）を通じて彼等のレ
コードをディストリビュートもしたよ。ドイツの +8 のものもね。

Q：『Reflections of 2017』について。このレコードは本当に革命的で今もその影響は続いています。特
に、「We Have Arrived」は世界で最初のハードコア・テクノ・トラックと言われています。なぜ、こういっ
たハードなサウンドを作る事が出来たのでしょうか？

A：『Reflections of 2017』について、笑える話があるよ。シンセの奏法が狂ってた。シンセを吊り下
げてたんだ。その方が音がいいと思って。その状態で演奏して後でテープ編集でアレンジしたんだよ。「We
Have Arrived」について、僕が使ってた小さなミキサーはヘッドルームがすごく低くてマスターがすぐ
に歪むものだったんだ。普通そんな時は全てのフェーダーを下げてミックスし直すよね。でも、僕はその音
が最高にかっこいいと思ったんだ。それこそが自分の探してた音だった！　まるでクラブのスピーカーが顔
面を引っ叩く様な感じ、たとえ小さな音量でもね。Sven（Sven Väth）が手がけたフランクフルトでの
初 Rave で、サウンドチェックしてたらエンジニアが飛んできて、僕がシステムをぶっ壊そうとしてるん
じゃないかって焦ってたから、サンプラー内の音源が既に歪んでる事を説明しなきゃならなかったよ。それ
以前は全てのトラックが完全に歪んでるなんて有り得なかったからね。

Q：「We Have Arrived」はキック、シンセ、ベースなど、全て完璧でまったく古さを感じさせません。ど
ういった機材を使って作られたのですか？

A：キックドラムは Roland TR-909 のもの、他のドラムもね。
シンセは（先程の）レコーディングセッションからのサンプル。ト
ラックはチープな Roland の 16ch のミキサーと二つの外部エフェ
クトでミックスしたんだ。

Q：『Reflections of 2017』はリリース当時どういったリアクショ
ンを得ましたか？　テクノ・シーンからサポートされましたか？

A：ああ、Richard（Aphex Twin）がプレイしてくれて、イン
タビューで史上最高のレコードだと絶賛してくれたよ。

Q：「We Have Arrived」のリミックス集に Aphex Twin を起用し
たのはなぜですか？　1994 年にあなたは彼とイギリスで共演され
ていますが、どういった人物でしたか？

A：R&S がどのアーティストをリミキサーに迎えたいかって持ち
かけてくれたから、Aphex Twin と即答したんだ。彼の二つのリ

Mescalinum United - We Have Arrived
(Remastered 2017)

ミックスは、初めて聴いた時から大好きだった。僕等はロンドンで何度か共演したよ。電話や後にメールで連絡を取り合っていたし、今も繋がっている。彼の秘密のメアドを知っているからね。

Q：あなたはクラシック・ギターを学んでいると聞きましたが、音楽教育で得た知識はあなたの楽曲制作に活かされていますか？

A：8歳から18歳まで10年間クラシックギターのレッスンを受けていたよ。14歳の時にはドイツのパンクバンドの有名なギタリストからエレキギターのレッスンも受けた。彼は自宅に大量のアナログの機材を所有してた。Fostex の8 Track、Roland TR-808、Korg MS-20 とか、他にもいっぱいあったよ。それらが僕の電子音楽への興味を掻き立てたんだ。自宅で自分の音楽を作れるってことに魅了されて、徐々に機材を買い集める様になったんだ。初めて買ったドラムマシーンは TR-808 さ。シンセは Yamaha DX100、あと Tascam の4トラックの MTR を持ってた。シーケンサーは持ってなかったから、DX100 を使って全てライブでテープに録音していたんだ。ヘッドフォンで作業してたけど、母はキーがカタカタいう音でいつも激怒していたよ。同時にバンドでも演奏してたけど、他の連中は自分とはゴールが違ってた。僕は人生の全てを音楽制作に費やしたかったし、それで生きていきたかったんだ。だから、ある時点で解散することになった。電子音楽においては誰も必要としないからね。自分がボスなんだ。

Q：Euromasters や DJ Paul などのオランダのガバを聴いた時にどう思われましたか？

A：Rotterdam Records の最初のリリースは大好きだったよ。「We Have Arrived」をサンプリングしてたけどね。Rob Fabrie（a.k.a. The Headbanger）によって作られた最高のレコードだった！Rob と僕は今も仲のいい友達だ。Paul とはオランダのフェスでちょくちょく会ってるよ。

Q：ドイツ以外の国で最初にライブを行ったのはどこでしたか？

A：オランダとベルギー。初めてのライブはオランダだったと思う、多分。

Q：『Reflections of 2017』がリリースされてから、アメリカやイギリス、オランダからもハードコア・テクノやガバがリリースされ始めました。なぜ、テクノ・シーンでハードでハイスピードなトラックが人気になっていったと思いますか？

A：Raver 達は常にハードなテクノが一番好きなのさ、今でもね。でも、全てのハード・テクノという訳ではなくて、エモーションやグルーヴ、高揚感が重要なんだ、速さではなく。あとはインパクトだね！

Q：テクノとハードコア・テクノがセパレートされたのはいつからだと思いますか？　なぜ、別々の道を進む事になったのでしょうか？

A：ジャンル分けが進んだのは 1995/96 年頃だったと思うよ。みんなフォルダーが必要なのさ。

Q：Leathernecks『Test Attack』について。収録曲「At War（Rmx）」は Low Spirit へのディス・トラックとして有名です。Low Spirit が Mayday での PCP のライブを妨害した事が理由とされていますが、それは本当なのでしょうか？　それ以前は友好的な関係だったのですか？

A：NO、ベルリンとフランクフルトは当時まったく友好的ではなかった。そして YES だ、Low Spirit は僕等のライブを妨害した。僕等だけではなく、MOBY のライブと Lenny Dee の DJ セットもだ。翌日、『Test Attack』のトラックを作って、Lenny Dee のボーカルを録音したんだ。

Q：PCP は数多くのサブレーベルを運営し、あなたも数多くの別名義でレコードをリリースされていました。一つのレーベルや名義に統一されなかったのには、理由があったのでしょうか？

A：今日的な観点から見ると、あまり賢いやり方ではないよね。でも、当時はそれが自分の作りたいものを作る勇気を常に与えてくれてたんだ。僕の新しいアルバムのタイトルは『The Most Famous Unknown』っていうんだ。僕の曲を多くの人が知ってくれているけど、それを作ったのが僕だっていうことは知らないってことさ。それはほんと損なことだと思うし、僕等はそれを変えようと正に今もがんばってるとこさ。

Q：Inferno Bros「Slaves to the Rave」もハードコア・テクノのクラシックとして未だ高い人気があります。この曲のコンセプトやテーマは？

A：僕等はみんな Rave の奴隷なのさ。それ以上に言うことはほと

Marc Acardipane - The Most Famous Unknown

んどないよ。僕は初めての日から Rave を愛しているんだ。子供の頃、サッカースタジアムや大きなホールでやってたロックフェスが好きだった様に。多分、それが焼き付いてるんだ。

Q：1997 年に PCP は活動をストップさせましたが、その理由は？

A：僕等の道が分かれたってことさ。PCP は Thorsten Lambert と僕の 2 人で作ったものだから。

Q：The Mover はあなたのプロジェクトの中でも特別な存在であると感じます。The Mover の活動にはどういった想いが込められていますか？

A：僕の最深部であり、自分の内面そのものだよ。全てのメロディーとエモーションは自分のソウルから湧き上がってきたものだから。もし君が、The Mover を好きならば、すなわち僕を好きってことさ。

Q：The Mover のアルバム『Frontal Frustration』は Tresor からリリースされましたが、どういった経緯で Tresor からリリースする事になったのですか？

A：Marc Snow（Tresor Records の A&R マネージャー）から新しいアルバムのオファーがあったんだ。当然、光栄だし、やるって言ったよ。彼はベルリンの Tresor で最高のリリース・パーティーもアレンジしてくれたんだ。

Q：The Mover を筆頭にあなたの音楽にはダークなエレメントが大きく反映されています。そのダークなエレメントは、どこから来るのでしょうか？

The Mover - Frontal Frustration
(Remastered 2018)

A：ただの今の思いつきで言うんだけど、僕は落ち込んでる時、少しでもマシになる様に気分がアガるフリークエンシー（周波数）を探す様にしているんだ。残念ながらほとんどないんだけど、もしハッピーだったら、スタジオに行って The Mover のトラックを作ることはなかっただろうね。

Q：政治的な思想やメッセージなどは音楽に込められていますか？　ダンスミュージックにそういったメッセージ性や思想は必要だと思いますか？

A：それは重要だね、政治的なメッセージではなくても。ヒューマンであること、優しくあること、自分がそうしてほしいと思うように他の人に接すること。みんなどう振る舞うべきか知ってるはずさ。

Q：あなたは様々なスタイルのトラックをリリースしていますが、曲を作る時に最初にジャンルを決めてから作るのでしょうか？

A：いいや、その日その時の気分次第さ。流れに従うだけだよ。

Q：Nina Kraviz は PCP のレコードをヘヴィープレイしていました。彼女がどうやって PCP に興味を持ったのか知っていますか？

A：知らないな、レコード屋で見つけたか、友達の DJ に教えてもらったとか？

Q：難しい質問になりますが、あなたが 90 年代にリリースした数百枚の作品の中で最も思い入れのある作品は？

A：Mescalinum United『We Have Arrived』（1990）
このレコードがテクノのムーブメントと自分のキャリアを変えたんだ。このレコードを録音してなかったら、今の自分はいなかっただろうね。

Q：あなたが PCP をスタートさせた 90 年代と今ではダンスミュージック・シーンの状況はまったく違っていると思います。今と昔で良い部分と悪い部分とは何でしょうか？　ストリーミング・サービスについてはどう思われていますか？

A：良い部分と悪い部分があるよね。ストリーミングによって世界中の人に届けられるっていうのは、90 年代では不可能だった。悪い点は単純にインプットが増えすぎたってこと。みんな新譜の波に溺れてしまうよね。だから今はみんな DJ ミックスやポッドキャストを聴いてるんじゃないかな、良い音楽を見つけるのは簡単なことではないから。90 年代はもっと楽だった。みんなもっと集中してたし、それほど壊れてな

Marc Acardipane - The Most Famous
Unknown - Expansion Pack 2

かった。レコード屋に行ってレコードを聴いて、触って見てっていう。だから今またレコードがすごく人気なんだと思うよ。

Q：あなたの活動はダンスミュージック・シーンにポジティブな影響を与えました。ですが、あなたとPCPの存在は大きすぎる程の影響を持っています。ご自身の影響力についてプレッシャーやフラストレーションを感じる事はありますか？

A：プレッシャー、フラストレーション、喜び、愛、全てが一体になってる。音楽をやるきっかけが僕からのポジティブな影響によるものだってアーティストから聞くのは誇らしいよ。自分も含めて全てのアーティストは色んなことからインスパイアされてるよね。それは音楽だったり、人生だったり、会った人や失った人だったり。人生はインスピレーションの宝庫だよ。

Q：音楽業界の中で長年に渡って仕事をされていますが、近年の音楽業界をどう感じていますか？

A：もちろん、変わったね。10年ごとにシーンは移り変わったり、再生を繰り返しているみたいだ。自分自身は変わらずに変化に対応していくしかない。でなければ、年寄りになって、コネクションを失うだけさ。過去の良きものを新しい世代に受け継ぐんだ。今の良いものを受け取って、過去のものと繋げるんだ。なにか新しいものが沸き起こるはずさ。

Q：これからの音楽シーンはどう変化すると思いますか？　AIは作曲の精度を上げていますが、それによって人間の作る音楽はどうなっていくと思いますか？

A：コンピューターで最高なエモーショナルな音楽を作ることは出来る。でも、コンピューターはエモーショナルな音楽を作ることは出来ない。ここ数年で多くのテクノのアーティストがまた80年代のヴィンテージ機材を使うようになっている、僕等が使った、そして今も使ってる様なやつを。90年代の子供たち。テクノ・ムーブメントのDay 1さ。

Q：あなたの様なアーティストを目指している若いプロデューサー達に何かアドバイスがあれば教えてください。

A：オリジナルであれ、ハイプを追うな、自身のソウルを音楽に込めろ！　歴史に名を残すんだ！

Q：最後に、日本のファンにメッセージをください

A：近いうちに日本に行ってプレイ出来ることを願ってる。日本には行ったことがないし、その日を楽しみにしてるよ。

The Mover - Undetected Act from the
Gloom Chamber

キャリア30年以上のハードコア・シーンのアイコン的存在

Lenny Dee

◉ Industrial Strength Records、Rising High Records、Ruff Beats Records
🕐 1985　　　　　　　　　　　　　　🌐 アメリカ
🌐 http://www.industrialstrengthrecords.com/

ハードコア・テクノ・シーンの最重要レーベル Industrial Strength Records のオーナーであり、様々な
名義やユニットで数多くのハードコア・クラシックをリリースし、ハードコア・テクノの発展に大きく貢
献した人物。English Muffin、Industrial High、Knight Phantom といったプロジェクトでリリースし
たレコードによってハードコア・テクノの土台を作り上げ、ハードコア・シーンの新旧世代から崇められ
る Leonardo Didesiderio こと Lenny Dee は、ハウスやテクノ・シーンにおいても重要な役割を果たし
ており、ジャンルを超えて多くのフォロワーを生み出したパイオニアである。90 年代初頭から中頃にかけ
て、Industrial Strength Records を中心に Rising High Records や Mokum Records、Rotterdam
Records から立て続けに革新的なレコードを発表し、ハードコア・テクノ / ガバを大きく進化させた。
レーベルオーナーとしても、Industrial Strength Records のサブレーベルである Bastard Loud
Records、IST Records、Ruff Beats Records からリリースされたハードコア・クラシックをプロデュー
スしており、90 年代のハードコア・シーンの中心的な存在であった。2000 年以降も挑戦的な活動を行い、
様々なアプローチでハードコア・テクノをクリエイトし続けており、最近では D.A.V.E. The Drummer と
のコラボレーションやオールドスクールなディスコ・セットなどで、新たな世代やジャンルのリスナーを獲
得。世界中を飛び回るインターナショナルな DJ として活躍し、ダンスミュージック・シーンをリードし続
けている。

English Muffin / Crowd Control

Industrial Strength Sampler アメリカ
Industrial Strength Records 1992

Ralph D'Agostino (Ralphie Dee) とのユニット English Muffin と、Dave Tomaselli とのユニット Crowd Control による名盤スプリット。当時のイギリス産ブレイクビーツ・ハードコアを独自に解釈し、自分達が持っていた様々な音楽的バックグラウンドと結びつけたミクスチャー要素の高い English Muffin と、ハウスとテクノを下地に Lenny Dee のパワフルなサウンドが全面に出たオリジナルなハードコア・スタイルを開拓した Crowd Control のトラックは、間違いなく歴史的な名曲だろう。

Industrial High

The Industrial High EP アメリカ
Sapho 1992

Lenny Dee、Nico、Marc Williams、Rising High Records のオーナーである Caspar Pound などが参加していたハードコア・テクノ・プロジェクト。80 年代後半から 90 年代初頭に生まれたアシッド・ハウス、ブレイクビーツ・ハードコア、テクノの要素を引き継ぎながらも、ハードコア・テクノなどの新しいサウンドとミックスした純度の高いトランシーでアッパーなトラックが収録。2017 年には Rising High Records からリリースされた Lenny Dee の『Potato Head EP』に今作からも数曲のトラックがリマスタリングされ収録された。

Knight Phantom

Knight Phantom EP アメリカ
Rising High Records 1992

イギリスのブレイクビーツ・ハードコアにドイツのハードコア・テクノをミックスさせ、ある意味アメリカらしいとも言える Lenny Dee のパワフルなテクノ・サウンドで締めた「What's the Situation Now」は当時の時代性を映し出しながらも、現代でも十分に通用するクラシック・トラックだろう。興奮剤の様にリスナーのテンションを一気に上げるシンセのフレーズと、リズミカルなパーカッションとキックが神憑り的に合わさった「Kick up the Volume "Play It Loud"」と、アシッド・ハウス的な要素がトランス感を誘う「Frequency Response」も同等に素晴らしい。

English Muffin

The Blood of an English Muffin アメリカ
Industrial Strength Records 1993

鋭いフーバーシンセのフレーズで有名な名曲「The Blood of an English Muffin」が収録された English Muffin の単独 12" レコード。ハードコア・テクノとブレイクビーツ・ハードコアを軸とした革新的なトラックを生み出しており、同時代にリリースされていたハードコア・テクノ系のレコードの中でも特別な存在感がある。前作も含め、English Muffin の作品は Dawl、Tessela、Special Request といったアーティストのファンにも是非聴いて欲しい。現代の Rave やハードコア・シーンともリンクする不屈の名盤である。

Knight Phantom

Worldwide Terror EP	アメリカ
Rising High Records	1993

Lenny Dee が 90 年代前半に残したハードコア・テクノのリリースの中でも、特に人気が高い一枚。English Muffin や Industrial High といったプロジェクトで得た経験を元に、当時のダンスミュージック・シーンのトレンドや雰囲気なども上手く取り込み、刺激を求めるダンスフロアの要求に完璧に応える抜群のトラックを完成させている。Lenny Dee が後に開拓していく、ハードコア・テクノ / ガバの伏線も感じられる。ハードコア・テクノの歴史においても重要であり、輝かしい功績を持つ Rising High Records のカタログの中でも重要な役割を果たした作品ではないだろうか。

Fuckin Hostile

Fuckin Hostile	アメリカ
Industrial Strength Records	1993

Lenny Dee と Sal C による Fuckin Hostile が 1993 年に発表したシングル。Pantera「Fucking Hostile」のサンプリングで有名であり、Industrial Strength Records の初期カタログの中でも特に知られているハードコア・クラシック。破壊衝動が剥き出しになっているオリジナル・ヴァージョンも素晴らしいが、退廃的でダーク・レイブ感のある Disintegrator のリミックスも最高だ。2012 年にリリースされた The Outside Agency によるリミックスは、彼等のリミックス・ワークの中でも上位に入る内容なので是非チェックして欲しい。

Lenny Dee Versus DJ Paul

Round One	アメリカ, オランダ
Rotterdam Records	1994

Paul Elstak とのコラボレーション作。Rotterdam Records らしいアッパーなガバと Industrial Strength のパワフルでロッキンなハードコア・テクノの美味しい部分がミックスされ、両者のトレードマークと言える部分が綺麗に混ざり合っている。Holy Noise や Knight Phantom の延長線上にある煌びやかな Rave サウンドは、今も衰えない輝かしいインパクトを放っている。同年にリリースされた Lenny Dee のユニット O.T.T.『Raw』にも DJ Paul はリミックスを提供しており、そちらも素晴らしい。1996 年に続編『Round 2』もリリースされた。

The Bunko Squad

Push Da Tempo	アメリカ, フランス
Ruff Beats Records	1995

Lenny Dee を中心にテクノ / ハードコア・シーンのトップ・アーティスト達が参加したコラボレーション作。Laurent Garnier、Manu Le Malin、DJ Micalizzi、Delta 9 の 4 組が参加。トランシーでバウンス感のあるガバ・トラック「Push Da Tempo」、中毒性のあるアシッド・テクノ「Move Your Body」、力強いブレイクビーツとガバキックが叩き込まれる「Watch'em All Drop」、スコットランド民謡「Auld Lang Syne」のメロディを引用した楽し気な「Dance 2 the Rhythm」など、各アーティストの個性が出た名作。

Lenny Dee and the Hardcore Warriors

Funky Twisted	アメリカ
Industrial Strength Limited	1996

DJ Lancinhouse、Dave Tomaselli（Crowd Control）、DJ Buby（Baba Nation）、Francesco Iapicca（DJ Jappo）、Vanni とのコラボレーション作。90 年代中頃らしいギザギザとしたシンセに軽快に叩きつけるガバキックがバウンシーにミックスされたガバ・トラックが収録。必要な物だけが詰め込まれたシンプルな構成で、リスナーは何も考えずに踊る事が出来る。今作と同じ方向性を持った作品として、同年にリリースされた DJ Gizmo と Lenny Dee の『Muthafuckin Drum Machine』も合わせてチェックして欲しい。

Lenny Dee

The Dreamer	アメリカ
Industrial Strength Limited	2007

1996 年に LD Records から発表された『Emotional Response』に収録されていた「The Dreamer」のオリジナル・ヴァージョンと DJ Promo のリミックスが収録された 12" レコード。スペーシーなメロディが印象的な「The Dreamer」は、トランスの高揚感と解放感をハードコア・テクノとガバに落とし込み、ダンスミュージックのピュアなエネルギーをストレートに表現した名曲。Industrial High の頃を連想させる部分もある。退廃的な雰囲気が増し、壮大な展開となった DJ Promo のリミックスも原曲に負けない大きなインパクトがある。

Lenny Dee

Calibrate Volume One	アメリカ
Industrial Strength Records	2010

Delta 9、Dan Physics、Neverquiet、Julie Dee、Satronica をフィーチャーした 12" レコード。長年に渡ってコラボレーションを行っている Delta 9 との「Hard Attack」は攻撃的なテラーコア・スタイルとなっており、両者の個性がバッチリとハマっている。ドラムンベース的なビートとベースをハードコアとミックスしたトラックにラガマフィンを乗せた「Ragga Tone」は、後に Grandmaster Dee & the Furious Fish 名義で Deathchant からリリースした「Raggabitch」のプロトタイプ的なトラックで非常に面白い。

V.A.

20 Years of Hardcore - Remixen Industrial Strength	アメリカ
Industrial Strength Records / More Music	2012

Industrial Strength Records の 20 周年を記念して発表されたリミックス・コンピレーション。Lenny Dee の Fuckin Hostile、English Muffin、Crowd Control や、Nasenbluten、DJ Skinhead、Delta 9、D.O.A. の名曲をハードコア・シーンのトップ・アーティスト達がリミックスしている。リミキサーには Neophyte、The Outside Agency、Hellfish & Producer、I:Gor などが参加しており、どのリミックスもクオリティがとても高く、レーベルへの愛情と敬意が現れている。

Lenny Dee インタビュー

インタビュー：梅ケ谷雄太
翻訳 :L?K?O

Q：ご出身はどちらですか？
A：ニューヨークのブルックリン。

Q：貴方はどんな環境で育ち、音楽と出会いましたか？

A：今まで両親にサポートして貰い、こうして君に取り上げて貰え
て最高だと思ってるよ。若かった頃、アーティストになりたくて、
アートスクールに通ってたんだ。8歳だか10歳の頃、祖父から
ラジオを貰った。あと、両親はステレオを使わせてくれて、彼等の
レコードを聴いてた。母は初めてのレコードを買いに連れてってく
れた。その中の一つは The Ring の「Savage Lover」だった
と思う。1992年には、KTU（NYのローカルラジオ局）でDJ
ミックスの番組がいっぱい放送されてたんだ。ニューヨークの最高
のDJ達のセットがね。Paco Super Mixes は今もファンだよ。
全てエディットされたメガミックスとメドレーで、今ではマッシュ
アップって呼ばれているね。彼等のやり方に夢中になったよ。ファ
ミリーパーティーに行った時にDJがプレイしてて、ようやく謎が
解けたんだ。言うまでもないよね。すごく興味をそそられて、叔父
の店で働いて貯金して、ターンテーブル2台とミキサーを買ったん
だ。彼の店の隣はニューヨークのクラブのサウンドシステムを扱う
最大手の機材屋だったから、すごく安くしてもらえたんだ。そんな
DJ達のミックスやプロデュースを目の当たりにして、興味津々で、
もっと知りたいって思ったのさ。

Q：あなたの地元にはどういった音楽シーンがありましたか？

A：そうだね、地元はブルックリンのシープスヘッド・ベイの辺りで、
ベンソンハーストやベイ・リッジ、コニーアイランドの近くだよ。
当時、影響を受けたブルックリンのDJは、Tommy Musto と
Ralphie Dee だね。Tommy と話したくて地元のラジオ番組に電
話したんだ。彼等にどうしても会いたかったのさ（笑）。Tommy
は音楽を作る機会をくれたんだ。スゴくのめり込んだよ。ズブズブ
にね。

Q：ハウスミュージックの存在を知ったのはいつ頃ですか？
A：自分で作りながらハウスを学んだんだ。作り始めた頃、ハウス
はまだ新しいものだった。始まったばかりだったのさ。

Q：最初にディスコ / ハウスミュージックを聴いた時の印象は？
A：最高さ！　色んな意味でハウスはディスコから来てるんだ。
70年代はディスコ、ハウスは80年代だから、ディスコからの
影響がハウスになったのは明白さ。長年に渡って多くの曲を作った
よ。色んなスタイルの始まりに居合わせて、当時それらの全てを作っ
ていたのさ。

Q：ハウスミュージック以前はどういったダンスミュージックを好まれていましたか？
A：ディスコDJとしてキャリアをスタートした。17歳の時にブルックリンのローラーディスコ Roll a
Palace でレジデントをしていたんだ。他の音楽もいっぱい聴いてたけどね。

Q：伝説的なクラブ Paradise Garage には行かれたことはありますか？
A：YES。最高の音で、感動したよ。ニューヨークの最も有名なクラブの一つだからね。

Q：あなたがティーンエージャーの時に最も時間を過ごした場所は？
A：友達達とつるんでたよ。でも、その頃はレコードをディグることと家での練習にもっと夢中になってた

Lenny D & Tommy Musto – Everything Bamboo

な。時には学校をサボってね。

Q：その時のお気に入りのスポットは？

A：レコード屋だね。特に好きだったとこを少し挙げるなら、Vinyl Mania、Sonic Groove、Midtown、USA import だね。これは始めた頃の話で、ある時点からは大元のディストリビューターを訪ねていたよ。彼等と関係を築いて、直接取引してたんだ。だから、レコード屋のオーナーが選んだものではなく、自分の好きなものを選べたんだよ。あとは、クラブ / ディスコとライブハウスだね。NY の Fun House やロンドンの Limelight と Heaven とか。

Q：あなたがティーンエージャーだった時のアメリカの雰囲気や状況を覚えていますか？

A：今とはだいぶ違うね。今ここはスゴく緊迫してるから。自分が若かった頃はもっと楽だった。より自由な時間があったし、携帯もなくて、一日中やってる TV のニュースに煩わされることもなかったからね。

Q：ご自身で音楽制作を始められたのはいつ頃からですか？

A：初めは機材の使い方なんてすぐには分からなかった。Tommy Musto といっぱいコラボして、その最高のセッションから学んでいったんだ。僕は色んなビートを持っていって、アイデアを出し、ドラムパターンのプログラミングをしたよ。僕等は4ビットとかで数秒しか録れない初代の AKAI のサンプラーを持ってたんだ。レコードの速度をめっちゃ早くして取り込んで、イイところを選んで、サンプラー内でテンポを下げてたんだ、より多く録るためにね。そして、サンプルを増やす為にそれらをテープに録音していったのさ。こんなやり方は今のプロデューサーは苦労するだろうし、それを素早くやるなんて多くの人が無理だろうね。多くの時間をかけて習得し、高い機材を揃えるなんてことは、今の環境は彼等にとっても自分にとっても最高に喜ばしいよ。

Q：パソコンでの楽曲制作はいつから行われていますか？

A：ラッキーなことにイギリスとヨーロッパでヒットしたんだけど、15枚かそれ位のレコードを作った後、MSQ Sequencer と Roland のキーボードをいくつかと Tape Machine を買って、そこからだね。Atari のコンピューターをゲットして、Cubase、Jupiter 6、Prophet を使ってた。909 はユーズドの箱から 150 ドルで見つけたよ。Juno のがいくつか、Yamaha のミキサー、NS-10 スピーカー、それから、リストのトップはなんと言っても Akai S-900 sampler だね。常にアップグレードして、色んな機材をゲットしてきたよ。

Q：どの様にして楽曲制作と機材の使い方を学んでいったのでしょうか？

A：毎日読んだり調べたりしたけど、何よりやることでね。機材の機能を全て知ることよりも、アイデアが一番重要だから。

Q：1989 年に XL Recordings から Frankie Bones & Lenny Dee 名義で『Just as Long as I Got You』をリリースされましたが、Frankie Bones とはどの様にして出会いましたか？

A：お互いに聞いてたけど、会ったことはなかったんだ。常に競い合ってたからね。Northcott（4th Flour Records）で会って、すぐに友達になって、一緒に音楽を作る様になったんだ。僕等は本当に山ほど作ったよ。月にレコードを何枚か出してた。リリースしたレコード毎にかなりのトラック数だったしね。あれこそアイデアがノンストップっていう感じだったよ。

Q：『Just as Long as I Got You』の制作背景を教えてください。

A：やっぱりアイデアが何よりの鍵だね。僕等は大量のレコードを持ってた。毎日起きては何を作るか考えて、お互いのサンプルを自分のスタジオか Frankie のスタジオに持ち寄って、音楽的に言えば、ただひたすらお互いのアイデアを混ぜ合わせたのさ。それは初めての試み

Frankie Bones & Lenny Dee – Just As Long As I Got You

で、かつて誰もサンプリングをこのレベルまで持っていったことはなかったと思うよ。

Q：Rave カルチャーについてお聞きしたいことがあります。

A：YES……。

Q：あなたが Rave を始めて体験したのはどこでしたか？

A：イギリスで、だいたい 1988 年か 1989 年くらい。

Q：Rave での体験はあなたにどういった影響を与えましたか？

A：人生が変わったね。自分では駄作だと思いながら出した全てのレコード。NY のはみ出し者だった Frankie と僕。誰も気に留めやしない。それがイギリスでは、あんなにも最高な DJ 達やアーティストから反響があって、信じられなかったよ。そして、音楽がプレイされてるのを目の当たりにして、みんなが本当に入り込んでてさ。マジでアレを体験して、自分の音楽に活かせたのは大きなことだよ。それにプレイの仕方も変わったね。3-5 時間のセットが 1 時間のセットになって、僕はターンテーブルのアニマルになったんだ。

Q：アメリカとヨーロッパの Rave で最も違う部分とは？

A：当時のアメリカは警察と州政府がストリートを取り締まってて、クラブを潰すために権力を振り回してたんだ。ダンス法を作って、Rave を潰すためにイベントでの水の販売を禁止したりしてさ、最悪だよ。今思い返せば、市長のジュリアーニがニューヨークの Rave シーンに大打撃をもたらしたんだ。ヨーロッパこそそれが起こっていた所だ。ひれ伏すよ。新しい音楽の発見が集まった人々と共にどんどん大きくなり始めたところだった。ジェネレーションX ムーブメントさ。それ以前と以降を分け、数十年を飛び越えた音楽的な革命だね。それが生まれ、人々が集まり、携帯も無くインターネットも無い。この普遍的な目覚め、それが Rave だよ。コンセプトは激しく Rave しようってだけ。そうさ、シンプルだよ。これを読んでるなら、なぜ彼等がそれを Rave ミュージックと呼ぶのか見当もつかないだろうね。君が生まれた場所さ。もちろんそんなパーティーには警察が乗り込んで来たかもしれないけど、パーティーは続くのさ。ホントのアンダーグラウンドでね。イギリスは今も昔も最高だよ。あの当時、みんなそれぞれの場所に集まってさ、それがどんな所だったか想像も付かないだろうね。海賊ラジオで情報をゲットしてたんだ。電波を盗んでね。パーティーをやるためにどこまで出来るかって話さ。ほんといっぱい来てたよ。イギリスの小さな街の警察には成す術なし。一箇所に 1000 人もの人々が集まってたんだ。ドイツに行き着いたのは、ヘビーテクノで成功して、ハードコアになった頃だ。R&S の Renaat が僕の Mayday での伝説的なセットの後に言ったんだ。「おい、Lenny、ハードコアだったぜ！」ってね。クリック。あれこそがひらめきの瞬間だった。

Q：あなたは 1987 年から 1989 年までに Fallout や Brooklyn Funk Essentials、New Grooves といったユニットで数々のハウス・クラシックを世に残されています。その当時、ハウス・シーンからはどういったリアクションや評価を得ていましたか？

A：（笑）1987 〜 89 年には、そうだね、150 枚を超えるレコードをリリースしているよ。僕の Discogs のページをチェックしてみて。でも、全ての仕事を把握することは無理だね、全部のレコードに名前がクレジットされた訳ではないし、別名義もいっぱいあったから。他の音楽スタイルの作曲や制作にも携わっていたし、ミックス、リミックス、エディット、オーバーダブ、とか色々やってたからね。あとポップスの仕事もまだしてたし、セッションワークとかもね。ハウスミュージックに関しては……。特になにもないよ。人がよ

Fallout – The Morning After

うやくそれらについて思いを巡らせて、後から評価されたんだ。それらの音楽については今の方がイイ評価をもらってるよ。ほんと自分はラッキーさ。誰も気にかけることはないって思ってたし。振り返ってみると、僕は初めてのディープハウスの一つを Tommy Musto と共に制作したんだよね（The Morning After - Fallout）。共作した他のアーティストの名前を少し挙げると、Tramps、MC Globe、Victor Simonelli、Musto、Frankie Bones、Arthur Baker、Eric Kupper とか。そう、あの頃は言うなら、ほんと音楽的なハイな状態だったんだ。全てのスタイルが一体となってる様な色んな音楽を作ったね。今も変わってないよ。音楽を愛しているんだ。ハードテクノは自分の一面ってだけさ。

Q：その当時、あなたのハウスのレコードはどこの町で人気でしたか？

A：少し挙げるなら、ロンドン、フランクフルト、アムステルダム、パリ、シドニー、バルセロナ、NY、LA、東京とか。どこに行っても我が家の様に感じるよ。それが僕なんだ。

Q：Omar Santana も同時期にハウスやエレクトロをリリースしており、NY で活動していましたが、その時から彼の事は知っていましたか？

A：ああ、知ってたよ。時間をかけて友達になった。僕等は幾つか最高の音楽プロジェクトを一緒にやったんだ。

Q：アメリカ以外の国で始めて DJ をしたのはいつですか？

A：1988 〜 89 年。

Q：その時のことを覚えていますか？

A：初めて行ったのはイギリスだね。それは決して忘れることはないよ。Frankie Bones と作った『Looney Tunes』というレコードをリリースしたんだ、イギリスの XL-Recordings からね。ロンドンでビデオ撮影して、小さなリリース・パーティーをやったんだ。他にもいくつかギグがあって、それが始まりさ。その時期にオランダにも行ったよ。あそこでもかなりの曲がヒットしてたからね。これは言っとかなきゃなんだけど、アムステルダムのクラブ ROXY をやってた Eddy De Clercq がオランダでプレイする為に招待してくれて……WOW。あとは想像にお任せするよ。あそこは最高だった。Eddy は最高の男さ。オランダの極上のバイブス……至福だったよ。その後すぐイタリアにも行った。ある男がセッティングしてくれたんだ。DJ Cirillo さ。Cocoricò（イタリアの有名クラブ）でプレイする為に呼んでくれたんだ。ドッカーン。WTF。大爆発さ。その時はこんなにも長い友情が続いて、ずっと Cocoricò で一緒にプレイ出来るなんて思ってもいなかったよ。ヒットしたレコードを一緒に手がけたし、イタリアにおける彼の音楽的なビジョンはその当時の最高のものだった。彼はレジェンドさ。彼はイタリアで僕の名前を広めてくれた。本当にラッキーなことに、僕は第一世代の国際的な DJ の 1 人だったんだ。Frankie Knuckles、Frankie Bones、Derrick May、Jaan Aktins、Jeff Mills、Ritchie Hawtin、etc と同じくね。開拓時代さ。僕はイイ会社にいたんだね（笑）。

Q：90 年代初頭に日本にも DJ として来日されたとの噂があるのですが、本当でしょうか？　それはディスコやハウスのパーティーだったのでしょうか？

A：ああ、90 年代初頭に日本に行ったよ。あの体験も最高だったね。旅の道中、いつもその国の文化と人々との交流を楽しみたいって思ってるけど、東京は……言えることはこれだけ……WOW。未来都市。大好きさ。本当に東京を満喫したよ。マジで最高さ。残念ながら他の街には行けなかったけど、もっと見てみたいって思ってる。その頃にはハードなやつを既にプレイしてたね。東京でも同じ様なプレイをしたよ。ハードだけど、クラブの雰囲気に馴染む感じで。自分的には彼等にはハード過ぎるかなとも思ったけど、すごく喜んでもらえて嬉しかったよ。当時は何をかけるにしても、相応しくなければ、全てハードコアだけでプレイすることはなかったよ。僕が大事に思ってて今も心がけていることは、やる場所をよく見ること、誰に対してプレイするのか、誰が自分の前にプレイするのか、フロアの人々の反応、そういったことを確認しているよ。これはそこの文化を感じることと相まってる。最高の体験さ。でも、もしそれがピュアなアンダーグラウンドのパーティーだったり、ハードコアのパーティーなら、ただそれをやるだけさ。

Q：90 年代に入ってからはテクノにフォーカスを当てた活動をメインにされていきますが、なぜテクノに興味を持たれたのですか？

A：ハウスや 80s、ディスコの後の次の段階だね。その音楽が大好きだったよ。作るのもね。Rave、テクノ、ブレイクビーツ、インダストリアル、ハードコアをプレイするのが好きってだけなんだ。他の音楽はプレイできるかって？　もちろん YES さ。自分にとって、テクノをプレイするのはよりチャレンジなんだ。ハー

ドなものは間違いなくそうだし、それに加えてそういったレコードはとてもアンダーグラウンドだからね。それらを見つけるのがミッションなんだ。音のビジョンを養わなければいけない。テクノはそれを可能にする。当時のハウスの曲はもう少し制約があったからね。テクノには完全にハマったよ。

Q：その当時、アメリカのテクノ・シーンはどういった状況でしたか？ ハウスとディスコ・シーンはテクノ・シーンと繋がっていましたか？

A：奇妙なことに YES だ。現代のダンスミュージックを形作るものを時間を追ってお互いに共有し、みんなでフォローし合ってたよ。みんなで進化してきたんだ。それは間違いない。ハウスは当時のクラブシーンの食物連鎖の長だった。大きな飛躍となったのは、NY のクラブ Limelight のメイン DJ の一人 Lord Micheal との仕事だった。Limelight、それはまた別の話だけど。そこではテクノ、Rave、ハウスがかかってた、間違いない。当時、Jeff Mills、自分、Keoki、Repete が世界中の全てのテクノとモダンなハードミュージックでフロアを盛り上げてたよ。

Q：Mescalinum United / the Mover『Planet Core Productions Special Double AA Side』について。Marc Trauner との最初の出会いはいつでしたか？

A：僕らは本当にたまたま出会ったんだ。Marc Spoon と会う予定だったんだけどね。フランクフルトでのパーティーに DJ で行ったんだ。R&S の Renaat がオーガナイズしてくれて。ちょうど、「Bug Spray」（1992 年に ETC から発表された Lenny Dee のレコード）をリリースしたところで、彼が僕を呼んだのさ。

Q：彼と出会うまでにハードコア・テクノ（もしくは、それに近いサウンド）をクリエイトしていたアーティストはいましたか？

A：僕が初のハードコア DJ さ、本当に。それでセットを組んでいたし、そのプレイの仕方を生み出したんだ。これはいくつかのレコード屋に行って「ハードコアください」って言うのとは訳が違う。今ではそう呼ばれているけど、僕にとってはそれは全てテクノだったのさ。Mayday まではね。まあ、自分的には今でもテクノなんだけど（笑）。

industrial strength

Q：Mescalinum United / the Mover『Planet Core Productions Special Double AA Side』はリリース当時どういったリアクションを得ましたか？

A：世界中どこでも一緒だった。衝撃的、驚き、めちゃくちゃ凄い、ヤバイ、最高、WTF。全て貰ったよ。これは、ずっと残るレコードをモノにしたってことさ。最高だね！

Q：あなたは 1992 年から 1993 年まで Mayday に出演されていましたが、その時のドイツのテクノ・シーンはどういった雰囲気でしたか？

A：重要な質問だね。ドイツのテクノシーンの雰囲気は、言うならば……ベルリンの壁の崩壊って感じだ。統一されたドイツ。クソからの逃避でみんなの為の音楽的な革命さ。ドイツの人々は団結していた。短期的な問題は何もなかった。誰も何も気にしてなかった。パーティーの時間ってだけさ。そんな雰囲気だった。色んな意味でそれに参加出来たことを光栄に思う。テクノが生まれた瞬間に立ち会えたんだ。幸運だよ。

Q：Love Parade にも出演されていましたか？

A：YES。確か、3 回目だったか、2 回目だったかだと思う。ちょっとだけプレイしたよ。DJ Cirillo と一緒に Cocoricò のトラックで楽しんだよ。クレイジーな時間だったな！

Q：Euromasters と DJ Paul の存在を知ったのはいつですか？彼等のレコードを聴いた時にどう思われましたか？　あなたがオランダで DJ をされたのはいつでしたか？　その時のオランダのガバ / ハードコア・シーンの状況は？

A：この質問には初めて答えるよ。これはどこか一つの国に限ったことではなく、オランダもその一つってだけなんだけど。でも、彼等のハードコアへの愛情は凄まじかったね（笑）。当時、ドイツ以外では他のどの国よりぶっ飛んでたよ。ハードコアが席巻したのさ！　彼等は自分達が面白いと思うハードコアを大量に作り出していたところだった。僕は一つのシーンにいた訳ではないけど。自分にとってユニークなハードコアのバイブスを生み出す為にあらゆるものをミックスしてプレイしたんだ。ハードコアを広める為に世界中を旅したよ。当時すでに TOP100 BEST DJs に選ばれてた。自分の守備範囲は広大で、Facebook のファンなんていなかった。ただこの音楽を世界とシェアしたかっただけなんだ。そもそもインターネットは無かったからね。どこに行ってもアーティストを見つけるのを使命にしてたのさ。それか彼等が自分を見つけるかね。ハードコアの意味は一つではない。世界の他の場所ではまた違う印象だろう。アーティストはそれぞれの生活拠点から受ける影響でハードコアを表現しているんだ。アーティストの表現を一つのスタイルに制限するなんて、そんなのは狂ってるよ。常に言ってる様に、一緒に世界を盛り上げていこうぜ。

Q：1993 年以降、Mayday からハードコア・テクノのアクトが外され、テクノの DJ 達がハードコア・テクノのレコードをプレイしなくなり、テクノの中からハードコアが切り離されたのはなぜだと思いますか？

A：うーん……ドイツのプロモーターがやったことだからね。新しいスタイルが台頭したっていうのもあるし、例えばトランスみたいな。DJ 達もそれを追っかけたり、脱落したり、新しいスタイルを切り開いたり。進化したってことさ。それによってプレイする場所も変わっていったと思う。一つの広大なフロアに色んなスタイルがひしめき合ってた DJing の代わりに、プロモーター達はスタイルを分け始めたんだ。より大きなロケーションで、ハードコアの予算を削って。彼等は音楽好きではなかったんだ。そんなとこさ。時間の経過とともに肥溜めに落ちていったんだ。オランダでは、逆に盛り上がっていったよ。このスタイルを引き継いで新たなレベルへと導いた。

Q：ハードコア・テクノが独立したシーンとなったのはいつ頃からだと思いますか？

A：常にインディペンデントなシーンだよ。

Q：アメリカのハードコア・シーンがスタートし

たのはいつ頃からだと思いますか？　初期のアメ
リカのハードコア・シーンで重要なアーティスト
/DJとは？

A：はっきり言うけど、それは僕から始まったの
さ。アメリカ初のハードテクノのレーベルを運営
していることは、実際すごく自慢に思ってるよ。
それに国内で最も長く続いているテクノ・レーベ
ルの一つでもあるからね。ここに住んで、僕等は
音楽を作った。ここでパーティーを開いた。国外
でもハードテクノのパイオニアではあるけどね。
戻った時にはヨーロッパでプレイした時以上に
ハードにかましてやったよ。あの頃はシーンも最
高だった。他と違って完全にアンダーグラウンド

Lenny Dee & Chris Liberator

だったんだ。でも、それも警察の攻撃で程なく終わってしまったけどね。

Q：Leathernecks のレコードに参加した経緯を教えてください。

A：それは Marc と自分に降りかかったことへの怒りから生まれたんだ。スタジオに行って僕等が体験し
た狂気をそれこそ狂った様に表現したのさ。Marcのベースドラムにボーカルを乗せた。非現実的だったよ。
クラシックになるレコードには常に何かしらの意味があるんだ。これはその中の一つだよ。WOW。ピュア
な攻撃性だ。

Q：1995年にリリースされた Technohead「I Wanna be a hippy」や Paul Elstak「Rainbow in the
Sky」などの初期ハッピーハードコア・スタイルをどう思われていましたか？

A：あのスタイルは既にイギリスで流行っていたよ。その両方のレコードはそれぞれ違った手法であのバイ
ブスの幕を開けたんだ。良いことさ。どっちのレコードもそれぞれハードコアへの影響力は大きかったね。
Paul の『Don't Leave Me Alone』の 2nd シングルも共作したよ。だから儲かったね（笑）。あの全
てが大好きさ。楽しくて最高のレコードだね。

Q：彼等のレコードはヒットチャートの上位にランクインしていましたが、それによってハードコア・シー
ンにどういった変化が起きたと思いますか？

A：自分的にはスタイルの流行り廃りに興味はなかったよ。それは今も変わらない。それが自分ってだけさ。
他の人に聞くべきだね。

Q：その後、ハッピーハードコアがムーブメントになり、ヒット・シングルが生まれていきましたが、それ
はハードコア・シーンにとって良い状況だったのでしょうか？

A：それは意見の分かれる問いだね。自分的には他のスタイルの音楽に飛び込んでいくことに何の問題も感
じないけど。自分がやることをガムシャラにやっただけさ。ハードだろうがソフトだろうが。でも、Ruff
Beats Records を始めてからは、僕等のやり方でそのバイブスをより取り入れたけどね。いくつかはう
まくいったよ。他はダメだったけど。でも、Industrial Strength Records と同じビジョンで続けた
んだ。異なる国のプロデューサーを見出すことでそのスタイルを広範囲でカバー出来るからね。リリースし
たものには満足していたよ。

Q：あなたは 30 年以上に渡ってダンスミュージッ
クをクリエイトし続け、Industrial Strength
Records も数多くの作品を発表しています。そ
の活動の中でスランプになったり、挫折を感じた
ことなどもありましたか？　もし、そうならばど
うやって克服して来たのでしょうか？

A：WOW、いい質問だ。YES、YES、そして
YES だ。それはノンストップさ。上がったり下
がったり。もし、スランプの度に 1 ドル貰ってい
たら、金持ちになってただろうね（笑）。それがアー
ティストでいることの宿命なのさ。一時期最高に

スランプに陥ったことがある、90年代の終わり頃。それは多くの要因が合わさって起きたことだ。僕は疎外感を感じてたし、15年間ノンストップでツアーし続けて燃え尽きていたんだ。とても孤独だった。それから妻に出会ったんだ。(彼女が言うことには)彼女が大きい男の子用パンツを履かせてくれたんだ(＝子供っぽい振る舞いをやめて、大人になる。の意)。そして、Industrial Strength Records の再建を手伝ってくれて、自分と僕等のアーティストの負債を返済出来たんだ。僕等は地獄から生還したのさ。創作上のスランプの間は、家でのんびり過ごすか、普段はやりたくないけどやらなきゃいけない雑務をこなすんだ。トラック制作のプレッシャーを撥ねのけるには、音を探したり作ったり、ループを組んだり、小さなパーツの作業をしたり、一つのことに専念せずに進める。もし行き詰まったら、新しいセッションを開いて、違う曲を作るんだ。閃きはたった一つのキッカケで降りてくるからね。

Q：音楽活動と日々の生活のバランスはどの様にして保たれていますか？

A：(笑)バランスなんてないよ。不器用なのさ。他に何もないかの様に時間をやり繰りしなきゃならないんだ。サーカスで働くべきかもね。何事もジャグリング(やり繰り)ばかりしてるよ。ラッキーなことに妻の Jules はそれを理解してくれているし、彼女がレーベルを運営しながら僕のサポートもしてくれているんだ。それは簡単なことではないよ。

Q：長年に渡る音楽制作と DJ プレイやツアーによって受ける心身への負担に対して、どの様にして気を付けて活動を続けられていますか？

A：まず睡眠。妻と映画を観たり。毎日2匹の猫と遊んだり。デボンレックスを2匹飼ってるんだ。すごく遊び好きで、元気いっぱいだよ。のんびりするのにうってつけさ。料理も好きだし、外食もね。あと、しばらく何も聴かない様にしたり。質問の答えはそんなとこさ。

Q：ドラッグとアルコールについてはどう思われていますか？

A：僕はそれは知覚を拡張するのに、またはそれをぶち壊すのに、最適な方法だと思うよ。人によるけどね。そのことをあんまり真剣に考えたことはないよ。僕の人生は僕のものだし、君のは君のだ。各々が経験する様々なことは、それぞれ個人的な経験であるべきだよ。

Q：それらは音楽活動を手助けする時もあると思いますか？

A：YES であり NO でもある(笑)。本当に人によるね。僕はウィード(大麻)を吸うのが好きさ。スタジオで音楽を聴きながら楽しんでるよ。

Q：難しい質問ですが、Industrial Strength Records のカタログの中で特に思い入れのある作品はどれですか？

A：WOW。いっぱいあるよ。まずは Industrial Strength Records の初のリリース作、Mecalinium United『We Have Arrived』だね。僕等にとって伝説的な一枚だよ。Marc Arcadipane と友達になって、これをリリースできたことはハード・テクノにとっても革命的なことだったんだ。その編成はキラーだった。今でも古びれることのない創造性さ。『Forgotten Moments』(Lenny Dee/1997)も最高のシングルだよ。これも時の試練に耐えられることを証明したね。今でも感情が呼び起こされる。

Q：あなたは音楽業界で長い間ずっと仕事されていますが、近年の音楽業界をどう思われていますか？

A：僕が音楽を作りリリースし始めた頃は費用が莫大だったから、とっておきのものに限定せざるを得なかったんだ。それぞれのレーベルが独自のバイブスで運営されていた。当時はテクノを作るのも音楽全体にとっても、とにかくお金がいっぱいかかったよ。制作の為のスタジオを維持するのももちろん安くなかったしね。それをやるには自分自身に投資しなければならなかったんだ。僕はラッキーだったけどね。出会って音楽をプレイするチャンスをくれた全ての人たちに感謝しているよ。今は、これからのアーティストにとって多くの可能性があると思っている。新たなプラットフォームが生まれているし。Bandcamp、SoundCloudとかね。でも、同時に多くのノイズを遮断しなければいけない。それは氾濫しすぎてると思うよ。その全てを乗り越えていくのは本当に大変なことだと思う。僕は始めた時期に恵まれていた。個人的な意見だけど、ソーシャルメディアは創造性にとって本当に悪影響だと思う。実際に最高の音楽を作る以上の時間をあんなものに費やしているんだ。古臭く聞こえるのは承知の上さ。僕は Facebook にいるよりももっと作りたいから、心配なんだ(笑)。

80年代から活動し続けるサンプリングミュージックの開拓者

Michael Wells

◉ Wax Trax! Records、XL Recordings、Mokum Records
🕐 1985
🌐 http://dataflow.org/michael_wells.htm
🌐 イギリス

把握しきれない程に数多くの名義を使い分け、インダストリアルやハウス、ブリープ・テクノ、ハードコア・テクノといったジャンルに革命的な作品を残し、80年代から現在までに歴史的な名作を多数発表している電子音楽家。1985年に妻のLee Newmanと共にGreater than Oneを結成。同年にアルバム『Kill the Pedagogue』を発表。その後、SPKのメンバーが主宰していたSide Effectsからアルバム『All the Masters Licked Me』を発表。それまでは呪術的なインダストリアル・ミュージックを軸とした実験的な作品を発表していたが、翌年に発表されたシングル『Now Is the Time』から、ダンスミュージック的なアプローチが強まる。1989年にWax Trax! Recordsからリリースされたアルバム『London』では、世界中に存在するありとあらゆる音楽を素材にした芸術的なサンプリング・ミュージックを完成させる。90年代からテクノやハウス、トランスにフォーカスを当てた活動をスタートさせ、John + JulieやGTO名義でシングルをリリースし、同時期にハードコア・テクノ / ガバにフォーカスを当てたChurch of Extacy名義をスタートさせ、数枚のレコードを発表した後にTechnoheadの活動を開始。1995年にリリースした『Headsex』と『I Wanna Be a Hippy』が大ヒットし、Top of the PopsやMTVにも出演。そんな中、1995年8月にLee Newmanが癌により亡くなってしまう。その後はMichael WellsがTechnoheadを引き継ぎ、不定期ながら今もTechnohead名義での作品を発表している。現在はソロプロジェクトのS.O.L.O.やGTO名義でも新曲をリリースしている。

Greater than One

London	イギリス
Wax Trax! Records	1988

Ministry や My Life With the Thrill Kill Kult などで有名なレーベル
Wax Trax! Records から 1988 年に発表されたアルバム。インダスト
リアル、ヒップホップ、ファンク、レゲエ、ロック、クラシック、ハウス、
ワールドミュージックといった様々なジャンルを切り刻んで繋ぎ合わせた
サンプリング・ミュージックの最高傑作。多種多様な文化と音楽が混ざり
合い、凄まじい情報量が一枚のアルバムにぎっしりと詰め込まれている。
現代でも、これ程までに多くのサンプリングを行って作られた音楽は中々
見つからない。

Tricky Disco

Tricky Disco	イギリス
Warp Records	1990

1990 年に Warp Records から発表された Tricky Disco 名義の 1st
シングル。キュートなボイスサンプルに瑞々しさのある電子音がマッチし
たブリープ・テクノのクラシック・チューンとして知られている。2005
年には Kompakt から再発もされた。Forgemasters『Track With No
Name』、LFO『LFO』、Sweet Exorcist『Testone』 と同じく、90
年代初頭のブリープ・テクノを代表する名曲だ。2000 年後半に Tricky
Disco としてのリリースも再開し、Dataflow Music から数枚のシング
ルを発表している。

Greater than One

Index	イギリス
Wax Trax! Records	1991

『Utopia』と『I Don't Need God』の二枚のシングルを経て、1991
年に発表された EP。Tricky Disco 名義にも通じるハウストラック
「Joy」、タイトル通りのメタルギターをサンプリングした「Metal」、オ
ペラと民族音楽を混合させたサイケデリック感のある「Voice」、ディー
プなエフェクトの掛かったブレイクビーツとアシッドが心地よい「Dub
Killer」が収録。情報量の多いサンプリングは抑えられ、ハウスの要素が
強まっているが、根本的な Greater than One の姿勢はまったく崩れて
いない。非常に聴きやすい内容でもあるので入門編としてオススメである。

John + Julie

Double Happiness	イギリス
XL Recordings	1991

1991 年に XL Recordings からリリースされた John + Julie 名義
でのシングル。複数のバージョンが存在するが、「Double Happiness
(Lightning Mix)」でのハードなキックと、ディストーションの掛かっ
たシンセはインダストリアル / ボディミュージック的な要素もあり、
Technohead へと繋がる複線も感じられる。同時期に XL Recordings
からは『Circles』という Rave クラシックも残しており、The Prodigy
と SL2 に並んで John + Julie も XL Recordings の初期を支えた重要
な存在である。

V.A.

Technohead - Mix Hard or Die	イギリス、アメリカ、オランダ
React	1993

Lee Newman が監修したハードコア・テクノ・コンピレーション。収録アーティストは Spiral Tribe、English Muffin、C-Tank、Koenig Cylinders（John Selway&Oliver Chesler）、Hard Attack（Joey Beltram&Paul Elstak）、そして自身のユニットである Church of Extacy と Technohead など、ハードコア・テクノの歴史に欠かせないアーティスト達が多数参加している。自由で枠にまったく囚われていない実験的で過激なハードコア・テクノの本質を収めた歴史的な作品。

Technohead

The Passion EP	イギリス
React	1993

Technohead 名義としては初となる作品。1993 年に React と Mokum Records からバージョン違いの物がリリースされている。「The Passion」は Church of Extacy 名義で発表した『Technohead』というレコードにも収録されており、そちらがオリジナル・リリースとされている。リリースから 20 年以上が立っているが、未だにプレイされ続けており、90 年代のハードコア・テクノを象徴する一枚。ハードコアのドキュメンタリーや数多くのコンピレーション CD に使われた事で知っている人も多いだろう。ジャンルも世代も飛び越えて今後も愛され続ける名曲である。

Technohead

Headsex	イギリス
Mokum Records	1995

ハードコア・テクノ史に永遠に残る名盤中の名盤アルバム。「Gabba Hop」や「Headsex (Let the Music Go) (Nanotech Mix)」では、Greater than One の頃を彷彿とさせる実験的でファンキーな側面がハードコアに落とし込まれており、太いキックとアーメン・ブレイクにラップをミックスした「Mary Jane」は、UK ハードコア的でもある。「The Passion #1」「Keep the Party Going」「Accelerator #2」といった名曲も収録されており、Technohead の魅力が凝縮されている。

Technohead

I Wanna Be a Hippy	イギリス
Mokum Records	1995

1995 年にリリースされた Technohead の EP『Mary Jane』に収録されていた David Peel「I like Marijuana」を引用した歌モノ・ハードコア「I Wanna Be a Hippy」を DJ Dano & No Sweat、Jeroen Flamman & Abraxas、The Speed Freak がリミックスしたシングル。ミュージックビデオも作られた Flamman & Abraxas のリミックスが非常に有名であり、今もプレイされ続ける特大ヒットチューンである。他にも GTO、Carl Cox、Ilsa Gold によるリミックスもリリースされている。

Technohead

Banana-na-na - DumB DiddY DumB
Mokum Records イギリス 1996

レゲエディージェイの Whoops をフィーチャーした異色のラガ・ハードコア・チューン。攻撃的で重いガバキックとレイブシンセが高速で突っ走る「Banana-na-na (Phun Phactory Mix)」と、Cypress Hill の様な煙たいラガヒップホップ・スタイルの「Banana-na-na (Phunky Mix)」、他にも幾つかのバージョンが存在する。ラガマフィンをサンプリングしたハードコアは 90 年代から作られていたが、本物のレゲエディージェイをフィーチャーした物は少なく、この曲は今のハードコア・シーンにおいても革命的である。

V.A.

Technohead 4 - Sound Wars: the Next Generation
React イギリス 1997

ハードコア・テクノ・シーンで異彩を放っていた Technohead のコンピレーション・シリーズの第四弾。今作は Michael Wells が監修しており、DJ Yubba/DJ Deviant、Alec Empire、Nasenbluten、DJ Freak、DJ Skinhead、Somatic Responses、Burning Lazy Persons が参加。90 年代後半のアンダーグラウンド・シーンの勢いを感じさせる過激なハードコア・サウンドにフォーカスが当てられており、今聴いても刺激的だ。Technohead のコンピレーション・シリーズがシーンに与えた影響はとても大きかったと思われる。

Technohead

The Number One Contender
Mokum Records イギリス 2005

2005 年にリリースされた「The Number One Contender」のリミックス集。リミキサーには The Outside Agency と Despairful Tomorrow が参加。気迫を感じさせるフーバーシンセにプロレスラーのビッグバン・ベイダーのセリフをサンプリングした Technohead のアグレッシブな側面が全面に出た「The Number One Contender (Suquet Mix)」も良いが、原曲の素材を巧みに使い、インダストリアル・ハードコアの真髄を見せ付けた The Outside Agency のリミックスが衝撃的な内容である。

Technohead

Party Boy
Mokum Records イギリス 2014

Technohead 名義としては久々となったシングル。「Party Boy」は EDM やビッグ・ルーム・ハウス的なマッシブなキックに、危ない雰囲気を感じさせるアシッドとブリープ・サウンドがハイスピードに絡み合っていく万能ダンストラックであり、「Singing in Da Rave」は「Singin' in the Rain」をサンプリングした恐れ知らずのハードコア・トラック。2014 年当時の流行スタイルを取り入れながらも、Technohead らしさがちゃんと出ており、常に進化し続けようとする姿勢が現われている。

Michael Wells インタビュー

インタビュー：梅ヶ谷雄太
翻訳：長谷部裕介

Q：あなたの出身地と育った環境について教えてください。どの様にして音楽に興味を持たれたのでしょうか？

A：リバプール近郊に生まれ、サッカー中心の生活をして育った。ボールが暗くて見えなくなる位までサッカーをしていたが、10歳の時に突然歩けなくなり、9ヶ月間病院のベッドで過ごした。両親がラジオを買ってくれて、夜は毛布にくるまってずっと音楽を聴いていたんだ。沢山の60年代カリフォルニアの曲を聴いたよ。この頃は学校へ行かず、絵を描いていた。マージーサイドでは地元の音楽を避けることは出来ず、全て The Beatles に似ていると思っていた。退院した後の数年間、精神療法とリハビリをして普通の生活に戻る事が出来た。母は芸術的センスのある看護師と一緒に幸せに生活していた。父は船員で、マージー川で働いていた。兄弟と共有の寝室では、船の霧笛を聞くことが出来た。その音を今でも愛している。

Q：電子音楽に興味を持たれたキッカケは？　バンドミュージックなども聴かれていたのでしょうか？

A：病院にいる時、ラジオで音楽を聴いていた。最初に買ったアルバムは Devo だが、一曲しか気に入らず返品した。この事が僕をロックから離したと思う。それから、Neil Young や Simon and Garfunkel を聴くようになり、友達からの影響でいろんな音楽を聴いていたよ。Moog を使用した Stevie Wonder のアルバム『Innervisions』が僕にとって最初の電子音楽だった。

Q：10代の頃はどういった状況で生活をされていましたか？　10代の頃に影響を受けた物や出来事は？

A：10代の頃、サウスポートという街の美術大学に通っていて、たまたま、クラスに歌手の Marc Almond もいた。新しい人生のスタートで、髪型を変えて、違う服を着て、アートや様々な形の音楽を意識するようになった。10代前半の頃、芸術がテーマのテレビ番組「Civilization」があって、母と一緒にそれを見ていた。レコードのアートワークが大好きで、グラフィックデザイナーになれたらかっこいいだろうなと思っていた。卒業した後、ウルバーハンプトンに行き、グラフィック・デザインの学位を取る為に3年間勉強した。この時期にレゲエ、スカ、そしてエレクトロニック・パンクから影響を受けたんだ。

Q：インダストリアル・ミュージックからは何かしらの影響を受けていらっしゃいますか？

A：今まで聴いたもの全てに影響を受けている。ダブ、レゲエの大きいエコーとリバーブ、空間的な低音が好きだ。Public Image limited のアルバム『Metal Box』の「Poptones」が好きで常に聴いていた。DAF、Throbbing Gristle、Einstürzende Neubauten、Test Department も気に入っていたよ。

Q：レゲエ / ダブでお気に入りのアーティストやレーベルは？

A：Lee Scratch Perry、The Scientist、King Tubby、Augustus Pablo、Adrian Sherwood だね。ジャマイカ人の多いウォルバーハンプトンに住んでいた頃、ブルースパーティがよくあった。彼等は僕の事をパンキー・パンク（Punky Punk）と呼んでいた。Roland の Space Echo やサウンドエフェクトが、僕にとってのもう一つの電子音楽のルーツだ。

Q：80年代には、Throbbing Gristle や Cabaret Voltaire といったインダストリアル・バンドや23 Skidoo、Portion Control、Pink Industry、Muslimgauze などのアヴァンギャルドなバンド、アーティ

ストが作品を発表し、Depeche Mode の『Construction Time Again』を筆頭に、メジャーの音楽シーンにおいてもインダストリアルやアヴァンギャルドな電子音楽が注目を集めていたと思います。なぜ、そういった音楽や手法が当時注目を集めていたと思いますか？

A：音楽とテクノロジーは手を繋いでいく。サックスが発明された時、それは音楽を変え、シンセサイザーが使えるようになった時も音楽が変わった。現代のテクノロジーと 80 年代を比べると、かなり使いやすく簡単に入手出来るようになっている。Depeche Mode はインダストリアル・シーンの Daniel Miller から強く影響を受けていた。

Q：70 年代から 80 年代に掛けて、音楽や芸術作品は前衛的で過激な作品を多く生み出し、様々な表現方法を提示していたと思います。特に、80 年代には多くの革新的な作品や表現が生まれました。あなたにとって 80 年代とはどういった時代でしたか？

A：80 年代は様々なスタイルが混在していたと思う。夜はレゲエのイベントに行って、次の日はインダストリアルのイベントか Rave に行っていた。80 年代はロンドンに住んでいて、Royal College of Art で勉強していたから、アート、パフォーマンス、音楽からの影響を沢山受けたよ。

Q：音楽活動を始めたのはいつ頃からですか？　当初はどういった機材を使って楽曲を作られていましたか？

A：Royal College にいた頃に曲を作り始めた。当時はパフォーマンスアートを作っていて、パフォーマンスに合わせたサウンドトラックを作っていた。映画学科には誰も使っていない音響室があって、Revox のテープレコーダーがあり、時々テープループを作って部屋中に張り巡らせたりしていた。カセットテープを使ってテープループを作ったり、短いループを作ったり、テープレコーダーを 4、5 台同時に再生したりして、とても奇妙でランダムなリズムを作っていたよ。

Q：サンプラーを使った楽曲制作を始められたのはいつからですか？　当時はどの様にしてサンプリングで楽曲制作を行っていたのでしょうか？

A：僕の音源のほとんどは、ターンテーブルの上でレコードをスクラッチしたり、叩いたりしていた。大学を卒業してからは、コマーシャルアーティストとして働き始め、稼いだお金で 4 トラックのカセットレコーダーとデジタル・ディレイ・ユニットを買った。それにはボタンが付いていて、そこを通る音をサンプリングしてフットペダルで再生する事が出来るものだ。それが最初のサンプラーだった。Akai サンプラーをイギリスで一番早く買ったのは、多分僕達。その前までは Fairlight しか手に入らなくて、とても高価だった。なので、初期の音源は Akai サンプラーと Atari 1040 で作ってる。

Q：Lee Newman と出会ったのはいつ頃でしたか？　彼女の第一印象は？

A：Lee とは The Royal College of Art にいた時に出会った。彼女はそこの学生ではなかったが、当時そこはトレンディな場所だったから来ていたみたいだ。友達になって一週間後にパリに行った。

Q：Lee Newman はどういった音楽や芸術のルーツを持っていましたか？

A：Lee は Bath Art College で勉強し、ロンドンの版画工房でカラリストとして働いていた。彼女は芸術家や版画家にとって、最高のインクと絵の具のミキサーだった。彼女と出会ってからは、エッチングや版画を作って一緒に仕事をしていた。彼女は Grandmaster Flash や Sugar Hill Gang などの 12 インチ・ダブ・ミックスが大好きで、DAF を教えてくれた。タルコフスキー、黒澤明、ブラザーズ・クエイなどの映画も好きだったし、ファッションも好きで服を作って売っていたよ。

Q：その当時のイギリスでの音楽や芸術活動を取り巻く状況はどんな状態でしたか？

A：当時はロンドンに住んでいて、全てのものが繋がっている様な感覚があった。アートギャラリーに行くと、ポップスターやアンダーグラウンドのミュージシャンが話していたし、違法なラジオではアシッドやジャングル・テクノ、ハウスが流れていて、テレビも流行に乗ろうとしていた。アメリカからヒップホップが来ていたし、ベルギーのニュービートもあった。いろいろ混ざっていたし、それ程トライバルではなかった。

Q：あなたにとって「ノーマル」とはどういった定義ですか？

A：今、僕達が考える「ノーマル」というのは、大衆主義の恐ろしい見方だ。性別が変わる時代に突入し、ポスト宗教と人種が混ざる。保守派が信じる真実と真っ向から対立する概念なので、恐怖を抱いているだろう。そして、自分達が真実であると信じている事に対して疑問を持つようになっている。僕達は仏教や神道、イスラム教などの信念のシステムに育てられてきた。これらのシステム、宗教、制度が操作され、支配されていることを知っているし、それは強力なものだ。僕はこの様な概念や制度のない世界を見たいと思ってい

る。心や行動をコントロールすることなく、人々が自分で考えることが出来る世界をね。人々が宗教的な信念体系に従って食事をしたり、行動したり、服を着たりすることは間違っていると思う。

Q：あなたはノーマルとされる生活や人々とはどの様に共存していっているのでしょうか？

A：ノーマルな世界で生きるのは難しくないが、誰も自分達の心の中で何が起こっているのか分かっていない。脳内では常に何かを考えていて、それを発散させるには何かを生み出す必要がある。それが音楽を続ける理由だ。常に向上心を持ち続けているからこそ、100％満足したものにはならないが、そのプロセスはとても充実したものになっている。

Q：Greater than One が始まった経緯を教えてください。名前の由来は？

A：Greater than One は大学時代に始めたもので、映像、音楽、衣装でパフォーマンスをするものだ。Lee と会った時に、全てをカバーしているこの名前で続けることにした。

Q：Greater than One として最初に発表した作品は『Kill the Pedagogue』だったのでしょうか？ これ以前にも作品を発表されていたのでしょうか？ 『Kill the Pedagogue』が生まれた背景について教えてください。

A：最初のリリースは『Lay Your Penis Down』で、蝋人形の写真とカセットが入ったボックスだった。50 個限定のボックスを作って、全てにナンバリングして、ロンドンのノッティングヒルにあるショップ Rough Trade で売った。全部売れてしまい、次に作ったのが『Kill the Pedagogue』だった。これは Korg Sigma のシンセ、4 トラックレコーダー、Boss のデジタルディレイを使って作ったものだ。

Q：Greater than One はサンプリング・ミュージックを主体にされていましたが、なぜサンプリングに拘ったのですか？ サンプリングする際に独自のルールなどはあったのでしょうか？

A：サンプラーを買った時、何でも入れていじってみたかった。大学時代、DaDa のコンセプトであるカットアンドペーストとランダムチャンスが好きだったんだ。サンプルがあれば、ヒップホップとオペラを融合させることが出来る。アイスランドのエスニック歌手とトークショーの司会者が一緒になったり、空港ラウンジのミュージカル版みたいな感じにね。

Q：Greater than One と活動時期が近かった Nocturnal Emissions と Tackhead は、音楽的な部分においても共通点がある様に思えます。彼等の存在や作品をチェックされていましたか？

A：そうだね、その時は全ての作品を意識していた。Lustmord の Brian とは友達だったし、SPK の Graeme Revell と一緒に、彼の助けを借りて最初のレコードを作ったんだ。

Q：Brian と Graeme Revell との出会いは？ 当時、SPK のライブは見られましたか？

A：良い質問だけど、僕達がどうやって知り合ったのかは思い出せない。多分、『Kill the Pedagogue』の音楽を通してだったと思う。彼等はとても熱心で、彼等のレーベル Side Effects からアルバムをリリースしたんだ。それが Wax Trax のコンタクトを得るのに役立った。ああ、SPK は見た事があるよ。確か、ロンドンの Heaven というクラブで見たんだと思う。

Q：Greater than One はサンプリングの手法以外にも、ベースラインへのアプローチも非常に優れていました。ベース（低音）の要素は Greater than One だけではなく、あなたの音楽において重要な部分であったと思います。あなたにとってベースの魅力とは？

A：上手くやるにはコツがいるけど、良いオーケストラにはトライアングルを持っている人も含めて、全てのプレイヤーが必要なんだ。僕がトラックを作る時は大抵ベースが出発点で、ファンキーなベースラインがあればどんな音楽にも惹かれるんだ。

Q：Greater than One は、1988 年にアメリカの Wax Trax! Records から『London』を発表されましたが、どの様にしてレーベルと接点を持ったのですか？

A：どういう訳か、Wax Trax に誰かが僕等のアルバムを紹介したんだ。『All the Masters Licked Me』は、My Life with the Thrill Kill Cult の誰かが Wax Trax の創設者である Jim と Danny にレコードを渡したと聞いた。とにかく、彼等は僕達にレコードを作ってくれと頼んできたんだ。それで意気投合して友達になった。

Q：『London』のコンセプトは？

A：当時のロンドンの偏屈なミックス。

Q：Wax Trax! Records からのリリース以降、あなた達はアメリカでの活動も増えたのでしょうか？

A：Wax Trax と一緒にいた時を除けば、アメリカではあまり存在感がなかった。テクノ・ミュージック

を作っていた当時、アメリカでは誰もテクノ・ミュージックを演奏可能なものとして見ていなかった。

Q：あなたは多くのレコードからサンプリングをされていますが、実際にご自身の作ったメロディやベースラインなどをサンプリングされる事についてはどう思いますか？

A：変にならなければ問題ない。

Q：改めて、サンプリング・ミュージックについてあなたの見解を聞かせてください。

A：Warner と Mozart は音楽をサンプリングした。全ての民族音楽はサンプリングされたもので、一人の男が村から村へと曲を吸収しに行った。音楽はあらゆるものに影響を与えるウイルスのようなものだ。

Q：80 年代後半からハウス・ミュージックを取り入れた作品を発表されていきますが、あなたがハウス・ミュージックに興味を持ったキッカケは何だったのでしょうか？

A：サンプルを使うのはたまに抽象的だ。何もないキャンバスにある形が、自ずと話しかけてくるのを待つような感じ。何もアイデアがない状態で始めて、少しずつ加工していったり、エフェクトや雰囲気を付け足していったり。最初に影響を受けたダンスミュージックといえば、ベルギーのニュービートだ。Edwards and Armani や Zsa Zsa La Boum などの 12 レコードのが沢山出て来たし、その後の Acid Rock、Todd Terry やアンダーグラウンド・チューンも聴いていたよ。

Q：Jack the Tab や Youth（Killing Joke）といったインダストリアルやポスト・パンクのアーティスト達もアシッド・ハウスをクリエイトしていますが、アシッド・ハウスとインダストリアル／ポスト・パンクの共通点とは何だと思いますか？

A：インダストリアル・ミュージックの問題点は、ダンスに特化したものではなかったから、あまりファンキーなサウンドではなかったことだ。ハウスやアシッド・ハウスが登場すると、リズムやビートがよりグルーヴィーになった。そしてこれも技術的な問題で、303 や 808 のような Roland のサウンドボックスは、より柔軟でユーザーフレンドリーなクォンタイズを持っていて、柔らかい音で演奏することが出来たからだ。

Q：90 年代に突入したと同時にあなた達はテクノ／ハウスをメインに制作されていましたが、なぜスタイルを変化させたのでしょうか？

A：僕達は「Pure」と「Tricky Disco」を作った後、クラブに行くようになった。人々がどのような音に反応しているのかを見てアイディアを得て、自分でもテクノとダンスミュージックを作ってみようと思ったんだ。ハードコアな曲を作るのと同様で、例えば、曲の中でキックドラムがトリガーになって、観客を沸かせる瞬間を想定してデザインしていた。

Q：1990 年にあなた達は GTO「Pure」と Tricky Disco「Tricky Disco」という名曲を発表されました。この二つの名曲が生まれた背景を教えてください。

A：「Pure」と「Tricky Disco」は、ほぼ同時にリリースしたもので、シェフィールドのクラブで聴いたものをミックスしたんだ。どちらのレコードも人々をダンスさせるものだ。Greater than One の「Now is the Time」でクラブサウンドの実験を始めていて、それをもっと広げたいと思っていたんだ。

Q：音楽とドラッグの関係性についてはどう思われますか？

A：ドラッグは、どんな音楽の発展にも欠かせないものだ。1920 年代のジャズの酒場からノーザン・ソウルのスピード・アンフェタミン・シーン、そしてガンジャとレゲエ、シュトラウス時代のオピオイドワルツまでね。

Q：1990 年から 1993 年に掛けて、あなた達は Church of Extacy、The Invisible People、TD5 など、様々な名義でレコードをリリースしていました。なぜ、名義を統一ぜずに作品をリリースしていたのでしょうか？

A：名前を変えるのは単純な事だ。Greater than One と Tricky Disco はスタイルが大きく異なっていたし、レーベルごとに違う曲を作っていた。それでも、これだけ多くのスタイルの曲を作っていたとは信じられないだろう。Greater than One は一つの方向性ではないという意味なんだけどね。

Q：ハードコア・テクノに関して。あなた達がハードコア・テクノに興味を持ったキッカケとは？

A：イギリスの雑誌では、テクノがあまり取り上げられていなかったから、Lee は『DJ Magazine』でレコードをレビューしていたんだ。僕達は新しいレコードを沢山買い、テクノを中心に DJ をするようになって、よりハードでハイスピードなサウンドを聴くようになった。Go Bang Records から GTO「Pure」をリリースしたんだけど、それを契約した Freddy B が Mokum Records を立ち上げた。自分達のハードなスタイルをフィーチャーする為に、Technohead という名前を使おうと考えたんだ。

Q：その時に、あなた達が DJ でプレイしていた
レコードや影響を受けたレコードとは？
**A：Technohead のコンピレーションのトラッ
クリストは、ほとんど自分達がプレイした曲だっ
た。Djax-Up-Beats や ACV Records、
Underground Resistance、PCP とかね。**
Q：あなた達が最初に作ったハードコア・テクノ
のトラックは、Church of Extacy 名義で正しい
ですか？
A：そう、その次が「Modulator」だ。

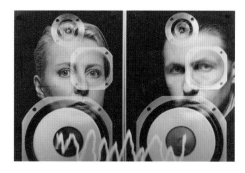

Q：あなた達がハードコア・テクノを作り始めた
時、イギリスにはハードコア・テクノのシーンが
存在していましたか？
**A：イギリスのシーンは、アイルランドやスコットランドでは Rezerection のような大きなパーティー
に助けられていた。そして、トラベラーの Rave がハードコアを支えていた。ラジオはハードコアを好ま
なかったし、『Mid-May』のような雑誌はハードコアを取り上げなかった。Soppy House に傾倒しすぎ
ていて、テクノが大きくなるまで取り上げようとしなかった。**
Q：なぜ、イギリスの雑誌やラジオはハードコア・テクノをサポートしなかったのでしょうか？　それに対
して、あなたと Lee Newman はフラストレーションなどを感じていましたか？
**A：そうだね。イビザに行くような人々がテクノやハウス・ミュージックを発明したと思っている人が多い
んだが、『DJ Magazine』のとある音楽評論家は、僕が作った曲は「Happy Birthday」だけだと思っ
ていた。イギリスのラジオと同じで、彼等は僕達の音楽をサポートしてくれなかった。僕達の曲をプレイし
てくれたのは、今は亡き John Peel だけだったよ。**
Q：1993 年に Lee Newman が監修したハードコア・テクノのコンピレーション『Technohead – Mix
Hard or Die』がリリースされ、このコンピレーションはその後シリーズ化しました。彼女がコンピレーショ
ン・シリーズの監修を担当した経緯とは？
**A：それは、彼女がレコードをレビューしていて、彼女のお気に入りのカットをまとめるのは自然な流れだっ
た。ハードコアにはユーモアも沢山あり、Lee はこの軽快な面が好きだった。ほとんどのハウス・ミュージッ
クはピアノと歌ばかりでとても退屈だったからね。彼女がサポートしていなければ、このような音楽の多く
は聴かれなかったはずだ。毎月ニュースレターを作って、DJ やショップに最新のハードコア・テクノなど
のサウンドを伝える為に送っていた。**
Q：Technohead のガバキックはユニークでしたが、どの様にしてガバキックをクリエイトしていたので
しょうか？
**A：キック・ドラムの多くは、三つ以上のキック・ドラムを組み合わせてレイヤーを作り、一つか二つにリ
バーブやディストーションを加えて作っている。それと、ドラムをノイズゲートに通して、その音を再びサ
ンプリングするという実験もした事がある。音がスピーカーを通して「跳ね返る」ようにすることが大事だ。**
Q：Lee Newman と最後に作った楽曲は？
A：「I wanna be a Hippy」だ。この曲で経験したことはベストではない、と言っておこう。
Q：Technohead のアルバム『Headsex』の制作期間は？　制作当時の心境などは覚えていますか？
**A：Lee が亡くなって間もない頃、『Headsex』を完成させなければならなかった。それはとても難しい
ことだったが、なんとかそれを乗り越えていくことが自分の助けになった。その後、Earache Records
の為に、Signs of Chaos『Frankenscience』というアルバムも作った。これはもっと暗いアルバムで、
当時の悲しみを反映したものになっている。**
Q：『Headsex』のジャケットに剣道の面を使われた理由は？
A：剣道はテクノだ。
Q：日本の音楽や文化に興味はありますか？
**A：玩具、マンガ、刺身、サッポロビールなど、日本にしかないものに興味がある。昔、日本の Ask
Company のビデオのサウンドトラックを作ったことがある。『Video Drug』だ。日本の文化は、空気、**

風、火、水の要素に深く結びついている事を学んだ。

Q：あなた達はハードコア・テクノ / ガバとテクノをクリエイトしていましたが、本質的にそれらは一つのジャンルで繋がっていると思われますか？　それとも、ハードコア・テクノ、ガバ、テクノはまったく違うジャンルだと思いますか？

A：ガバは単なるオランダの用語で、ハードコアの多くはアティテュードにあると思う。PCP Record の中には、かなりスローなものもあったけど、それでも僕はハードコアと呼ぶことにしている。Mokum Records も Rotterdam Records も独自のスタイルを持っていたと思うし、Ruffneck Records も近いものを持っていたと思う。でも、これについては考えたこともなかった。今のハードコアは、テクノロジーの進歩や新しい影響を受けて変化している。ダブステップやトラップにもハードコアの要素が多く含まれているし、それらの間にはフュージョンがあるんだ。

Q：あなたの音楽には政治的な思想を持った作品はありますか？

A：Greater than One は、他の音楽よりもはるかに「政治的」だった。「I Don't need God」のように、ハッキリと主張していた。

Q：Technohead の「Banana-na-na-DumB DiddY DumB」にフィーチャーされた Whoops とはどの様にして楽曲制作を行ったのですか？

A：Whoops とセッションをして、その後、この曲の為にボーカルをサンプリングしたんだ。Signs of Chaos の『Departure (「Spread your Wings」)』にも参加している。「Banana- na- na」のビデオクリップにも出演しているよ。

Q：あなた達は 90 年代中頃まで毎年アルバムやシングルを発表していましたが、その活力の源は何でしたか？

A：当時は忙しかったけど、そのプロセスや人との触れ合いをとても楽しんでいたんだ。僕は『Vogueand Time』誌のイラストレーターとして Tommy Yamaha という名前でファインアートプリントを作ったり、Lee は印刷所で働いたり、フィットネスとヘルス教室で教えたりしていた。だから、毎日忙しかったけど、本当に楽しかったよ。

Q：あなたはクリーンアートの博士号も取得されているそうですが、クリーンアートを学ぼうと思ったキッカケなどはありますか？

A：芸術と音楽は僕にとって相性がいいからだ。

Q：現在のイギリスとヨーロッパのハードコア・シーンをどう思いますか？

A：イギリスではハッピーハードコアの方が人気があったが、オランダではハードコア、ハードスタイルのシーンが今でも人気があるし、ほとんど支流になっている。もしかしたら、音楽的にオープンな人が多いのかもしれないね。

Q：あなたの近年のメインプロジェクトである S.O.L.O. はどういったコンセプトを持ったプロジェクトですか？

A：S.O.L.O. の作品は、自分とは違うモードを表現する為のアウトプットになっている。最近のアルバムは、存在しないテレビ映画のサウンドトラックのようなものになっているよ。ジャンルの違う音楽を作るプロセスは、他のジャンルの曲を作る場合でも役に立つと思うんだ。例えば、テクノを作っている時に、アンビエントやサブリミナルサウンドを追加することも出来るし、S.O.L.O. のようなものを作ることも出来る。

Q：あなたが今までに作ったハードコア・テクノのトラックで特に気に入っているのは？

A：「The Passion」は僕も Lee も気に入っている曲だ。ハードコアとテクノを掛け合わせたもので、今でも新鮮に聴こえる。

Q：今後の活動について教えてください。

A：もっとテクノを作るよ。僕はアーティストを追いかけている訳ではなく、あらゆるタイプのエレクトロニック・ミュージックを聴いている。家で聴くのが好きなのは Sahko Records のような、Nasenbluten と同じ位にハードコアなものだ。レコーディングを休んでゴルフをしていたけど、また興味が出てきたから、これからもっと沢山の作品をリリースしていくよ。

ゲームミュージックも手掛け10代の頃から活躍していたカリスマ

Patric Catani

◉ Mono Tone、Shockwave Recordings、Digital Hardcore Recordings、Sonig
🕐 1993　　　　　　　　　　　　　　　　　⊕ ドイツ
🌐 http://catani-music.de/

ハードコア・テクノ、デジタルハードコア、ブレイクコア、チップチューン、ヒップホップ、シンセポップなどを独自に解釈した他にはない独創的なスタイルで数多くの名盤を発表している鬼才電子音楽家。1993年にハードコア・テクノ・プロジェクト E-De-Cologne として『Live at the Sex Shop』と『Die Langspielschallplatte』、Ec8or 名義での DJ Moonraker とのコラボレーション・シングルを Mono Tone からリリース。当時まだ10代であったにも関わらず、優れたプロダクションと圧倒的な個性を武器に独自のハードコア・スタイルを完成させていた。その後、Eradicator と Napalm 名義や DJ Pure との Violent Shit でインダストリアル・ハードコアやスピードコアをクリエイトし、Gina V. D'Orio とのユニット Ec8or ではデジタルハードコアにフォーカスを当てた活動を行う。Fischkopf Hamburg、Shockwave Recordings、Digital Hardcore Recordings、そして Beastie Boys の Grand Royal から立て続けに作品をリリースしていき、ジャンルや国境、メジャーやアンダーグラウンドを超えて Patric Catani の音楽は支持されていく。特に、Ec8or としての活動では音楽やアートワーク、ミュージックビデオを通じてデジタルハードコアというジャンルを世界に広めた。2000年以降は Candie Hank 名義にて Sonig からアルバムをリリースし、エレクトロニカやシンセポップ、エクスペリメンタル系のリスナーから高い評価を得ており、近年はゲームミュージックの制作や、Toytone、Driver & Driver といったプロジェクトでも作品を発表している。

E-De-Cologne

Die Langspielschallplatte	ドイツ
Mono Tone	1993

Patric Catani のハードコア・テクノ時代の最初期に生み出された名盤
LP アルバム。当時リリースされていたオランダのガバやドイツのハード
コア・テクノからの影響を反映させながらも、それらのジャンルに縛られ
ない Patric Catani の強い作家性と優れた技術が全面に出ている。今聴
き返してみると、インダストリアル・ハードコアやブレイクコアと言える
様な実験的なトラックも作り出しており、素晴らしい作曲家としての才能
も随所で感じられる。素材に選ばれているサンプルとその使い方からも、
Patric Catani の変わらない個性が表れている。

E-De-Cologne

Hello Again!	ドイツ
Shockwave Recordings	1994

Shockwave Recordings か ら 始 め て リ リ ー ス さ れ た E-De-
Cologne 名 義 の 12" レ コ ー ド。前 年 に リ リ ー ス さ れ た『Die
Langspielschallplatte』ですでに、革新的でオリジナリティのある独
自のハードコア・スタイルを開拓していたが、今作でも自身の世界観とサ
ウンドをしっかりと形にした素晴らしいハードコア・トラックを完成させ
ている。E-De-Cologne らしいナードで悪ガキなノリや、暴力的でエク
ストリームながらもキャッチーさがあるダンサブルなハードコア・トラッ
クは、リリースから 20 年以上経過しても失われない輝きがある。

Ec8or

AK-78	ドイツ
Digital Hardcore Recordings	1995

ハードコア・テクノ主体の Killer Side と、デジタルハードコアを主体と
した AK-78 Side に分かれており、Killer Side 収録の「Think About」
と「Raving Hypospadie」は、E-De-Cologne とは違ったストイック
でフィジカル度の高いハードコア・トラックになっているのが印象深い。
AK-78 Side 収録の「I'll Give It to You」と「Gangster」では、パン
ク的な勢いとハードコア・テクノの技術的側面を活かしており、デジタル
ハードコア以外の何物でもないトラックを生み出している。

Ec8or

Ec8or	ドイツ
Digital Hardcore Recordings	1995

Gina V. D'Orio が加入し、ユニット体制となって発表された 1st アルバ
ム。ハードコア・テクノ、ジャングル、パンク、メタル、ヒップホップ
を Amiga 500 の中で混ぜ合わせたトラックに、Patric と Gina のツイ
ンボーカルがパッション全開でぶつかり合う若々しくクリエイティビティ
に溢れた楽曲が収録。MV も作られた「Cocaine Ducks」も素晴らしい
が、「Discriminate (Against) the Next Fashionsucker You Meet
- It's a Raver!!!!!!」が個人的には Ec8or の世界観を最も具体的に映し出
していると感じる。

E-De Cologne

Synthetic Overdose ドイツ
Shockwave Recordings 1996

ハードコア・テクノ史に残る傑作アルバムであり、ブレイクコア系アーティストにも多大な影響を与えた一枚。シリアスなアナーキズムや攻撃的な姿勢の中にもナードなセンスが光っており、それによってエクストリームでありながらもキャッチーでダンサブルなトラックが完成している。当時のシーンを痛烈に批判した様な作りではあるが、ハードコアやガバへの愛も感じる。今作以降、目立った活動は行われていなかったが、2013年にE de Cologne Feat. DJ Crishouとしてミニアルバムをリリースし、現在も稀にライブパフォーマンスを披露している。

Ec8or

Spex Is a Fat Bitch! ドイツ
Digital Hardcore Recordings 1996

Ec8orの代表曲として知られている「I Don't Wanna Be a Part of This」を収録した名盤EP。1stアルバムよりもお互いの個性を引き出し合っており、ユニットとしてのグルーブが高まっている。「I don't wanna be a part of this. Shockwave smells like my morning piss.」という歌詞が攻撃的なビートとギターに合わせてループする「I Don't Wanna Be a Part of This」は、ハードコア・テクノとデジタルハードコアの中間的なスタイルを作り上げており、他のDHRアーティストには出せないものがある。

Patric C.

The Horrible Plans of Flex Busterman ドイツ
Digital Hardcore Recordings 1997

DHRがリリースした作品の中で最もカルト的な人気を誇り、様々なジャンルのリスナーやアーティストから愛され続けている名盤アルバム。チップチューンの歴史においても、今作は非常に重要視されている。Patric Cataniの摩訶不思議なメロディセンスが爆発した奇怪で愉快な楽曲は、一度耳にしたら忘れられない魅力がある。リリース当時の背景を考えると、過激なハードコア・テクノやデジタル・ハードコアを作っていたPatric Cataniが、いきなりこういったアルバムをDHRからリリースしたというのはとても痛快で凄まじくクールな事だ。今作によって新たな扉が開いた人はとても多いだろう。

Ec8or

World Beaters ドイツ
Digital Hardcore Recordings 1998

Alec Empire/Atari Teenage Riotと並んでDHRの看板アーティストとして高い人気を得ていたEc8orが、1998年に発表した2ndアルバム。デジタルハードコアを主体にしつつも、ダウンビートやストーナーロック的なアプローチを取り入れており、Patric Cataniのソロワークにも近い作風。メタルギターをサンプリングしたハードコア・テクノ・トラックに二人のボーカルが合わさったEc8or節が炸裂する「199Ec8or」や、インダストリアル・ハードコア的な「Gash in Your Subversive Idyll」などは、ハードコア・テクノ・ファンにもオススメしたい。

Patric Catani

Hitler2000 ドイツ
Digital Hardcore Recordings 2000

DHR からリリースされた Patric Catani の『100 DPS』と『Snuff Out』の延長線上にあるパンキッシュで暴力的なデジタルハードコアを中心に、ユーモアもありギークな側面も反映された非常に良いバランスのアルバム。過激なタイトルとアートワークだが、それに埋もれない素晴らしい楽曲ばかりだ。ゲームミュージックに歪んだブレイクビーツをミックスした「Commando」や、Paul PM をフィーチャーしたディストピアなブロークン・ヒップホップ「Check Our Madness」などの名曲が収録。CD 版は『Attitude PC8』というタイトルでアートワークも変更されて発表されている。

Candie Hank

Booty Bank / Rob the Bank ドイツ
Sonig 2006

Patric Catani の音楽活動において、2000 年以降のメインプロジェクトとなっていた Candie Hank 名義でのアルバム。エレクトロ、ゲットーテック、シネマミュージックにハードコア・テクノやブレイクコアのエッセンスをミックスしたキャッチーでサイケデリックな Candie Hank の世界観を存分に楽しめる。他のアルバムよりもアグレッシブな側面が出ているので、Patric Catani のハードコア・テクノやデジタルハードコア、ブレイクコア作品が好きな方にもオススメ出来る。気に入ったら『Groucho Running』と『Kimouchi』というアルバムも是非チェックして欲しい。

Party Catani

Lowfistication ドイツ
Cock Rock Disco 2011

ディスコ、クンビア、トランス、テクノ、ブレイクコア、ハードスタイル、エレクトロ、ガバなど、非常に多くのダンスミュージックの要素をミックスした究極のダンスミュージック・アルバム。今作がリリースされる前には、Party Catani 名義での DJ セットを披露しており、その DJ プレイからの影響がダイレクトに反映されている。いつも以上にはっちゃけたエネルギッシュなトラックが収録されており、Patric Catani の若々しいパワーと創作意欲にとても驚かされる。ダンスミュージックの機能性と根本的な楽しさを追求した過去最高に踊れるアルバム。ダンスミュージックへの愛に溢れた素晴らしい作品である。

Very Impossible Person

Heart Muscles ドイツ
Schwibbel Schwabbel Records 2015

ブレイクコアに特化した Very Impossible Person 名義でのアルバム。過去に Junk というブレイクコア・レーベルからの 12" レコードや Groupgris とのスプリットで、当時のブレイクコア・シーンから高い人気を得ていた。ポップス、ロック、ディスコ、ヒップホップ、ダンスホール・レゲエ、謎の日本語曲などを素材に様々なジャンルの断片をミックスしたストレンジでポップな世界観は、Candie Hank にも近い。何ともいえない独特のメロディセンスにも心を奪われる。今作が気に入ったなら Patric Catani の『Scum like Us』というアルバムもオススメである。

Patric Catani インタビュー

インタビュー：梅ヶ谷雄太
翻訳：長谷部裕介

Q：あなたの出身地と育った環境について教えてください。音楽に興味を持ったキッカケは？

A：僕はドイツのケルン郊外の幾つかの場所で育ち、シンプルだが複雑で、芸術的ではない家庭に育った。姉と母が鬱病で苦しんでいる中で育ったから、一人でいることが多かった。子供の頃、最初に覚えている音楽は、妹に聴かされていた Michael Jackson や Rocksteady Crew、そして Commodore 64 のゲームのサウンドトラックだった。合唱団やピアノのレッスンも少しの間受けていた事がある。当時から、Commodore 64 で音楽を作ることに興味があった。最初の頃は、ミスをしていないことを願いつつ、印刷されたプログラムコードを数時間かけて入力していた。その後、初期の音楽トラッカーや SFX エディタなどが入ったフロッピーディスクが付いた雑誌を見つける事が出来た。そして、クラッカーグループ（MCM）の一員だった人と知り合い、ゲームとデモ音楽をリッピングして別々にディスクに保存したり、それを聴く為の音楽プレイヤーを書いたりする方法を教えてくれた。システムをリセットしてもデータはメモリに残っていたし、メモリをスキャンするシステムモニタープログラムもあった。異なるトラッカーフォーマットの音楽を識別するのがとても上手になったよ。その他に、友達から借りたテープもあった。ラップ、メタル、ダンスミュージックが多かったね。Public Enemy、2 Live Crew、Paris、Slayer、Sepultura など、今でも好きなバンドを色々と聴いた。人生の本当の分岐点は、Bomb the Bass の「Beat Dis」を聴いた時だった。丁度その頃、ベルギーやオランダでもダンス・ミックス・カルチャーが始まっていて、S-Express や KLF の全ての種類と特別なリミックス・エディットを収録したラジオ番組を沢山録音していた友人がいたんだ。サンプリングやスクラッチ、変わったサウンドが好きで、Commodore 64 の有名な SID チップからの影響も大きかった。C64 で色々と試した後、最終的に Amiga に移った。最初の音楽仲間 S.Hahn に出会ったが、彼は既にトラッカー・プログラムを使いこなしていて、ターンテーブルを 2 台持っていて、両親からのサポートも受けていた。彼の両親は彼に地下室を使わせていて、僕達のスタジオとして使うことが出来た。そして、彼の AtariST と僕の Amiga500 で音楽を作り始めた。その頃、本格的なテクノの輸入盤がレコードショップで売られるようになっていた。大きなチェーン店でも、突然とんでもないものが出て来て、何時間も掛けて聴いていたよ。ヨーロッパ、イギリス、アメリカまで、様々な影響を受けたものが好きだった。当時は新しいレーベルが爆発的に増えていて、当時リリースされていた物の多くは、クラスメイトや普通の人達にとっては、音楽とは思えないようなものばかりだった。でも、それこそが好きなもので、一番無名でノイジーなものを探していた。音楽がどんどん「実験的」で「過激」になっていき、レーベルもどんどん増えていったね。ある時、ケルンの Cosmic Orgasm パーティーを始めた二人、DJ Bleed と Triple R に出会い、全く新しい世界が広がった。それは、イギリスで行われていた様な違法な Rave だったんだ。彼等は廃墟の様な家や工場、他にも変わった場所を探していた。彼等は僕達の為に、ライブ・ギグを誘ってくれたんだ。最初のプロジェクトは Tuber-Coloss-E とかいう名前だったな。この頃に、Delirium と呼ばれる新しいレコードショップがオープンした。自分達のレーベルを運営する為の良い基盤を持っていた。ライブを見てくれた人の中に Dr.Walker がいて、Mono Tone Records からレコードを出さないかと誘ってくれたんだ。Delirium は素晴らしい場所だったし、10 代の僕等にとっては、とても面白いシーンだったよ。ある意味では芸術的だったし、当時の僕等が知らなかった事ばかりで、将来の為に学ぶべき事や拾うべき事が沢山あった。とにかく、Jörg Burger、Mike Ink（Wolfgang Voigt）、Dr. Walker は当時「Structure」（彼等がやっていたレーベルでもある）について学ぶ上で大きな助けになってくれたし、お互いに出会えた事をとても嬉しく思っているよ。テクノが成長していた頃、他のシーンも始まっていたけど、その多くはより Rave 志向で、かなり間抜けなものが多かった気がする。

Q：あなたが 10 代の頃はまだベルリンの壁が存在していたと思います。ベルリンの壁があった時の町の雰囲気などを覚えていますか？

A：ケルンで育ったので、初めてベルリンに行くまでは抽象的なイメージしかなかった。もちろん、学校では教えて貰ったし、情報やテレビのドキュメンタリーもあったが、遠く離れた場所で育ったので、それが何を意味しているのかを理解するのは難しかったよ。母が夜泣きながら起こしにきて、「壁が壊された！」と言っていたのを覚えている。母は若い頃にベルリンに住んでいたから、まだ繋がりを感じていたみたいし、大

人になってからも大きな話題ではあった

Q：ベルリンの壁が崩壊した時、あなたはどういった感情を抱きましたか？

A：人々にとっては嬉しい事だったが、初めてベルリンを訪れたのはその数年後だった。確か、1992年だったと思う。Cosmic Orgasm の DJ Bleed & Triple R と一緒に初めて行ったんだ。それは僕にとても大きな影響を与えた。

Q：あなたの音楽からはゲームミュージックの影響が色濃く反映されていますが、最初に買ったゲームソフトは何でしたか？

A：最初のコンピュータは、小学生の時に手に入れた Commodore 16 だった。映画の中の様にコンピュータが動かない事を知るまでに時間が掛かり、Datasette テープ経由で最初のゲームをロードするまでに数週間掛かったよ。学校で英語を学ぶ前に、基本的なコードを学んだ。Rainbow Arts がドイツのゲーム会社だったかどうかはよく解らないが、彼等は僕が最後までプレイ出来た、幾つかのゲームを作っていた。Katakis、Turrican、R-Type、Z-Type だったかな。MAFIA と R.A.F. と呼ばれるものもあった。当時は、ドイツのゲームからの影響はあったがアメリカ、日本、フランス、イギリスからの影響が大きかった。Rob Hubbard、Martin Galway、David Whitthaker、それから日本のゲーム作曲家など、素晴らしい作曲家がいたね。

Q：あなたにとってゲームミュージックの魅力とは？

A：文句を言う人のいない、ファンタジーの世界に存在出来る事が好きだった。SID チップの影響で、今でも多くのゲーム音楽で聴くことが出来るのはとても嬉しい事だよ。ゲーム音楽はヒステリーや遊び心のあるものも好きだが、メインストリームのゲームでも、非常に深くてサイケデリックなものになる所が良いと思う。映画やテレビは、特にドイツでは、クレイジーなものを試してみる人が少ないと感じているよ。

Q：特にお気に入りのゲームミュージックは？

A：Rob Hubbard の「One man and his droid」「Commando」「Zoids」「Sanxion(Dance of the Knights のカバー)」など。

Q：ダンスミュージックに本格的に興味を持ったのはいつ頃ですか？

A：12 ～ 13 歳の頃。テープを聴いていたのが始まりで、最初のアシッド・ハウスや ヒップハウスの 7" レコードが安く買える店があったんだ。通学路にあったから毎日チェックしていたよ。

Q：ハードコア・テクノの存在を知ったのはいつですか？

A：Triple R が Industrial Strength の Disintegrator をプレイしていた時だったはず。PCP の T-Bone Muthafuckin Castro や Euromasters もプレイしていて、とても楽しんだよ。

Q：音楽制作を始めたのはいつからですか？　どういった機材を使って作っていましたか？

A：最初にレコーディングに挑戦したのは、たしか 1991 年だった。Commodore 16 でプログラミング言語 Basic を使って音楽をプログラミングしようとしたがあまり面白くなかった。

Q：Patric Catani といえば Amiga というイメージが定着していますが、Amiga での音楽制作はどうやって学んでいったのでしょうか？

A：それは当時のあらゆるものの入り口だった。Atari や Arcorn だったかもしれないが、どういう訳か、僕はコモドールによって育てられ教育を受けた。それは最も人気があり、ソフトウェアやゲームの多くは、非常に簡単に手に入れることが出来た。印象的なのは、これが全て今でも動くということだ。ハードウェアの開発に携わっていたチームは、本当に凄い人達で、全てのパーツをその一台の為に作っていた。DA コンバーター（オーディオ出力）もパワフルでダイナミックだし、内部のデジタル・ディストーションもかなり良いサウンドだったね。今の時代に高額で売られているプラグインよりも良いと思う。

Q：E-De-Cologne について。このプロジェクトがスタートしたのはいつからですか？　名前の由来は？

A：ケルンの Ruine で Tuber-Colloss-E としての初ライブをした後に、Dr. Walker が彼のレーベルでレコードを出さないかと誘って来てくれたんだ。僕達は超興奮していたよ。言い忘れていたけど、ライブではもっとアナログな演奏をしていた。音楽仲間の Sebastian は、Yamaha の C-5 と Jupiter とドラムマシン、Roland の RY シリーズの最新の物を買ってきてくれた。僕はもっとスピーディーで、歪んだハードコアの世界に行きたいと思っていたが、Sebastian はもっとアナログなサウンドを求めていて、テクノに拘っていた。自分の好みとして、やりたかった事がアナログでは出来なかったので、Amiga の Protracker に戻った。Sebastian は自分の機材でプレイするのが好きだったから、僕はすぐに一人で

E de Cologne を始めた。E de Cologne という名前は冗談のようなものだ。ご存知の通り、ケルン市は「4711 - オーデコロン」を誇りに思っているからね。ケルンのシンボルの様なものさ。僕達にとっては、それを捻じ曲げるのは楽しい事だったし、その間、エクスタシーのように「E」に関連した言葉のジョークが多かった。しかし、ケルンから来た一人のバカが、最近までこの名前を盗んでRave Parties を作っていた。

Q：1993 年に E-De-Cologne のデビュー作『Live at the Sex Shop』を Mono Tone からリリースされました。この時期、あなたの周りでの音楽シーンではどういった事が起きていましたか？

A：まあ、何もかもがあっという間だったね。急に沢山のトラックが出てきて、定期的にパーティーがあったり、レーベルがあったりと、シーンが広がっていったんだ。その当時の人にとっては夢の様な事だったよ。前にも言ったように、この Delirium というショップは多くの人にとって大きな出会いの場だったし、Walker がケルンの近くにあったヴァイナル・プレス工場を多少引き継いだから、あらゆる種類のレーベルから狂ったように音楽が生み出されていたんだ。

Q：同年には、LP アルバム『Die Langspielschallplatte』もリリースされますが、当時はどういった制作方法で楽曲を作られていたのでしょうか？

A：それは今日までの僕のメインドライブになった。『Die Langspielschallplatte』の制作はとても楽しかったよ。全てが動き回っていたし、突然ギグもあったし、音楽を作る為の地下室もあったし、いつも違う人達が現れていた。良くも悪くも、その時 Cosmic Orgasm のパーティーで DJ Moonraker に初めて会い、それから長い時間を掛けて一緒に曲を作った。彼は DJ だったから、サンプルを作るアイデアを持っていたし、僕は新しいトラックを作ったり、それらをプロデュースするのが得意だったんだ。

Q：その当時、ライブパフォーマンスではどういった機材を使われていましたか？

A：最初のギグは Yamaha の CS-5、Roland の RY30、Technics のターンテーブルを使った。その後すぐに、自分達のやりたいことが、アナログ機材やハードウェアではなかなか実現出来ない事が解った。機材を買う金もなかったし、サンプラーもまだ高価だった。その後すぐに、Amiga が武器になった。正確には、Amiga 500 が 2 台とキャンプ用テレビ 2 台。

Q：1993 年ですと、あなたはまだ 10 代だったと思うのですが、学校に行きながら音楽活動をされていたのでしょうか？

A：そうだよ。

Q：学校の友人達は、あなたの作ったハードコア・テクノについて何か意見していましたか？

A：僕のウォークマンは 10 メートル先から聴こえてくるほどの大音量だった。彼等はそれを嫌っていて、誰かがヒーターを叩いているような音だと言っていたよ。テクノがもっと商業化され、バカみたいになってから、彼等はそれにハマったんだよ。

Q：同じく、1993 年に Mono Tone から Ec8or + Moonraker としてのレコードもリリースされていますが、Ec8or は当初どういったプロジェクトだったのでしょうか？

A：Ec8or という名前は数年前に既に存在していて、僕が受けた最初のリミックス・オファーは Mouse on Mars のアルバム『Vulvaland』で、Ec8or 名義でリミックスをしたんだ。

Q：その当時、E-De-Cologne の作品はハードコア・テクノ / テクノ・シーンから、どういったリアクションを得ていましたか？

A：意外にもフレンドリーな反応があり、各方面から支持を集めていた。でも、最初にテクノや Rave が意味していたものは、その後すぐにもっと狭いものに変わっていったんだ。

Q：90 年代初頭のドイツのハードコア・テクノ・シーンで重要なレーベルやアーティストは？

A：一般的にテクノはかなりハードなサウンドのものが多かったが、それでも Force Inc や PCP、DJ.Ungle Fever、Mono Tone、Family などは、かなり早い時期から奇妙で変わった音楽シーンで活

躍していたと思う。

Q：その頃、あなたはどの様にして自分の作品を
プロモーションし、ライブのブッキングを得てい
たのでしょうか？

A：正直言って、当時は何も考えていなかった。
もちろん、特定の雑誌やファンジンの取材はあっ
たけど、一般的に音楽の世界は今とは全く違った
動きをしていた。シーンを見つけて新しいムーブ
メントのニュースを得るという事は、社会生活を
送る事であり、シーンの中で人と出会う事でもあ
る。それと、みんながレコードショップに行くの
は普通だった。「マーケット」はアンダーグラウ
ンドな所でさえ、大きく常に新しいものを発見出来るようになっていたよ。多くのプロモーションが店で直
接行われていたんだ。

Q：ドイツ以外の国で最初にライブを行ったのはどこですか？　その時のイベントの内容を覚えていますか？

A：チェコの Spiral Tribe のフリーパーティーに参加したのは初めての長旅で、それは本当に楽しかった。
Spiral Tribe は移動しながらパーティーをする集団で、その移動手段がとても特徴的で、ミグの戦闘機ま
で使ったんだ。その後、スイス、ウィーンでは DJ Pure が主催したイベントのブッキングが続いた。ロッ
テルダムとアムステルダムでの最初のギグは、かなり奇妙なものだったよ。15000 人規模の巨大なホー
ルだったけど、サッカーの試合の様な雰囲気だった。オランダのフーリガンのサッカーの様なスタイルは好
みではない。友達の Simi とは以前、ガバを沢山聴いていたけど、オランダの Rave が実際にはどんな感
じなのかを見てからは、より選択性が増して、音楽における政治的な主張がより重要になった。

Q：1994 年に Eradicator 名義でも活動を始められていますが、E-De-Cologne と Ec8or など、それぞ
れのプロジェクトに明確なコンセプトなどはあったのでしょうか？

A：E-De-Cologne はもっと遊び心があって、楽しいサンプルやトリッキーなビートアレンジ、キッズ・
ストーリーのサンプルなどを沢山使っている。Eradicator は、よりメタル要素をインダストリアルな美
学とミックスしたアプローチで、結果的にスピードコアの様なものになった。実際には、その後スピードコ
アは作ってないけどね。短い期間だったけど、このジャンルは全てを制限しすぎていて、ほとんどの時間が
sMe のようなキックになっていて、すぐに飽きてしまったんだ。

Q：90 年代中頃までにアメリカ、イギリス、オーストラリア、イタリアなどでハードコア・テクノのレー
ベルが生まれ、多くの作品がリリースされましたが、その中でも特に印象に残っているレーベルや作品はあ
りますか？

A：アメリカ：Disintegrator / DX-13、Spy、Drop Bass Network だな。Bastard Loud は素
　　晴らしかったし、Ekonomix のレコードもヤバかった！

イギリス：Killout Records、Distorted Waves of Ohm (Eurk Records)、Outcast Clan、
　　Magnetic North label は良かった。Boscaland の数曲も気に入っている。

オーストラリア：もちろん、Nasenbluten だね。Lenny Dee とスイスで共演した時に彼からプリプレ
　　スを貰った。「Extreme Terror」のダブプレートもくれたこともあった。

イタリア：Sounds Never Seen label の Lory D.、Hot Tracks からリリースされた何作かは気に入っ
　　ている。本当に変わったレーベルだよ。

オランダ：Dom Records (R. Wagner) と、もちろん Euromasters の愉快な曲も気に入っている。

日本：いつも面白いものを見つける。Burning Lazy Persons の作品や、Nawoto Suzuki、
　　Rom=Pari も良いね。DJ Lucky や『The Skinny Compilation』の様なクレイジーなコンピレーショ
　　ン・アルバムも良いと思う。それから昔、手に入れた MIE という女の子のデモも良かったよ、かなり刺
　　激的だったね！　とにかく、世界中の様々な作品からインスピレーションを得た。

Q：90 年代中頃に掛けて、ドイツではテクノがメインストリームの音楽シーンを巻き込んで大きなムーブ
メントとなっていましたが、その状況を当時どの様に感じられていましたか？

A：驚くような実験と狂気の数年間で、テクノの世界が如何に間抜けで愚かな発展を遂げたかを見るのは悲しい事だった。でも、それはメインストリームに成長した多くの音楽ジャンルに起こることだ。このことは考えないようにしている。それでも、この暖められたスタンダードなサウンドが、未だに人々を興奮させることが出来るのは奇妙なことだ。

Q：素朴な疑問なのですが、なぜドイツではテクノが一般的にも人気を得ているのでしょうか？　ドイツにはテクノに関する有名なアーティスト、DJ、レーベル、クラブなどが存在し続けています。ドイツとテクノの関係性についてあなたの意見を聞かせてください。

A：それは単純なものではないね。電子音楽の研究は、ドイツで早くから行われていたし、30年代にOskar Sala がトラウトニウムを使い、素晴らしい実験的な音楽を演奏していたことにまで遡る。とても美しい楽器で、彼の曲は素晴らしいものだった。それ以外にも、もっと多くの実験が行われていた。フランスではミュジーク・コンクレートが、ドイツでは電子音楽や作曲の歴史があり、その為、シンセサイザー音楽の周りには、非常によく知られた名前の他にも、かなり長い歴史がある。電子音楽は、一般的には別の立ち位置にもあり、それは必ずしもダンスシーンとは関係ないものだ。ダンスやクラブパーティーでよく聴くのは、踊れない人の為のつまらない音楽だ。

Q：あなたが体験した Rave やハードコアのパーティーで最も印象的だったのは？

A：この数年の間には、クレイジーな経験が沢山あったね。もちろん、日本でのツアーは特別なものだったし、世界の反対側でこんな反応があったのは凄かった。特に一つを挙げるのは難しい。少し話は逸れるが、ニューヨークの Blip Fest に招待された事は、僕を本当に後押ししてくれたよ。ハードコア Rave ではなかったけど、8Bit/ チップチューンのエネルギーの中では、ハードコアだったんだ。一番印象的だったのは、有名な人達が古い機械を研究し、それをどうやって使うかという新しいアイデアを現代にまで出してきた事だ。彼等は新しいトラッカーを書いていて、今でも新鮮なサウンドのシーンになっている。フェス自体は数日間に超フレンドリーなモッシュピットばかりだったし、そこに招待されて本当に良かったと思っている。日本でのツアーも素晴らしかったし、アメリカの Beastie Boys に招待されたのも最高だったよ。

Q：Digital Hardcore Recordings について。彼等との出会いについて教えてください。Alec Empire の第一印象は？

A：僕達が進んだ道は、ライブや様々な場面で交差しているし、共通の友人もいる。最初の頃の彼（Alec Empire）は、オタクっぽくて面白い金持ちの子供のようなスタイルだったから気にっていた。もちろん、僕等はみんなミュージシャンとしてある意味オタクだったけど、彼は僕が知っている数少ないミュージシャンの一人で、30歳を目前にして実家を出て、大きなロフトを二つ位相続したんだ。間違いなく、フローナウの裕福な地区で育った幸運な男であり、それが彼に音楽と戦略を考える自由を与えた。Bass Terror と僕がブッキングされたパーティーで、僕の赤いモヒカンがベルリンの人達にちょっとした見世物になったのを覚えている。そして、Gina と Joel Amaretto と出会い、ベルリンにもっと良い場所があったからそっちに拠点を移してすぐにレーベルを立ち上げた。全てがあっという間だった。僕達の多くがまだ10代の頃からあらゆる意味でトラッシュされることを楽しんでいた一方で、彼はカモミールティーとコカコーラの方が好きだったんだ。シーンの他の多くの人々が彼を真剣に受け止めることをしなかったが、僕は幾つかのアイデアや発言を擁護していた。後になって、アンダーグラウンドの人達からの批判が増えてきた時にも、このレーベルでやっていることにはもっと大きな意味があると思っていたんだ。このような生活スタイルからも、学ぶべき事が幾つかあったと言わざるを得ない。一日中音楽に没頭していて、いつも色々なものを買っていたから、新しく面白い音楽やツールを発見することが出来たんだ。その後、「友情よりもビジネス」というコンセプトや、DHR のアーティストを利用して「ムーブメント」を起こすというやり方には納得がいかなくなった。有名なベルリンの5月1日の暴動で、本当に逮捕された DHR のアーティストは Bomb20 だけだったのを、みんなは知らないだろう。デモに参加したが為に、Bomb20 は無差別に警察にひどく殴られて刑務所に入れられた。他の人達はデモの後、署名用紙にサインするだけで済んだのに、彼はその後、他のことをして数ヶ月間刑務所に入っていた（彼は他のことでもやらかしていた）。政府から許可されたデモだったので 音楽パートの関係者はあまり恐れる必要は無かった。これは、ただの文化的行為で、街頭でのデモ / 暴動はある時点で警察に挑発されていたんだが。レーベルとしても当初目論んでいた事よりも遥かに大きな事態になってしまって、公にしなかったんだよ。そのこともあって、DHR から音源をリリースしていた人達との間で信頼関係が崩れ去っていって、離れていったんだよ。それと、僕と

Moonraker が Riot Beats に作ったデモテープを Achim Szepanski（Riot Beats のオーナー）に渡して貰う為に Alec に渡したが、Achim はデモを気に入らなかったと言っていたことも、嫌な思い出として残っている。後日、Achim から聞いたが彼はデモを受け取っておらず、Alexander Wilke（Alec Empire）を金持ちのクソガキだと言っていた。またその昔、Einstürzende Neubauten が Ec8or のリミックスを欲しがっていたんだけど、その時 Alec が僕達に何も言わずに黙ってやったんだ。でも、それがあまりにもクソだったから、Alexander Hacke（Einstürzende Neubauten）は彼の顔面を殴ってしまった。そして、非常に悲しい結末を迎えたのは、Carl Crack が亡くなった時だった（実はその時、僕は日本にいた）。東京から帰ってきた時には、知り合いのベルリンの音楽関係者のほとんどが葬儀に来ていたが、Alec と Nic は来ていなかったのが不思議だった。彼等は声明の中で、ベルリンの全シーンが見ている間、質素な葬儀のアイデアを支持しないだろうと述べた。不思議なことに、DHR と彼はもっとお金を払って、より「リッチ」で「ロックスター的」な葬儀にする事が出来たのかもしれないけど、真相はよく分からない。

Q：DHR の政治的な姿勢には共感されていたのでしょうか？

A：確かに、Techno Rave やクラブ関連のハードコア / ガバはつまらなく、愚かで、一部では政治的に正しくないものになってしまった。Techno Rave は不穏な音が全くなく、より「安全な」ものになっていって、面白いイベントを見つけるのが難しくなってきたんだ。ハードコア / ガバ・シーンでは、フーリガンやある意味では右翼的な態度が人気を博していて、それもまた奇妙なものだった。男性優位のマッチョなシーンに変わり、リリースされた作品のタイトルを幾つか読

Ec8or - BBC Peel Session

むと、ゲイに反対していたりして、嫌な気分になった。テクノやブレイクビーツは常にオープンマインドだっ
たし、ゲイシーンが無ければ今の様にはならなかったはずなのにね。田舎から来た人が、自分達の原始的か
つ保守的で愚かな考えをこの音楽に暗示しているのを見て、プラットフォームが出来たのは恐ろしい事だっ
た。DHR のメンバー全員と一緒に、クラブナイトではなくコンサートをしたり、保守的で右翼的な考えに
反対する姿勢を持って、別の角度から見ることは、とても新鮮なアプローチだった。それから、僕はいつも
ヒップホップや他の音楽を聴いていたし、DHR はそれら全てを組み合わせる可能性を与えてくれたんだ。
Q：1996 年にリリースされた E-De-Cologne のアルバム『Synthetic Overdose』について。このアル
バムはハードコア・テクノ史に残る名盤だと思います。アルバムが生まれた背景や制作時の心境を覚えてい
たら教えてください。
A：それは、ケルンに住んでいた最後の数ヶ月間に制作したものだ。家を出て一人暮らしをしていて、少し
迷っていた時、仲の良い友人がナースホステルの小さな部屋を貸してくれて、そこでアルバムの制作をし
ていた。僕の住んでいたナースホステルに Spiral Tribe が遊びに来た時はとても面白かったし、とても奇
妙な時間だったね。アルバムについての意見をありがとう！　当時好きだったものが全てミックスされてい
て、Amiga のコンピュータで出来る事には今でも驚く。でも、何かを録音するとすぐに、何か新しいもの
を作ったり、今までやっていなかったことに挑戦したりしなければならないと思っている。
Q：Gina を Ec8or のボーカルに迎えた経緯を教えてください。
A：Gina とはベルリンの DHR Night で知り合って、すぐに意気投合した。僕がベルリンに引っ越すこ
とを決めたのも、彼女と一緒に DHR で作品をリリースすることを決めたからだ。Gina が聴いていたガレー
ジパンクや、他の音楽も沢山あったけど、それは彼女に会う前はフォローしていなかったものだ。自分達の
影響をミックスすることは、とても実りのあるフュージョンだったよ。
Q：Ec8or の歌詞はどうやって作っていたのですか？
A：Gina は歌がメインだったから、歌詞は彼女が担当していて、インスト部分を僕が担当していた。でも、
ほとんど一緒に作ったからお互いに納得した結果になったよ。僕の曲もあるし、彼女が書いたものにも参加
している。

Q：Ec8or の代表曲でもある「I Don't Wanna Be a Part of This」は、Shockwave Recordings へのディスが込められているというのは本当なのでしょうか？

A：もしかしたら、とても無邪気なものかもしれない。キッズ・スタイルで、重要視しすぎず、真面目すぎず。Shockwave のサウンド自体が本当に残念なものだったと思っている。その頃は、僕が聴きたかったものとは正反対だった。僕にとっては、とても馬鹿なハッピーハードコアの最も馬鹿げた解釈だった。レーベルオーナーの Martin Damm は色々と協力してくれたし、Shockwave と Napalm 4 + 6 からレコードをリリースすることを提案してくれたのも嬉しかったが、いくつかの問題もあって、全てが順調ではなかった。ネットが普及する前の時代、物事は今よりもずっと重要だった。移動が多い中でコミュニケーションをとるのはとても難しかったから、レコードを通してコミュニケーションを取らなければならなかったんだ……。ただのジョークさ。

Q：Ec8or は Grand Royal からも作品をリリースされていましたが、Beastie Boys のメンバーとは会った事はありますか？　Grand Royal からのリリースで変化はありましたか？

A：とても素晴らしかったよ。アメリカでのツアーの回数が増えたし、ニューヨークでのシングル・ギグも幾つかあった。Beastie Boys の Mike D と一緒に過ごした時間が一番多かった。ニューヨークを歩き回ったり、Phat Beats（レコードショップ）にレコードを買いに行ったり、本当に信じられないようなことばかりだったよ。

Q：Shizuo について。彼と最初に出会った時の事を覚えていますか？　Ec8or と Shizuo で日本ツアーを行ったり、ヨーロッパでも頻繁に共演されていたと思いますが、あなたにとって彼はどういった人物でしたか？

A：David（Shizuo）と初めて会ったのは、前にも言ったチェコの Spiral Tribe のパーティーで、その時彼は Bass Terror のメンバーと一緒に参加していた。その頃、僕は『Shizzo Core』というテープ・シリーズを作っていて、Shizuo は Bass Terror の連中という印象だった。しばらくして、彼は Shizuo という名前で、Toby（DJ Scud）や DHR と仕事をするようになった。彼は面白いキャラクターで、とても才能のある男だった。一番楽しい思い出は、Gina が彼と一緒に住んでいた時、僕も彼等のアパートに長く住んでいたんだけど、彼は僕達をイライラさせる為に数日間バットマンのテーマのカバーバージョンをやっていたこと。もう一つの面白い思い出は、ヨーロッパツアーの時、ウィーンでギターを買って同じ部屋にいた Bomb20 を狂わせる為にブルースを弾いたことだった。でも、彼のブルースの曲も素晴らしかったよ（笑）。僕はいつも彼の音楽が好きだったし、一緒に過ごした楽しい時間を思い出すことは良い事だ。彼は自分自身との最大の戦いをしていたし、僕達は皆、その喪失をとても悲しんでいる。彼に神のご加護がありますように。

Q：The Horrible Plans of Flex Busterman について。このプロジェクトとコンセプトが生まれた背景を教えてください。

A：昔からゲームのサウンドトラックの大ファンで、特に Rob Hubbard のファンだったから、一度は自分でゲームのサウンドトラックを作ろうと思っていた。ストーリーとアートワークを考えるのが凄く楽しかったんだ。他にも、幾つか重要な作品はあるけど、僕の中では 90 年代の中で自分にとって最も重要なアルバムだと思う。ニューヨークに行く前は、アジアでゲーム音楽の CD が発売されていることを知らなかった。ニューヨークのチャイナタウンで、ゲームの OST を CD で売っている小さなお店を見つけて、それがアイディアとしてとても良い形でまとまってきたんだ。僕にとっては、SID チップの音はフィルターのかかっていない興奮を伝える為のものだった。だから、制作には Commodore 64 と Amiga を使った。

Q：アルバム『The Horrible Plans of Flex Busterman』は未だにカルト的な人気を得ています。アルバムがリリースされた時期は、まだチップチューンというジャンルが音楽シーンで認識される前でしたが、このアルバムはリリース当時どういった人々から支持されましたか？

A：今日に至るまでの数年間、クレイジーな反応を見てとても驚いたよ。数年前からプロジェクトの為にまた新しい曲を作り始めて、ニューヨークやオーストラリアの Blip Fest など、様々な素晴らしいチップチューン・フェスティバルでプレイしてきた。未発表曲や新曲を収録した作品も予定しているよ。

Q：Joel Amaretto は 1997 年にレーベル Kool.POP をスタートさせ、ブレイクコアというジャンルにフォーカスしていました。あなたも Test Tube Kid 名義のレコードや自主レーベル Spite でブレイクコア的な表現を行っていました。ブレイクコアに関するあなたの見解を聞かせてください。

A：部分的に好きだが、全ての音楽と同じように、アイデア次第で性格や態度が表現されている。幾つかの同じ種類のクランチサンプルとビートを使用していた時、幾つかの点で過負荷の様なものがあったし、トラックがどのように続くかすぐに分かってしまう。基本的にはジャンルのルールによって飲み込まれている音楽と同じ問題だ。もちろん、特別な才能を持った人もいるけどね。もう一つ残念なとこは、80%くらい他のアーティストの曲に頼っている事だ。あまりにも多くの部分を、他人の曲に依存している。笑えるけど、いつも同じ曲がサンプルとして出てきたり、クソみたいなポップなサンプルだけが出てきたりすると、つまらなく感じてしまう。

Q：あなたは90年代後半からブロークン・ビーツやブレイクコアといったスタイルをメインにしており、ハードコア・テクノのリリースをストップさせていました。なぜ、ハードコア・テクノから離れていたのでしょうか？

A：Puppetmastaz の音楽をプロデュースしたり、新しいプロジェクトの音楽をプロデュースしたりと、とても忙しい日々を送っていた。メンバーの Chilly Gonzales、Paul PM と僕のプロジェクト Steve Hive で一枚のアルバムを制作したり、Angie Reed のアルバム制作も手伝ったし、その間に制作に関する事を沢山学んだ。それは、突然流れが一つになったような感じで、自分の中で新しい方向性が見えてきた。長い目で見ても楽しいと思えるものであり、自分の魂を売り渡すような気持ちにならずに、コンサートをしていても楽しいと思えるものだった。元々、ダウンテンポや他の方向性にも興味があったから、90年代末から2000年初頭のこの時期は新しい方向性を見つけるのにとても良い時期だったと思っているよ。

Q：2000年に Patric C 名義でアルバム『Hitler 2000』をリリースされましたが、このアルバムのコンセプトは？　非常に過激なアートワークでありましたが、問題は起きませんでしたか？

A：新世紀を迎えることは大きな変化だ。メディアの中では、何もかもがボーイズグループ的な形で洗脳されていて、このアルバムのオープニング・サンプルを見つけた時、正にその通りだと思った。Ira Levin が書いた小説の後の映画は、一般的には非常に特殊だと思う。第三帝国についてのドキュメンタリーがあらゆるバリエーションで増えているのは事実だし、多くの変な奴等が、このクソ映画に飽き足らず、今ではテレビに溢れている。ヒトラーと同じベッドの中にいるようなものだ。基本的に、第三帝国の象徴やイメージと、清潔感のある顔のない少年グループのイメージを組み合わせたグロテスクなアルバムアートワークだった。アルバムから入ってくるお金は、レーベルからイギリスのアンチファ（反右翼団体）に寄付された。

Q：2000年以降、あなたは Candie Hank 名義での活動をメインとされていました。そして、Candie Hank としてリリースされたアルバムはどれも本当に素晴らしい作品ばかりです。Candie Hank としての活動をメインにされた理由は？　ハードコア・テクノへの興味は薄れていたのでしょうか？

A：ありがとう！　自分の気持ちに従って、やりたいことはほぼ全部やってみたよ。でも、ここ数年でまた E-De-Cologne としてのブッキングが何度かあったから、Schwibbel Schwabbel Records からリリースされる新しい作品にも取り組んでいる。Simi と初めてハードコアを聴いた時からの青春の夢、1992年の思い出だ。自分の時間が許す限り、まだまだクレイジーなネタが出てくるだろう。まだまだやりたいことが沢山あるし、ビデオゲームの仕事、劇場での音楽、オーディオプレイや映画の仕事も少しある。物事の進

展にとても満足しているし、90年代のサウンドは、自分にとってはとても大事なものだった。

Q：Ec8or時代に数回来日もされていますが、日本にはどういった印象がありますか？

A：日本で過ごす時間は毎回素晴らしいよ。レーベルのBeat Inkも素晴らしいサポートをしてくれた。彼等は当時、Ec80rのラストアルバム『The One and Only High and Low』を彼等が待ち望んでいたDHRのアルバムと呼んでいた。基本的にGinaと僕は、レーベルのアイデアはもっと自由で、僕等は若くて素朴なアンダーグラウンド／パンクの子供だったんだ。ポップなコンセプトや、より多くのオーディエンスを獲得する為の商業的なフレームの中に全てを置くことは考えていなかった。レーベルの投資が何もない所から出てきている訳ではない事に気づかなかったのは、僕達の側からしてみれば少し愚かなことでさえあったし、この純粋で生々しいアンダーグラウンド・サウンドが永遠に大きなスケールでフィーチャーされると信じていた。僕はGuitar Wolf、Texaco Leatherman、5678sなどのガレージ・パンクやエレクトロニック界のノイジーで妥協のないもの、そしてノイズも大ファンだった。これこそが、僕等が全世界に見せたい音とスタイルであり、その必要性があると確信していたんだ。マスタリングなどのことは知らなかった。この音と演出では、「ポップ・アクト」が必要とする典型的なビッグ・ロックとアリーナのキャラクターを満たしていない事は、ある時点でかなりはっきりしていた。一方では、僕達のコンサートは満員で、人々は僕達の音楽に夢中だった。日本でのライブの写真やビデオの中には、本当にクレイジーなのがあるよ。2000年代初頭の音楽／流通の世界で起こった全体のシフトも重要だ。多くの流通業者が問題を抱えて倒産し、全体の構造がMP3の登場で揺れ始め、人々は非常に慎重になった。ヨーロッパでは通貨がユーロに変わったことで価格が2倍になり、アンダーグラウンド・ミュージシャンとしての金銭的な問題も多くなった。また、音楽的にもインディペンデントの音楽マーケットは大きく変化し、多くのアイデアが自由に試されていた「先駆的な90年代」のものは、押しのけられてしまった。音楽のコンセプトやエレクトロニック・プロジェクトは、より「合理化」され、洗練されたものになっていった。Ec8orをもっとポップにして、エッジを取り除こうとするのは馬鹿げていただろう。僕にとっては、そういうことが出来たのは人生の一時期だったし、とても良い経験であった。妥協のない何かを持って世界中の多くの場所を訪れ、多くの友人を作れたのは嬉しかった。日本でこのような瞬間を過ごせた事、そして人々が僕達の音楽やコンサートを覚えていてくれているのは、僕にとってとても幸せだよ。それに加えて、日本での旅は僕の人生を永遠に変えてくれた。素晴らしい曇り空と日本酒の思い出。

Q：あなたは作曲家としても優れた才能をお持ちです。非常に独特で一度聴いたら忘れられないメロディを作られていますが、どういった方法で作曲を行っているのでしょうか？

A：それはまさにメロディの部分で、それがCandie Hankに導いてくれた。僕はより初期のMoog音楽に夢中になっただけでなく、サウンドトラックや世界中の全く異なるジャンルの音楽にも夢中になったんだ。自分にとっては、それを聴いた時に特別な感覚を呼び覚ますようなものを書くことが重要だ。サイケデリアは好きだけど、スローダウンしたヒッピー的な意味ではなくて、目が覚めてフリークなエネルギーが発生したり、自分の中の特別な感情を呼び覚ますようなサイケデリアが好きなんだ。

Q：個人での音楽活動に加えて、サウンドトラックの制作も行われていますが、サウンドトラックはどの様な工程で制作されていくのでしょうか？　サウンドトラックの制作において最も重要なポイントとは？

A：これまで映画にはほとんど関わっていなかった。Ulu Braunの『Architektura』、Volker SattelとMario Mentrupの『Stadt des Lichts』で、幾つかの曲が使われている。主にゲームの仕事をしているから自由度が高く、今ではオーディオプレイや演劇の音楽もかなりの数を担当している。キャラクターやストーリーについて、出来るだけ多くの事を知るのはとても重要で、監督と出来るだけ多くのコミュニケーションを取ることで、全体が最も意味のあるものになる。長い時間を掛けても結果が出ないことも多いが、いざアイデアが出てきた時には、自然とテーマが見えてくるし、とても順調に仕事が出来る様になるよ。この分野は僕を魅了するもので、いつもテキストや物語に合わせて音楽を作るのが好きなんだ。

Q：ハードコア・テクノを作っていた時にあった怒りやフラストレーションといったものは、まだあなたの中に存在しますか？　あなたの中で変化した部分と変わらない部分は？

A：そうだね、今まで以上に腹が立っているよ。世界中で起こっているクレイジーで危機的な状況について、音楽的に文句を言うのではなく、出来る限り環境保護や困っている人達の為に、特定の組織を支援したり、特定の機関に寄付をしたりしている。今、僕達は大変な時代に生きているが、特定の政治家や大統領、世界的な洗脳、そして愚かなものについて、毎日とても怒りを覚えることがある。アーティストは常に自分の政

治的、倫理的見解を表現しなければならないと思う。それは、すべての悪いことが起こっているにも関わらず、何かを作成する為のより良い方法を見つける為にアップしている。メディアやニュースの見出しだけを見ていると、自殺したくなってしまう。Ec8or や E-De-Cologne の頃のメッセージは、実際にはかなり人道的なもので、怒号のように聴こえる音楽にも関わらず、ほとんどがポジティブなエネルギーと、どうすれば物事を良い方向に変えられるかというものだった。Slayer（横浜で見たこともある）の大ファンだが、この完全にダークな歌詞とメタルの終末論を信じていた訳ではない。ゴールの無いダークファンタジーを作っている様なもので、ノベルティというか、ファンタジーのロールプレイングゲームに近い。もちろん、Slayer は一例に過ぎないが、それはもっと多くの音楽ジャンルにもあるし、ダーク・ハードコアにも存在している。常に文脈を意識していなければならないね。一方で、音楽やアートが本当に何かを変えることが出来るのかという疑問も常にある。もし、地震の後に人々を助けたいと思ったり、戦時中に医療支援を必要としている人々を助けたいと思ったら、それについての曲を書くのではなく、直接医師や支援団体を支援する方が遥かに意味があるだろう。もし、地球や海を汚染するプラスチック生産の変化を見た

いと思うなら、石油ロビーの人達と戦う可能性のある人達をサポートして、その為に人生を捧げる方が理にかなっている。世界の全ての地域に教師を派遣して、病気と戦っている地域を教育し、環境問題について教育し、そしてより良い方法で解決を目指す組織を支援するのがいいだろう。そして、必要のない過剰生産についてを人々に教えることも良いだろう。肉、チーズ、魚など、基本的には一種類だけでなく、同じものが5〜10種類もスーパーに並んでいるのを見ると、とても腹が立つよ。みんなは全てを購入して消費することは出来ない。その多くは後に捨てられてしまい、海を汚染し魚が減ってしまう。肉の生産は、環境問題を引き起こし、もちろん、安価で低品質の肉の生産に関しても、人々に健康問題を引き起こす。そして、これらの製品の全ては、空気中で燃やされたり、海に投げられて終わるプラスチック包装がされている。ある程度の年齢になるまでは、自分のメッセージを大声で叫べば何とか人を動かせると思っていたが、洗脳される側も同じやり方でどこにでもスピーカーがある状態だと気づいた。幾つかのバンドは、既にずっと前から革命を計画していると主張している。Metallica や Rage Against the Machine がビジネスモデルとして考えられるだろう。自分が主張したいことを一つ見つけて、それが会社に転向すると、ミュージシャンとしてその一つの方向性から離れないことが求められる。そのうえで、その方向性で会社として成り立たせなくてはいけない。世の中の悪い事を全て自分のものにして生きているという事でもある。つまり、社会や政治が悪ければ、それがバンドや会社の為になるということだ。それは、とても捻くれたビジネスモデルだと思うよ。誰もが自分なりの方法を見つけなければならないし、自分に合った方法が他の人には合わないかもしれない。他の人が自分の考えを表現する為に、こういった方法を選択していること自体を批判したくはない。でも、さっきも言ったように、政治に関しては、それについて叫ぶだけではなく、実行して、助けることが必要なんだよ。

Q：あなたは数多くの名義で作品をリリースしましたが、その中で特に思い入れのある名義は？

A：正直に言うと、全ての作品を気に入っているよ。それは人生の全てのステップであり、自分の道を開拓する重要なものだ。今も新しいことを学び続けている。

Q：近年のドイツの状況をどう思われていますか？　何か問題を感じていますか？

A：ヨーロッパ全土、いや世界でも問題はある。人々がまだナショナリストの考えを信じる方法を理解していないし、過去から何も学んでいない。ドイツや、フランス、ハンガリー、イタリア、ポーランドなどでは右翼政党が票を集めているし、東部ドイツでは都市計画にまで踏み込んでいる。これは本当に怖いことで、それに対抗する為に何かをしなければならない。これは非常に複雑なテーマだから、数行で話すのは難しい。人々は恐怖を克服し、現実の世界の問題に直面するべきだが、彼等は自分達の小さな世界に焦点を当てる傾向がある。理想の世界だったら、国際的に力を合わせて抱えている現実の問題と戦うことが出来るだろう。と言っても、それは世界のごく一部分だけなんだろうけどね。

Q：最近の音楽業界全体を見てどう思われますか？

A：最近の人は食べ物や服、高い飲み物ばかり気にしているが、音楽は蛇口から無限に出てくる水のようなものだと思っている。ほんの僅かな人だけしか、良い作品を作る為に頑張っている人達の事を考えていない。時代は本当に変わってしまったみたいだ。僕は小規模なアンダーグラウンド系が、急にビッグになる可能性は低いと思っている。僕が思うことと言えば、世界中の何百万もの人々が娯楽目的で良い音楽を沢山作り、SoundCloud や Bandcamp にリリースすれば、個人的には沢山の楽曲を買うし、本当に気にいると思う。未だに、曲を買う人がいないから、ほとんどのレーベル（小規模なものも含む）は慎重にならなくてはいけない。新しいオンラインサービスや、Web2.0 への期待は音楽界を民主的にするとは完全には言えない。なぜなら、もしオンラインで多くの人へと広げたいなら、多額のお金が必要になるし、しっかりとアルバムをマスタリングするにも資金が必要だ。アートワークを作る人や、写真家も良い報酬が欲しいと思っているだろうし。そしてみんなは、アルバムを手にする事よりも動画を見る方に関心がある。動画で多くの反応を得るには、オンラインでプロモーションしなければならないし、これにもお金が掛かる。あるいは、Web2.0 や YouTube、Facebook を本気でやっても、他の事に使う時間が一切取れなくなる。ビッグな名を持つような人や、大規模なフェスティバルに出る人でも、初めから作業工程は全く違う。裕福な家庭で生まれた人、ただ楽しみたいだけの人、レーベルと上手くやっていきたい人などでも異なる。最近では、もしレーベルが名を広める為に金を使うとしたら、ブッキングなども含めて、収入の何割かを求めてくるだろう。彼等はどんな種類の音楽をリリースするか、どんな服を着るべきなのかを決めてくるかもしれない。そのような事は身近にあり、インディーズバンドでさえ、動画を作る際に洋服会社から援助を受けたりする。ヒップホップの動画を見てこんなことがあるんだと思った。それはこの数年、どのジャンルにおいてもプロダクトプレイスメント（映像で製品を広告する手法）は普通になっている。

Q：あなたは 20 年以上の音楽活動で 100 タイトル以上の作品をリリースされました。長きに渡る音楽活動の中で、スランプに陥った事などはありますか？

A：同じことを何度もやらないというより、同じことをするのが苦手だから、その点では助かっているよ。音楽には交流と新しい影響力が必要なんだ。自分の体と魂は常に新しいインプットを必要としている。でも、刺激的なものだけが僕を目覚めさせてくれる。あまりにも多くの音楽を聴きすぎると、眠ってしまい、体が麻痺してしまう。でも、幸運な事に、良い音楽に出会えることもあるんだ。

Q：最後に、あなたにとってハードコア・テクノとは？

A：それは、コントロールされていない大音量のエネルギーで、他の人が何を言おうと関係なく自由に表現出来るものだ。

トップのDJセンスとスキルを持つフランスシーンの中心人物

Manu Le Malin

- ◉ Bloc 46、Industrial Strength Records
- 🕐 1995
- 🌐 フランス
- 🌐 https://SoundCloud.com/dj-manu-le-malin

20年以上に渡ってハードコア・テクノ・シーンの最前で活躍するトップDJであり、フランスのハードコア・シーンを代表する最重要人物。テクノ、アンビエント、ノイズ、クラシックをハードコア・テクノに落とし込んだダークでサイケデリックなスタイルで、インダストリアル・ハードコアを形成したプロデューサーの一人でもある。Emmanuel Dauchez こと Manu Le Malin は、テクノとの出会いによって1992年から本格的に DJ としての活動をスタートさせる。テクノからトランス、ハウスをメインとした DJ プレイを行っていたが、翌年に訪れた Thunderdome によってハードコア・テクノ / ガバに衝撃を受け、自身のスタイルもハードコア・テクノへと変化させていく。Manu の存在はハードコア・シーンですぐに話題となり、1995年にはパリで開催された Thunderdome に出演。同時期に Energy '95 や The Tribal Gathering といった大規模ダンスミュージック・フェスティバルにも出演しており、ハードコア・シーン以外からも早い段階で支持を集めていた。ハードコア・テクノからガバ、テクノ、トランスを自由自在にミックスするスタイルは絶大な人気を集め、Manu は90年代後半にハードコア・テクノ・シーンのアイコン的な存在へとなっていった。プロデューサーとしても自身のレーベル Bloc 46 を中心に、実験的なハードコア・テクノ / インダストリアル・ハードコアの傑作を発表している。2016年に公開されたドキュメンタリー作品『Sous le donjon de Manu Le Malin』には、Jeff Mills、Laurent Garnier、Lenny Dee といった重鎮達も出演し、彼等の証言によって Manu がハードコア / テクノ・シーンにおいて絶対的な存在である事が証明されている。

DJ Manu Le Malin

Memory
フランス
IST Records
1995

1995 年に Industrial Strength Records のサブレーベル IST Records から発表された Manu Le Malin の初作品。盤面に共同制作者として記載されている Draft Ponk とは Daft Punk の事である。この頃は、シンプルな構成でテクノ的なインダストリアル・ハードコアを披露している。リミックスには Oliver Chesler（The Horrorist）と John Selway（Spy）による Koenig Cylinders が参加しており、90 年代のハードコア・テクノ・シーンの興味深い繋がりが形となって残されている。現在はストリーミングでも聴く事が出来る。

Manga Corps

War Dancer
フランス
IST Records
1995

ハードコア・テクノ・シーンに多くの名作を残している Sgt Kabukiman（Dr. Macabre/French Connection/Slut Burger）と Manu Le Malin の伝説的ユニット。タイトル・トラックの「War Dancer」は、ブレイクビーツとテクノ / トランスにインダストリアルとフレンチコアをミックスした様なドラッギーで実験的な作風ながらもフロアでの機能性は抜群。Manu の得意とするクロスオーバーな DJ スタイルがトラック制作に存分に反映されており、ハードコア・ファンの間ではカルト的な人気がある。90 年代中期のハードコア・テクノ・シーンを語る上で外せない重要作。

Outlaw

The Wild EP
フランス
Bastard Loud Records
1996

The Berzerker、Nukom、F.U.H.D. をリリースしている Industrial Strength Records のサブレーベル Bastard Loud Records から 1996 年に発表された一枚。DJ Skinhead「Extreme Terror」をサンプリングした「X-Terror」では、ヒップホップ感のあるブレイクビーツ使いと映画音楽的なシンセが合わさった Manu の核となる部分が表れている。パンクやインダストリアルといった 80's テイストが反映されたスピードコア・トラック「Afrik 125」と、そのアンビエント・ヴァージョンからは Manu の狂気が垣間見える。

Manu Le Malin & DJ Producer

Scratch Junkies
フランス、イギリス
Industrial Strength Limited
1997

現在も頻繁に共演している盟友 The DJ Producer との初コラボレーション作品。両者の共通点でもあるヒップホップのエレメントをハードコアに落とし込んだ「Scratch Junkies」、UK ハードコアとフレンチコアに Manu のエクスペリメンタル的な要素も若干反映された 90 年代のアンダーグラウンド・フレイヴァー溢れる「Enemy」の 2 曲を収録。非常にシンプルでストイックな作りになっており、彼等のハードコアに対する姿勢が感じられる。2001 年に Rebelscum からコラボレーション第二段もリリースされており、Manu は The DJ Producer のリミックス LP にも参加している。

Three Bad Brothers

Too Strong
Industrial Strength Records

フランス
1997

Manu と Torgull、El Doctor によるコラボレーション・プロジェクト。
ヒップホップのサンプルに、攻撃的なノイズサウンドをミックスしたイン
ダストリアル・ハードコアを収録。Dead End Records や Epiteth の
作品にも通じるフランス的なハードコア・サウンドであり、後に彼等が
Bloc 46 で開拓していく実験的なインダストリアル・ハードコアの原型
が出来上がっている。Manu は今作と同時期に『Biomechanik』と The
DJ Producer とのコラボレーション作をリリースしており、この頃にプ
ロデューサーとしての方向性が定まったのではないだろうか。

Manu Le Malin

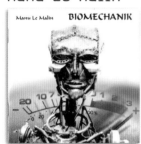

Biomechanik
Level 2

フランス
1997

90 年代後半のアンダーグラウンド・ハードコア・シーンをパッケージ
ングした傑作。Manu Le Malin による DJ ミックスと彼がセレクトし
たコンピレーション CD の 2 枚組みで構成されている。DJ ミックス
は、Taciturne、Neuroviolence、Somatic Responses と い っ た
実験的なハードコアから、Xylocaine、Overcast、Rage Reset、
Nasenbluten などのオーストラリアのハードコアや各国のハードコアを
優れたミックス・スキルで完璧に繋ぎ合わせている。コンピレーションに
は、Deadly Buda、DJ Pure、D.O.A. のエクスクルーシブが収録。

Manu Le Malin

Ghost Train
Bloc 46

フランス
1999

1999 年に Bloc 46 から発表された傑作シングル。90 年代に彼が残し
た作品の中でプロダクション面においても圧倒的な完成度であり、Bloc
46 で最も人気のあるレコード。現行のインダストリアル・ハードコア
と聴き比べてみてもまったく引けを取らない「Ghost Train」は、数あ
る Manu のハードコア・ワークの中でもトップ 3 に入る。このトラック
が与えた影響は表面的に感じられる以上に大きいと思われる。フランス
的な狂気性を感じさせる「On the Way Home」と「Dead Lock」は、
2001 年にリリースされた傑作『A Shadow』へと繋がる流れが見える。

The Driver

The Hoover
Highway 46

フランス
2001

Bloc 46 のサブレーベル Highway 46 からリリースされた Manu のテ
クノ・プロジェクト。ハードコアとテクノが最高のバランスでミックスさ
れた歴史的な傑作。Manu が DJ セットや Bloc 46 で追求していたスタ
イルの完成系の一つとも言える内容で、テクノとしてもハードコアとして
も非常にレベルが高く、双方のシーンから歓迎されるはずだ。2001 年
にこういった作品を残していることが、Manu のアーティスト /DJ とし
ての凄さが形となって現れている。The Driver 名義でのテクノ・セット
や Electric Rescue 名義のコラボレーション EP もテクノ・シーンで高
い評価を受けた。

Palindrome

Rions Noir — フランス
Bloc 46 — 2004

Manu Le Malin（ボーカル）、Torgull（ベース／プログラミング）、Aphasia（プログラミング）、DJ Joystick（ドラム）、Jeff Bock（ギター）という Bloc 46 のアーティスト達によるバンドの 1st アルバム。ハードコア・テクノにロックやメタルを合わせたミクスチャーロック・テイストから、トリップホップ系のダウンビートやエクスペリメンタルな要素を合わせた実験的なスタイルまで幅広く収録している。Manu のドキュメンタリーでは、Palindrome の活動時期に関しても貴重な映像を交えて語られているので気になった方はチェックを。

Manga Corps

The Hunter Remixes — フランス
Industrial Strength Limited — 2006

ハードコア・シーンに多大な影響を与えた Manga Corps の『War Dancer』に収録されていた「The Hunter」のリミックス集。Armageddon Project、Promo、Stormtrooper、そして Manga Corps のセルフ・リミックスが収録。カルト的な人気を誇る名曲だけあって、リミキサーも全員本気で向き合っているのが分かる。どのリミックスも本当に良い仕上がりだが、ハード・テクノとインダストリアル・ハードコアを混合させた Manga Corps のセルフ・リミックスは特に素晴らしい。クロスオーバー化が進む現代のインダストリアル・テクノ・シーンにもフィットする。

W.LV.S & joeFarr

RAAR003 — フランス
RAAR — 2016

Walter Gross や Louisahhh!!! といった個性的なアーティストをリリースしているフランスのテクノ・レーベル RAAR から 2018 年に発表された Manu と Electric Rescue によるユニット W.LV.S と joeFarr のスプリット・シングル。W.LV.S は UK ファンキーやトロピカル・ハウスを連想させるトライバル感のある跳ねたビートに、ダークでセクシーなシンセをミックスした様々なフロアで使えるトラックを提供。Leisure System からのシングルで耳の肥えたリスナーや DJ 達から信頼を得ている joeFarr のトラックも、一筋縄ではいかない異端なスタイルで流石である。

W.LV.S

Misericordia — フランス
Astropolis Records — 2017

Manu のドキュメンタリーでも大きく取り扱われている世界的に有名なフランスの Astropolis Festival のレーベルから発表されたシングル。ダークでスモーキーな Manu 節が全面に出たタイトル・トラック「Misericordia」は、ダーク・アンビエントやネオクラシカル的な要素も感じられ、Manu の音楽的バックグラウンドが大きく反映された名曲。続く、「Blacksmith」での重厚で呪術的なシンセとノイズはフロアで聴いたら確実に深い所へと連れて行かれるだろう。The Hacker や Maxime Dangles、Torgull が参加したリミックス集もリリースされている。

Manu Le Malin インタビュー

インタビュー：梅ヶ谷雄太
翻訳：長谷部裕介
写真提供 :Jacob Khrist

Q：あなたの出身地について教えてください。現在はどこを拠点にされていますか？

A：パリの中流階級の家に生まれ、9 歳まで母に育てられた。それから、ホテルを所有していた父がいる南フランスに移り、3 年間ホテルの部屋で暮らしたんだ。両親は別々の部屋で暮らしていた。14 歳の頃、母を置いて父と再びパリに戻り学校へ行ったが、一年で辞めて戻った。それから 16 歳の時、家を出てフランスを旅してから母親の所に戻った。拠点は今も住んでいるオーベルビリエ近郊だよ。

Q：幼少時代で最も記憶に残っている出来事は？

A：前述の通り、週末や休日に親子が食事をしたりする様な伝統的な家族の姿とは違った。さらに、何度か暴力にも巻き込まれた。暴力は音楽を通してネガティヴな怒りの要素を表現するきっかけになったんだ。

Q：音楽に興味を持ったキッカケは？　最初に自分のお金で買ったレコードを覚えていますか？

A：母が音楽好きだったので、母は俺を音楽で育ててくれた。最初に買ったのは、Madness が 1979 年にリリースしたシングル『One Step Beyond』。

Q：あなたの音楽からはインダストリアルやポスト・パンク的な雰囲気を感じます。そういった音楽も 10 代の頃から聴かれていたのでしょうか？

A：いいや、10 代の頃はロック、パンク、オイ！、スカ、ロックステディ、ソウルにハマっていた。

Q：あなたはレゲエを好まれていて、Trojan Records のコレクターだと聞きました。特にお気に入りのレゲエの作品は何ですか？　サウンドシステム・カルチャーからの影響は？

A:Trojan Records が大好きで、Desmond Dekker、The Skatalites、Symarip などの作品を持っているよ。俺の腕にはまだ Trojan のタトゥーがあるんだ。2 トーンはもちろんだが、サウンドシステム・シーンに関しては、レゲエやダブよりもスカやロックステディに興味があった。

Q：あなたにとってレゲエの魅力とは何ですか？　レゲエはあなたのハードコア・テクノの作品にも何かしらの影響を与えていると思いますか？

A：さっきも言ったように、レゲエよりもロックステディとスカの方が好きだったんだ。ルードボーイや Trojan Skinhead の文化が好きだったからね。もちろん、クラシックなレゲエも好きだよ。ディレイ FX の使い方は自分の音楽制作と DJ セットに影響を与えていると思う。ビッグなベースとディレイが生み出すサイケデリックなバイブは、恐らくレゲエに関連していると思うし、それが俺の好きなものだ。正直、どのような音楽的要素が自分の曲に含まれているのか考えた事がないな。

Q：あなたが音楽活動を始めたのはいつ頃からでしょうか？

A:DJ を始めたのは 1992 年。それから友達の Torgull と共にスタジオで楽曲制作を始めた。ドラムマシーン（TR-909、TB-303）、シンセサイザー（Juno-106）、24 チャンネルのミキサーを買ったよ。

Q：テクノに興味を持ったのはキッカケは？

A：1990 年の終わりから 1991 年に Rave に参加した時。最高だったよ。

Q：当時、フランスではどの都市で Rave が盛んでしたか？　お気に入りだった Rave は？

A：パリ、モンペリエ、マルセイユ、リールで人気だったよ、全て気に入っていた。

Q:あなたはゲイクラブにも行かれていたそうですが、当時のゲイクラブとはどういった場所だったのでしょうか？

A：1979 年から 1984 年の南フランスに住んでいた時、正確に言うとサントロペにいた頃だ。10 代の自分にとってもナイトライフはとても忙しかった。知り合いと一緒にいればクラブに入るのは簡単だった。母と一緒に The Girl クラブと、同じ通りにある The Boy クラブに行っていた。そこの雰囲気と流れている音楽が好きだったのを覚えている。普通のディスコより良かった。80 年代後半と 90 年代の初め Gay と呼ばれていたクラブやバーがパリにあり、そこではテクノ、ハウス、ダンスミュージックが流れていた。俺はそこで長い時間を過ごしたが、彼等はどのようにパーティーをするのかを知っているんだ。個人的には、電子音楽文化は LGBT の場所から生まれたと思っている。

Q：フランスのテクノ・シーンはいつ頃から存在していると思いますか？　フランスのテクノ・シーンにおいて重要なアーティスト、レーベル、DJ とは？

A：90 年代初めは、アーティストが自分達でレーベルを立ち上げるのには、とても時間が掛かった。DJ としては Liza 'N' Eliaz、Laurent Hô、Armaguet Nad、Micropoint、The Hacker、Jack De Marseille、それから Laurent Garnier は重要だ。

Q：あなたと Laurent Garnier は古くからの友人だそうですが、彼と最初に会った時の事を覚えていますか？

A：詳しくは覚えていないが、The Rex で彼がプレイしているのを見た。その時、まだ俺はただのベッドルーム DJ だった。それから、彼が働いていた USA imports に時々レコードを買いに行き、徐々に仲良くなったのさ。最終的に、彼は俺のことをサポートしてくれるようになり、俺の 1st アルバム『Biomechanik』を彼のレーベルから出す機会を与えてくれた。俺にとって彼はお手本であり、最高の存在なんだ。

Q：ハードコア・テクノを知ったのはいつですか？

A：1993 年。

Q：PCP や Overdrive、ISR といったハードコア・テクノのレーベルや Euromasters や Rotterdam Records などのガバは当時からフランスでも人気でしたか？

A：そうだね、PCP と Lenny Dee はパリでも大人気だった。

Q：なぜ、その時ハードコア・テクノはダンスミュージック・シーンで人気を得ていたと思いますか？

A：新しいものにはパワーがあるからだと思う。この頃から PCP や ISR、オランダのレーベルに注目していた。

Q：90 年代初頭のハードコア・テクノ / ガバ・シーンにレイシズムやファシズムを持った人々が参入していたという記録がありますが、それは本当だと思われますか？　オランダの Mokum Records は「United Gabbers Against Racism & Facism」をスローガンに掲げ、ドイツの Force Inc もアンチ・ファシズムのコンピレーションをリリースしていました。あなたは過去にファシズムやレイシズムをシーンやその周辺の中で見た事がありますか？

A：もちろん、どんな種類のハードコアもガバも人種差別者の音楽ではなく、ファシストのものではなかった。何が起こったのかは 70 年代のイングランドで流行したモッズと似ている。人種差別に関係のない元々のスキンヘッドとフットボール文化のようにね。若者の労働者階級は右翼のターゲットの一つだった。そして、元々のガバ文化はオランダのもので、ハードな音楽を聴く若者とフットボールファンでいっぱいだった。オランダからベルギー、そしてイタリアにブームが広がった。Mokum Records は社会的問題を受け止め、ドレスコードを決めた。ブーツ、クラブで暴れる人、人種差別的な T シャツの禁止などね。その動き

は数年続いて、今はもう関係ない。今ではどこでも「Dirty」な人がいるよ。ここ最近は、社会的に問題のある連中は本当に少数派で、ヨーロッパとアメリカで何かしらの問題を起こしている。

Q：1994 年以降、テクノのシーンからハードコア・テクノ / ガバは切り離された様に見えますが、そうなった原因は何だと思いますか？

A：ハードコアだけでなく、幾つかの小さなシーンが離れていった。それは一つのフロアを一つのジャンルにしてしまったプロモーターのせいだ。一部のプロデューサーはスタイルを変えるか、進化させるかしたが、結局今では元に戻っている。

Q：あなたは初期の頃から BPM やジャンルに縛られることなく、ハードコア・テクノからテクノ、トランスなどを同時にプレイしていました。そのオールジャンルをミックスするスタイルはどうやって生まれたのでしょうか？

A：そうかな？　いつも若いプロデューサーが登場して新しいスタイルを生み出しているように感じる。だから、自分のスタイルが完全体だと思わないし、これからも進化を続けていくつもりだよ。

Q：Manu Le Malin として発表された最初のシングル『Memory』について。リリース元である IST とオーナーの Lenny Dee とはどうやって出会いましたか？

A：Lenny とは Mad Dog Distribution の Rubik を通して出会った。Fairway Record から Mix CD を出す為にね。そこで仲良くなったんだ。Laurent Garnier と Lenny は自分にとっては大切なメンターだ。大きな変化はなかったけど、自分の名前の後ろに IST の名が載ったのは誇りに思うよ。

Q：『Memory』の共同制作者として Draft Ponk（Daft Punk）がクレジットされていますが、彼等が作品に参加した経緯を教えてください。今も彼等とはお会いになられているのでしょうか？

A：当時 Thomas Bangalter と知り合いだったから、シンプルな流れで彼に「良いアイディアがあるから何か一緒にやらないか？」と尋ねたんだ。その時は機材の使い方が解らず、午後に彼の家に行って「M18」を録音し、別の友人のスタジオへ行き、俺の持っていた SH-101 と彼が持っていた TR-909 使って「12.02」が完成したんだ。彼等は素晴らしい才能がある人間で、機会があれば話してるよ。

Q：『Memory』がリリースされた 1995 年はフランスのハードコア・シーンにとって、どういった時期でしたか？　その時期のフランスのハードコア・シーンで重要な人物は？

A：とても活発だった！　親友の Lunatic Asylum/Dr. Macabre や Laurent Hô もだ。他にも、まだ沢山いるよ。

Q：あなたはフランスのフリーパーティー・シーンとは繋がりがあったのでしょうか？　フリーパーティーについて、どう感じられていましたか？

A：フリーパーティー・シーンには多くの友達がいるし、沢山のパーティーに参加している。ある特定のフリーパーティーにハマっていた訳ではないが、様々な種類のパーティーがあって自由だと思った。

Q：あなたはインダストリアル・ハードコアのパイオニアの一人だと思います。自身のスタイルをインダストリアル・ハードコアとカテゴライズされる事をどう思われますか？

A：ハードコア・テクノは思っている以上にサブジャンルがあるし、俺のやっている音楽はハードコアではないという人までいる。人それぞれ感じている事は違うみたいだ。

Q：インダストリアル・ハードコアにとって重要なアーティストやレーベルは？

A：全てが重要だ。例を挙げるには多すぎるよ。

Q：あなたと Torgull がオーケストラと演奏している映像がありますが、あのコンサートはどういった企画だったのでしょうか？

A：オーケストラを指揮している René Koering が一緒に何かをしようと声を掛けて来てくれたんだ。DJ セットではないもので新しい作品を生み出そうとした。もちろん、Torgull も巻き込んだ形でね。

Q：1998 年の Techno Parade でのあなたの DJ セットは伝説的です。その時の Techno Parade で、ハードコア・テクノをプレイするのはあなただけだったと思うのですが、プレッシャーなどはありましたか？

A：プレッシャーなんてなかったよ。Laurent Garnier、Jack de Marseille、Carl Cox といった友達ばかり出ていたしね。ハード・ミュージックを代表していることを誇りに思うよ！　25 万人の前でプレイするなんて素晴らしいことだ。

Q：あなたと Torgull、Aphasia によるバンド Palindrome について。このバンドはどういった構成で結成されたのでしょうか？

A：ギター、ベース、ドラムと電子音楽を混ぜたもので、俺はヴォーカルを担当していた。

Q：Palindrome の楽曲制作はどの様にして行われていましたか？

A：ほとんどの曲は Torgull と Aphasia が作っている。そこにギタリストとドラマーがアイディ

アを持ち込んでくるんだ。それから空いている場所を探し、作詞する。

Q：Palindrome での活動ではどういった経験を得ましたか？

A：沢山の薬、酒、喧嘩……Torgull とのトラブルばかりだった。少しの間離れていたよ、今は友達に戻ったけどね。

Q：あなたの音楽作品にはダークでハードな要素が欠かせません。なぜ、ダークでハードな音にフォーカスし続けるのでしょうか？

A：それはよく分からないが、音楽は自分と同じように常に進化し続けるし、影は常に周りにある。

Q：影の部分に意識を集中させる事によって、心身にも何かしらの影響が生じますか？　どの様にしてバランスを保っているのでしょうか？

A：言葉で説明するのは少し奥が深いが、俺は暗く悲しいメランコリックな曲が大好きなんだ。それはテクノだけでなく、様々な種類の音楽でもね。そういった音楽は心地いい。ダークなのは悪いことじゃない。でも、時々ポップなものを聴かないと、酷く苦しく感じてしまう（笑）。好きな色は黒で、人生も真っ黒だけど、君のいうようにバランスを取るには他の色も必要だからね。

Q：あなたが運営していたレーベル Bloc 46 について。レーベルを始めた経緯を教えてください。

A：Torgull と俺によってロジカルな流れで始まった。他のレーベルがリリースしようとしないものや、スケジュールがタイトなものを出す為にね。

Q：Bloc 46 の作品はインダストリアル・ハードコアや近年のエクスペリメンタルなテクノの先駆けであったと思います。Bloc 46 を運営していた時の心境や目標などを覚えていますか？

A：Torgull と俺は本当に無計画で、無名の Aphasia からリリースを始めた。みんなは俺自身を反映した作品を期待していたが、そのような物をリリースするのがゴールではない。作品があってこそのレーベルであり、「Manu のレーベル」ではないんだ。

Q：Bloc 46 のレコードはハードコア・テクノ・シーン以外からもサポートを受けていましたか？

A：うーん、それは分からないな。簡単にプレイ出来るものじゃないし、俺でさえ滅多にプレイしないよ。

Q：Bloc 46 からは多くの名作がリリースされていますが、その中で、あなたのお気に入りは何でしょうか？

A：俺がリリースした中で気に入っているのは、『On the Way Home EP』と『The Vitalic Remixes』だ。

Q：あなたは過去に日本に来て DJ をされたと聞きましたが、それは本当ですか？

A：ああ、確か 1999 年だったかな、大阪と東京のパーティーに参加したよ。大阪でのパーティーは小規模だったが、みんなが音楽に集中し、身を捧げていた。東京ではテクノをプレイした記憶がある。俺のアルバム『Fighting Spirit』と首のタトゥーは古い日本の文化、侍、将軍、日本の竜、そして入れ墨文化に影響されたものだ。

Q：W.L.V.S が始まった経緯を教えてください。The Driver 名義でテクノ・セットも披露されていますが、最近のテクノ・シーンをどう感じられていますか？

A：Astropolis での B2B セットの後、Electric Rescue との冒険をスタジオでも続けることに決めたんだ。それから W.L.V.S. で 6 台のターンテーブルと二つのミキサーを使ったプレイも始めた。最近のテクノ・シーンはとてもエキサイティングで、テクノの文化が始まった当初を思い起こさせる。

Q：20 年以上に渡って DJ の活動を続けられていますが、スランプになったり、辞めようと思った事などはありますか？

A：幾つかの問題はあったし、辞めようと思ったことも、やり切ったと感じたことだってある。でも、友達や Astropolis のチームに助けられた。自分が出来ることが DJ しかない。

Q：現在のハードコア・シーンで注目しているアーティストやレーベルはありますか？

A：挙げればきりがないが……注目しているレーベルは Dark Descent、Traumatic records。気になるアーティストは [KRTM] と親友の The DJ Producer。

Q：あなたが90年代と2000年代で最もDJで
プレイしたレコードを教えてください。
A：90年代
　Mescalinum United「We Have
　Arrived」
　The Prodigy「Voodoo People」
　Mechanism full ep (IST)
2000年代
　Somniac One「Mechanics」
　The DJ Producer&me「Special
　Request」
Ybridの全てのトラック。
Q：これからの若い世代のDJやプロデューサー
達に何かアドバイスをください。
A：他人の考えなんて気にせず、自分の信じるこ
とをやるんだ。人気になる方法だったり、SNS
の反応なんて気にしちゃいけない。自分がそうし
たいと思うことにだけに時間を使え。
Q：最後に、あなたにとってハードコア・テクノ
とは？
A：まだ終わらない、自分の人生の一部だ。

©JACOB|KHRIST

メタルとパンクとハードコア・テクノ/ガバ結びつけた先人

Delta 9

- Drop Bass Network、Industrial Strength Records、Devil Times Nine
- 1994　　　　　　　　　　　　　　🌐 アメリカ
- https://www.facebook.com/DevilTimesNine

ハードコア・テクノ / ガバにハードコア・パンク、スラッシュ・メタル、ノイズをミックスしたエクストリームなスタイルで数々のクラシックをリリースしている Dave Rodgers のソロ・プロジェクト。
1994 年に Drop Bass Network からリリースされた『Deep 13』でデビューを飾り、翌年には Industrial Strength Records から『Wehrmacht』と『Doomz Day Celebration』をリリース。メタルやハードコア・パンクをサンプル素材としてだけではなく、それらのジャンルが持つパワーやメンタリティまでも落とし込んだ狂暴なスタイルや、ダンスフロアでの機能性を重視したアッパーで速効性が高いガバ・スタイルなどで、数多くのハードコア・クラシックを連発。DJ Dave & the Chicago Hardcore Party Force や Shadowman といった名義でも作品をリリースし、1997 年にはグラインドコア / デスメタル・レーベル Earache からアルバム『Disco Inferno』を発表。同レーベルからリリースされたコンピレーション『Hellspawn』では Napalm Death とのコラボレーションも披露した。2000 年以降は自主レーベルである Psychotik Records と Devil Times Nine からシングルをリリースしていき、ダークでエクストリームなハードコア・スタイルを磨き上げていった。
2015 年からテクノ・プロジェクト Dave Delta をスタートさせ、Hard Electronic と Powertek からアルバムとシングルをリリース。近年は Devil Times Nine を拠点に Delta 9 のシングルを定期的にリリースし、世界中のエクストリーム愛好家達を魅了している。

Delta 9

Deep 13	アメリカ
Drop Bass Network	1994

1994 年に Drop Bass Network から発表された Delta 9 の記念すべきデビュー作。ハードコア・テクノとガバ、メタルにハードコア・パンクが完璧に交じり合ったトラックは、ダンスフロアでハッケンする事もポゴダンスする事も、そしてモッシュする事も可能にしている。プロダクション面においても、時代を考えると非常に斬新で革命的な試みを行っており、今作が後のハードコア・テクノ / ガバ・シーンに与えた影響が大きいのが解る。最近になって Drop Bass Network の Bandcamp にてデジタル版が購入出来る様になったので、興味が湧いた方は是非とも入手して頂きたい。

Delta 9

Hate Tank	アメリカ
Drop Bass Network	1995

『Deep 13』から一年後に発表された 2 枚組 LP。前作よりもガバ色が強まっており、ダンスミュージックとしての機能性が高まっている。A/B 面は「Baked」や「Tough Guy」といったダンサブルでレイビーなガバ・トラックとなっており、C/D 面は名曲「The Hate Tank」や「Hardcore Chicago Remix」など、スラッシュ / インダストリアル・メタル的エッセンスのある攻撃的なスピードコアやハードコア・テクノでまとめられている。全曲に確固とした個性があり、トラックに込められたエネルギーは今も衰えていない。名盤中の名盤である。

Delta 9

Doomz Day Celebration	アメリカ
Industrial Strength Records	1995

Fear Factory「Demanufacture」をサンプリングした「No More Regrets」は、90 年代のハードコア・クラシックとして数多くのコンピレーションやミックス CD に収録された名曲。今も DJ 達がオールドスクール・セットなどで頻繁にプレイしているので、世代を超えてハードコア・ファンには知られているだろう。ガバにインダストリアル・スラッシュメタルをミックスした様な攻撃的な「Watch Yer Back」も同等に素晴らしい。今作がリリースされた時はまだデビューしてから 1 年程であるが、凄まじい熱量とタダモノではないオーラが全編に漂っている。

The Chicago Hardcore Party Force Featuring DJ Dave

Yo Mr. DJ	アメリカ
Ruff Beats Records	1996

Ruff Beats Records から発表された Delta 9 の別名義によるガバ色の強いシングル。当時のオランダ産ガバの趣向をダイレクトに反映させたポップでキャッチーな側面が大きいが、Delta 9 名義のハードなサウンドも上手く織り交ぜており、フロアでの速効性が高い。同年には、同プロジェクトで『The Chicago Hardcore Party Force II』というレコードもリリースし、Delta 9 や Collective Strength でスピードコアやノイズコアのレコードもリリースしており、Delta 9 の器用さと創作意欲に驚かされる。

Delta 9

Disco Inferno	アメリカ
Earache	1997

Industrial Strength Limited から発表された 12" レコード『Disco Inferno』に、過去にリリースされたシングルなどが追加されて作られたアルバム。Toy's Factory から日本盤もリリースされていた。以前よりもメタル的なサウンドに力強さが増しており、ノイジーで混沌とした Delta 9 のハードコア・スタイルが完成している。ディストーションで潰れまくったダーティーで、インダストリアルなキックがリズミカルに叩き込まれる「Mortified」は、後に Delta 9 が開拓していく、実験的ながらもエクストリームでブルータルなハードコア・スタイルの原型とも言える。

Shadowman

Force Multiplier	アメリカ
Vinyl Communications	1997

Delta 9 のノイズ・プロジェクト Shadowman 名義のアルバム。元々、ノイズミュージックの要素をハードコア・テクノに落とし込んだトラックを作っていたが、今作ではダンスミュージックから離れた純粋なノイズミュージックを披露している。独特の生々しい歪みと全体から漂う病的とも言える雰囲気は、Delta 9 がお気に入りに挙げている Merzbow などのジャパノイズに通じるものを感じさせる。ノイズミュージックとして非常にレベルが高くオリジナリティがある。中々こういったノイズミュージックを聴く機会は無いかもしれないが、ハードコア・テクノ・ファンにも是非聴いて欲しい。

Delta Nine

Dusted	アメリカ
Industrial Strength Limited	1998

退廃的でダウナーな空気感に引き込まれる実験的な作りのドゥームコア・トラック「Anthem」は、Cold Rush Records 周辺からの影響も感じられるが、他とは違ったハードなサウンドを用いた個性的なドゥームコアとなっている。コラージュやカットアップ的なノイズ・トラック「Dusted」や、サイケデリックでアッパーなハードコア・トラック「Speaker Worship」、メロディアスな側面も見せる「Real Hardcore '98」など、実験的な部分とアグレッシブなダンスミュージックの部分を上手く共存させており、当時の Delta 9 を象徴する作品である。

Delta 9

Here Comes Tha Sound	アメリカ
Underground Construction	1998

DJ Funk、DJ Deeon、DJ Slugo、DJ Trajic、DJ Bam Bam といった重鎮達のレコードをリリースしていたゲットー / ハード・ハウス系レーベル Underground Construction から発表されたシングル。ハードコア解釈によってハード・ハウスを披露した非常にユニークなトラックは、今聴くとジャンプスタイル的でもある。ハードコア / ガバが原点に立ち戻った様であり、シカゴという偉大な土地の歴史も感じさせる作品。翌年には『Power on the Bass』という今作の続編的なレコードを同レーベルからリリースしている。

Delta 9

Night Stalker	アメリカ
Drop Bass Network	2004

ハンマーで岩を砕いている様な迫力のあるキックと重量感のあるノイズを重ね合わせた Delta 9 流のインダストリアル・ハードコアを主軸にした EP。パワーエレクトロニクスとテクノの混合ともいえる暴力的な恍惚感を誘うトラックは、Delta 9 にしか作り出せない混沌とした世界観がある。メタルでエクストリームな「Despair」、Shadowman 名義の作風に近いリズミックノイズ・トラック「Necron99」でのキレっぷりも凄まじい。ハードコアとテクノにノイズが絶妙なバランスで配合されており、Drop Bass Network からリリースされるべくしてリリースされた一枚だろう。

Delta 9 & Fiend

Drag Me to Hell	アメリカ
PRSPCT XTRM	2013

クロスブリードの要素を交えた Delta 9 と Fiend のコラボレーション・シングル。Delta 9 の邪悪なノイズとブルータルなキックを、Fiend のインダストリアル・ハードコア・スタイルとミックスさせたサタニックなテイストを感じさせる「Legion」と、ノイジーなクロスブリード・トラック「Drag Me to Hell」を収録。PRSPCT XTRM のレーベルカラーに合わせつつも、彼等のぶれないサウンドと姿勢が感じられる。今作以降も、Delta 9 と Fiend は頻繁にコラボレーション・トラックをリリースし、抜群の相性を見せている。

Dave Delta

Independent Resource	アメリカ
Hard Electronic	2017

Delta 9 のテクノ・プロジェクト Dave Delta によるシングル。トライバルなパーカッションとダビーで冷たいシンセにリードされる「Independent Resource」も魅力的であるが、ハードコアとテクノのハイブリッド「Rock Me」は他のクロスオーバー系トラックとは一味違ったスタイルで印象的だ。今作はハードコアとテクノの中間的な内容でとても面白い。他にも、Dave Delta 名義のアルバム『Evolutionary Counter Punch』やシングルなどでも独自の視点からハードコアとテクノをミックスしたユニークなトラックを残している。

Delta 9

Pray	アメリカ
Devil Times Nine	2017

2000 年後半から、Delta 9 のリリース拠点となっている自主レーベル Devil Times Nine から 2018 年に発表されたシングル。サタニックでノイジーなテラーコア・スタイルであるが、Delta 9 の圧倒的な個性が全体を覆いつくしており、テラーコアという括りを超えたオリジナル・スタイルとなっている。デビューから 20 年以上が経過しているが、年々アグレッシブさが増しており、昔よりもずっと速く重いトラックをリリースし続けているのが凄い。キャリアとしては十分にベテランであるが、まったく衰える事もなく、現状の音楽シーンに合わせる事もせずに、自身のハードコア・サウンドをストイックに磨き上げている。

Delta 9 インタビュー

インタビュー；梅ヶ谷雄太
翻訳：Numb'n'dub

Q：あなたはシカゴを拠点に活動されていますが、ご出身もシカゴでしょうか？

A：ああ、生まれも育ちもずっとシカゴだよ。

Q：あなたにとってシカゴとはどういった場所ですか？

A：母親が結婚しては離婚を繰り返してたので、子供の頃は引越しが多くて都会に住んだり、田舎に住んだりしていた。僕の地元は 80 年代のギャングと警察が大騒ぎしていたシカゴの北側だよ。ただつるんでるだけでも、警察がウチラを逮捕するんじゃなくて、靴紐を抜いて、その辺に放ったらかしにするんだよ。

Q：音楽に興味を持ったのはいつ頃ですか？ あなたが影響を受けた作品は？

A：物心ついた頃から音楽に興味があった。パンクとメタルのバンドでギターを弾いたり、ボーカルもしていた。この頃の経験が、今の自分の音楽に大きな影響を与えている。僕が主に影響を受けたのは Skinny Puppy、Judas Priest、Fear、Black Flag、Front242、Merzbow などだね。

Q：Delta 9 の音楽やアートワークからはブラックメタルの影響も感じられますが、ブラックメタルからの影響はありますか？ また、Delta 9 のアートアークには悪魔的なイメージが使われていますが、サタニズムについてはどう思われますか？

A：ブラックメタルも好きだよ（特に初期の Bathory とかね）。それと同時に、Dimmu Borgir の初期のアルバムみたいなのも好きだった。悪魔の存在は信じないよ（笑）。僕はアンチ・キリストだったけど、神に対してはアンチでなかった。自然やポジティブで正しい自分の思考以外を崇拝するのは、ちょっと馬鹿げてると思うね。

Q：シカゴには偉大なハウス・ミュージックの歴史がありますが、シカゴのハウス・ミュージックについては、どう思われていますか？

A：シカゴの至る所でハウスがプレイされ始めた時期は、特にハウスミュージックを嫌っていた。だけど、そうだな、シカゴで好きだった DJ は 90 年代中期の DJ Hyperactive かな。

Q：ハードコア・テクノ / ガバと出会ったのはいつ頃ですか？ あなたが最初に聴いたハードコア・テクノ系 DJ は？

A：最初に聴いたハードコア・テクノは、Neo というインダストリアル系クラブのバーで友人がプレイしてた Bald Terror『Rotterdam』のカセットだった。壊れた 909 のドラム音を初めて耳にした瞬間、すぐその音にハマったね。初めて見たハードコアの DJ は Industrial Strength の Lenny Dee だ。

Q：ハウス / テクノとハードコア・テクノ・シーンはシカゴでは共存されていましたか？ それとも、当初から別々だったのでしょうか？

A：全ての Rave パーティーは、一つのフロアでほとんど全ての音楽ジャンルがプレイされている状況だった。1999 年まではそんな感じだったね、それ以降は段々バラバラになっていって、それぞれ規模も縮小されて最終的に一つのジャンルしかプレイされない状況になった。とても悲しかったよ。まるで家族を失ったかの様な喪失感だった。最終的には 911 の悲劇が起こって、新しい法律が出来てしまい、イリーガルでアンダーグランドな Rave は次々に消滅していった。

Q：あなたが始めて体験した Rave について教えてください。

A：人生で最初の Rave は、1993 年の Download。予定よりも巻いて終わってしまったけど、イベントのすべてがハードコア・テクノで凄く良い経験だった。Hyperactive もプレイしていたね。

Q：Delta 9 以前はどういった音楽活動をされていましたか？

A：Delta 9 以前は、パンク／メタル・バンドをやりながら Weed をさばいてたよ。当時は自分の家が溜まり場になっていて、それはもう常にカオスな状況だった。Metro や Double、シカゴのクラブでもプレイしていたし、その当時からエレクトリックミュージックには心惹かれていたよ。

Q：ハードコア・テクノの楽曲制作を開始されたのはいつからですか？　最初に使っていた機材は？

A：1990 年頃から打ち込み機材を買うようになった。『Deep 13』を作った時にも使っていた Ensoniq eps 16 を使い始めて、成長するにつれていろいろ集めていき、Roland tr909、Juno Alpha 1&2、Jupiter 6、Juno 106、SH101、Studio Electronics Atc- 等、他数えきれないくらい。

Q：Delta 9 のプロジェクトが始めたのはいつからですか？

A：Delta 9 がスタートしたのは 1993 年だね。宇宙の秩序がどんどん乱れ始めて、Delta9 では自分が感じる愛や憎悪の全てを表現する為に始めたんだ。

Q：1994 年にリリースされた Delta 9 のデビュー作『Deep 13』について。このレコードはハードコア・テクノ・シーンで今も語られるマスターピースです。『Deep 13』が生まれた背景とリリース元である Drop Bass Network との出会いについて教えてください。

A：『Deep 13』は自分の魂の傑作だ。完全純度 100%、他からの期待は無視して作り上げたからね。作業は 3 週間ほど掛かったけど、人生の中で最高に楽しい制作だった。Drop Bass Network の Kurt がデモカセットを聴いて、それから彼のレーベルからリリースしようという話になった。間違ってなければおそらく、それがこのレーベル（Drop Bass Network）から出た最初のハードコアだったと思うよ。Drop Bass Crew は本当に最高で自分の中でも特別な存在だ。常にそうだけど、彼等は本物の Rave だと思うよ。

Q：1994 年のアメリカのハードコア・テクノ・シーンはどういった状況でしたか？　メタラーや B-Boy、スケーター達もハードコアのパーティーに来ていましたか？

A：まさしく、完全にそうだったよ（笑）。本当に素晴らしい日々だった！

Q：翌年にリリースされた『Hate Tank』もハードコア・クラシックですが、このレコードのコンセプトは何だったのでしょうか？

A：コンセプトはシンプルだった。壊れた世界に対する憎しみと、また偽物のハードコアに対するヘイトから生まれたものだ。

Q：『Deep 13』と『Hete Tank』からはシリアスな怒りのエネルギーを感じます。あなたの怒りの元となっているものとは何ですか？

A：僕のメタル精神は不動だ。石油問題、警察の不正、詐欺師など、この惑星にある全ての犯罪など、世界の悪を粉砕したいというのが自分の原動力だよ。

Q：Lenny Dee と出会ったのはいつですか？

A：彼に出会ったのは、1992 年か 1993 年に僕達が彼を Earthquake というイベントにブッキングした時かな。それ以来、彼は良い友達だよ。今でも毎日彼と話したり、一緒に仕事したりしてる。

Q：あなたがアメリカ以外の国で最初にプレイしたのはいつですか？　アメリカのハードコア・テクノ・シーンと他の国のハードコア・テクノ・シーンとでは、何が最も違うと感じましたか？

A：最初のヨーロッパでのパーティーは、オーストリアで DJ Pure とだった。Drop BassNetwork の Kurt と行って、Spiral Tribe もいた。かっこいいパーティーだったけど、変圧器が壊れて 909 の電源が落ちてしまい、セット自体は本当に地獄だったけどね（笑）。90 年代のアメリカのシーンとは全然違っていて、ヨーロッパのシーンは本当にかっこよかった。もっと許容されていたし、カルチャーとして既に出来上がっていた。ここでは、パンク・ロックのようなメンタリティで、常にアンダーグラウンド（そして違法）だった。

Q：Delta 9 として Earache からアルバムをリリースしましたが、メタル・シーンからはどういったリアクションを得ましたか？

A：賛否両論だった。ハードコアの新しいファンも出来たけど、メタルヘッズからは風当たりが強かったり

もしたよ。

Q：あなたはノイズプロジェクト Shadowman でも作品をリリースしていますが、このプロジェクトが始まったキッカケとは？

A：ギターを買って、そのフィードバック・ノイズをループさせたりと実験的なことをしてた頃から、ノイズには興味があった。Laibach や Merzbow からも沢山インスパイアされていたしね。好奇心からこのプロジェクトを始めたんだけど、Vinyl Communications からリリースして程なくして終わってしまった。今は特別に凄い以外、ノイズバンドはほとんど聴かないけどね。

Q：Shadowman のアルバム『Force Multiplier』にはコンセプトなどはありますか？　今作はアナログ機材だけで作られたのでしょうか？

A：『Force Multiplier』はアナログ機材を使って、ラウドで歪んだ硬いサウンドを生み出して、それをさらに研ぎ澄ませていくというのがコンセプトにある。ガチガチに気合いを入れたプロジェクトじゃなくて、もっと自分の隠された音楽的というか、趣味趣向全般（例えば、マグマ大使とかね）の経験を表現出来る感じというかね。僕は実際に漫画とかウルトラマンで育ったしね。

Q：あなたは数多くのメタル・バンドをサンプリングしていますが、権利関係でトラブルになったり、お蔵入りになってしまった曲などはありますか？

A：今の所、まだ一度もないけど、ひょっとしたら時間の問題かもね（笑）。

Q：90 年代に Delta 9 として日本ツアーを経験されていますが、日本のパーティーやハードコア・シーンをどう思いましたか？

A：日本でのパーティーは最高だったよ！　規模はそこまで大きくなかったけど、オーディエンスから沢山の反応を感じた。日本国内のハードコア・カルチャーを感じられた非常に素晴らしい経験だった。DJ Takt,Ishi,Psyba と MC Big the Budo、出会った DJ も MC も本当に最高だったよ。コミュニケーションの面では、少し難しいこともあったけど、新しい友達と良い時間を過ごすことが出来た。

Q：あなたが体験した中で最もクレイジーだった Rave やパーティーについて教えてください。

A：そうだな、僕と Lenny Dee、Oliver Chesler や Manu Le Malin がプレイしていたスイスのウェアハウス・クラブのイベントなんだけど、2 階にスモークエリアがあってね。そこの唯一の問題が、みんなタバコの吸い殻を床に捨てていて、それが落ちて来ていつでも火事になりそうな状態だったんだ。そして突然、凄い煙が上がってフロアが火事になってしまって、それが本当に小火ってレベルじゃなくてね。もうみんな慌てて階段を駆け下りたよ。僕等が合わせて外に出るものだから、プロモーターが僕達がクラブを燃やす為にしたんじゃないかって疑ってたらしい。二度とブッキングされないだろうなと思ったよ。

Q：あなたは 20 年以上に渡ってダークでブルータルなハードコア・テクノを作り続けていますが、そのエネルギーはどこからくるのでしょうか？

A：ともて良い質問だね。だけど、正直なところは解らないな。

Q：最近のハードコア・テクノ・シーンについてどう思われていますか？

A：ノーコメント（笑）。

Q：最後に、あなたにとってハードコア・テクノとは何でしょうか？

A：全てだ。

ライター、デザイナーとしても日本にハードコアを根付かせたDJ

Shigetomo Yamamoto

- Bass2 Records
- 1995 年
- https://www.instagram.com/yamamoto_shigetomo/
- 日本

関西を拠点に活動していたハードコア・テクノ・ユニット OUT OF KEY のメンバーであり、伝説的なイベント EBORA OF GABBA や Lost Control Tonight などのオーガナイズも手掛け、自主レーベル Bass2 Records の運営や各国のハードコア・テクノの情報をまとめた『Free Paper WAX』の発行、Waxhead/Syntax 名義での DJ プレイを通して日本のハードコア・テクノに多大な影響を与えた重要人物。1995 年にフランスの Epiteth から OUT OF KEY のデビュー作『Trans Killer』をリリースし、同年にドイツの Shockwave Recordings から Hammer Bros とのスプリット・レコードもリリース。その後も OUT OF KEY は国内外のハードコア・テクノ系コンピレーションに参加し、DJ Itot とのユニット Thunder Wolf や Syntax 名義でのレコードも発表。日本だけではなく、ドイツやフランスでの DJ プレイも行い、海外のハードコア・シーンと深く繋がり、『Quick Japan』での執筆や Roadrunner Records、avex trax からリリースされたハードコア・テクノ作品のライナーノーツを担当し、日本にハードコア・テクノの魅力を伝え続けた。デザイナーとしても活動しており、Noize Creator や Knifehandchop のアルバムや Tigerbeat6 のコンピレーション・レコードなど、国内外の様々なレーベルのアートワークも手掛けている。

OUT OF KEY

Trans Killer	日本
Epiteth	1995

フランスのハードコア・シーンを代表するアーティストである Laurent Hô のレーベル Epiteth から 1995 年に発表された OUT OF KEY の 12" レコード。日本のハードコア・テクノ史に残る名曲「Sega Junky」が収録されている。まだ粗削りな部分もあるが、日本独自のユニークなバックグラウンドが活かされたオリジナルなハードコア・テクノを完成させている。OUT OF KEY は、Hammer Bros との二枚のスプリット・レコードを残しているが、オフィシャルでリリースされた単独作品は今作のみである。現代に続く、日本のハードコア・テクノの土台を作り上げた歴史的な一枚だ。

V.A.

Hate Spirit	日本
Bass2 Records	1998

Shigetomo が主宰していたハードコア・テクノ・レーベル Bass2 Records のコンピレーション CD。前年には Kill the Rest から『The Last of the Mohicans』がリリースされているが、今作も非常に重要度が高い。インダストリアル・ハードコア的なダークで実験的なハードコア・テクノの側面が強く、Bass2 Records が提示していたハードコア・テクノのスタイルと姿勢が全体を通して感じられる。YamYam、Sieste、Noize Creator、C-Attack、Donnerwolf、Kak-a Shadow Augusta などが参加。

Syntax & Yam Yam

Washoku Test Zensen	日本
Shockwave Recordings	2001

OUT OF KEY として活動していた二人によるスプリット。両者共に、ブロークン・ビーツやエレクトロを交えた変則的なハードコア・テクノとなっている。Hekate（Dan H/The Wirebug）などのイギリスのハードコア・エレクトロともシンクロしており、ブレイクコアのフリーキーさにも通じる。Psyche Out と Biochip C のリミックスは、日本のユニークなハードコア・スタイルをドイツのハードコア・スタイルと混ぜ合わせた様な興味深い内容。Shigetomo は Syntax 名義で Bass2 Records から『Stablecorps』という 12" レコードも残している。

Syntax

Inoue Madness 9	日本
Murder Yacht School	2003

C-TYPE のレーベル Murder Yacht School からリリースされた Mix CD。Ingler（Laurent Hô）、DKP、The Speed Freak、Matt Green、Al Core、Androgyn Network などのレコードが使われ、フレンチコアやインダストリアル・ハードコアを中心としたダークでディープな内容で、選曲にも強い個性が感じられる。90 年代からハードコア・テクノを体感し、最前で DJ として活躍していたからこそ出せる説得力がある。他にも、2004 年には『The Hardcore Osaka Underground』という Mix CD もリリースされている。

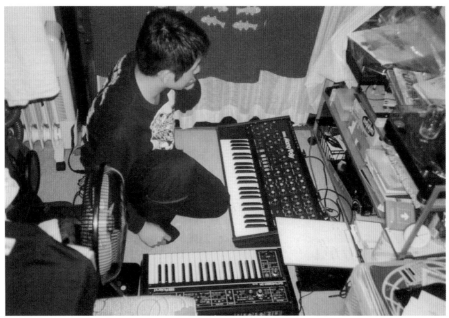

ステロタイププロダクツの山田氏 Shigetomo の自宅にて

Shigetomo Yamamoto インタビュー

Q：ハードコア・テクノとの出会いを教えてください。

A：高校卒業後に学生時代に始めたバンド活動からの流れで、いろんなスタイルの音楽に興味を持っていた頃、KLF の MV を見たのがキッカケでテクノ、ハウス・スタイルのダンスミュージックを知りました。その後、色々掘り進める中で、Rotterdam Records の音源を聴いたのが最初ですかね。それと、OUT OF KEY のメンバーであり、フリーペーパー『WAX』の共同編集者でもあったシマ君の影響が凄く大きいです。彼とは高校時代からの音楽仲間で、学校は違いましたが、バンドを組んだり、音楽の話をしたりで、毎日のように遊んでいました。今考えても、彼との出会いがなかったら音楽に大きな興味を持つこともなかったかもしれない。当時は、これがガバとかいう明確な線引きは無しに、楽器を演奏するという制約から解放された自由な音楽、ループするカッコいいフレーズ、そしてロックよりも強いビートという非常に子供っぽい食指でレコードや CD を漁っていました。

Q：日本にハードコア・テクノのレコードが入って来た頃、国内でハードコア・テクノをサポートしていたお店や DJ をご存じですか？

A：僕は関西でレコードを買っていたので、最初は Cisco やソレイユ、Baobab などのレコード店でアナログを買っていました。Cisco とソレイユでは店員さんに色々お勧めを教えて貰ったり、情報交換も出来ましたよ。あとは、神戸三宮のセンタープラザにあったレコード屋さんでも買っていました。ここには、PCP などのレアなレコードも、聞いたことのないマイナーレーベルの物も見つけた思い出があります。後に、サイケアウツのメンバーになる INDRA 君が京都でやっていたソレイユ京都店や、心斎橋に Breakcore というハードコア・テクノを積極的に扱うレコードショップが出来たので、そこも利用していました。それと同時に、僕自身も Bass2 Records というレーベルを立ち上げ、自分達の音源をリリースする傍ら、フリーペーパー『WAX』を発行する中で知り合った海外のディストリビューターから、デモを聴いて気に入ったレーベルのレコードを直接買い付けて、それをレコード屋さんに委託したり、イベン

トで直販したりもしていました。これは主に DJ
ITO と２人で行っていました。DJ で言うと、最
初は DJ Ishii、Psyba 辺りがガバを回していた
と思います。実は、DJ Ishii とシマ君は当時、
大阪芸術大学に在籍していたのですが、DJ Ishii
がガバを回していると知って、シマ君がコンタク
トを試みたのですが、当時の彼の人気が凄くて、
取り巻きに阻まれ、しばらくコンタクト出来な
かったという話もあります。

Q：関西でハードコア・テクノ / ガバのパーティー
が始まったのはいつ頃からでしょうか？

A：90 年代の最初の頃、僕達は DJ ではなく、
OUT OF KEY というユニットとしていろんなテクノ系やバンドのイベントに出演していて、ドラァグク
イーン界の重鎮シモーヌ深雪さんが出ていたり、ヘアショーやテクノ・ユニットなども共演するような、特
にジャンルに縛られないイベントが多く、ジャンルレスな雰囲気でした。恐らく、ハードコア・テクノやガ
バに絞ったパーティーは、DJ Ishii がやっていた Rotterdam Night が最初だったのではないかと思い
ます。僕個人では、神戸で Fiberzoon というヘアサロンでハードコア・テクノを店内ブースで DJ させ
て貰ったり、閉店後のお店を使ってイベントしたのが最初ですかね。そのイベントは、今は亡きステロタイ
ププロダクツの山田君も一緒にやっていました。その後、DJ ITO の提案で、EBORA OF GABBA とい
うイベントを始める事になります。彼は当時、難波 ROCKETS のブッキングを担当されていた、とれま
レコードの田中フミヤさんに熱心に交渉してくれて、イベントがスタートすることになりました。DJ ITO
の熱意があったからこそ、EBORA OF GABBA はスタート出来たと思います。

Q：1993 年に発表された電気 GROOVE のアルバム『Flash Papa Menthol』には、DJ Paul がリミキ
サーで参加していましたが、当時この事はハードコア・テクノやガバ・ファンからはどういった反応があっ
たのでしょうか？

A：どうなんでしょう？　特に何も覚えていなんですが……Paul が参加していたんですね、知らなかった。
『Flash Papa Menthol』は好きでよく聴いていました。

Q：最初期の EBORA OF GABBA には、どういったお客さんが来ていましたか？　当時、関西のノイズ
やアヴァンガルド系の人達もハードコア・テクノには興味を持たれていたと思いますか？

A：そうですね、ノイズの人達も来られていたと思いますよ。Boredoms の EYE さんとかも来られてい
ました。でも、特に何系っていうのではなく、多種多様なお客さんが来ていたように思います。

Q：Shigetomo さんが最初に発行したフリーペーパーは何でしたか？　フリーペーパーの発行やライター
としての活動を始めたキッカケは？

A：最初に作ったのは、emcee っていうグラフィックデザインの物だったと思います。当時流通し始め
た Macintosh をお金を貯めて買ったので、それを使ってデザインしたものを友人達と印刷して配布し
ていました。元々、OUT OF KEY のメンバー
のシマ君も僕もデザインには興味があって、
Macintosh を買った後は積極的にデザイン活動
をしていました。僕はデザインの学校に行ってい
たので、出版や情報収集したものを編集して、発
信するという事、印刷した媒体を自分達で持つ事
にもとても興味があったので、自然とそういった
活動をするようになりました。

Q：海外のハードコア・テクノに関する情報はど
うやって集めていたのでしょうか？

A：主に直接連絡して質問です。あとは直接訪問
して教えて貰うとか。FAX もとても役に立ちま
した。その後は E-Mail などでやり取りしていた

OUT OF KEY(Photo by Banri)

OUT OF KEY(Photo by Banri)

と思います。

Q：OUT OF KEY が結成されたのはいつですか？どの様にしてメンバーは集まったのでしょうか？

A：和歌山に住んでいた頃、元々一緒にバンド活動をしていたシマ君と僕が、東京から帰ってきてた YamYam と出会ったのがきっかけです。なんで会うことになったかは忘れましたが、2人で YamYam の家に遊びに行ったのが最初で、それから一緒に色々計画するようになりました。

Q：OUT OF KEY のライブでは、どういった機材を使われていましたか？

A：OUT OF KEY は当時から演奏しない事をコンセプトにしていましたので、全員機材を使っての演奏はしていなかったと思います。ダミー機材の前でパフォーマンスをするユニットです。全員カスタムされたガスマスクを着用して、この辺りは Altern8、KLF の影響もあったと思います。反応は、面白がってイベントに誘ってくれる人がいたり、なんだあれって言う反応だったり、様々でしたが……。

Q：OUT OF KEY は 1995 年に Epiteth から 12" レコード『Trans Killer』をリリースされていますが、このレコードが出来上がるまでの経緯を教えてください。

A：当時、曲は全て YamYam の家に集まって主に3人で話しあって制作していました。YamYam がまとめた音源を、僕が交渉して進めたのですが、元々 OUT OF KEY は変名でアメリカの Analog Records から 303 アシッド寄りの音源で 12" レコードをリリースしていました。その経緯、音楽性もあって、まずオランダの DJAX にアプローチしたのですが、DJAX の Saskia (Miss Djax) が Epiteth の Laurent Hô と仲が良く、彼女からの紹介で Epiteth からリリースすることになりました。Epiteth の Laurent Hô はベトナムとフランスのハーフで、その事もあって僕達がアジアでハードコアをやっていることに興味を持ってくれたと言っていました。

Q：同年には Shockwave Recordings から Hammer Bros とのスプリット・レコードもリリースされ、日本のハードコア・コンピレーション『Hard Core Baby Volume 1』にもご参加されていますが、1995 年には国内でもハードコア・テクノ / ガバへの注目も高まっていたのでしょうか？

A：僕、何年代という事に疎いので、よく正確に覚えていないですが……個々に活動しているアクティビストが集まり始めて、何か起こるようなワクワクした感じは常にありました。それは、その後もずっと活動の原動力だったと思います。ただ、テクノ・シーン全般においては特に注目されているという印象は無かったですが、ハードコア・ガバのシーンとしては盛り上がっていた頃だと思います。

Q：90 年代中頃には、OUT OF KEY の楽曲は Lenny Dee の Mix CD やコンピレーション・シリーズ『Braindead』、avex trax がリリースした Drop Bass Network のコンピレーションにも収録されていましたが、そういった海外レーベルとの繋がりによって国内での活動に変化は起きていましたか？

A：特に、これで変わったっていうのはないと思います。でも、知ってくれる人が増えることはチャンスにも繋がるので、嬉しいねという話はしていました。

Q：その頃、ヨーロッパではガバ / ハッピーハードコアがヒットチャートにも入る様になっていましたが、当時のガバ / ハッピーハードコアの盛り上がりについてはどう思われていましたか？

A：特にオランダでメジャーチャートに入るのを目の当たりにして、実際衝撃を受けました。日本では良くも悪くもアンダーグラウンドのシーンのものであったので、同じようなサウンドが場所を移せば国民的に支

Analog Records のオーナー Freddy Fresh アメリカのスタジオ

持されるようにもなるという衝撃。あとは、よく勘違いされるんですが、僕はガバも好きだし、ハッピーハードコアもよく聴きます。初期の『FREE PAPAER WAX』では、僕はオランダのガバを沢山レビューしていますよ。ただ、自分が DJ としてプレイするに際しては、ハードコアのスタイルの上で活動しているという事です。

Q：90 年代中頃、日本でハードコア・テクノ / ガバが特に盛り上がっていた場所はどこでしたか？

A：大阪には、確かにシーンがあった様に思います。大阪では、それぞれの DJ/ アーティストがお互いに切磋琢磨して、自分の出すべき音を磨いていたという思いはあります。沖縄、広島、仙台、東京でもそれぞれにシーンがあったし、お互いに交流を持っていましたよ。僕達も東京のイベントにはちょくちょく出せて貰っていたし。

Q：テクノ、ジャングル、ドラムンベースなどのジャンルの DJ やメディアなどからはハードコア・テクノ / ガバはサポートされたりしていましたか？

A：僕は特にハードコアのイベント以外で DJ をする事はほとんどなかったですが……あ、でもOUT OF KEY としてはライブイベントなどでは、サイケアウツなどの他のジャンルの方達と一緒になる事もありましたよ。DJ として、他のジャンルのテクノイベントに出ることはなかったですね。でも、他の DJ の子達は出ていたのかもしれないけどね。

Q：Shigetomo さん達が発行されていた当時のフリーペーパーからは、苛立ちやフラストレーションの様な雰囲気も読み取れるのですが、それは国内のメジャーなダンスミュージック・シーンなどに対するものだったのでしょうか？　もしく

OUT OF KEY(Photo by Banri)

は、国外のシーンに対してだったのでしょうか？

A：テクノというジャンルから、はみ出した存在として扱われる事が多々あったので、苛立ちというのは多少あったかもしれませんが、それが活動のエネルギーにもなったし、「DJ Ishii とか Sieste とかの文句なしにかっこいい DJ を聴くと本当に楽しい」そういう単純な楽しさをもっと伝えたい、解って貰いたい、という焦りはありました。それをどう伝えていけばイベントに足を運んで貰えるのか、という悩みはありました。

Q：日本でいち早く Digital Hardcore Recordings（以降 DHR）を取り上げ、国内のメディアに積極的に紹介されていましたが、Shigetomo さんが DHR を知ったキッカケは何でしたか？

A：何で知ったかは覚えてないですが、かっこいいなぁって思ってました。大阪の KARMA というクラブで共演したように思います。DHR の Ec8or のレコジャケには EBORA OF GABBA のフライヤーとか僕のイラストのシールがデザインで使われたりしていますよ。ベルリンで DHR の運営をしていた方とご飯を食べた時、彼は特に日本のアーティストでは Sieste のリリースに興味を持っていて、是非一緒にやろうよって言ってくれたし、その後僕のイベントにも DHR の Fever がゲスト出演してくれたりしていました。僕個人としては、DHR はハードコア・シーンの一端であり、新たな可能性。コンセプトのしっかりした、運営の優れたレーベルっていうイメージがありました。DHR には、<20 という 20 歳以下のアーティストの音源を扱ったものがあったり、ロンドンで起きたパンクムーブメントの様に、ベルリンでデジタルベースのパンクムーブメントの様なものが起きている感覚はありました。

Q：その頃、DHR のレコードはハードコア・テクノ / ガバのファンやジャングル / ドラムンベースのファンにも聴かれていましたか？

A：日本では、ハードコアのファンにはとても聴かれていたと思います。EBORA OF GABBA や僕の他のイベントにも出てくれていた DJ Wakana 嬢も DHR 中心のセレクトでしたし、僕も <20 とか DHR は使っていました。DHR というより Atari Teenage Riot は、クラブというフィールドからもっと裾野を広げて、ロックのイベントに行くような人々にも浸透していたと思います。

Q：日本のパーティーで始めてプレイした海外のハードコア・テクノ / ガバのアーティスト /DJ は誰なのでしょうか？

A：あれ？　The Speed Freak じゃないかな？　EBORA OF GABBA を始める前に Cafe Blue という場所で DJ ITO と共同で企画しました。でも、Altern8 とかもハードコア・テクノですよね、だったらその辺り？？？最初とかっていうのはよく解らないのですが……。

Q：海外のハードコア・シーンから日本のハードコア・テクノはどう思われていたのでしょうか？

A：興味を持たれていたり、馬鹿にされたり、人それぞれ（笑）。でも、僕がフランスやドイツでプレイした感想では、大きな意味では興味を持ってくれていたように思います。特に、Sieste は人気があったと思います。イベントでも人だかりが出来るくらい人気がありましたし、もちろん、リリースしたレコードもチャートに入っていました。Hammer Bros やスズキナヲト君も人気があったと思います。当時は、世界中いろんな地域でそれぞれの音源が作られて、お互いに影響を与え合っていたので、みんなそれぞれに興味を持っていたのだと思います。

Q：李博士の『5 cm Higher and Rising!』に OUT OF KEY は参加されていましたが、どういった経緯で参加する事になったのでしょうか？

A：YamYam が SONY の方から受けた話だったと思います。元々、YamYam は細野さんの所で働いていたというのもあって、その関係からの話だったんじゃないかな？

Q：90 年代にオランダやフランスにも行かれていましたが、海外のハードコア・シーンを実際に見た時に何が印象的でしたか？

A：最初にフランス、オランダに行ったのは、僕やシマ君、Sieste、DJ Ishii、Hammer Bros の Budo 君と Tokyuhead 氏（Librah）

だったかな？　フランスではアンダーグラウンド
ながらも、しっかりと流通やパーティー、メディ
アが生きて機能していて、お互いにリンクしつつ
シーンを形成してゆく様が、地に足のついた文
化、アンダーグラウンド・シーンを見た気がしま
した。そして、パーティーはもちろん大切ですが、
それに携わる人達と行動を共にして、彼等が生活
の中で如何にハードコア・テクノを考え、日常の
中で何をして、どう仕掛けていくのかを見て、そ
の後の自分のあり方にも刺激を受けました。あ
と、僕達の様な若年層のアーティストばかりでな
く、しっかりとした大人がシーンを支えているこ
とにも驚きました。音源やDJ、パーティーなど
の見えている部分だけでなく、バックグラウンド
を支える人達も含めて、しっかりとしたシーンの
骨組みがあるというのを目の当たりにして、日本
の貧弱なシーンをなんとかしていかなきゃという
思いはありました。印象に残った言葉は「パリで
は一度生まれた文化はずっと生き続ける。だから
きっとハードコアのシーンはこの先もずっとジャ
ズみたいに息長く存在しているはずだよ」と言っ
た、Laurent Hô の言葉です。

そして、最初にドイツに行った時の同行者は、
DJ ITO と僕、Sieste です。フランクフルト
で PCP のオフィスに行き、談笑していた時に、
たまたま Budo 君が送った FAX が PCP に
届いて、何かとてもおかしかった。その翌日、
Fuck Parade のオーガナイザーでもある DJ
Trauma が主催して、郊外のトンネルでのパー
ティーを開催したのだけれど、当日まで場所や
時間も解らず、その日のお昼に FM 番組に僕と
ITO が出演し、インタビューに答え、その後僕
が少し DJ して、そこで初めて今晩のイベント
の内容、場所を告知していたのは、とても新鮮
でした。このイベントには The Speed Freak
なども出演していました。この頃は、頻繁にドイ
ツやフランスに行っていたので、何年かは覚えて
いないですが、ベルリンでは旧東ドイツ地区の
スクウォットされた廃ビルの地下での DJ や、
Tresor でのパーティー、Fuck Parade のト
ラック上でのプレイなど、とても刺激的なパー
ティーが沢山ありました。ドイツの中でも、ベル
リンは特に都会的で他の芸術も含めて、とても
刺激的な場所でした。Fuck Parade では、い
ろんな国のアーティストと交流する機会もあっ
て、楽しかった。ドレスデンでは、Suburban
Trash Industries の Noize Creator 達と
行った、教会の地下壕（バンカー）でのパーティー

Shigetomo ドイツでの DJ

フランクフルトのトンネル

PCP のオフィス兼ディストリビューション PCD にて

PCD

も印象的です。いろいろなアーティストとコラボレーションしたり、実験的なイベントや Noize Creator の音楽に対する取り組みも、とても感銘を受けるものがあります。あとは僕達のイラストの展覧会をドレスデンの駅前のクラブで行ったんですが、その時の DJ も楽しかったです。

Q：海外に行かれた際に、ハードコア・シーンにおけるイリーガルな文化の側面（ドラッグ・カルチャーやイリーガル Rave など）を見られましたか？　そういった文化に関して、当時はどの様に思われていましたか？

A：イリーガルなパーティーは沢山ありました。郊外のトンネルの中とか、バンカー（防空壕）でとか。後は工場の守衛室でやったり、行くのも帰るのも知り合った人に乗せて貰ったり、色んな人の家に泊めて貰ったりして、みんなが持ち寄ったアイデアで手作りで楽しかったし、自由だけど、自己責任で危険な部分は回避しないといけない。本当に日本っていうか、僕の場合、大阪で守られた場所でイベントをしているんだなぁと。僕はあまり大きなイベントに興味がないんだけど、大阪でそういうアートや他の音楽のジャンルも含めた手作りのイベントがしたいなぁと思っていました。ドラッグに関しては、僕は一切興味のない方なので、勧められたり、貰ったりしたけど、全部断ってました。なんていうか酩酊状態って好きじゃないし、もっと冷静に色々楽しみたかったのかな？　よく解らないですが（笑）。でも、確かにクラブカルチャーはドラッグカルチャーと密接な関係ではあったと思います。

Q：Shigetomo さんは DJ プレイにおいて、インダストリアル・ハードコアをプレイされていましたが、インダストリアル・ハードコアというスタイルが出来上がったのはいつ頃だと思われますか？

A：僕が知るもっと以前からあったジャンルだと思いますよ。Laurent Hô は日本に来た時もレコーダーで工場の音とか写真を撮っていました。僕は鉄道の路線や、工場のライン、そういったものが折り重なって、どこまでも続く軌道のような風景を感じるものが好きです。

Q：フリーペーパーの発行や雑誌での執筆、パーティーのオーガナイズなど、積極的にハードコア・シーンをサポートされていましたが、その当時の原動力や目標などはありましたか？

A：僕がやってきたのは、自身の DJ、OUT OF KEY や Donnerwolf などのライブアクト活動、Syntax 名義などでのトラックメイクなどの自身の為の活動。そして、そのシーンを下支えするフリーペーパーの発行、その他の情報発信。地元の土地でのイベントのオーガナイズ。そして、発信する媒体としてのレーベル Bass2 Records の運営、音源のリリース。よく考えていたのは、町ごとに音楽シーンがあって、それぞれがお互いに影響しあっていけるシーンが出来たらすごく楽しいのではないかということでした。乱暴な言い方をすると、コミュニケーションこそが最大の目的で、イベントやお互いに意見交換される交流の中から、新しい事が紡ぎだされて生まれたら面白いと思っていました。何が出来上がるかはわからないけど、どんどんシーンを混ぜて行きたかったなぁ。

Laurent Hô 大阪での DJ

Q：Jap Hardcore Masterz Team が結成された経緯を教えてください。Jap Hardcore Masterz Team が全員集まるパーティーも行われていたのでしょうか？

A：これは EBORA OF GABBA を中心に活動していた DJ やライブアクトなどの総称で、自然と集まった感じではなかったかと思います。名付けたのはシマくんだったと思います。もちろん、イベントなどで全員が集まる事は沢山あったと思います。組織ではなく、同じ様な音楽をやっている友人の集まりであって、特に制約などないグループだったと思います。

Jap Hardcore Masterz Team at カーマ with Alec Empire

Q：90年代、日本で最もハードコアが盛り上がったのはいつ頃だったと思いますか？ Mix CD シリーズ
『Turntable Junkee』やコンピレーション『The Last of the Mohicans』などの作品によって以前よ
りも注目を浴びたりしていましたか？
A：Kill the Rest のレーベルが出来たのは、もう盛り上がった後の話で、そもそも Hammer Bros がやっ
てた KAK-A Recordings と僕がやってた Bass2 Records を母体に ZK Record さんから話を頂い
て、それで Kill the Rest が出来ました。それで注目があったかどうかは解りませんが、クラブに来ない
ような若い子達にも音が届く様になったのは嬉しかったですね。
Q：OUT OF KEY の活動はいつ頃まで続いていたのでしょうか？ OUT OF KEY としてプレイしたライ
ブで最も印象深いものは？
A：YamYam が突然亡くなるまでは続いていました。OUT OF KEY として印象深いのは、ライブじゃ
ないんだけど、メンバー4人（YamYam、ShimaBPM400、WAXHEAD、MIT。後に STINGER
nonSystem が入って5人になります）で夜のショッピングモールで SEGA のレーザーで打ち合うシュー
ティングトイで遊んだこととかなぁ。YamYam と一緒にフランスに行こうって話してたんですが、実現
できなかったのが心残りです。
Q：Shigetomo さんにとって、Yam Yam さんとはどういったアーティストですか？
A：垣根のないオープンなマインドと、吸収力と理解力の高い方だったと思っています。よく電話で曲が出
来たから聴かせてくれたり、僕が個人でリリースするようになってからも、よく相談に乗ってくれました。
本当にもっと色んな場所で活躍出来る才能とアイデアのある方だったので、今でも悔やまれます。沢山のシ
ンセに囲まれた自宅のスタジオで微笑んでいるのを思い出すと、今でも胸がキュンとなります。シマ君や
Sieste、DJ ITO もそうなんですが、音楽の事や、自分の事、アートの事など、なんでも熱く話し合える
友達がいたのは幸せだったんだなぁと思います。
Q：様々な海外アーティストとパーティーで共演されていますが、特に印象に残っているアーティストのプ
レイはありますか？
A：DJ プレイで言うと Laurent Hô は本当にかっこいい。なんていうか、情景が浮かんでくるというか。

ロジカルで攻撃的でもあって、でも冷静で、音を自在にコントロールしている感覚がまるでオーケストラの指揮者の様で、とても印象的でした。音楽とは別の話で印象に残っているのは、Noize Creator 等とプライベートでお城を見に行ったり、ドライブをしたり、音楽的な事よりも、彼等の生活がとても印象的でした。ハードコアを通じて、色んな国々の国民性や習慣、文化なども知って、そういったコミュニケーションがとても楽しかったです。フランスの女性 DJ の Elvila も印象深いです。DKP のメンバーで、色んな意味で破天荒、フランスのアンダーグラウンドな世界を沢山紹介してくれました。彼女とはなぜかパリに行くと駅とか、地下鉄とか、蚤の市とかで毎回偶然出会うという面白い縁があります。

Q：アンダーグラウンドには政治性の強いハードコアのレコードがありますが、そういった政治的な姿勢についてはどう思われていましたか？

A：確かにありますね、特にドイツではそういう姿勢を感じる機会が多くありました。フランクフルトに行った時、テクノ・レーベルのオーナーから、ドイツでは政治性と音楽は密接だよ、というのを教えて貰いました。僕は特に政治的なものと音楽は切り離して考えていますが、それでも自分の立ち位置を明確に物作りをする事はとても大切だと思いますし、作った物、やってきた事への責任を持つ為にも、自分の生き方として活動し、作品を残すことはとても大切な事だと思いました。

Q：『WAX』のレビューや Bass2 Records での活動を通して 90 年代後半にブレイクコアにもフォーカスされていたと思うのですが、Shigetomo さんがブレイクコアというジャンルを知ったキッカケとは？

A：特にブレイクコアという言葉を意識したことはないんで、恐らく EBORA 後期にみんながそう呼んでるのを聞いたのがきっかけではないかと思います。どういうのがブレイクコア？　なんかその辺りよく解ってないかも（笑）。

Q：Stabilizer というイベントについて教えてください。スクワット・パーティだったと聞いたのですが、無許可でシステムを持ち込んで開催していたのでしょうか？

A：懐かしい。大阪にあった GPOD と呼ばれるスクワットビルがあって、色んなアーティストで共同占拠している様な、元社宅だった古いマンションなんですが、そこに僕と Sieste もデザインのスタジオを持っていたので、別の部屋のイベントスペースで無料でイベントをしていましたよ。近隣がマンションや学校だったので、時々苦情が来たりしましたが、良い場所だったなぁと思います。テロル、Wakana、C-TYPE、Bitchhead、Ka4u などがレギュラーで出てくれていたと思います。

Q：90 年代中頃から後半に掛けて、『Quick Japan』で執筆もされていましたが、どういったキッカケで『Quick Japan』はハードコア・テクノ / ガバに興味を持たれたのかご存じですか？

A：『Quick Japan』は編集長の赤田さん、その後を引き継いだ村上さんが興味を持ってくれていたので、度々取り上げて頂いたり、執筆させて貰ったりしました。デザインの方でも村上さん編集長の時代には表紙も担当させて貰ったりもしてたんですが、村上さん以降の編集には特に興味を持って貰えなかったのかな（笑）。赤田さん村上さん両者は大阪のイベントにも何度か来てくれたし、その時アーティストの村上隆さんも一緒に来てくれたのが印象深いです。その後、『BURST』という雑誌でも、僕が Fuck Parade に参加した時のレポートを数ページに渡って特集して頂いていますよ。

Q：Shigetomo さんは雑誌での執筆活動とライナーノーツの制作や流通など、様々な面において日本に海外のハードコア・シーンを紹介されて来ました。そして、日本のハードコア・シーンを第一線で見られてきていますが、日本のハードコア・シーンにおいて特に重要な人物とは誰でしょうか？

A：特にかどうかは解らないですが、DJ では DJ Ishii、Psyba がシーンを最初からずっと牽引していたと思います。アーティストでは YamYam、Hammer Bros、Sieste、スズキナヲト。オーガナイザーでは DJ ITO、Kamuri、もっともっといろいろいますが、シーンに参加して活動してくれたみんながそれぞれに作用して、面白いシーンになっていたのだと思います。

Q：2000 年以降のハードコア・テクノをどう思われていましたか？

A：特に何も……あ、でもいろいろ聴いてますよ（笑）。

Q：Shigetomo さんが DJ で最もプレイしたハードコアのレコードとは？

A：難しいです、年代によっても変化していくのですが、Epteth とか、フランスのものが多かったですね。

Q：最後に、Shigetomo さんにとってハードコア・テクノとはどんな存在でしたか？

A：90 年代はハードコア・テクノは生活そのものでした。友達もみんなそこにいたし、みんな漫画の登場人物のように魅力的でした。

ハードコア・シーンで今も熱狂的なファンがいる伝説的なユニット

Hammer Bros

⊙ KAK-A Recordings、Shockwave Recordings
🕐 1995 年　　　　　　　　　　　　　🌐 日本
🔗 http://kak-a.jp/

Shit da Budo（MC Shit B）、Tatsujin Bomb、Tokyuhead（Librah、DJ Lib）によるユニット。
1994 年の結成から 1998 年の活動休止までの間に国内外の様々なハードコア・レーベルからシングル /
EP を発表し、日本のハードコア・シーンの土台を作り上げた。
1995 年に The Speed Freak 主宰レーベル Shockwave Recordings から OUT OF KEY とのスプリッ
ト・レコード『Hammer Bros vs out of Key - Vol. 1』を発表。翌年には Hammer Bros の単独レコー
ド『Shin Gen EP』を自主レーベル KAK-A Recordings からリリース。その後も、オランダの Arcade
やドイツの Terrordrome、Brutal Chud のコンピレーションに当時のハードコア・シーンを代表するアー
ティスト達と共に参加。
1997 年に日本の ZK Records から 7" レコード『1to3for Hiroshima EP』と Kill the Rest からリ
リースされた日本のハードコア・シーンを語る上で外せない重要なコンピレーション『The Last of the
Mohicans』に参加。同年にアメリカの Digitalhut Sounds から 12" レコード『Police Story』をリリー
ス。Hammer Bros 活動休止後は、DJ Lib & MC Shit B 名義でもレコードのリリースを行う。
日本のアニメや映画からサンプリングされた日本語を多用したハードコア・テクノ / ガバを主体に、重く荒々
しい緊張感のあるシリアスでエクストリームなトラックやストーリー性を感じさせるユーモアのあるトラッ
クなど、海外のハードコアを模範にしながらも日本独自のスタイルを開拓し、独創性の高い名作を作り上げ、
日本のハードコア・シーンに多大な影響を与えた。

Hammer Bros vs out of Key

Vol. 1　　　　　　　　　　　　　　　　　　　　　　　　　日本
Shockwave Recordings　　　　　　　　　　　　　　　　　1995

関西を拠点に活動していた日本のハードコア・テクノ・ユニット OUT
OF KEY とのスプリット・レコード。Hammer Bros サイドは、当
時のロッテルダムのガバをディスしている様な痛烈なディストラック
「The Ninja」と「Fuck DJ Mutha Fucker」、テラーコア的な「Izumi
Fucking」の３曲を収録。OUT OF KEY サイドは、アンダーグラウンド・
フレイヴァ溢れるインダストリアル・ハードコア的なトラックで、彼等
の姿勢を表明している。1996年には続編『Hammer Bros vs Out Of
Key – Vol. 2』もリリースされた。

Hammer Bros

Police Story　　　　　　　　　　　　　　　　　　　　　日本
Digitalhut Sounds　　　　　　　　　　　　　　　　　　1997

Doormouse、DJ Tron、Senical といった強者達のレコードをリリー
スしていたハードコア / ノイズコア系レーベル Digitalhut Sounds
から発表された12" レコード。「Captain Takahashi (Mouri Vs
Takahashi)」や「Fuck DJ Mutha Fucker (Remix)」「Undercover
Klara Cops」などの、Hammer Bros の人気トラックが収録。彼等特有
のシニカルなユーモアと狂気的なハードコア・サウンドが存分に体感出来
る。現在、ストリーミングにて配信もされているので是非チェックして欲
しい。

V.A.

Haldensleben Vs. Kamata - T.B.R. Vs. KAK-A Wolves 日本、ドイツ
KAK-A Recordings / Total Brutal Records　　　　　　1998

KAK-A Recordings とドイツの Total Brutal Records によるコ
ンピレーション LP。Kamata Side (KAK-A Recordings) からは
Hammer Bros、Kak-a Shadow Augusta、Johnny Key、10 Yard
Fight が参加しており、スピードコアを主体としたエクストリームなト
ラックが収録されている。Hammer Bros は印象的な女性の叫び声をサ
ンプリングしたダークレイヴ感のある名曲「Battle of Britain (Who's
Lingerie Is This?)」と「Something Big」を提供している。

Hammer Bros

Air Raid Your Ass!　　　　　　　　　　　　　　　　　日本
KAK-A Recordings　　　　　　　　　　　　　　　　　　2006

過去に12" レコードやコンピレーションに収録されていたトラックか
ら、未発表曲までをリマスタリングしてコンパイルしたアルバム。比較
的に現代的な音に変わり、聴きやすくなった印象を受けるが、Hammer
Bros のコアなサウンドと世界観はまったく変わっていない。高橋名人に
メタリックなサンプルを組み合わた「Here I Am」や、非常にシリアス
なテーマを扱った「Calling Enolagay」など、Hammer Bros の名曲が
数多く収録されている。日本のハードコア史に残る名盤であり、サンプリ
ングミュージックの傑作である。

Hammer Bros インタビュー

Q：皆さんの音楽的ルーツを教えてください。どの様な流れでハードコア・テクノに出会いましたか？

A：メンバー3人それぞれルーツ的にはバラバラです。スラッシュメタルやEBM、デステクノ、アーケードゲームミュージック、古いアニメソングなど。ハードコア・テクノに出会う直前まで聴いていたカテゴリーです。

Q：ハードコア・テクノのどういった部分に魅力を感じられましたか？

A：スピードとエモーション、ストレートに感情をぶつけているところです。

DJ Hammer Bros 1994

Q：Hammer Bros の作品からは Planet Core Productions の影響が感じられるのですが、彼等の存在を知ったのはいつ頃でしたか？　特に影響を受けた作品などは？　Planet Core Productions は他のハードコア・レーベルと何が最も違いましたか？

A：存在を知ったのは1993年くらいだったと思います。確かに影響は大きいと思います。PCP自体、沢山のサブレーベルの集合体で、サウンドも様々な側面があるので全体に対して評価をするのは難しいです。今日のハードコア・テクノにおける様々なサウンドの種ともいえるアイコン的存在だと思います。

Q：皆さんがハードコア・テクノを知った時、国内ではハードコア・テクノ/ガバはどういった紹介のされ方をしていましたか？　ハードコア・テクノ/ガバは、当時日本のテクノ/ハウス・シーンと繋がっていましたか？

A：音楽雑誌や当時のテクノ・ハウス系ミニコミではネガティブに捉えられていたというか、バカにされていたように思います。日本のメインストリームのテクノ・ハウスシーンとは繋がってなかったのではないでしょうか。ハードコア・テクノ/ガバの情報を得られるようなことは、ほとんど無かったと思います。ヨーロッパのガバ自体、現地のメインストリームの音楽シーンへの対抗心を音やビジュアルで表現するところから始まっていました。現地のそういうノリと、国内での自分たちの境遇を重ね合わせて共感していました。

Q：その頃、皆さんもテクノはプレイされていたのでしょうか？

A：ほとんどしていなかったと思います。

Q：Hammer Bros が結成された経緯を教えてください。結成する前から個々で楽曲制作はされていたのでしょうか？

A：当時、『電気藝術』というテクノ系ミニコミ誌が主催するROBOTというレギュラーパーティが都内で開催されていて、そこに客として行ったBudo、TokyuがDJをやらせて貰うようになりました。1994年のROBOTのファイナルで結成したb2bのDJチームがHammer Brosでした。そこで、最後まで踊っていたのが当時まだ10代だったTatsujin Bombでした。パーティが完結した後、3人で集まるようになり、彼もメンバーとなりました。結成前は誰も楽曲制作をしたことがありませんでした。だから、曲作りの為に機材を買いに行ったのは結成後です。

Q：Hammer Bros の結成当初に目標としていた事などはありましたか？

A：ガバやハードコアのシーン全体を輸入したいと思っていました。当時の日本のインディーシーンや、テクノのコミュニティの中でメジャーになりたいとかいう気持ちはまったく無くて、欧米のようなハードコア・テクノのシーンの中で活動するひとつのプレイヤーになりたかったんです。このジャンルだけで、これだけアーティスト、DJが沢山いて、レーベルやパーティーもいっぱいあって、それを伝える小さな雑誌もあって……というネットワーク全体が面白くて、それを実現したいと考えていました。

Q：伝説的なフリーペーパー『裏口入学'83』について。フリーペーパーを発行しようと思われたのはなぜですか？　海外のレコード・レビューやレーベル紹介を積極的に行われていましたが、当時はどの様にして海外の情報を入手していたのでしょうか？

A：日本に欧米のシーンを紹介したかった、というのと、あとガバ／ハードコア・テクノの国際的なネットワークの中で、一つのハブになりたかったというのが動機です。情報は海外のアーティストやレーベルと直接 FAX でやりとりをする中で教えて貰ったり、海外のショップからレコードを買った時に同封されているフライヤーなどから拾ったりしていたと思います。フライヤーの他に、ミックステープや、パーティの写真をお互い送りあったり、今思い返すと牧歌的な部分もありました。

Q：海外のハードコア・シーンから日本のハードコアはどの様なリアクションを得ていましたか？

A：日本での個々の活動に対して、海外の様々な拠点のレーベルやアーティストが、個別にそれぞれの反応を示してくれていたと思います。賛否あったとは思います。

Q：Hammer Bros としての初ライブはいつでしたか？

A：1995 年に大阪の CLUB DOWN であった NASA3 というパーティだったと思います。前衛的なライブで、オーディエンスにはあまりいい印象ではなかったと思います。

Q：Hammer Bros としてやソロでの DJ 活動、そして『裏口入学 '83』の発行など、当時皆さんはハードコア・テクノを日本の音楽シーンに広めようという意識もあったのでしょうか？　それとも、純粋に自分達の好きな事を追求されていたのでしょうか？　当時の活動における原動力の源はなんでしたか？

A：広めようという意識を持ちつつも、もちろん好きなサウンド、方向性は追求していました。自分達がやらないと誰もやってくれないので、という意識があったと思います。あと、海外のハードコアの潮流を全然拾わない、日本国内のシーンに対する反発心のようなものもありました。

Q：過去に、日本の音楽雑誌やレコードショップでハードコア・テクノ／ガバが酷評されていたという話を聞いた事があるのですが、それは本当にあった事なのでしょうか？

A：はい、あったと思います。音楽雑誌とか、割とメジャーなテクノ界隈のミニコミ誌ではバカにされていたような印象があります。都内のレコードショップのポップなどにも、酷い紹介文がありました。

Q：楽曲制作はどの様にして行われていましたか？　使用されていた機材は？

Hammer Bros 1995

A：当時新発売だった簡易サンプラー Roland MS-1 を中心に使っていました。鳴らしたい音が足りなくなっても機材をグレードアップするんじゃなく、MS-1 を買い足して対応していました。それで最終的に 5 台くらいになりました。当初は四つ打ちのループを作ったり保存したりするやり方が分からず、曲の頭から作り出して、最後まで電源を落とさず一方向に作りきって DAT テープに落とす、という作り方をしていました。書道とか彫刻みたいなやり直しのきかない一回性というか、要するにデジタルの利便性を活かしてなかったんですが、結果的にそういう作り方が初期の曲の構成に反映されていると思います。

Q：Hammer Bros の楽曲は、今でいうスピードコア / インダストリアルに近いスタイルでもあるかと思いますが、当時からスピードコア / インダストリアル・スタイルを目指されていたのでしょうか？

A：特に目指していた訳ではないですが、そうしたスタイルのアーティストには親近感や同時代性を感じていました。チョイスしたり、目指したりという観点からのアプローチでなく姿勢としてそうだったと。

Q：『はだしのゲン』や高橋名人をアートワークや楽曲でサンプリングされていましたが、日本の漫画 / ゲームの引用をしていたのには、何か理由があったのでしょうか？

A：当時、大友克洋の『AKIRA』やソニック・ザ・ヘッジホッグがテクノのアイコンになっていたので、それらとの対照となるようなマンガやゲームのキャラクターを引用した、というのがあと付け的な理由です。実際はただ単にそれらが手元にあったから、というのもあります。

Q：1995 年にドイツの Shockwave Recordings から OUT OF KEY とのスプリット・レコードが発表されていますが、このレコードが作られた経緯を教えてください。

A：OUT OF KEY と我々とがそれぞれ別個に Shockwave に DAT を送っていました。スプリットで出すというアイデアは Shockwave 側で考えたんだと思います。

Q：Shockwave Recordings からのレコード・リリースとコンピレーション CD への参加によって、国内での活動に変化はありましたか？

A：Shockwave Recordings 自体が日本で、それほど知られていなかったので、特に反響とかは無かったと思います。渋谷 WAVE に何枚かくらいあったかもしれませんね。

Q：自主レーベル KAK-A Recordings をスタートさせたのはいつ頃からでしょうか？　なぜ、自分達でレーベルを運営しようと決めたのですか？

A：1995 年です。さっきも言ったように日本にシーンがなくレーベルもなかった為、自分達で立ち上げようと思いました。

Q：1996 年に Hammer Bros の『Shin Gen EP』をリリースされていますが、このレコードが生まれた背景について教えてください。

A：それが最初に作ったレコードです。Martin Damm（The Speed Freak）のサポートもあり、ドイツでプレスしました。確か 300 枚作ったと思います。販売するよりプロモーションツールのつもりで作ったものでした。

Q：90 年代にオランダに行かれたとお聞きしたのですが、いつ頃行かれたのでしょうか？　当時のオランダでのガバ・ムーブメントを体験する様な事はありましたか？

A：Tokyuhead は一人で 1994 年に渡航し、ロッテルダムを体験していました。みんなで行って向こうのアーティストや DJ と交流したり、パーティに行ったりしたのは 1995 年でした。1995 年に一緒に行ったのは DJ Ishii や OUT OF KEY のメンバー達です。OUT OF KEY（Shigetomo 氏）と親交

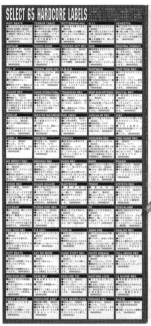

のあったパリの Laurent Hô が迎えてくれたので、メインはパリでの滞在でした。オランダには少し寄った程度で、ロッテルダムの Midtown Records で、DJ Paul（Paul Elstak）を見かけたぐらいです。

Q：パリでの滞在では現地のハードコア・シーンと接触する機会はありましたか？　海外に行かれた事で得られた経験は何でしょうか？

A：DJ Ishii がプレイしたパーティーで現地の DJ 達と知り合ったり、レコード店やスタジオを訪問したり、音楽誌の編集者と話をしたり、色々とシーンに触れることが出来たと思います。

Q：1995 年から 1996 年に掛けてハードコア・シーンではハッピーハードコアがムーブメントになる一方、各国にアンダーグラウンドなレーベルが出現していき、メインストリーム／アンダーグラウンドの二極化が進んだ時期だと思いますが、1995 〜 1996 年のハードコア・シーンを振り返ってみて、どう思われますか？

A：シーンに広がりや多様性が生まれていった時期で、厚みのあるレコードから薄いペラペラのレコードまで、とても面白かったと思います。

Q：Hammer Bros の楽曲は、シニカルでユーモアのある部分とシリアスな部分が上手く共存されています。1997 年に ZK Records から発表された『1to3for Hiroshima EP』に収録されていた「Calling Enolagay」は、冒頭のサンプルから連想される様に Hammer Bros の中でも非常にシリアスな曲かと思います。この楽曲には、何かしらの思想やメッセージなどが込められているのでしょうか？

A：冒頭のサンプルは、『はだしのゲン』の作者・中沢啓治さんを扱ったドキュメント番組のワンシーンから録ったもので、中沢さんの作品を非難するアメリカの元軍人のコメントです。だからと言って何らかのメッセージを伝えたくて作った曲ではなく、単に曲に適したサンプル素材として使っただけ、というドライな気持ちがあります。ただ同時に、何のサンプルでも良かったのかというとそうではなくて、自分たちなりの必然性や必要性があったという、これはちょっと説明しづらい感覚です。

Q：オーストラリアの Nasenbluten/Bloody Fist Records と Hammer Bros はデビュー時期も近く、サウンド面においても共通点を見出す事が出来ますが、彼等には当時からシンパシーを感じておられました

か？

A：確か彼等は 1991 年位から活動していたんじゃないでしょうか？　8bit でローファイなサウンドは好みでした。サンプラー主体の曲作りといった点にもシンパシーを感じていました。

Q：Nasenbluten にインタビューをされたそうですが、どういった経緯でインタビューを行ったのですか？　実際にお会いした時の印象は？

A：『裏口入学 '83』に掲載する為にインタビューしました。それ以前から Nasenbluten とは FAX でやり取りがあり、ヨーロッパにツアーに

行く途中に成田でステイするという話を聞いたため、そのタイミングで話をしに行きました。メンバー 3 人に会ったんですが、気さくで良い人たちでした。

Q：Jap Hardcore Masterz Team の結成とレーベル Kill the Rest が生まれた経緯を教えてください。

A：Jap Hardcore Masterz Team の結成についての経緯は Shigetomo (Waxhead) が詳しいと思います。レーベルである Kill the Rest は、日本のインディーレーベル、ZK Records から Shigetomo にオファーがあって誕生したと記憶しています。ちなみに、Kill the Rest というレーベル名は、『裏口入学 '83』に掲載した Noise Creator のインタビューでの発言から取ったものです。

Q：Hammer Bros はグラインドコアやハードコア・バンドとの共演もされており、ZK Records からもシングルを発表されていて、バンドシーンとも繋がりが合った様に見えます。Hammer Bros の作品はバンドシーンからも反応がありましたか？

A：少なくとも知っている限り、特に無かったように思います。

Q：Hammer Bros が活動されていた時の日本のハードコア・シーンにも、イリーガルな側面（薬物や違法 Rave など）は存在したのでしょうか？　そういった、イリーガルな部分に関して皆さんはどの様に思われていますか？

A：存在はしていたのではないでしょうか。ただ我々の活動や音楽が影響を受けることはありませんでした。特に思うところもありません。

Q：個人的なイメージですが、大阪は昔からハードコア・テクノ / ガバが盛んな印象があります。なぜ、大阪という場所はハードコア・テクノやその他のエクストリームな音楽（グラインドコア、ノイズ、ブレイクコア、etc）が根付くと思われますか？

A：我々には分かりません。自分達に関して言えば、アムステルダムのメインストリームに対抗するロッテルダムのガバ、という構図を、日本の東京・大阪との関係と照らし合わせて見ていたりしてました。

Q：1998 年 2 月に行われた Euromasters、DJ Paul、DJ Panic が来日した Gabber Storm で Hammer Bros は解散されますが、なぜこの時に解散されたのでしょうか？

A：格好良く言えば「一定の役割を果たした」と感じたからです。実際にビジネスとしてのレーベルが立ち上がり、CD が流通して、関わる人が増え……という風に状況が変化したのを受けて、解散ではなく、活動を休止しようと決めました。

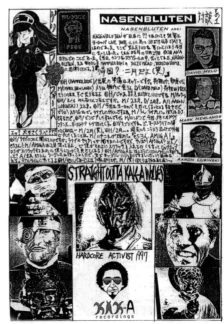

Q：Hammer Bros として行ったライブで最も印象に残っているライブは？

A：上記の Gabber Storm です。1994 年の結成時には、Euromasters や DJ Paul と東京でパーティをすることになるとは思っていませんでした。

Q：90 年代と 2000 年代のハードコア・テクノで最も違うと感じる部分（サウンド面やシーンの状況など）は何でしょうか？

A：PC とインターネットを使うようになったことが一番大きいのではないでしょうか。

Q：現在のハードコア・シーンをどう思われますか？

A：楽しそうだなと思います。あと何台か MS-1 を買ったら参入します。

Q：最後に、皆さんにとってハードコア・テクノとは？

A：メインストリームに対するオルタナティブだったり、権威とか多数派に対する反発心だったり、そういったことを大事に思う人達のバックグラウンド・ミュージック。多様性の讃歌だと思います。

レフトフィールドなハードコア追求し、ブレイクコアの発展に関係

Deadly Buda

◉ Praxis、Deadly Systems
🕐 1995
🌐 https://deadlybuda.com/

🌐 アメリカ

DJ、グラフィティライター、プロデューサー、オーガナイザー、ライター、レーベル運営といった活動を通して、90年代からアメリカのハードコア・テクノ並びに Rave シーンを裏で支えている重要人物。ブレイクコアの原型とも言える実験的なハードコア・テクノをリリースしていたレーベル Deadly Systems のオーナーとしてや、ハードコア専門雑誌 /Web マガジン『The HARD DATA』での活動でも知られている。Deadly Buda は 90 年代初頭から数々の伝説的な Rave に DJ として出演しており、ライターとしてもアメリカだけではなく、イギリスやドイツ、カナダの雑誌や Zine にレビューやリポートを提供し、ハードコア・テクノ・シーンに初期から深く関わっている。アーティストとしても、1995 年に Praxis から 12" レコード『Morph Beat Vol.I』をリリースし、Deadly Systems や Fukem、Atomic Hardcore Recordings からもグルービーで実験的なハードコア・スタイルのレコードをリリース。Deadly Buda のレーベル Deadly Systems は、ハードコア・テクノの枠に収まりきらないフリーキーな作品を発表しており、Dan Doormouse、Somatic Responses のシングルや Praxis のコンピレーション LP をリリースし、ブレイクコアの発展に大きく関与した。最近では、Industrial Strength Records の 25 周年コンピレーションへの参加や自身の SoundCloud での DJ ミックスの公開、ニュースペーパー LA Weekly にてハードコア・テクノや電子音楽に関する記事の執筆、新しい世代のアーティストから過去のハードコア・シーンの記録などを『The HARD DATA』にて紹介し、ハードコア・テクノの魅力を伝え続けている。

Deadly Buda

Morph Beat Vol.I アメリカ
Praxis 1995

Christoph Fringeli のレーベル Praxis から発表された Deadly Buda の初レコード作品。ファンキーなヒップホップ・ビートをハードコアとミックスした「Rhythm of Death」、インダストリアル・ハードコア風味の「Ghostdance 95」など、グルーブ感を重視したダンサブルなハードコア・トラックが収録。ヒップホップの要素が強く、The DJ Producer や Hellfish の UK ハードコアとの類似点も多く感じられる。Praxis が当時リリースしていたハードコア・スタイルともシンクロしているが、よりダンスミュージックとしての機能性が優先されている。

Deadly Buda

Themes for Androgenous Superheroes アメリカ
Deadly Systems 1996

Deadly Buda 主宰レーベル Deadly Systems の第一弾作品として発表された 12" レコード。迫力のあるノイジーなハードコア・トラックに、ユニークなサンプル素材を組み合わせた個性的なスタイルを披露しており、Deadly Buda の優れた才能とセンスを存分に体感出来る。フランスやドイツの実験的でエクストリームなハードコアとも近い印象を受けるが、Deadly Buda 独自のスタイルが確立されている。アメリカのアンダーグラウンド・ハードコア・シーンにおいても、今作は重要な作品であったのではないだろうか。

Deadly Buda & the Superstars of Death

Venus Delta アメリカ
Fukem 1996

Mokum Records のサブレーベルとしてスタートした Fukem の第一弾リリース。Rave や DJ カルチャー、ハードコア・テクノ／ガバ、そしてハウスやテクノなど、Deadly Buda がそれまでに体験してきた事や、豊富な知識が反映された名作。Praxis と Deadly Systems からのリリースよりも直球なハードコア・スタイルではあるが、実験的でノイジーな側面もしっかりと残されている。今作以降、Manu Le Malin の『Biomechanik』や Praxis のコンピレーションに参加し、独自のハードコア・スタイルを突き進めていった。

Deadly Buda

Playing Echoes in Your Head! アメリカ
Deadly Systems

Deadly Systems の第二弾作品としてリリースされた 12" レコード。ゴジラの鳴き声をサンプリングしたブレイクコアな「My Theory」と、アシッドコアのドラッギーなサイケデリック感にノイズやインダストリアル的な歪んだサウンドをミックスしたエクスペリメンタル・ハードコアな「Housewrecker」の 2 曲が収録。今作は Doormouse や Abelcain、Bombardier といった初期 US ブレイクコア・アーティストの作風とも近い。Deadly Buda の実験的なハードコア・スタイルの完成形とも言える内容だ。

Deadly Buda インタビュー

インタビュー：梅ヶ谷雄太
翻訳：長谷部裕介

Q：あなたの出身地と育った環境について教えてください。どういった形で音楽と出会いましたか？

A：俺は 1970 年に、20 世紀のアメリカの製鉄と石炭採掘の中心地、アメリカ・ペンシルバニア州ピッツバーグで生まれた。その後間もなく、俺の家族は 1983 年にピッツバーグに戻るまで、ペンシルバニア州とウェスト・バージニア州の間を何度か引っ越した。1970 年代の中部アメリカは素晴らしいものだった。振り返ってみると、バブルが崩壊する直前のアメリカのピークだったのかもしれない。音楽、アート、人生が刺激的で楽しく、自由な感覚があった。ポジティブで充実した生活だったよ。でも、大人にとっては石油、鉄鋼、自動車産業の貿易不均衡の影響で徐々に景気が悪くなり、1980 年代になる頃には完全に勢いがなくなっていた。自分の人生に恐怖感が襲ってきたのを覚えているが、そのように思ったのは自分だけではなかったはずだ。年配のアメリカ人は、1950 年代や 1960 年代の方が良かったと言うかもしれないが、1970 年代の馬鹿げたボンバーストは漫画のようなレベルの贅沢さがあったから良かったのではないかと思っているよ。1970 年代のポピュラーカルチャーには、人生が変わろうとしている現実から目をそらすために、とてつもない量のお金が投げ込まれていたと思う。今、俺達がメディアで目にするような馬鹿げた社会番組も、当時はそれほど悪くなかったし、一般的には、人々やメディアに対するコントロールが少なかった。独立したビジネスがもっとあったから、本当に悪い番組は、その時点ではなかなかうまくいかなかったのだろう。もし悪意があれば、その目的を達成する為には、より多くの仕事が必要だった。その結果、映画、テレビ、雑誌、音楽は、大衆文化の観点から見れば、20 世紀のアメリカが持っていた最高のものになったのかもしれない。1980 年代に入ると、人生を暗くしようとする協調性があったように見える。音楽、文化、ドラッグ、メディアは黒く着色されていた。楽しいことが過剰になり、どこに行っても何も感じられない、「社会病質者のようなクールさ」が空気中に浸透しているように見えた。振り返ってみると、当時の主流のメッセージがどれほど毒々しいものだったかに驚くよ。楽しいことはあっても、いつも何かがおかしいと感じていた。でも、それが何なのかは分からないし、何をしたらいいのか、どうやって変えたらいいのかも分からなかった。

13歳か14歳の時に、近所の人がディスコ DJ をしていて、ディスコミックスとスクラッチを教えてくれた。高校のクラスには 4、5 組のバンドがいて、フライヤーを描いたり、T シャツを作ったり、テープを作ったりしていて楽しかったよ。そうしている内に、自分が感じていたサウンドやムードは、よりハードで、ダークで、インダストリアルなものになっていった。実験的な事がその日の衝動になっていたようで、俺はその波に乗っかったんだ。

不思議なことに、自分が音楽に興味を持っているとは知らずに育ってきた。ただそこに「あっただけ」なんだ。俺は田舎の祖母の農場に住んでいて、WYEP-FM ピッツバーグで初期のヒップホップのショーを聴くまで、自分自身の音楽を持っていたと感じたことはなかった。新聞配達の仕事でお金を貯めていて、遠く離れた場所からでも FM 信号を受信できるラジカセを購入した。当時（1982-3 年頃だと思う）ヒップホップの最初のレコードがリリースされて、それに魅了されていた。子供の頃、頻繁に引っ越しをしていたことがかなり影響していたと思う。俺は部外者のように感じていた。いつも新しい場所に引っ越し、あちこちに友達を作らなければならなかった。頭の中で新しい学校の子供達と、以前の友達を会わせようとしていたのを覚えている。大体は、最初に引っ越してきた時に喧嘩をしていたが、徐々に、確実に受け入れられるようになっていった。残念なことに、友達が出来たとたんにまた引っ越すことがよくあった。心の中では、自分は追い出された者、部外者のように感じていたと思うが、すべての意図と目的の為に、自分はそうだったのだと思う。人々が新しいものを恐れるのは理にかなっている。だから、そういう面が俺の心を強くして、恨みを持たずに頑張れば、いつかは受け入れて貰えると思っていた。でも、そうだと分かっていても、やはり辛かった。もしかしたら、最初の Rave で出会う他のアウトサイダー達は、最終的に繋がる運命だったのかもしれない。

Q：あなたはグラフィティライターとコミック作家としても活動されています。いつ頃から活動を開始されましたか？

A：生まれた頃から絵を描くのが好きで、小学生の頃は友達とオプティカル・イリュージョンやスーパーヒーロー、Dungeon and Dragons のキャラクターを描いていたよ。子供の頃はスーパーヒーローの

コミックを集めていたが、そのほとんどが『Iron Man』だった。好きな漫画家は Stan Lee と David Michelinie。彼等の描くヒーローは悩みを抱えながらも、最終的には良い人間で、お手本になるような存在だった。グラフィティを初めて見たのは、ブレイクダンスが世に紹介されていた頃で、その時に興味を持った。俺はブレイクダンスが苦手だったが、新しいヒップホップの流行の中で絵を描くことがステータスになっていたのが嬉しかった。すぐにグラフィティアートに夢中になった。好きなグラフィティライターは Kase 2、Phase 2、T-Kid、Tracy 168、Kel and Bio だった。嬉しいことに彼等全員に会ったことがあるし、ブロンクスの壁画を Phase 2 と Daze と一緒に描いたこともある。こんな経験をしている人は滅多にいないだろう。数年前に Daze に会ったんだけど、史上最も有名なグラフィティアーティストの一人である彼でさえ、Phase 2 と一緒に絵を描くことは最高の名誉だと感じていたよ。それと、俺のスタイルや哲学に多大な影響を与えた Tracy 168 と一緒に描いたこともある。俺はいつもブロンクス出身のグラフィティや、かわいい漫画のキャラクターを描くことよりも、オリジナルの文字のスタイルを持つことに集中している作家が好きだ。

Q：NY はグラフィティの聖地として有名ですが、NY 以外にはどこでグラフィティが盛んでしたか？
A：俺は NYC の外にいた最初期のグラフィティアーティストの一人だった。グラフィティに影響を受けた外の世界での最初の人という事。グラフィティの歴史は、Henry Chalfant と James Prigoff に

よる『Spray Can Art』に記録されている。『Style Wars』『Breakin'』『Beat Street』『Wild Style』が全世界で公開された直後だ。当時、俺はニューヨークやボストンの Micro や Neone と一緒に Badassest というマルチシティ・グラフィティ・クルーを結成していた。それと、T-Kid と Tracy 168 が俺を伝説のグラフィティ・クルー Wild Style のメンバーにしてくれた。確か 1985 年だったと思う。

Q：その当時のグラフィティライターを取り巻く環境はどういった状況でしたか？　他のグラフィティライターとの縄張りや警察とのトラブルなどは有りましたか？

A：そうだね、警察とのトラブルは多かった。何度か逮捕された友人もいた。友人の一人、Serg はピッツバーグで初めて「All-City」と呼ばれるタグを街中に付けた人だった。逮捕された時、テレビのニュースで全チャンネルに流れていた。ピッツバーグの誰もが見たことがあるはずだ。でも、記憶が正しければ、彼は大きな罪に問われることはなかった。当時はグラフィティを禁止する法律がなかったからね。1989 年か 1991 年だったと思う。俺がピッツバーグでグラフィティをしていた頃は、グラフィティをしていたライター達のほとんどは友人だった。実際、俺と Serg は俺たちと争っていた他の作家のふりをして、恐ろしいトリックを仕掛けたこともある。VINO と The X-1 という架空のライターを創り上げ、みんな気が狂ったようにその架空のライターに復讐しようとしていた。それを面白いと思っていたんだ。でも、それは良くない行動だった。友達との信頼関係を壊してしまったんだ。彼等が 100% 許してくれたかどうかは分からない。彼等はまだ俺の友達だが、こういうジョークはお勧めしないよ。人の信頼を失うようなことをしてはいけない。もちろん、「Unstoppable Stickers」というグラフィティシールが出た時には、そのジョークをさらに極端にしてしまった。冗談も本当のように捉えられてしまったんだ。

Q：あなたの地元にはどういったダンスミュージックのシーンやコミュニティがありましたか？　その当時、あなたの地元で重要であった場所や DJ、Zine は？

A：ピッツバーグには 1980 年代半ばまでディスコやダンスシーンがあった。景気が悪くなるにつれ、これらの会場も縮小してしまった。しかし、クラブやアクティブなレコード・プールがクラブに新しい音楽を提供し続けていた。VIP clubs、Pegasus、Heaven、Upstage は重要なクラブだった。80 年代終わりは Metropol もそうだった。俺が覚えているレコードショップは、Collector's 12" と Stedeford's Records だった。Zine は覚えていないが、あったのかもしれない。大勢のクラブオーディエンスに Rave ミュージックを聴かせていた最初の DJ は Metropol の Kris Kersey だった覚えがある。ピッツバーグにはポルカ・ミュージックというダンス・コミュニティがあった。祖父母は毎週末、友人達とポルカ音楽を聴きに行っていた。俺も一緒に行ったことがある。特に山の中の大きな集まりに行った時は、2 日間ノンストップでポルカを演奏していた。子供の頃は恥ずかしかったが、今ではそれがとても大切な事だったと実感している。

Q：DJ のキャリアをスタートさせたのはいつですか？　当初はどういったジャンルのレコードをプレイされていましたか？

A：13歳か14歳の時にDJを始めたんだ。隣人のPhil Schomerはピッツバーグのディスコ時代の大物DJだったんだ。その後、友人のKen Baurleを介して友人のSean Payneと知り合ったんだが、彼は俺と一緒にグラフィティをしていた（彼のタグネームはBurnだった）。俺とKenはG-ForceやDaredevil Team、Badassestに所属していたんだけど、彼は素晴らしいブレイクダンサーだった。彼は素晴らしいウィンドミルをすることが出来た。俺達は畏敬の念を持って見ていたよ。ショーンの父親はバイカー・バーでモバイルDJをやっていた。ピッツバーグのバイカー・バーで、俺はちょっとしたスクラッチ・ルーティンをして、彼等はブレイクダンス・ルーティンをしていた。みんな礼儀正しくて、感謝しているように思えたよ！　最初のプロDJギグは、14歳位の時で、酔っぱらったバイカーたちにヒップホップを聴かせていた。

Q：ハードコア・テクノを最初に聴いたのはいつ頃でしたか？　最初に聴いた時の印象は？

A：この質問に答えるのは難しい。多くの人にとってハードコア・テクノはMescalinum Unitedの「We Have Arrived」がIndustrial Strength Recordsからリリースされた時に始まった。しかし、同時期のイギリスでは、Raver達がやっていたことを「ハードコア」と呼んでいたこともあり、ブレイクビーツ・レコードの先駆けとなっていた。俺の記憶が正しければ、XL Compilationのパート2でさえ「Hardcore Breakbeat」と名付けられていた。さらに、ややこしいことにTronikhouse (Kevin Saunderson)はKMS Recordsから『Hardcore Techno EP』をリリースしていて、その中には「Uptempo」が収録されていた。という訳で、ここではこれらのことを踏まえて、俺が「ハードコア」を最初に感じたのは、友人のNeil Keating, aka Controlled Weirdnessがくれたカセットを聴いた時だったと言っておこう。そのテープの最後の2曲はReel 2 Reel (Lennie De Ice)の「We Are iE」と、Final Exposureの「Vortex」だった。これらは個人的には新しい時代の幕開けであり、最初のRaveへの道しるべになったと思っている。サンフランシスコの雑誌『Mondo 2000』が主催した最初のRaveに行ったのを覚えている（この言葉が定着する前のことかもしれない）。それはCyber-Spyder Ballと呼ばれていた。1990年か1991年のハロウィンだったと思う。音楽はほとんどが当たり障りのないハウス・ミュージックだったんだけど、オランダから来たDJが「Vortex」をプレイしていた。俺はフロアにいた一人で、激しく踊った。他の人達がこの曲を今までで最高のトラックだと思わなかったのを、俺は理解出来なかったよ。この一曲だけで、生ぬるいヒッピー・ハウス・ミュージックに苦しめられた一夜の価値があったし、この後に未来が見えてきたんだ。

Q：Raveの存在を知ったのはいつですか？

A：ロンドンのNeil Keatingのアパートに短期間住んでいたことがあった。その時にアシッド・ハウス

のことを聞いたんだ。それは Rave シーンの前身みたいなものだったんだ。アシッド・ハウスのパーティー
に行ったんだけど、それは流行り廃りのようなものだった。アメリカに戻って数ヶ月後、Neil がイギリス
で起きていた Rave のことを教えてくれた。彼は前に話したテープを送ってきてくれたんだ。俺は 2 台の
Technic 1200 を持っていた。自分のアートの一部と交換して手に入れたんだ。俺はニールに、ピッツバー
グで Rave を開くべきだと提案した。彼は素晴らしいレコード・コレクションを詰め込んで、ピッツバー
グの俺の両親の家に引っ越してきて、Rave をやったんだ。だから、サンフランシスコでの一つのパーティー
以外は、ほとんどの場合、俺が行った初期の Rave はすべて、Neil と一緒に企画したんだ。変な話だけど、「プ
ロではない」立場で Rave に行ったのは 1 回だけなんだ（Cyber-Spyder Ball - 技術的には Rave で
はなかったかもしれないけど）。

Q：アメリカの Rave シーンで伝説的な Storm Raves には行かれていましたか？　Storm Raves 以前に
アメリカに Rave はあったのでしょうか？

A：俺は最後の Storm Rave でプレイする予定だった。でも、大雪で行けなくなってしまった。ピッツバー
グから車で約 7 時間の距離を移動しなくてはいけなかったからね。その週末、ピッツバーグからニューヨー
クまでの道路のほとんどが封鎖されていた。まさか、これがその時代の最後の Storm Rave になるとは
誰も思っていなかったと思う。またプレイすることがあるだろうと思っていたんだ。アメリカの Rave 文
化は、最初にカリフォルニアに根付いていた。実際には、イギリスの数ヶ月後だったと思う。アメリカのほ
とんどの国では、1991 年にキックオフして、すぐに大きくなった。そうはいっても、俺達がプレイして
いた音楽のほとんどはヨーロッパのものだ、デトロイトのテクノ系とニューヨークのレーベルのものを除い
てはね。

Q：アメリカの Rave シーンでハードコア・テクノがプレイされ始めたのはいつ頃からですか？

A：最初は「ハードコア」と呼ばれていたものが、どの Rave でも演奏されていた。全音楽の 3 分の 1
から半分位の割合で流れていたね。でも、クラブ・ミュージックの人やハウス・ミュージック業界の人が
Rave に飛びついて、「ハードコアすぎる」「テクノすぎる」と大騒ぎしていた。基本的に彼等は、倉庫で
ゲイディスコをやって、もっと商業的な音楽をプレイしたいと思っていた。だから、商業的な DJ でも最
初はハードコアと呼ばれるような音楽をプレイしていたんだ。そうしなければならなかったからだ。それが
シーンだった。俺や Controlled Weirdness、Lenny Dee、Frankie Bones、Adam X のような
人達の真似をしなければならなかった。それからハウス DJ 達が徐々に商業的な音楽を取り入れ始めて、
その頃にアメリカのシーンがそれぞれの陣営に分かれ始めた。今までのように、ただ Raver になるだけで
はなく、ハウス、テクノ、ブレイクビーツ、ハードコア、ジャングル、トランスといったレーベルを知るこ
とが出来た。このような断片化の進展には常に声を大にして反対していたよ。それでもセットの最後にはハー
ドな音楽を演奏していたから、「ハードコア」というレッテルを貼られてしまった。自分のセットの中で、
最も最先端のジャングル、トランス、ハウス、その他のジャンルの新作をプレイしていたことは関係なかっ
た。俺はレコードショップを経営していたから、ハウスでもトランスでも、何でも先に手に入れることが出
来た。でも、そんなことはどうでもいいんだ。セットの最後に 170bpm のトラックを数曲演奏したら、
俺は自動的にハードコアになったんだ。あえてプレイしただけでそうなったから、くだらないと思っていた
よ。でも、いくら文句を言っても変わらなかった。コマーシャルな奴等がわざわざ部門を作って、新しい音
楽から人々を怖がらせたんだ。中には、本当にハードなものが嫌いな人もいて、それはそれでいいんだけど、
彼等は自分達が競争出来ないことを知っていた。彼等はより良いものを売らなければならなかった、彼等は
この運営方法で多くの点で成功していたし、Rave はそのせいで苦しんでいた。

Q：アメリカの初期ハウス / テクノ / ブレイクビーツ・シーンには女性 DJ/ アーティストも活躍していま
したか？

A：すぐに思い浮かぶのは Heather Heart、DJ Double D、Laura Grabb だ。実際、今振り返って
みると、ハードコア・シーンは他のスタイルよりも女性 DJ やプロデューサーが多かったのではないかと
思う。メディアが描くものとは全く違ったメンタリティがあった。女性が重要視されているだとか、女性か
どうかなんて誰も気にしていなかった。性別を問題にしていたのは商業誌だけで、音楽のスタイルを分けて
いるように、男性と女性を分けている。女性 DJ が男性の地位を奪うというのはただのジョークだよ。今
の時代、CD-J のプレイボタンを押した後、ステージで踊りまくる女性 DJ が欲しいと誰もが思っている。
今はミックスするのにほとんど手間がかからない。誰がブサイクなオジサン DJ を見たいと思う？　みん

ながデッキの後ろに可愛い女性を見つけようと頑張っていた。実際、女性 DJ に関する統計調査によると、男性は男性 DJ よりも女性 DJ の方が好きらしい。皮肉にも、観客の女性達は女性 DJ を嫌っているようだ。だから、女性 DJ のエンパワーメントについて語るくだらない雑誌やウェブサイトを信じてはいけない。ハードコアには常に女性のプロデューサーや DJ がいて、それが問題になることはなかったんだ。でも、今まで注目されてこなかったものがある。DJ の奥さんやガールフレンドのことだ。シーンで最も影響力のある人達なんだ。ハードコアで人気のある DJ のほとんどに妻やガールフレンドがいて、彼等のマネージャー、会計士、看護婦としての役割を果たしている。二つの心が一緒に働くことで、より強力になれる。俺にとってのそういう人は Lisa Kail だった。俺達はペンシルバニア州ピッツバーグで Turbo-Zen Record というショップを経営していて、沢山の Rave を一緒にやっていたんだ。一緒にいた時が一番成功していたんじゃないかな。

Q：その当時、ハードコア・テクノで有名だったレコードは？

A：この時代を最もよく表している分断線のようなレコードは、Aphex Twin が Mescalinum United の「We Have Arrived」をリミックスしたものだったと思う。でも、あまりにも多くの素晴らしいレコードがあっという間に出てきたから、文字通り 1 週間前のものはすべて「古いもの」になってしまっていたよ。新しいサウンドのノンストップの猛攻のようなものだったから、一つのレコードが支配することはなかったね。

Q：アメリカで最初のハードコア・テクノのプロデューサーは誰だと思いますか？

A：何人か素晴らしい人がいるけど、個人的には Lenny Dee だ。当時 Jeff Mills、Kevin Saunderson、Adam X、Josh Wink、Omar Santana、Underground Resistance などは「ハードコア・テクノ」と呼べるものを出していたが、大規模なコマーシャル・スプリットが起こった時、Lenny Dee 以外のアーティストは自分達はハードコアだと声高に宣言しなかった。みんなはだいたい「テクノ」だと言っていた。だから、今のハードコア・テクノのジャンルは Lenny が最初にそのサウンドを受け入れ、作り、リリースしたんだ。Omar Santana や Rob Gee も彼に追随していたが、Lenny は本当に基礎を作った人物なんだ。

Q：その当時、アメリカの Rave シーンはどこが最も盛り上がっていましたか？

A：歴史的には、数千人規模の最大の Rave はカリフォルニアで行われていた。アメリカの東海岸にも大きなパーティーが沢山あった。ワシントン D.C. はしばらくの間大規模だったが、ボルチモアが登場した。ニューヨークは大規模で、ピッツバーグでも彼らの数に匹敵することもあり、その後すぐに、ハードコアは中西部で人気を集めるようになった。

Q：Rave にはどういったタイプの人々が来ていましたか？

A：本当にあらゆる人が来ていた。メタルヘッズやパンクスも間違いなく初日からハードコアを求めていた。

Q：アメリカの Rave シーンには特定のファッション・スタイルなどはありましたか？

A：当時、流行していた Rave ファッションの Fresh Jive が大嫌いだった。昔からの Raver 達は、そのファッションが発展したことで、自分達が何者であるかを商業的に侮辱されていると考えていた。ユニフォームを用意しなくてはいけないようなものだったからね。Rave は誰でも来れるし、クールなものだったんだ。その服の中には好きなものもある。でも、俺にとってはドレスコードがあるということは、Rave のアイデアとは 100%正反対なものなんだ。

Q：Euromasters や Rotterdam Records などのガバはリアルタイムでチェックされていましたか？　彼等のレコードはアメリカでもリリース当時から人気だったのでしょうか？

A：ピッツバーグでは、ニューヨークやオランダ以外で俺達は誰よりも早く、Euromasters の「Alles Naar De Klute」を持っていた。Turbo-Zen Record いうレコードショップをやっていたんだけど、毎週水曜か木曜には当時の大手ディストリビューターだった Watts Music から新しいレコードが入荷してきた。俺は文字

通り、箱を開けた時にレコードを手に取る人を撃
退しなければならなかった。正直なところ、俺も
嫌な奴だったね。店を所有していたから、みんな
の前で自分にとって最高のレコードを自動的に選
んでいた。Euromasters のレコードを見た時
には、これは取っておこうと思ったんだ。誰もが
それを非常識だと思っていたよ。でも、正直に
いって他にも Aphex Twin、Atom Heart、
Overdrive Records など、もっとハードな作
品は既に出ていた。俺達はカバーアートや全体的
な雰囲気が気に入っていた。でも、このレコード
は Rave の分裂を連想させるものだった。ちょう
ど「ハードコア過ぎる」という批判が高まってい
た頃に、リリースされたレコードなんだ。「Alles
Naar De Klote」はハウス好きの弱虫が、歪ん
だ過剰さの例として挙げるレコードの一つだっ
た。ピッツバーグでは既に PCP、Overdrive、
Mono Tone、Force Inc のような、よりハー
ドなドイツの音楽を評価していた。だから、ロッ
テルダムは「いいけど、100% 俺達の音じゃな
い」って感じだったね。

Q：個人的には、Euromasters の「Alles Naar
De Klute」はハウスからの影響を元にしていると思います。彼等の TR-808 の使い方にはハウスからの影
響が強く出ています。PCP は純粋なテクノを元にハードコア・テクノを作り出しており、ハードコア・テ
クノはテクノからの派生であり、ガバはハウスからの派生であると感じます。ハードコア・テクノとガバの
決定的な違いとは何だと思いますか？

A：君の言うことは大体正しいと思うし、かなり
上手く定義していると思う。これがこの問題に関
する一般的なコンセンサスのようだ。ただ、これ
は歴史を単純化しているのかもしれない。「ロッテ
ルダム・サウンド」を作ったのは DJ Robb らし
いが、彼はクラブ・セットにインダストリアルを
沢山混ぜていたそうだ。これは、ヨーロッパ中の
DJ がやっていたようなもので、ロッテルダムの
発展はそんなに変わらなかったと思う。Gabber
は他と同じように、テクノとハウスをミックスし
ていただけだった。ただ、その分野では速い方が
好まれていたんだ。

Q：アメリカの Rave シーンでの男女比は？　ア
メリカと他の国の Rave シーンで違う部分とは？

A：頭の中で一般化する度に、すぐに例外を思い
浮かべてしまうから、その質問に答えるのは難し
い。アメリカでは本当に混ざっていたよ。ヒップ
ホップでもメタルでもディスコでもハウスでもイ
ンダストリアルでも、あらゆるシーンのアウトサ
イダーが初期の頃は Rave に集まっていた。で
も、ウェスト・バージニアで Rave をやったこと
があるんだけど、その時はヒルビリー達が PCP

に熱狂していたよ。だから、この質問に正確に答えるのは不可能なんだ。アメリカと他の国との間で、Rave 的にはあまり差がないと思っていた。でも、正直なところ、一人の人間として、俺は人との共通点を常に最初に見ている。多分、俺はこのような質問に答えるのが向いていない人間なのだろう。実際、俺はこの現象に気づくのに長い時間がかかった。これが必ずしも良いか悪いか言っている訳ではない。ただ、俺は自然と全員をパーティーに招待したくなる傾向があるのに対して、ある人は常にゲストリストを作成している。どちらのアプローチも可能なんだ。

Q：90 年代と 2000 年代の Rave では、どういった部分が最も変化したと思いますか？

A：変わったのは表面的なものだ。前は誰も自分の写真を撮りたがらなかった。でも、今では誰もがダンスよりも写真を撮るようになったね。でも、シーンの裏では、Rave の基礎となる組織に大きな変化がある。今の社会のように、Rave は組織化され、管理されている。多くの場合、国の法律に基づいて一つではなく、企業組織によって取り締まる。企業の構造は、ある種の論理を決めている。この種の組織は、一般的に、人々の自由、機会、選択をより拘束している。国民はその根本的な社会構造を都合の良いように変えてきた。そして、ベルベットグローブはまだ鉄拳から外れていない。少なくとも全ての道から外れていない。でも、ほとんどの Raver は若すぎて理解出来ない。彼らが知っているのは今の状態だけだ。そして、先月はすぐに遠い過去のものになる。俺はこのことを Deadly Systems 005『Your Drugged Future』の表紙で示唆した。年配の人から洞察を得るか、君の本を読まない限り、若者は過去と未来の違いを知ることはない。その内、解るだろう。

Q：グラフィティカルチャーと Rave シーンは繋がっていましたか？

A：ああ、どちらも人々が自然に行っている事（壁に文字を書いたり、絵を描いたり、洞窟の壁画のようなものやダンス）だったが、ここ数十年で違法化されている。そして、グラフィティカルチャーと Rave カルチャーは、グラフィティを正当化する為の理由だ。例えば、古代ローマでは、特に選挙の時は壁に何かを書くことはよくあることだったし、その為にお金を払うこともあった。俺の出身地であるピッツバーグでは、昔からのグラフィティ仲間の Serg が街の大部分にタグを付けていた。ある時、遂に彼が逮捕された時、グラフィティは法律違反ではなかったから、何の罪にも問われなかった。ほとんどの都市では、それが問題だと思ったこともなければ、それに対して法律を作ろうとしたこともなかった。今では、一般的な西洋の伝統であるグラフィティという、もう一つの自由な発言の領域を遮断する言い訳ができた。一般人には何の脈絡もなく名前を書くことを強調することで、「彼等」は政治的言説の自然な形を簡単に制限することができるようになった。Rave にも同じことが言える。人々は、特に交尾の儀式の為に、常に踊ってきた。今、彼等は皆が一人で踊っていて、ドラッグを飲んでいて、男女の結合を妨げるだけでなく、集会や政治的な組

織を規制する為の便利な口実を持っている。だから、人々が自分たちがいかに騙されていたかに気づけば、状況を改善するために前向きな変化を起きるだろうと期待している。問題は、ほとんどの人が自分が騙されていた、あるいは騙されていたことをなかなか認められないことだと思う。なので、自分の影響力のある分野でポジティブなことをしながら、最善を待つしかない。

Q：80年代後半から90年代初期のアメリカのRaveシーンで最も重要であったDJや場所とは？

A：知る限りでは、アメリカのRaveシーンは1990年頃までなかったような気がする。80年代後半に何かあったのかもしれないが、当時はアシッド・ハウスのレコードが出ていて、Nitzer EbbやPsychic TVのようなインダストリアル・ダンス系のものが出ていたような感じだ。Psychic TVのアシッド・ハウスのアイデアは、本当にこれからのものの原型だったと思うが、当時はほとんどの人がインダストリアル・ミュージックの方に興味を持っていたから、他の音楽ジャンルとのオーバーラップはまだあまりなかった。インダストリアル、サイケデリック、パンク、ヒップホップ、ハウス、テクノ、トライバル、ニューエイジなど、Raveの元となる音楽的な要素が幾つかあったね。90年代初頭のRaveシーンには、Mr.KoolaidやGary Richards（Destructo）がカリフォルニアで大活躍していた。1990年代前半は東海岸での活動を手伝うのに忙しかったから、カリフォルニアには住んでいなかったし、あまり気にしていなかった。西海岸に戻ってきたのは1995年に初めてギグをした時だった。ワシントンD.C.のCatastrophicは、その時時は東海岸最大のプロモーターの一つだった。彼等はハードコアをプログラムしていたが、最初はみんなそうだった。東海岸のどのRaveも、ハードコアをRaveの一部としてプレイしていた。最初はジャンルの区別がなかったからね。『Under One Sky Magazine』はRaveシーンやハードコアにとって重要な存在だった。でも、彼等がハードコアから離れていった時には、雑誌も同じようにどこかへ行ってしまった。Storm Raveは重要で、Lenny Dee、Rob Gee、Omar Santana、Damon Wild、Repeteはニューヨークで有名だった。俺はピッツバーグをハードコアの拠点にするのに忙しかった。Scott Forbush aka Grandpa Technoはクリーブランドの最大のクラブで毎週ガバをプレイしていた。彼は非常に影響力があったが、あまり知られていない。Drop Bass NetworkのKurtは中西部でハードコアの王になった。Demigodはサンフランシスコのハードコアのキーマンだったし、Ron D. Coreは南カリフォルニアの中心的存在だった。他にもテキサス、フロリダ、シアトル、色々あったのは知っているが、残念ながら彼等とはあまり関わったことがないので何とも言えない。

Q：ゲイディスコとはどういった場所でしたか？

A：ゲイディスコという言葉は、ほとんどの場合、普通のナイトクラブを意味しているが、アメリカやイギ

リスではほとんどのゲイが通っている。Rave シーンの初期の頃は、Rave ミュージックを流しているのはゲイディスコだけだった。当時はそのような場所に行くことはたいしたことではなかったんだ。最先端のダンスミュージックを聴きたければ、ゲイクラブに行かなければならなかった。だから、ゲイだけでなく、ストレートの人も結構いたんだよ。また、一般的にはゲイのクラブの方が良いドラッグを持っていることでも知られていた。

Q：あなたが音楽制作を始めたのはいつからですか？　当時はどういった機材を使われていましたか？

A：最初の頃は、ターンテーブルを使って、その時には思いもよらないようなクレイジーな音楽をミックスしていたんだ。その後、パンク・バンド Citizen Pain でシンガーをしていた。その後、Jordana からドラムマシンを買って、トラックを作り始めたんだ。最初にリリースしたのは、当時 Jordana に勧められて買った ASR-10 で作ったものだ。TR-909 も何も知らずに、ただ ASR-10 で音楽を作っていたんだ。だから、当時の俺の作品は音が違うんだよ。TR-909 を持っていなかったから、キックドラムのサンプルを何層にも重ねてやらないと同じようなインパクトにならなかった。これが結構大変だったんだよ。たった 30 秒のサンプルタイムを把握するのに長い時間が掛かった。

Q：Christoph Fringeli との出会いと、Praxis がオーガナイズしていた伝説的なパーティー Dead by Dawn について教えてください。

A：Christoph とは、彼が Bourbonese Qualk とアメリカ・ツアーをしている時に出会ったんだ。ピッツバーグは彼等のツアーの中でも特に良い場所で、俺は Christoph が滅多に聴かないような Rave DJ の曲、例えば PCP のようなものをプレイしていた。まあ、彼は既に知っていたと思うけど、そうではなかったかもしれない。彼は Bourbonese Qualk を Rave の時代に押し込んでいて、彼等は Rave になんとなく興味を持っていた。でも、Christoph は Rave を社会的、政治的、全体的な文脈の中で見ているように見えて、他の男達は多少興味はあっても情熱的ではなかった。これは俺から見た印象だけどね。100% とは言えない。俺達は多くのレベルで繋がっていた。二人共、Rave ムーブメントをポジティブな変化の為の手段として見ていた。二人とも記号論に影響を受けていて、振り返ってみると、二人とも労働者階級の出身だったからだと思う。だから、二人とも物事を実現させようと必死になって努力した。でも、最高レベルの金融や影響力を持った人達と繋がる事に利点はなかったんだ。ほとんどの人が無慈悲になることでしか克服することの出来ない、ガラスの壁や天井が常にあって、俺も Christoph もあまり得意ではなかった。だから、俺たちのユーモアセンスは、おそらくこれまでの人生の中で培われてきたもので、その点でも繋がっていたんだと思う。最初にプレイした Dead by Dawn は 2 回目だったはずだ。その時は、ほとんど誰もいなかった。実際、Controlled Weirdness と彼の妹のステイシーと一緒に、セットが終わった後、パブに飲みに行くためにパーティーを抜け出したこともあったと思う。これは俺の次のプレイとは全く対照的で、決して終わらせたくなかったんだ。素晴らしかった。そこには Somatic Responses と Nomex、そして DJ Scud もいたと思う。

Q：あなたが Praxis からリリースした『Morph Beat Vol.I』は非常にユニークで優れた独自のハードコア・テクノ・スタイルを作り上げています。このレコードが生まれた背景を教えてください。

A：ありがとう。1993 年頃だったと思うが、Rave シーンが様々なジャンルに分裂していくのに嫌気がさしていたんだ。俺にとっては、これは反 Rave だったんだよ。みんなで集まって、いろんな音を楽しむんだから、バラバラになるんじゃなくて、みんなで集まって楽しむべきだ。だから、自分の気持ちを書いた「The Morphing Culture」という記事を書いたんだけど、それは Christoph が発行していた雑誌『Datacide』の前身『Alien Underground』に掲載された。だから、このレコードは、この気持ちがどんな音なのかを実演したようなものだった。

Q：あなたのレコードはどの国から特に支持されていましたか？

A：『Morph Beat Vol.I』はテクニバルのシーンで人気があったんだと思う。Christoph はそのシーンの重要な流通ハブだったからね。カリフォルニアでも人気があったのは、Ron D. Core が彼の店にこのレコードを置いていたからだろう。俺の気持ちを真剣に受け止めてくれる人がいることに驚いたよ。

Q：Christoph Fringeli は『Datacide』の活動を通じて、政治的な姿勢を音楽と合わせて表現されていましたが、あなたはそういった表現方法についてどう思われていましたか？

A：いいんじゃないかな。音楽は人生のいろいろなことの為にある。恋人のことを歌いたい時もあるだろうし、時には自分の住んでいる場所について歌いたい時もあるだろう。時には自分のアイデアについて歌いた

い時もある。だから、大事なのは音楽が人生の中でどのように機能するかということなんだ。『Datacide』の全てに同意する訳ではないけど、自分とは違う視点を大切にしている。それは人生の中で真実を見つけることにプラスになるだけなんだ。だから、音楽に政治的なものを取り入れるべきかどうかという議論はしていないと思うんだ。もし、君が何かについて歌いたいと思うのであれば、それこそが音楽の為のものであり、その瞬間の感情なんだよ。

Q：アメリカでハードコア・テクノが独立したシーンとなったのはいつ頃ですか？

A：ハウス、ブレイクビーツ、テクノだけに戻ることを拒否した DJ 達の影響が大きかったんだ。俺や Lenny Dee、Ron D. Core、Demigod、みんな時々速いプレイをしたいと思っていた。シーンが商業的になってくると、誰もがそうならないようになってきたんだ。みんなが本来の Rave のアイデアにこだわっていたからこそ、他の人からは「ハードコア」と言われるようになってしまったんだと思う。俺達はその言葉が好きだったんだけど、奇妙な意味で制限的だったんだ。また、この用語は商業的なアイデンティティーを生み出していて、抵抗するのが難しいと感じていた。でも、名前を挙げた人たちはみんな、文字通り、最初はすべてのスタイルを演奏していたんだ。前にも言ったように、この断片化現象は 1993 年頃から本格的に始まったんだ。

Q：1996 年にレーベル Deadly Systems をスタートさせますが、レーベルを始めたキッカケは？

A：当時の俺の弁護士は H2OH や Industrial Strength とは契約するなと言っていた。これはちょっとした間違いだった。でも、もしこれ以上の成功を収めていたら、もっと問題があったかもしれない。とにかく、代理人は当時の Rave 音楽やカルチャーの現実を理解していなかった。それで結局、自分のレコードをプレスして『Deadly Systems 001』を作った。

Q：1996 年のアメリカのハードコア・シーンはどういった状況でしたか？

A：今まで考えたこともなかったが、1996 年は俺にとって大切な年だった。レコード契約を結んだり、レコードをリリースしたり、大きなパーティーに出演したりしていたからね。アメリカンのハードコアにとって、なぜ重要な年だったのかは、難しい話だけど、当時はそれが当たり前だと思っていたことが多かったからなんとも言えないな。当時はコロラドに住んでいたから、商業的な活動から離れていたんだ。興味深いのは、当時ハードコアは大きなパーティーで歓迎されていたということだ。だから、90 年代前半までのみんなの頑張りが、その時点でまとまっていたのかもしれない。1996 年頃にはエネルギーが足りなくなっていたんじゃないかな。それが完全に止まるのは 2000 年代初頭になってからだ。

Q：あなたはブレイクコアの発展にも大きくかかわっていますが、ブレイクコアというスタイルを知ったのはいつ頃ですか？　あなたにとってブレイクコアとは？

A：最初のブレイクコアはドイツの Force Inc. Records からリリースされた Alec Empire の『Suicide 1 and 2" E.P.』かな。でも、不思議なことにロンドンの Christoph のところに行くまで、ブレイクコアという言葉を知らなかった。Alec Empire がやってるのはまさに「ブレイクコア」だったのにね。俺はそれ以前に Christoph や Dead by Dawn、VFM シーンのみんなに「もっとブレイクを使うべきだ！」と促していたんだ。でも、今になって言うのも変だけど、4/4 キックの暴虐性は、当時の俺達が逃げ出したいと思っていた現実だったんだ。ガバ・キックのレコードが次から次へと出てきて、俺達はうんざりしていた。誰がこの言葉を思いついたのかどうかは知らないけど、自然とそうなったんだ。ジャングリストが作ったんじゃなくて、ただのガバ・キックやジャングル・ブレイクを使ったディストーションだったんだよ。

Q：1998 年にあなたのレーベルから Doormouse の名曲「Skelechairs」が収録された『Your Drugged Future』をリリースしていますが、Doormouse との出会いについて教えてください。

A：Dan は俺がよくプレイしていた Drop Bass Network のシーンで人気が出てきていたんだ。彼はトラックの DAT テープを送ってくれた。Dan のことがとても好きだったし、テクノ界の G.G.Allen のような存在になりたいという彼の目標を高く評価していた。DAT にはトラック名がなかったから、曲名は全部俺が作ったし、コンセプトは俺が Deadly System Records のカバーでやり始めていたコミックのストーリーにも合っていた。

Q：Deadly Buda & the Superstars of Death Venus Delta について。The Superstars of Death とは誰だったのでしょうか？　このレコードが生まれた経緯を教えてください。

A：当時、Mokum Records は Roadrunner Records に買収されていた。元のオーナーは Mokum Records よりもハードなレーベルを立ち上げようとしていたという話を聞いたことがある。Mokum

Records は商業的になりすぎていて、ハードコアの新しいトレンドを作りたいと思っていたらしい。Mokum Records が Roadrunner Records の一員になったと聞いていたので、彼等に電話してテープを送った。彼等はこれを最初の Fukem Records のリリースにすると決めた。今思えば、本当に名誉なことだった。だが、残念なことに俺は若かったし、率直に言って、毎日お酒を飲みまくってマリファナを吸っていたから、全てのことの重要性が分からなくなってしまっていたんだ。Roadrunner Records は Deadly Buda という名前を所有したがっていた。自分以外の誰にもこの名前を所有して欲しくなかったから、悩んだ挙句、妥協案として「And the Superstars of Death」を加えることにした。だから、本当に誰でもなかったんだ。俺が弁護士を雇ったことで、Roadrunner Records は本当に動揺していた。だから、彼等にとっては迷惑だったと思うよ。Roadrunner Records はハードコア・テクノが次の大物になると思っていたけど、合法性やみんなの期待が大きすぎたのかもしれない。実際、これはアメリカのハードコアで再発している問題なんだ。そろそろヘヴィメタルと同じくらい人気が出てきていると思っているだろう。でも残念ながら、メタル界の権力者たちはヘヴィメタルバンドに取って代わることを望んでいないし、ハードコア・テクノの人達はいつも自分達だけが儲かると思っている。世界展開は常に短期的な利益の為に脱線してしまう。その結果、ハウスやテクノのように、DJ 同士が協力し合い、よりメインストリームに理解されやすい他のジャンルが繁栄している。一方で、ハードコア・テクノは「何が出来たのか」という疑問を抱えたまま宙ぶらりんになっている。また、レコード会社の人間の多くもそれを嫌っている。Roadrunner Records や Earache も最初はうまくいっていたが、会社の中で一人だけがこの音を支持するかしないかで成功するかが変わってくる。残念ながら、ハードコア・テクノには純粋なビジネスマンが後ろ盾になったことはなく、それはいつもアーティストがやっていることなんだ。そして最終的には、彼等は一度に一つの仕事しかできない。アメリカで Mokum Records を脱線させたのは、Roadrunner Records が幾つかのハウス・ミュージック・レーベルを買収していて、彼等のアーティストや関係者がその音楽に傾倒していたことが原因の一つだった。巨大化していたかもしれない Mokum Records は多少無視され、the House Records はまあまあだったけど、Roadrunner Records の長期的な利益を支えるものは何もなかったんだ。だから、それも徐々に廃盤になっていったんだ。今思えば、Rave ミュージックに関しては Roadrunner Records は Mokum Records だけに集中するべきだった。そうであればシーン全体が違っていただろう。

Q：90 年代後半から 2000 年初頭のアメリカのハードコア・シーンにはどういった事が起きていましたか？2000 年初頭以降、アメリカでハードコアは下火になってしまっていましたが、その要因は何だったと思いますか？

A：この質問に答える為には、少し回り道をしなければならないね。このインタビューの一部を見ると、俺が Rave カルチャーは全体的に不吉な陰謀の一部だと思っていると思われるかもしれない。部分的にはその通りだと思うが、アメリカのハードコア・テクノにハマっていた人達は 100％本物で、音楽を愛して楽しむ為にやっていたと思う。俺達の大きな陰謀は、もっと大きくて、もっと悪くて、もっとクレイジーなパーティーをやりたいということだったんだ。だからこそ、商業的な企業シーンに馴染もうとせず、常に対立してきた。これを言うと他のメンバーは怒るかもしれないけど、俺はどうしようもないんだ。何人かは金儲けと金儲けの為にやっていると思わせようとしているかもしれない。だけど、明らかにそうじゃないんだよ！そうでなければ、彼等はハードコアをやっていないだろう。俺達がやろうとしても売り切れないし、それは決してうまくいかない。それが俺の結論だ。アヒルは魚だと言っているようなもので、どちらも水の上を移動するが、結局は別の動物だ。本物のハンバーガーとマクドナルドのハンバーガーを比較してみよう。俺達は、本物のハンバーガー、ピクルス、ケチャップ、レタス、マヨなどを提供している。マクドナルド版は箱に本物のハンバーガーの絵が描かれた大豆のパティが入っていて、それを見て自分がハンバーガーを食べていると納得出来るようになっている。

1. アメリカでは、純粋なビジネスマンがハードコア・テクノの後ろ盾となったことはなかった。誰も人気に火が付くまで待とうとしていなかった。
2. 協調性の欠如。誰もがパイが小さすぎると思っている。みんなで集まって、もっとパイを焼いて、レストランを開くのではなく、すでにあるものを食べたいと思っている（それが意味のあることだといいのだが）。

結局、商業的な世界では商業的なメンタリティがないと生き残れない。アメリカン・ハードコアにはそんな

人はいない。あれだけの時間が経つと、商業的な側面は衰退していく。でも、ハードコアが生き残っているのは、人々の良い時代の記憶のお陰なんだ。だから、いつかビジネスマンやビジネスウーマンがくるかもしれない。もしかしたらこないかもしれない。誰も予測出来ないだろう。

Q：あなたが運営しているハードコア専門雑誌/WEBメディア『The HARD DATA』をスタートさせた訳は？

A：最初は Deadly Buda の漫画を作ろうとしていた。でも、アパートの外で変圧器が爆発して、火事が起きて、持っていたものが全部無くなってしまった。レコード、機材、アートワーク、全てが消えて、自分の歴史が消えたようだった。昔のグラフィティのスケッチや Rave のフライヤーなど、思い出が全て消え去ってしまった。だから、新しい歴史を作らないといけないと思ったんだ。それで、また DJ をやろうと思ったし、グラフィティも始めた。当時、アメリカのハードコア・シーンにはまだ雑誌もファンジンもないことに気が付いた。これが始めた理由だよ。『The HARD DATA』は俺の心的外傷と、ハードコアには雑誌が必要だと思っていたことが重なって出来たものなんだ。現在は Deadly Buda のアニメとコミックの制作の為に休刊している。また、もっとビジネス的な人に譲渡して、存続させたいとも思っている。だから、あと 1 ～ 2 号は俺が編集する予定だが、その後はもっと良い人に引き継がれて新しい時代になるといいなと思っているよ。

Q：あなたが最もプレイしたハードコア・テクノのレコードの Top3 を教えてください。

A：90 年代：
  Zekt「External」
  Mescalinum United「Symphonies of Steel Part 1」
  303 Nation「Double Speed Mayhem」
2000 年代
  Tommyknocker「Nobody Stopping This」
  Dolphin「Bring it On」
  Alien T「The Baddest Madness」

Q：あなたが体験した DJ プレイの中で一番の思い出は？

A：一番良かったのは 1996 年の Even Further でのセットだと思う。Laura Grabb の直後にメインテントでプレイしたんだけど、自分の人生の中で最高のセットの一つをプレイしたと思う。俺は Squarepusher の『Dragonfly EP』と Gangster Tunes Industries や Butthole Surfers をミックスしていたんだ。DJ Fishead がそこにいて、数年前に彼とチャットしたら彼はその夜の俺のセットのほとんどを覚えていてくれたんだ、俺よりもね。不思議なことに、この日の俺のセットは 90 年代の素晴らしいセットの一つだったかもしれないのに、大きな雑誌や新聞のライター達はみんな Daft Punk と Mixmaster Morris を見にきていて、彼等は俺のセットの間、森の中にいた。だから、良くも悪くもハードコアのことを主流メディアに知られることはなかった。正直、今でも悔しいが、当時の自分の他の問題を考えると、もし自分がこれ以上の成功を収めていたら大変なことになっていたと思うので、それが一番良かったのかもしれない。

Q：最後に、あなたにとってハードコア・テクノとは？

A：この世に存在する様々なスタイルの音楽をミックスして、新しい音楽を作るようなものだと思う。でも、この質問に一番よく答えてくれたのは DJ MadDog だと思う。俺の記憶が正しければ、彼はこんなことを言っていた。「今になっても、一番未来的な音楽だと思っている」。

Kurt Eckes(Drop Bass Network) インタビュー

インタビュー：梅ヶ谷雄太
翻訳 :L?K?O

アメリカの初期ハードコア・テクノ・シーンにおいて重要な役割を果たした老舗レーベル Drop Bass Network のオーナーであり、数々の伝説を生み出したアメリカの Rave シーンに欠かせない Even Furthur のオーガナイズでも知られる人物。1993 年にレーベルとして活動をスタートさせた Drop Bass Network は、アシッド・テクノを主体としたハードでサイケデリックなレコードをリリースし、Woody McBride(DJ ESP)、Freddy Fresh、Frankie Bones、Adam X といったアメリカのダンスミュージック・シーンを代表する重要アーティストから R-Zac、DJ Choose(Senical)、Pure(Ilsa Gold) などのヨーロッパを拠点に活躍していたアーティスト達のレコードも発表。活動初期からハードコア・テクノを積極的にリリースしており、Delta 9、The Speed Freak、Somatic Responses、Laura Grabb の名盤を残している。サブレーベル Six Sixty Six Limited と Ghetto Safari ではハードコア・テクノとドラムンベースにフォーカスし、Richard Devine や Christoph De Babalon のレコードをリリースした。
1994 年にスタートした Even Furthur は、アメリカを中心に世界中の Raver 達から絶大な信頼を寄せられており、アンダーグラウンドからオーバーグラウンドまでを飲み込んだジャンルレスでグローバルなラインナップに魅了された人々が通い続けている。オールドスクールな Rave のバイブスを保ち続けながら現代のダンスミュージックと共鳴し、Even Furthur への注目は再び高まっている。2019 年に開催された Even Furthur の 25 周年には The Mover、cEvin Key(Skinny Puppy)、Paul Johnson、SYNC(Woody McBride & DJ Hyperactive)、DJ Deeon が出演し、同年には Drop Bass Network の Bandcamp を立ち上げ、過去の名作のデジタル・リリースを開始した事も話題となった。

Q：出身はどちらですか？　どのような環境で育ちましたか？
A：これは答えきるのにかなり長い時間を要するよ(笑)。僕はアメリカのイリノイ州(シカゴ)の上にあるウィスコンシン州中心部の小さな町の出身。我ながら変な組み合わせだと思うけど、主にグラムメタルとパンクロックを聴いて育ち、高校卒業後、ウィスコンシン州ミルウォーキーの大学に行った。まだパンクやメタルを聴いていたが、The Cure や Bauhaus などのゴスの面によりのめり込んで。付け加えて、ニューウェー

ブとダンスミュージックをより聴く様になり、最
終的にはインダストリアルと Wax Trax のサウン
ドに至ったよ。大学を卒業してから、一年間シ
カゴに移り、その後ハウスミュージック、インダ
ストリアル、ニュービート、ヒップハウス、そし
て特にアシッドハウスにハマった。ミルウォー
キーに戻り、KLF の様な初期のテクノ・サウンド
に夢中になり、そこから音楽は週に一度ラジオ番
組で聴く様なものから、みんながクラブで聴きた
くなる様なものになるのは時間の問題だった。そ
れが、1991 年の終わりに起こった時、僕達に
はそれが全てで、1992 年の初めには Rave を
やり始めた。正直言えば、僕は幅広く色んな音楽

Kurt Eckes

（ジャズ以外）が好きで、テクノを家で聴くことはほとんどなかったね。
ミルウォーキーは肉体労働者の都市で、よりダークでよりヘビーな音楽シーンがあり、それこそが僕が完全
にハマっていたものだった。故に、僕達がそういったパーティーを始めた時、彼等もよりヘビーなテクノを
好んだ。まだ、ミルウォーキー周辺の人々は何を期待すべきか分からず、僕達がイベントを行う主要なクルー
だったので、僕達は彼等が既に持っていたものを与え、彼等はそれを愛したんだ。僕達はよりハードな音楽
で境界を押し広げ、ハードアシッドとハードコアが僕達の得意分野になり、僕達のトレードマークになって
いった。他のプロモーターは Rave とハウスをやっていたので、それは僕達独自の小さな隙間産業（ニッチ）
になった。

Q：ダンスミュージックに本格的に興味を持ったキッカケとは？
A：それは 1987 年と 1988 年の僕の大学の最後の年。僕はスケーターで、主に女の子に出会って遊ぶ
為にクラブに行っていたが、本当に音楽にもハマっていた。当時ミルウォーキーには幾つかのまともなクラ
ブがあり、週に 3、4 晩は良い数の客が集まっていた。あと、勢いのあるパンクとメタルのシーンがあって、
ライブを聴けるヴェニューが幾つかあり、当時は Mainstream という優れたレコードのチェーン店があっ
た。しかし、本当の宝は Atomic Records という大学の近くのオルタナティブを扱うレコード屋だった。
彼等は全て揃えていて、まともなダンスミュージックのコーナーもあった。シカゴまでは僅か 1 時間半で、
Gramaphone や Hot Jams などの素晴らしいダンスミュージック・ストアが幾つかあったし、そして
もちろん、Wax Trax があった。ミルウォーキーで Rave が始まると同時に、当時最大のダンスミュージッ
クのディストリビューターだった Watts Music からレコードを購入出来る様に、僕達は偽のレコードス
トアをオープンした。結局、その偽の店は Revolutions と呼ばれる友人が運営する本物の店になり、毎
週レコードを注文することが出来た。僕の約 6000 枚のレコードのコレクションは、ほぼ全てこのストア
からのものだ。90 年代半ば、Dan Doormouse は Massive Record Source というレコードスト
アをオープンし、彼はよりハードなものに特化して多くを揃えていて、最高だったよ。

Q：テクノ、もしくはハウスをクラブで最初に聴いたのはいつですか？　その時の印象は？
A：最初を覚えているかは定かではないが、当時 MARRS、Sigue Sigue Sputnik、C & C Music
Factory など、クロスオーバー系の曲が沢山あった。僕にとっては、KLF「What Time Is Love」を
聴いた時が、正に、あの様な音楽を本当に探し求めるキッカケになったんだ。1987 年と 1988 年には
ほぼ毎週末シカゴに通っていて、僕はアシッドハウスとヒップハウスの始まりに触れ、その全てが僕の音楽
性の発展にとって非常に重要だった。やがて、僕達は Medusa's というクラブに出会い、そこで僕にとっ
ての全てのダンスミュージックに対する真の意識改革が起こった。これは、1988 年のことで、彼等はポッ
プからインダストリアル、ハウスからニュービートまで、あらゆる種類の音楽をプレイしていた。それは当
時の音楽にとっても最も素晴らしい場所で、今でもあの経験に勝るものはない。Rave 前だったが、Rave
のようであった。YouTube で Medusa's Chicago、または Medusa's Sheffield と検索してみて。
当時の素晴らしいミックスが幾つかあるよ。Medusa's において、アシッドに関する限り、僕にとって最
も重要なトラックは The Wee Papa Girls「Heat It Up」と Fast Eddie「Yo Yo Get Funky」だっ
たと思う。Madonna などのポップスのアシッド・リミックスも全てお気に入りだ。とてもマジカルで刺

HARDCORE.
WE'RE ON IT.

激的な時間だったよ。

Q：あなたはアメリカのテクノ・シーンの歴史を
どう感じていますか？　アメリカの初期テクノ・
シーンに欠かせないアーティスト、レーベル、ク
ラブは？

A：つまり、僕達はその歴史の一部なので、僕達
の歴史と密接に関連してる。音楽的には、アメリ
カ中西部で起こっていた事についてのみコメント
することが出来る。それぞれの地域には、彼等独
自のサウンドとパーティーのスタイルがあった。
僕達は 90 年代初頭に各地を旅して、それらを
余す事なく体験した。ニューヨークへは大体 18
時間位かかり、何度か行った。大きな砂漠で行わ
れたイベントの為に、僕達は数回カリフォルニア
まで車で行き、それは 2 日間のドライブだ。カ
ナダ、南部、中西部全域、我々は全ての場所に行
き、それは最高だった。僕にとって、決定的な瞬
間の一つは、Frankie Bones、Adam X、及
び Sonic Groove Crew がやっていた東海岸の Storm Rave に行ったこと。とてつもなく激しかった！
あそこでハードコアだけでオールナイトのパーティーが出来ることに気づき、そのスタイルのイベントを中
西部に持ち帰ったんだ。

Q：アメリカでは、テクノとハウスとディスコのシーンは繋がっていましたか？

A：初期の Rave パーティーは、全てハウスとテクノが一緒だった。シーンが進むにつれて、クラブのハ
ウスやロフトパーティーのハウスではなく、より Rave ハウスになったけれど。シカゴの近くに住んでい
た為、ハウスの影響が非常に強く、ハウス・シーンがかなり根強かった。大抵の場合、DJ は一つのスタイ
ルに落ち着き、それを彼等はプレイした。クロスオーバーする人は多くなかったね。僕達の様な一部のプロ
モーターは、主に特定のスタイルに重点を置いていたが、パーティーは可能な限り多くの人々を楽しませる
為に、一般的にはマルチジャンルだった。

Q：あなたが Rave の存在を知ったのはいつ頃でしたか？　始めて体験した Rave を覚えていますか？　ま
た、Storm Rave での体験についても教えてください。

A：僕は Jesus and Mary Chain の大ファンなので、80 年代後半にイギリスの多くの音楽雑誌を読ん
でいて、当然 Summers of Love や初期の Rave シーンへの言及が多くあった。フリーパーティーシー
ンの記事もあったね。アメリカへの到着が待ち遠しかったよ！　中西部での Rave について初めて聞いた
のは、シカゴの Shelter というクラブを出た後、クラブでやっていた Fresh Jive のファッション・ショー
のフライヤーを貰った時だった。それは、Rave スタイルのイベントだった。1991 年の冬の 1 か月後、
同クラブを出た時に、シカゴで最初の本格的なアンダーグラウンドの Rave パーティーのフライヤーを貰っ
た。それは E-System というクルーで、彼等のイベントはかなりクレイジーだった。彼等が呼んだ初めて
のシカゴ外の大物 DJ が Adam X だったので、彼こそが僕の最初のお気に入りの DJ だった。彼は何度
か僕の為にプレイしてくれていて、僕のレーベルからのリリースもあり、それはかなりクールなことだ。彼
とは今でも友達だよ。先だって僕が言った Storm Rave は最後の開催のものだった。それは、スタテン
島の馬小屋で行われていて、僕はそのパーティーについて何時間でも話せるよ。それが全てだった。巨大な
サウンドシステム、ハードミュージック、タフな群衆、沢山のドラッグ、そして至る所にある狂気。完璧だ。

Q：Storm Rave 以前にアメリカには Rave 文化は無かったのでしょうか？

A：Storm Rave が最初ではなかった。Wicked Crew はイギリスからサンフランシスコに移住し、
Full Moon Beach Parties というアメリカで最初の Rave を行った。それは東海岸の Rave と同じ位
の時期。それが 1990 年から 1991 年辺りで始まった時、それは至る所で爆発し、そして、全ての地域
に波及していった。我々の中西部地域でさえ、全ての都市には独自の、独特な確固たるシーンがあった……
シカゴ、ミルウォーキー、ミネアポリス、デトロイト、セントルイス、など。

Q：あなたが Storm Rave に行った時、DJ はどういったタイプのレコードをプレイしていましたか？

A：ああ、それはあの時代の全ての典型的な音楽だった。でも、それは本当の意味で全てがハードコアのパーティーではなかった。Lenny Dee は Jimmy Crash をプレイし、Keoki、Sandra Collins、Dave Trance なんかもプレイしていた。Jimmy は当時、僕達も中西部でプレイしていたものをプレイしていたが、Lenny Dee はクレイジーでハードコアだった。しかし、あの晩の最も象徴的なトラックは Frankie Bones「We Can Do This」だった。酷い吹雪の為、彼はパーティーに来れるかすら分からない状況だったが、彼はなんとか遅れて到着し、イベントに間に合う為に果たした旅についての壮大なスピーチをして、そして彼はブルックリンのアンセムであったあのトラックでプレイを始めた。その場は熱狂で爆発したよ。みんな完全に狂った。僕はあの瞬間を忘れることは決してないだろう。

Q：インダストリアル・ミュージックとテクノ / ハウスに関して。インダストリアル・ダンスとテクノ / ハウスの DJ やリスナー、お客さんは繋がっていましたか？

A：ああ、とても繋がっているね。ハウスはディスコから進化したが、最終的にはそこにも強いインダストリアルの影響があった。特に、シカゴにはこれらのスタイルの両方があり、もちろんテクノはインダストリアルと初期のエレクトロニックミュージックに大きく影響されている。僕はインダストリアルにとても影響を受けていたので、ハードコアにより引き付けられた。今では、我々のメインのイベント Even Furthur で、ようやくインダストリアルにヘッドライナーの時間を与えることが出来るようになって嬉しいよ。去年は cEvin Key（Skinny Puppy）、数年前は Nitzer Ebb の Douglas McCarthy を招いた。

Q：Wax Trax!Records のレーベルとストアはハウス / テクノ・シーンと、どの様な接点があったのでしょうか？　Jeff Mills は Ministry などのインダストリアル・ダンスからの影響を公言し、Al Jourgensen はアシッド・ハウスに対して否定的だったらしいですが、彼のプロジェクト Acid Horse ではアシッド・ハウス的な要素を取り入れています。Wax Trax! と Al Jourgensen の功績についてどう思いますか？

A：Wax Trax に行っていたのは、1987 から 1988 年の頃。テクノ・シーンはなく、シカゴにはハウス・ミュージックのより良い店があったが、それを先導していたのは彼等だった。DJ に関しては、ああ、僕が当時聴いたハウス DJ は Wax Trax! を含むあらゆる種類の曲をプレイしていたけど、僕はほぼ DJ が全てのジャンルをプレイするクラブに通っていた。僕は Al Jourgensen がやるほとんど全ての大ファンだ。彼は一番の好人物ではないし、Rave のファンでもないが、彼の音楽は素晴らしい。『Twitch』は初期の最高のアルバムの一つで、テクノやインダストリアルを作る多くの人々に影響を与えたと思う。

Q：ハードコア・テクノの存在を知ったのはいつですか？　その時、アメリカでもハードコア・テクノをプレイする DJ はいましたか？

A：最初にそれのことを聞いたのは Watts Music でレコードを買っている時だった。一部はハードコアとラベル付けされていた。僕は初期の頃から、Rotterdam、Terror Tracks、Ruffneck、Mokum などの大ファンだ。Sonic Groove の Heather Heart も『Under One Sky』という雑誌を刊行し、それは初期の我々に多くの影響を与えた。ハードコアをプレイしている DJ は沢山いたよ。僕達のクルーはもちろん、Lenny Dee と東海岸の面々。全てのいつものメンバー達。やがて、中西部には Delta 9 と Tron が出てきた。その後、Addict Records が Doormouse によって始まり、ハードコア DJ 達の大きなクルーが加わった。

Q：あなたが始めてオーガナイズした Party/Rave は？

A：それは E & E というパーティーで、フライヤーは M & M のパッケージを剥ぎ取ったもので、パーティーは当時、我々が住んでいた倉庫で行った。500 人を集めたが、当時としては素晴らしい動員だった。

Q：あなたはケミカルドラッグと Rave/ ダンスミュージックの関係をどう考えていますか？

A：僕の意見としては非常に重要だ。ドラッグなしでは、Rave は成り立たない。僕達は常にそのライフスタイルをサポートしてきた。もちろん、それは 90 年代後半にスピードや他のよりハードなドラッグで制御不能になり、その後、すべて台無しにされた。残念なことだが、今ではドラッグはもはや狂い過ぎているよ。

Q：あなたが Drop Bass Network をスタートさせたのはいつです

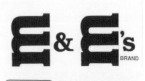

か？　レーベルをスタートさせた理由は？

A：僕はRaveの夜明けである1992年にそれを始めた、Raveを開催する為に。名前はドラッグの関連語Drop、音楽の関連語Bassに由来し、Networkはそれを大きな組織であるかの様に聞こえる様にする為のもの。レーベルは1993年に始まり、それはWoody McBrideと多くの関係があった。Woodyは僕達が1992年にブッキングした他の地域の最初のDJで、友達になった。彼はレコードを出したがっていて、僕にはそれを行う為のお金とマーケティングがあった。僕達は一緒に、中西部のアーティスト達のアシッド・トラックを集める為に全力で取り掛かった。

DJ ESP aka Woody McBride and Hyperactive

Q：Drop Bass Networkの第一弾リリースであるWoody McBride「Interference EP」が出来上がるまでの経緯を教えてください。

A：Woodyがそれを思い付いたんだ。僕達はアシッドが大好きで、彼のAdam and EveとLabworksからのリリース作が大好きだったので、それをやりたかった訳だよ。ユニークな見た目のカラーバイナルでリリースしたので、人々の注目を集めた。それをレビューした最初の雑誌はドイツの『Frontpage』で、彼等はテストプレスの段階でそれに素晴らしいレビューを与えてくれた。それは我々が認知される大きな助けになり、Wattsが最初のディストリビューターで、初回プレスの1000枚のカラーバイナルのほぼ全てを購入し、やがて黒盤を再プレスすることになった。

Woody McBride, Kurt Eckes, Hyperactive, Delta 9

Q：その後、DJ HyperactiveやDJ Repete、ESPのレコードをDrop Bass Networkはリリースしました。あなた達のレコードはどういったシーンや場所で人気でしたか？

A:僕達のレコードは中西部と東海岸で人気があった。海外ではドイツ、イギリス、フランス、オランダ、スカンジナビアでも素晴らしいセールスだった。僕達は日本でも良い成果を上げ、沢山のライセンスを獲得しているよ。

Q：Even Furthurについて。Even Furthurはいつからスタートしたのですか？　第一回目のラインナップとロケーションは？　資金やサウンドシステムをどうやって準備したのですか？

A：Even Furthurは1994年に始まった。それにAphex Twinが参加したことは今考えると狂気の沙汰だね。また、RephlexのGrantとKosmik Kommando、LabworksのHoschiとThomas Heckman、Hardkiss Brothers、Frankie BonesとAdam Xも参加した。ウィスコンシン州ヒクストンの高速の隣のモトクロストラックで開催したんだ。最も難しかったのは、これがアメリカで初の数日間に渡る野外Raveだったことで、我々の誰も何が起こるか終わるまで分からなかったし、法律の事も知らなかった。5月の最初の週末だったので、最初の年は雪

と雨が降り、天候的にも本当に大変だったよ。

Q：Aphex Twin がプレイした 1994 年の Even Furthur は US Rave の歴史の中でも伝説的な話になっています。当時、Aphex Twin は既にアメリカでも人気でしたか？

A：もちろん、彼はそこそこ人気があった。僕の共同プロモーターは『Reactor』という雑誌を運営しており、その雑誌に Warp が広告を出していたので Rephlex と繋がった。Woody も Grant を多分知っていたと思うし、それで実現した。彼のセットは他に類を見ないもので、伝説的だった。僕はイベント開催中はほとんどアーティストと付き合うことが出来ない。Aphex Twin はシカゴ空港から他の DJ と一緒にバンで現れた。彼は十分に好人物で、物静かだったね。朝にはみんなでたむろして写真を撮ったよ。彼はかなりの悪天候や、そういった状況の全てを受け入れてくれていた。

Q：Psychic TV もあなた達の Rave でプレイしていました。その時、彼等は「Jack the Tub」などのアシッド・ハウスのパフォーマンスでしたか？

A：僕は共同プロモーターだったので、それがどのように実現したのかは覚えていない。彼等が僕の友人によってブッキングされたことは知っているし、その後、僕達も関わる様になった。僕のパートナーは、当時件のバンドに所属していたシカゴの DHS の Benjamin Stokes を知っていたと思う。そんな感じだよ。ショーはそれほど良くなかった。彼等は幾つかの粗悪なドラッグを摂取して、不満だったので、演奏は暗く、Genesis はずっと怒っていた。それでも十分クレイジーだったけどね！ Fred Giannelli は彼等の為にギターを弾き、彼はその後 Kooky Scientist として我々の為にライブをしてくれた。

Q：Drop Bass Network は多くのアシッド・クラシックをリリースしています。あなたはアシッド・サウンドのどこに魅力を感じていますか？

A：「Heat It Up」の歌詞の一節が全てを言い表している。「アシッドをやれないなら、お前とはおさらばだ、マヌケ野郎」と。僕は 303 のベースサウンドが大好きで大好きでたまらない。付け加えれば、90 年代初期に我々が大量の LSD を摂取していた事も理解の助けになるだろう。ただ、それは理にかなっていたんだ。

Q：あなたは他の国の Rave を体験していますか？アメリカと UK/EU の Rave で最も違う部分とは？

A：アメリカのみだね。カナダには数回行ったこ

Kosmik Kommando, Roland Casper, Hoschi, Aphex Twin

Aphex Twin

Psychic TV

とがあるが、大抵は DJ をしにいくか、Richie Hawtin のパーティーに行く為だった。オーストリアで DJ Pure のパーティーで一度プレイしたことがあり、それで僕は Spiral Tribe の面々に出会った。彼等は僕がプレイしたクラブの裏路地に住んでいた。

Q：フリーパーティーシーンについてどう思っていますか？

A：大好きだよ！　初期の Rave シーンの非常に重要な部分。彼等がヨーロッパに引っ越した後は、あまりフォローしていないが、僕達のレコードがテクニバルで数多くプレイされていることは知っている。

Q：1994 年 か ら 1995 年 に 掛 け て、Drop Bass Network は Delta 9、The Speed Freak、Somatic Responses のレコードをリリースしました。そして、ハードコア・テクノに特化したサブレーベルの Six Sixty Six Limited もスタートさせました。この頃、あなた達はハードコアなサウンドにフォーカスされていましたが、その経緯は？

A：それこそが正に僕達が携わっていたものだ。僕はノイジーなハードコアが大好きだよ。シカゴの Rave で知り合い友達になった Delta 9 は早くからリリースした。レーベルにはあまりフィットしなかったが、それ以上に良いものを知らなかった。それが Six Sixty Six Limited が生まれ、我々がアシッド・ミュージック以外のものをリリースしたかった理由だよ。

Q：過去の記録を読むと、ガバはアメリカ中西部では極右からサポートされていたという話がありますが、それは本当なのでしょうか？

A：中西部ではそうではなかった。スキンヘッドやレイシストの問題は一度もなかったよ。レコードには沢山のフラクトゥールのフォントを使用し、パーティーには沢山の赤、白、黒を使用した。僕達を嫌っていた人達はそれをナチスのものと批判したが、僕にとって色の選択は、何よりも Marilyn Manson による影響によるものだ。人々の感情を呼び起こす強力な色の組み合わせだよ。僕が覚えている中西部でのガバの唯一の衰退の原因は、音楽がよりパーティーコアとハッピーハードコアに変化したことだ、良い音楽ではなかったからね。さらに、90 年代の終わりには、より大規模のイベントを開催していたので、僕達のパーティーは音楽的により幅広いものになり、僕達がそこでプレイしていたハードコアは、よりノイジーになり、ガバが少なくなった。それでもハードコアは決して死ぬことはないけどね。

Kurt and Somatic Responses

Q：Drop Bass Network は US ハードコア・シーンに大きな影響を与えています。それについて、あなたはどう感じていますか？　あなたはご自身をハードコア・テクノ・シーンの一部だと思っていますか？

A：素晴らしい気分だよ。それが僕達がやっていたことのポイントだ。僕達は「Hardcore Will Never Die」が全てであったし、我々が力を注いできた仕事によって、そうならなかったことはクールなことだ。

Q：Daft Punk がアメリカで始めてプレイしたのが Even Furthur でした。この時の模様は未だにメディアやファンに語られていますが、彼等は当時どの様なセットを披露していたのでしょうか？

A：彼等は全てアナログのライブセットをやっていた。後に、『Homework』になった音楽だね。彼等は当時はヘルメットを付けておらず、光沢のあるジャケットを着た、ただの二人のフランス人男性だった。Woody はパリで彼等とプレイして、大ファンになり、彼等を知っていた。僕のもう一人のパートナーである Dave もイギリスで彼等と会った後、彼等とコネクションを持っていたので、彼もまた興奮していた。それで、彼等は Furthur に来て、素晴らしい時間を過ごしたのさ。

Q：90 年代、あなたは Drop Bass Network とプロモーターの仕事だけで生活していましたか？　Rave やパーティーのオーガナイズを成功させる秘訣とは？

A：ああ。パーティーは財政的に非常に成功した。お金を失ったことはなく、時に大きく稼いでいたし、レーベルでも稼いでいた。また、僕達はパーティーでのドラッグディールにも関与し、多くのお金を稼いだ。おかしなことに、あなたは日本の出身だね。僕にポルシェ 911 を購入してくれたのは、日本のレコード・レーベルからのライセンス契約料によるものだったよ。僕にとって成功の最大の秘訣は、常に予算を注視することだった。僕は常に最小限の投資で最大限の成果が得られるように努めた。物事を現実的に捉え続けなければいけない。入場料についても、僕はいつでもとてもフェアであった。それは結果として、より高い料金を設定して、入場数が減るよりも、より多くの人々を惹きつけることになったと思う。僕が成功した一番の大きなポイントは、ほとんどのプロモーターが小さな池の大きな魚である中、僕は大きな池で大きな魚になろうとしたこと。僕はより多くの人々に Rave に参加してもらえる様に、パーティーを開くことを応援し、助けになりたいと思う。そして、自分自身でも最高のパーティーを開催したいと思っている。そうすることで、僕はそうした全ての人達に僕のイベントに来て貰えるはずなんだ。ほとんどのプロモーターは彼等の顧客とプロダクションを囲い込んでいたが、彼等はより大きな全体像が見えていなかった。

Q：90 年代中頃までのテクノとハードコア・テクノの関係をどう感じていましたか？　なぜ、その二つは別々の道を辿る事になったと思いますか？

A：ハードコアとテクノは常に手を取り合っているし、少なくとも当時はそうだった。Jeff Mills がデトロイトでガバをプレイするのを見ているよ。アーティストと音楽が、より明確に区分けされる過程で起きた変化ということが、その全てだと思う。付け加えるなら、テクノがよりミニマルになるにつれて、それはある種のよりハードな音楽から分離していった。今は音楽がとても多様になり、すべてが区分け

されていて、人々は自分の好みについてより具体的になっている。

Q：あなたは Rave にスピリチュアルを感じますか？　それとも Rave とは非常に現実的な体験だと思いますか？　なぜ、人々は Rave に魅了されると思いますか？

A：これについては語るべきことが多くある事は確かだが、僕はあまりスピリチュアルな人間ではないので、あまり意味のある話は出来ない。確かに、それは本物の体験であり、ダンスフロアにいる人達と同じ数だけ色んな体験の方法があると思う。僕にとって、それはパーティーを楽しむこと。音楽とドラッグが大好きだ。その熱気が全てだよ。年を取るにつれ、コミュニティかパーティーか、そのどちらについても、より確かなものになる。それは良くもあり、悪くもあるかと思う。コミュニティーが互いに責任を持つようになると、90 年代に存在した快楽主義の一部が失われる。あなたは人々が音楽の為に、そこにいることを望んでいるが、それは必ずしもそうではない、それでもクールではあるけど。人々がそれから何かを得ている限り、それは良いことだ。僕達の Rave が彼等の人生を変え、命を救ったと聞いた回数は数え切れない。それだけの経験に貢献出来たことはクールなことだ。

Q：US Rave シーンが最も盛り上がっていたのはいつ頃でしょうか？　ハリウッド・スターやスポーツ選手など、著名な人物達も Rave には来ていましたか？

A：一概には言えないが、全てのシーンの人気がそれぞれ急上昇した為、（Rave については）アメリカでは人気は無かった。中西部では、1996 年にピュアさが失われた。それがある種のピークだ。それでもなお、人気は高まり続け、最大の動員を記録したのは、90 年代の終わり（1999/2000）だった。2001 年に物事がバラバラになり出して、Rave 法施行後の 2002 年にそれは消滅し始めた。あの頃は、地元の有名人がパーティーに来ていて、Kid Rock と Eminem はデトロイトのパーティーに参加していた。ミルウォーキーは、インダストリアル、パンク、メタルのキッズ達を熱狂させた。Rave がそのシーン以外の文化に本当に影響を与えたかどうかは定かではない。

Q：Rave における一部のアンダーグラウンド信仰をどう思いますか？　あなたの思うアンダーグラウンド精神とは？

A：これについてはあまり考えたことがない。以前は、「音楽はアンダーグラウンドであれ」というモットーがあったが、それは単に違法なパーティーを開くことに過ぎなかったし、何がアンダーグラウンドで何がそうではないのかという考えにピンとくるものはなかった。

Q：1994 年にイギリスではクリミナル・ジャスティスが起きました。アメリカでも、Rave が社会問題になった事はありますか？

A：ああ、もちろん！　2001 年に Joe Biden は、クラックハウス法と呼ばれる旧来のものの拡張版である Rave 法を導入した。それは基本、彼等のイベントのどんなドラッグに対しても、開催したプロモーターに全責任を課した。捕まったら刑務所行きで多額の罰金が科され、それが僕が 2002 年に数年間パーティを止めた理由だ。僕はその見せしめとなる人物になりたくはなかった。それは最悪だったよ。この法律は Rave を殺すのに大いに役立ち、どういうわけか EDM は Rave から生まれた。さらに最悪なことだ！

僕のイベントについては、メインストリームのメディアで僕が覚えている以上のことを何度も取り上げられた。決して良い意味ではないよ。危険なだけのドラッグパーティーとしてだ。僕自身は全く気にしていなかったけどね。キッズ達に全ての若者がしたい悪いことをやれるパーティーを提供しただけだからね（笑）。

Q：Drop Bass Network のパーティーや Even Furthur に警察が来た事は？　騒音や何かしらのトラブルが起きた時、どうやって解決しましたか？

A：Rave やフェスは 100 回近く行ったが、警察はそれらの多くに来ている。主に騒音の為、時にそれらは違法なイベントだったので。これら全てのイベントの内、数回しかシャットダウンされていない。5 回未満だったと思う。警察が現れるたびに、その裏には面白い話がある。シカゴのパーティーでは、常に警官に見返りを払った。ウィスコンシン州の田舎ではもっと複雑だった。例えば、農場で行われた僕等の 2 周年記念のパーティーでは、Luke Slater がプレイしている時に警官が現れた。彼等は僕達にそれを止めるように言ったが、僕達はそうしなかった。彼等は主電源を見つけてそれをオフにしたが、その後すべての照明も消えた為、何が起こっているのか何も見えなくなった。彼等は電源を入れ、僕達は Luke に再びプレイさせた。彼等は他のライトが幾つか見つけるまで、それを何度か繰り返した。そうして、彼等は皆を帰らせた。しかし、それは既に午前 4 時だったので、僕達はほぼ勝ったんだ。僕はトラブルを回避する為に話すのが非常に上手く、また、偽の文書をでっち上げて、彼等が立ち去った後の月曜日に僕が彼等に適当な嘘をついていたことに気づいたりするといったことが得意だった。数回以上は罰金を科されたけどね。

R-Zac 23 – Base Support

DJ Slip – No Satellites Please

Q：Drop Bass Network のカタログで最も売り上げの多かったレコードは？　個人的に特に思い入れのあるレコードはありますか？

A：Rzac-23 (Spiral Tribe) のレコードはこれまでで最大の売り上げを記録した。それはフランスとテクニバルシーンで大ヒットしたんだ。どれだけ売れたかは分からないが、10,000 枚以上なのは間違いない。僕には様々な理由でお気に入りが沢山ある。デジタル化しながらカタログを調べていると、完全に忘れ去っていたクールなものが聴こえてくる。それは 300 曲以上あって、僕がずっと愛するお気に入りの一つは DJ Slip『No Satellites Please (DBN051)』だ。Troy は素晴らしい人であり、天才的なプロデューサーだよ。

Q：あなたが Rave で見た最もクレイジーな体験 / 光景は？

A：いっぱいあり過ぎて、難しい。Richie Hawtin は彼のパーティーの度に全力を出して装飾を施していて、あれは常にクレイジーだった。僕達には奇妙なことが沢山あって、ある年の大晦日のパーティーでは KISS のカバーバンドに年越しをやって貰い、翌年には Superstars of Love というエレクトロ DJ のペアが年越しにプレイして、ストリッパー達と狂った衣装を着た人達の壮大なフリークショーのステージだった（子供番組の Yo Gabba Gabba の Lance Rock は当時そのクルーの一員だった ）。Furthur で Burning Man をやったのも狂っていた。Furthur のある年には、Doormouse と Stunt Rock の Meat という実験的なノイズバンドにやって貰った。ピュアな攻撃性のパフォーマンスアートであり、まったく意味不明なクレイジーなものだったね。

Q：Even Furthur には多くの伝説的なアーティストが出演しています。その中で、最も忘れられないアクトは？

A：全ての Furthur には必ず一つは傑出したパフォーマンスがある。Aphex Twin はもちろん。2 回目の開催の時は Frankie Bones と Prototype 909 が全てをかっ攫った。Daft Punk は 3 回目だったが、ハイライトは前夜の Scott Hardkiss。二度の Richie Hawtin のプレイはどちらもこの世のものではなかった。1999 年のイギリス出身の Punk Floyd は本当にクールだった。2001 年の I-f は

頭がおかしかった。これらの新しい Furthur は、非常に素晴らしい瞬間があった。2017年の Furthur では警官達にムカついていて、夜間外出禁止令の後に Josh Wink にプレイする様に頼んだ。2018年には Underground Resistance のライブを行ったが、PA に多くの問題があった。いずれにせよ、Mad Mike は僕の狂ったパーティーで引き続きプレイしてくれたけどね。その前年、cEvin Key はイベント史上最高の DJ セットの一つを披露した。それは完全に技術的な完成形であった。僕はアーティストをブッキングする前に、常にアーティストと話し、彼等に僕達がしていることを確実に伝える様にしている、よりハードでよりダークなセットは求めていないとも。Perc は、3年連続で素晴らしかった。というのも、彼が僕達のやっていることを本当に理解し、完全に中西部のセットだけで全てプレイしていた。彼はある種 Furthur のキングだ。

Q：Even Furthur には世界中のアンダーグラウンドのアーティスト達が信頼と尊敬を表しているのが解ります。Furthur にしか作れない雰囲気や体験とは何だと思いますか？

A：イベントはかなり荒削りでオールドスクールだ。沢山あるプロフェショナルな大規模イベントより、アーティストはそう思うのだろう。僕達は良い結果の為にはリスクを恐れないし、アーティストにも同じことを勧める。中西部の人々は本当に素晴らしく親しみやすいので、アーティストは誰とでもたむろして楽しい時間を過ごすことが出来るし、彼等が好きならば、常に沢山のドラッグがある。僕達は激しくパーティーする。ファンも音楽にかなり精通していると思うし、アーティストにとっても嬉しいはずだ。僕が思うに最大の要因は、我々のベースサウンドシステムの巨大な壁だ。アーティストはそれでプレイするのが大好きで、いつも我々を特段支持してくれる。当時のシステムは今のモノの様に最高ではなかったかもしれないが、大きく見えた。

Q：Drop Bass Network は28年以上活動されていますが、Drop Bass Network での活動で得た事とは？

A：僕の人生の半分の様なものだ。僕が学んだ事は、僕が覚えている限り、これまでにしてきた全ての事と共存している為、実際に言うことは出来ない。それは僕自身だ。Drop Bass Network のレッスンから学んだ事は全て、人生のレッスンだった。僕は何よりも、理性よりも本能に従い、自分の直感を信頼してきた。それが、あなたの信念のあるものであるならば、最良の結果の為にはリスクを取ることを恐れないで欲しい。僕は自分の能力に非常に自信があり、僕が行うイベントは誰にも負けないことを知っている。僕が知っている数百人が Drop Bass Network のスカルのタトゥーを入れているのには理由があるんだ。それは、彼等が一生 Drop Bass Network の一員だから。そういう尊敬の念は、長年に渡る自分自身の努力と犠牲によって得られたものだ。僕はこれまでやってきた事をとても誇りに思っているが、まだ終わっていないよ！

Chapter 2
UK Hardcore

UK ハードコア解説

イギリスのハードコア・テクノ・シーンが生んだサブジャンルの中に、ブレイクビーツ・ハードコアやヒップホップの要素を反映させたファンキーで力強く、シニカルで反抗的な姿勢を持ったイギリスの土着的な UK ハードコアというスタイルがある。

UK ハードコアの代表的なアーティストといえば、シーンのパイオニアである Hellfish と The DJ Producer が有名であり、Diplomat や Dolphin も UK ハードコアの土台を作った重要アーティストだ。UK ハードコアの主要レーベルは、Hellfish の Deathchant と The DJ Producer が A&R を務めていた Rebelscum があり、Pacemaker、Born Ultraviolent、Audio Damage、Hong Kong Violence、PRSPCT XTRM、Oblivion Underground Recordings などが良質な UK ハードコアをリリースしている。

UK ハードコアにはドラムンベースとインダストリアル・ハードコアの要素も欠かせなく、フレンチコアとも強い繋がりがある。先ほど名前を挙げたアーティスト以外にも、90 年代後半から現在までに Bryan Fury、Micron、The Teknoist、Deathmachine、Autopsy、Tugie、Detest、Igneon System、Liquid Blasted、Stormtrooper、Tripped、I:Gor、Khaoz Engine、DJIPE といったアーティスト達の登場によって UK ハードコアは進化し続け、ヨーロッパを中心に UK ハードコアは発展していき、UK インダストリアルという新たなサブジャンルも生まれ、その勢いは今も拡大している。

UKハードコアの核となる要素

UK ハードコアのユニークで魅力的な部分は複数あるが、まずはそのビートとサウンドの多様性にはいつも驚かされる。メインのビートを裏で支えるブレイクビーツや、時にストレートな 4 つ打ちを放棄したリズミカルでランダムなビート・パターンなど、捻りを利かせたビートの展開は UK ハードコアの核と言える部分だ。

Double Dee & Steinski – Lesson 1, 2 & 3

そして、硬く歪ませたビートにシンセやリースベースを用いたインダストリアル的なサウンドから、サイケデリックでテッキーなサウンド、ストリングスやピアノによるメロディアスなものまで、それぞれのアーティストのバックグラウンドが反映された個性的な作品がリリースされているが、最終的なアウトプットは UK ハードコアとなっている事も特色と言える。こういった多様性のあるダンスミュージックのスタイルとなったのには、LFO、The Black Dog、Mark Broom、Baby Ford、Unique 3、Sweet Exorcist といった初期 UK テクノやブリープ・テクノ、そしてブレイクビーツ・ハードコアという、イギリスが生んだ音楽との強い繋がりがあるからだと考えられる。

だが、UK ハードコアのサウンドや精神性に最も影響を与えているのはヒップホップだろう。特に、初期の UK ハードコアを形成する上でブレイクビーツ、スクラッチ、ラップといった素材は欠かせない。サウンド面だけではなく、レコードのジャケットや曲名においても、ヒップホップのメンタリティは反映されており、一部のリリースはハードコア・テクノよりもヒップホップとして打ち出している様にも見える。例え

ば、1999 年にリリースされた Hellfish の「Turntable Savage」はハードコア・テクノにターンテーブリズムを落とし込んだ画期的なトラックで、Mix Master Mike の『Anti-Theft Device』にとても近い、ぶっ飛んだターンテーブリズムと B-BOY イムズを感じさせる。他にも、Hellfish & The DJ Producer『Round 1』や、Dolphin, Tox & Dare『Yeah Motherfucker』など、2000 年初頭までにリリースされた彼等のレコードはヒップホップの要素がかなりのウエイトを占めている。

The DJ Producer – Kriminal Breakz

　この頃の彼等のスタイルである、ハードコア・テクノの高速ビートにその半分のビートで被さるグルービーなブレイクビーツとラップをミックスしたトラックは、紛れもなくハードコア・テクノであるが、ヒップホップとしても解釈出来る。Hellfish と The DJ Producer が多数のサンプルやビートをチョップして繋ぎ合わせる手法や、フェーダーの上げ下げやキックを重ねたりずらしたりして作るグルーブ、トラックの土台を支えるブレイクビーツの素材からは、Double Dee & Steinski や G.L.O.B.E. & Whiz Kid といった Tommy Boy などのアメリカのエレクトロやブレイクビーツ系からの影響も色濃く、ターンテーブルを楽曲制作の重要な部分に置いているのもヒップホップ的といえるだろう。元々、ターンテーブリストとしてのキャリアを持っていた Hellfish は『Jet Powered Monkey Navigated Bird Breaks』と『Afghan Headspin Beatz (Underground Is Where They Wanna Go)』(Diplomat との共作) というブレイクス集をリリースしており、同じく The DJ Producer もブレイクス集『Deck Weaponry Vol. 1/Drum Reclamation Vol. 1』 と『Kriminal Breakz』をリリースし、他にも Deathchant のレコードにはブレイクビーツだけのボーナス・ビートが収録されていたりと、バトル DJ やスクラッチ DJ のツールとして機能する様にも作られていた。

Hellfish – Jet Powered Monkey Navigated Bird Breaks

　こういったレコードをリリースする事に彼等の姿勢も映し出されており、UK ハードコアがハードコア・テクノという文脈だけでは語れない特別な存在である事が分かるだろう。

UKヒップホップとの類似点

　イギリスにはアメリカとは違った特殊なヒップホップの歴史があり、レゲエやハウスをミックスしたユニークな作品が多い。DJ にしても DMC のチャンピオンに輝いている Chad Jackson と Cutmaster Swift などの個性的な DJ が昔から活躍し、Silver Bullet、Hijack、The Criminal Minds、Gunshot、Killa Instinct といったビットコア、MC Duke や Neighbourhood Threat、The Wild Bunch などのコンシャスな初期 UK ラップ / ヒップホップも UK ハードコアに多少なりとも影響を与えていると思われる。

　もちろん、Bomb the Bass、Coldcut、Meat Beat Manifesto などのブレイクビーツからの影響も無視出来ない重要な部分だ。1987 年に Tim Simenon が Bomb the Bass 名義でリリースした「Beat Dis」は Afrika Bambaataa & the Soulsonic Force、Prince、James Brown、EPMD、Kurtis Blow からサンダーバードなどの TV ドラマや映画など、数十個のサンプルをコラージュ的に繋ぎ合わせた実験的な楽曲ながらも、UK チャート 2 位を記録した大ヒット・チューンであり、サンプリング・ミュージックの可能性を広げた名曲。1990 年に Tim Simenon が Nation 12 名義でリリースした『Remember』に収録されている「Listen to the Drummer」は Rave シーンでヒットし、Tim Simenon は UK Rave の歴史にお

Bomb The Bass – Beat Dis

Hijack

Silver Bullet – Bring Forth The
Guillotine

いても重要な役割を果たしている。彼のジャンルを横断し、クロスオーバーさせるスタイルには、UK ハードコアのルーツ的な部分を見出せる。これらのイギリスのヒップホップ / ブレイクビーツやブリットコアからは、イギリスらしい足し算によるタフでルーディーなサウンドがあり、捻った視点や反骨精神的な部分も、そのまま UK ハードコアへと受け継がれていると感じられる。

　実際に、Rave シーンでも受け入れられていたというブリットコアは、UK ハードコアと似たような立ち位置と背景がある。ブリットコアは 80 年代後半と 90 年代前半にかけて発展していったイギリス独自のヒップホップのスタイルで、アメリカのヒップホップよりも速いスピードのブレイクビーツがふんだんに使われ、SF やホラー映画などのサンプルにラガマフィンやレゲエの要素も兼ねそろえた、イギリスという国から生まれるべくして生まれたジャンルであった。ポリティカルであったりクリミナルであったりするアグレッシブなリリックと、ブレイクビーツが高速で乱射されるハードな作風が多い。1988 年にリリースされた最初期のブリットコア・チューンであり、ブリットコアの歴史を振り返る時にかならず出てくる Hijack の「Hold No Hostage」と「Doomsday of Rap」や、Triple Element の「What's Dat Sound (Ravers Armageddon Mix)」など、この時点で非常にアッパーで速いビートとユニークなサンプルが使われており、ブリットコアは初期の段階からミクスチャーでハードコアなスタイルであった。1989 年リリースの Silver Bullet「Bring Forth the Guillotine」や、後にジャングル・シーンでも活躍する MC Duke の「I'm Riffin' (English Rasta)」を聴くとブレイクビーツ・ハードコアとの繋がりも感じられ、ブリットコアが Rave で人気を得ていたのが分かる。さらに、Gunshot「Crime Story」と「Nobody Move!」でのパンキッシュなハイブリッド・スタイルや、Killa Instinct「The Bambi Murders」を聴くと、UK ハードコアのアグレッシブで攻撃的なサウンドの源流にはブリットコアの DNA も流れているのではと感じさせる。

ラガマフィン / ジャングルとの繋がり

　UK ハードコアにはヒップホップの次に、ラガやレゲエのサンプルも多く見受けられる。イギリスから生まれるほとんどのダンスミュージックにはレゲエの要素があり、それは UK ハードコアも同じだ。
　断言は出来ないが、UK ハードコアは直接的にレゲエからの影響を受けているというよりは、ブレイクビーツ・ハードコアからの影響が大きいと思われる。『ブレイクコア・ガイドブック 下巻』のラガコアのコラムでも触れたが、ブレイクビーツ・ハードコアはレゲエのベースラインを引用したり、ラガのサンプルを多用したトラックが多い。オランダやアメリカなどの国からリリースされるハードコア・テクノにも、レゲ

Meat Beat Manifesto – Helter Skelter
/ Radio Babylon

エのサンプルを使った物は昔からあり、今もレゲエのサンプルやラガ MC をフィーチャーしたトラックはリリースされているが、UK ハードコアのレゲエへのアプローチはそれらとは違い、深い部分で密接に繋がっている。UK ハードコアがファンキーでグルービーなのはヒップホップだけではなく、レゲエの要素が活かされているからだろう。ジャングルやドラムンベースのマッシブさを UK ハードコアに感じるのも、レゲエという共通点があるからかもしれない。
　その源流には、1990 年にリリースされた Meat Beat Manifesto の「Radio Babylon」の存在もある。「Radio Babylon」はレゲエのストロングなベースラインとダブの快楽的アトモスフィアをアシッド・ハウスとヒップホップに混合させた革命的な楽曲であり、ジャングルのプロトタイプとも呼ばれ、The Prodigy「Charly」や The Future Sound of London「Papua New Guinea」などの Rave

クラシックにサンプリングされている事でも有名である。UK ハード
コアでも、「Radio Babylon」からのサンプリングと思われるトラック
が存在しており、UK ハードコアで感じられるダビーなエフェクト
やサウンドには「Radio Babylon」からの影響もあるのではないだ
ろうか。

　最近でも、Deathmachine『Beats, Bleeps & Breaks』にはレ
ゲエのサンプルが多く使われ、Hellfish & Bryan Fury『Marijuana
Jones and the Tempo of Doom』 や Axe Gabba Murda Mob
『B2B Murda / King Kebab』もレゲエやラガのサンプルをメイン
に使っていた。他にも Hellfish「Raggabitch」、The DJ Producer
「Ease up Selector」、Deathmachine「Bad Boy Sound」、The
Teknoist & LXP「Amos Non Stop Arse Grapes」などが解り
やすいが、その他にも細かい所でレゲエのサンプルや要素が活かされ
たトラックは多い。ブリットコアもレゲエの要素が大きかったが、
さらにレゲエに特化した Demon Boyz、London Posse、Daddy
Freddy、Tenor Fly、The Ragga Twins、Rebel MC といったイ
ギリスのラガ・ヒップホップやラガ系ブリットコアからの影響もある
だろう。実際に、Daddy Freddy や Ragga Twins のラガマフィン
をサンプリングした UK ハードコアもリリースされている。

Deathmachine - Beats, Bleeps &
Breaks

Hellfish & Bryan Fury – Marijuana
Jones And The Tempo Of Doom

ブレイクビーツ・ハードコア時代

　UK ハードコアがブレイクビーツ・ハードコアを土台に出来上
がっている証拠に、UK ハードコアのパイオニアである Julian
Cobb(Hellfish) と Will Phillips(Diplomat) は 1992 年 に
Destruction Production というユニットで 12" レコード『Best
Mindfuck yet / What a Rush』をブレイクビーツ・ハードコア、
そしてジャングルの歴史において非常に重要なレーベルである Moving Shadow からリリースしている事
が挙げられる。

　同年に、Dance Bass Records のサブレーベルとしてスタートした Bogwoppa Records からも
Julian Cobb と Will Phillips、そして M. Earl(Skeeta) による Acid Beard Massive が『Punch Out』
というレコードを発表。サイケデリックなアシッドベースと小刻みなブレイクビーツを重ね合わせた独特な
ビート、全体に漂うアッパーな雰囲気からは後に彼等が Deathchant からリリースしていく UK ハードコ
ア・スタイルに通じるサウンドを感じさせる。ジャングルとドラムンベース以前にブレイクビーツ・ハード
コアを DJ/ プロデューサーとしてクリエイトしていただけあって、彼等のハードコア・テクノ・トラッ
クで感じられるブレイクビーツの
クオリティと存在感はずば抜けて
おり、それらの要素があるからこ
そ、彼等の作品がハードコア・テ
クノ以外のアーティストや DJ 達
からも支持を集める事に繋がって
いる。

　彼等以外にも、イギリスで最初
のハードコア・テクノ / ガバ・レー
ベ ル Boscaland Recordings
を 立 ち 上 げ た DJ H.M.S. と
Freshtrax は、Jumpin' &
Pumpin' や Little Giant Music
といったレーベルからブレイ

Destruction Production – Best
Mindfuck Yet / What A Rush

Freshtrax & HMS / Freshtrax – 2 Go
Mad In Boscaland / A Man Called
Doom

クビーツ・ハードコアの傑作をリリースしており、彼等はイギリスの Rave シーンにブレイクビーツ・ハードコアとハードコア・テクノ / ガバを広めた重要な人物であった。DJ H.M.S. と Freshtrax は The Nightbreed、PFM、Modulation などの名義でも数枚のブレイクビーツ・ハードコアのレコードを残しており、2019 年には DJ H.M.S. と Freshtrax の初期作がレコードで再発されている。

アンダーグラウンド・クラシック

　1992 年から 1993 年の間だけでも、The Minister-So-Sinister、Undercover Elephant、Secret Squirrel、Zookeepers Revenge、Battery 03 という名義で Julian Cobb はブレイクビーツ・ハードコアのレコードをリリースしており、そのどれもがアンダーグラウンドな UK Rave シーンを象徴する革新的な作品である。この頃から、通常のブレイクビーツ・ハードコアよりもスピード感のある高速ビートを駆使し、ヒップホップのサンプルを使ったファンキーなトラックから、テクノやトランスのエッセンスを交え

Secret Squirrel & A.J Flex – Come Rudebwoy Remix

Machinedrum – Ecstasy Boom

たサイケデリックなトラック、レゲエのサンプルやベースラインを引用したルーディーなトラックなど、様々な要素を掛け合わせた独自の混合スタイルを作り出していた。

　UK Rave 黄金期にリリースされていたそれらのレコードは、今もマニア達から絶賛されており、UK Rave の輝かしい時代が語られる時に Julian Cobb の名前が挙げられる事も少なくない。特に、Secret Squirrel 名義でのレコードは今も根強い人気があり、Julian Cobb のブレイクビーツ・ハードコア時代の中で特に知られた名義だ。1993 年にリリースされた Secret Squirrel & A.J. Flex の「Come Rudebwoy」は DJ Hype、Jumping Jack Frost、Carl Cox の DJ ミックスにも使われており、初期ジャングル・クラシックとしても評価されている。Secret Squirrel の「Jungle Squirrel」は、Ninja Tune や LuckyMe、Planet-Mu からの作品で日本でも人気の Machinedrum が、2011 年にリリースした 90 年代のブレイクビーツ・ハードコア / ジャングル・クラシックをフットワーク・リミックスした『Ecstasy Boom』にもリミックスされ収録された。

　1994 年のジャングル・ムーブメント期にも、Julian Cobb は DJ Rooster 名義で Rave の刹那的な美しさと熱いダンスミュージックのパッションを音に込めた『System Booster』を発表。ジャングル化していくブレイクビーツ・ハードコアと、もう一方でハッピーハードコアへと流れていくブレイクビーツ・ハードコア、そのどちらの要素も取り入れており、歴史の狭間を切り取った様な素晴らしいレコードである。同年にリリースされていた Secret Squirrel の『Illegal Business』収録の「Exodus」では、アシッド・テクノとトランスにブレイクビーツ・ハードコアとジャングルを混合させ、4 つ打ちにもブレイクビーツにも対応した万能トラックも残しており、この混合スタイルからも Hellfish 名義での UK ハードコアに繋がっていく伏線が感じられる。

　1995 年からは Secret Squirre や Cobbie and the Beagle、Undercover Elephant 名義で 4 つ打ちを強め、ガバキックを使ったハッピーハードコア・テイストのスタイルへとなっていくが、他のハッピーハードコアとは一味違ったストロングでルーディーな作風であった。この時期のメロディやフレーズのセンスは、近年だと Hellfish の『Kildem』でも感じられる。

UKハードコアを通してのブレイクビーツ・ハードコア再考

　Julian Cobb 以外にも、Will Phillips は Diplomat 名義で 1993 年にブレイクビーツ・ハードコアのレコード『Here Comes Mongo EP』をリリースしており、Beagle とのユニット Narc でも Bogwoppa Records からレコードをリリースしている。

　The DJ Producer はブレイクビーツ・ハードコアを主体とした DJ セットを今も定期的に披露しており、

彼の Mixcloud には数々の素晴らしいブレイクビーツ・ハードコア系
の DJ ミックスが公開されている。ブレイクビーツ・ハードコア、そ
して Rave シーンが最も刺激的であった時代に DJ として活動してい
た The DJ Producer だけあって、当時のリアルな Rave の雰囲気を
感じさせる選曲とミックス、そして貴重なホワイト盤を使った教科書
的な DJ ミックスばかりである。その中でも、『Shut up & Dance
Before the Police Come』 や『Live Evil London - History
of Hardcore VINYL ONLY SET 19.01.19』『The School of
1993 – the Breakbeat Elite』は UK ハードコアを理解するのに
役立つだろう。トラック制作においても、ブレイクビーツ・ハード
コアの要素が他のアーティストよりも強く反映されており、The DJ
Producer のクラシックである「King of the Vari-Speed」や「Rude
Attitude」、Hellfish との「Theme from Fuck Daddy」などでブ
レイクビーツ・ハードコアへの拘りと情熱が解りやすく表れている。

Secret Squirrel – Illegal Business

　UK ハードコアからは外れるが、オーストラリアの Nasenbluten
もブレイクビーツ・ハードコアからの影響が強く表れており、彼
等の初期作品やライブ音源を聴けばそれが解るだろう。Mark N
が YouTube で公開している『91/92 breakbeat hardcore -
Breakbeat Chaos 1st Birthday Promo Mix』と『Breakbeats
Chaos 2018 Promo 45s Mix』は彼の超絶スキルフルなミックス
とスクラッチと共に、90 年代前半のブレイクビーツ・ハードコアの
クラシックが堪能出来る。動画なので、Mark N の手元を見てブレイ
クビーツ・ハードコアのミックスの仕方が学べて、使われているレコー
ドの曲名も記載されているので非常に勉強になる。

Hellfish – Kildem

　さらに、初期 UK Rave シーンの歴史を掘り下げたければ 2019
年にリリースされた Fabio & Grooverider の『30 Years of
Rage』をチェックするのがいいだろう。Leftfield、Lennie De
Ice、Rhythim Is Rhythim、Nightmares on Wax、Awesome 3、
そして、ハードコア・テクノをクリエイトする前のハウス期に Lenny
Dee が Tommy Musto と制作した Fallout の「The Morning
After(Sunrise Mix)」も収録されている。『30 Years of Rage』を
通して聴くと、ブレイクビーツ・ハードコア、ジャングル、ドラムン
ベース、UK ガラージ、ダブステップといったスタイルが生まれた背
景とイギリスのダンスミュージックの壮大なルーツが感じられる。同
年に日本の Red Bull Music Academy で Fabio が当時を振り返っ
た貴重なインタビューも公開されているのだが、これは是非ハードコ
ア・テクノのファンにも読んで頂きたい。当時の Rave シーンの状況
が伝わってくる素晴らしい内容で、Rave カルチャーに少しでも興味
がある方はきっと楽しめるはずだ。

Fabio & Grooverider – 30 Years Of
Rage

イギリスのハードコア・テクノの歴史

　イギリスを中心にジャングルが世界的なムーブメントになり始めていた 1994 年に、Hellfish は
レーベル Deathchant をスタートさせる。最初にリリースされたのは Hellfish と Diplomat のユニッ
ト Technological Terror Crew の『Where Angels Fear to Tread』であった。その後少しのブラ
ンクを空け、Technological Terror Crew、Diplomat、Hellfish、The DJ Producer、The Death
Syndicate、Dolphin & DJ Tox のレコードをリリースしていき、徐々に UK ハードコアのスタイルが出
来上がっていく。

　そして、サブレーベルである Born Ultraviolent と Stroid のリリースも含めて現在までに 100 タイト

The Dentist From Boscaland – The
Dentist From Boscaland

Skrewface – The New Breed EP

ルを超えるレコードがリリースされ、Deathchant と UK ハードコ
アは世界中に熱狂的なファンを生み出した。Deathchant のみなら
ず、イギリスのハードコア・テクノ・シーンは世界的に見てもユニー
クだ。イギリスのハードコア・テクノが他の国とは違った特殊なサウ
ンドであったのは、Deathchant が活躍する以前から見受けられる。
ここでは、90 年代初頭から中頃までに掛けてイギリスで活躍してい
たアーティストとレーベルを紹介しよう。

　イギリスのハードコア・テクノは当初からオランダやドイツ、ア
メリカとも違った個性的な作品を生み出しており、ブレイクビー
ツ・ハードコアやテクノ、ハウスといったシーンで活躍していたプ
ロデューサーや DJ 達が 1992 年前後からハードコア・テクノをク
リエイトしていた。90 年代には Lee Newman と Michael Wells
による Church of Extacy を筆頭に DJ Freshtrax、DJ H.M.S.、
Loftgroover、DJ Smurf、Wargroover(Dave Parkinson)、DJ
Freak、DJ Clarkee、DJ Sass、DJ Scorpio、Traffik、Matt
Green、Suicide Squad によって数多くのハードコア・テクノの
傑作がイギリスから生まれている。1990 年から The Disciples
of Hardcore、Kinetic、DJ Freshtrax、The Nightbreed といっ
た名義でハウスやブレイクビーツ・ハードコアをリリースしていた
John Vaughan は、ハード・ハウスやトランス方面でも知られてい
るアーティストであるが、彼は 90 年代中頃までに Retro-grams、
Boscanese Hedgehogs Fall to Earth と い っ た 名 義 や DJ
H.M.S. との The Men from Del Bosca などでハードコア・テクノ
やアシッドコアをリリースしている。

　1994 年にリリースされた John Vaughan の The Dentist from
Boscaland 名義でのレコードは、アシッドのサイケデリック感を突
き抜ける様なアッパーなビートと重ね、アシッド・サウンドの作用を
危険なまでに増幅させたドラッギーなアシッドコアを開発。非常に高
速な BPM であったが、元々はハウスを作っていただけあって、高速
化しても 4 つ打ちで作り出すグルーヴと高揚感をキープする事に成
功しているのが流石である。John Vaughan の残したハードコア・
テクノ / アシッドコア系のレコードは力強くハイスピードでサイケデ
リックという、UK ハードコアのコアな部分と共通している。

　そして、John Vaughan と複数のプロジェクトで共作を行って
いた DJ H.M.S. もイギリスのハードコア・テクノ史には欠かせな
い。1993 年にイギリスのハードコア・テクノ・レーベル Kill out
Recordings から Colin Hooges とのユニット Assault で『001:
H-Bomb』と、Industrial Strength Records の傘下レーベル Bastard Loud Records の第一弾リリー
スとして Ekonomix（同じく Colin Hooges とのユニット）の『Ekotrip』というハードコア・テクノの
レコードをリリース。インダストリアル・メタルやハードコア・パンク的とも言える過剰で過激な叫んでい
る様なディストーションとクレイジーなアシッド・サウンドを混ぜ合わせたアシッドコア・スタイルで、
後に DJ H.M.S. がスピードコアへと流れていく伏線が現れている。同時期に、John Vaughan との The
Men from Del Bosca 名義で彼等のレーベル Boscaland Recordings からアシッドコアやガバのレコー
ドをリリースし、オランダの Hellraiser に The Speed Freak や The Prophet と共に出演。DJ H.M.S. は
Raveology 名義などでハイスピードでアッパーな高揚感のあるブレイクビーツ・ハードコアのトラックを
作っていたが、彼の本質はガバ / アシッドコア・スタイルでより明確に表れているのではないだろうか。

　そして、90 年代中頃になると DJ H.H.S. はよりエクストリームなスタイルへと突き進んで行き、スピー
ドコアにフォーカスした DJ プレイとなる。1996 年にはレーベル Skrewface Records をスタートさせ、

Skrewface 名義でのスピードコアのレコードを発表。テクノやハウスのグルーブ感やセクシーさをスピードコアに落とし込んだ、ダンサブルなスピードコアを確立。Skrewface Records からは 1996 年に The DJ Producer の『Gaspin 4 Breath EP』もリリースされており、1997 年には Dolphin や The DJ Producer も参加した Skrewface のリミックス集『The Theorys EP』がリリースされている。

UKハードコア前夜

DJ H.M.S. と同じく、イギリスのスピードコア／ハードコア・テクノの歴史において重要なのが Loftgroover である。80 年代末から DJ としてのキャリアをスタートさせた Loftgroover は、ジャングル・テクノのパイオニアとしてドラムンベース・シーンにも影響を与え、今もマニアックなリスナーからカルト的な支持を受けている Ron Wells(Jack Smooth) とのユニット Teckno Bross として Basement Records からレコードをリリースし、イギリスの初期テクノ史に残る名作を残している。ユニークで創造的な選曲とミキシングスタイルでイギリスの Rave シーンで活躍し、当時の主要な大規模イベントには欠かせない存在であったそうだ。

1995 年に自主レーベル Redhead Records をスタートさせ、Disciples of Annihilation & Lenny Dee と Acid Lab が参加した Loftgroover & the Maniac の『Kneel Before Me (Remixes)』と、Loftgroover の『The Scare - Core EP』をリリース。ロッテルダムのガバにイギリスのハードコア・テクノをミックスさせたレイビーでハイスピードな作風で、後に Loftgroover がクリエイトするスピードコアの原型を感じる。翌年にはスピードコアに特化した Skrewface とのスプリット『Scarecore II EP』をリリース。ハッピーハードコアやドラムンベース・ファンにも馴染み深い Helter Skelter のビデオに収録された Loftgroover のプレイでは、スピードコアで数多くの Raver 達を躍らせていた。

Helter Skelter での Loftgroover と DJ H.M.S. のプレイはオンラインで聴く事が出来るが、彼等はハードなガバのレコードのピッチをさらに上げて高速化させ、それらをスピードコアとミックスする非常にアグレッシブな DJ セットであったが、MC とのコンビネーションと優れたミックスと選曲のスキルによって Rave の環境に適応させている。Loftgroover はデスメタルのレコードもスピードコアと合わせてプレイしており、最近では Slipknot もプレイしていた。DJ H.H.S. と Loftgroover 以外にも、Helter Skelter では Hellfish & Diplomat、The DJ Producer、Dolphin、Mark E.G.、Scoripo & Clarkee も出演しており、それぞれのハードコア・スタイルをフロアで共有し、お互いのサウンドを成長させていっていたのだろう。彼等が 90 年代に行っていた DJ プレイやリリースされたレコードを聴き返すと、イギリスには他の国とは違ったヘヴィなヴァイブスを持ったクレイジーなシーンがあったのを感じられる。

Suicide Squad - 8 Bit Shit

1995 年には DJ Freak のレーベル Hard of Hearing と pHönki のレーベル Crapshoot がスタートし、その後も Area 51 Recordings、Semtex Recordings、Hardcore Mafia といったレーベルがクオリティの高いハードコア・テクノのレコードを発表。1997 年には Simon Underground と Sean O'Brien(Max Death)、Chris Marsh によるユニット Suicide Squad が Industrial Strength Records から『8 Bit Shit』、Dolphin, Tox & Dare は Hardcore Mafia から『Yeah Motherfucker』という名盤をリリースし、Deathchant からも Hellfish『Driven by Rage EP』や The DJ Producer『The Old Skool Retaliation EP』と

Loftgroover

いう UK ハードコアのクラシックがリリースされた。彼等のレコードやミックス・テープが手から手に渡っていき、イギリス独自のスタイルを確立させていった。

Planet-Mu との邂逅

1997 年に Deathchant から Hellfish『Destined for Destruction』、Diplomat『Mind Winder 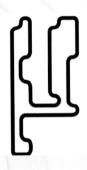 EP』、The DJ Producer『The Old Skool Retaliation EP』、Hardcore Mafia からは Dolphin & DJ Tox の『Yeah Motherfucker』がリリースされ、UK ハードコアが徐々に形成される。その後も Deathchant、Rebelscum、Social Parasite、Corrupt から革新的なレコードがリリースされていき、新たな世代のアーティストも登場。1999 年以降、Hellfish と Deathchant は Micropoint と Psychik Genocide と繋がり、UK ハードコアとフレンチコアはサウンド面においてお互いに影響を与え合いながら、ダンスミュージックとしての機能性を高めていった。そして、2000 年に入り、意外な所からのラブコールによって UK ハードコア・シーンは大きな転機を迎える。

Aphex Twin や Squarepusher と並んでエレクトロニカ /IDM/ ドリルンベース・シーンを代表するイギリスの電子音楽家 μ-Ziq こと Mike Paradinas と、彼が 1995 年に設立したレーベル Planet-Mu は UK ハードコア・シーンにおいても非常に重要な存在である。Mike Paradinas のソロプロジェクトである μ-Ziq は、色彩豊かなシンセサイザーの音色を使い、メランコリックでエモーショナルなメロディや浮遊感を感じさせるドリーミーなメロディが特徴的であり、ソフトでリスニング向けのエレクトロニカから、ブレイクビーツ・ハードコアやジャングル、ドラムンベース、テクノをミックスしたダンサブルでアグレッシブなドリルンベース、ディープで美しいサウンドスケープに飲み込まれる極上のアンビエントなど、多彩な作風で世界中の電子音楽好き達を魅了している。

Planet-Mu は時代にフィットしつつも、一歩にも二歩も先を読んだ刺激的な作品を 20 年以上に渡って制作し続けており、グリッチ、ブレイクコア、グライム、ダブステップ / ポスト・ダブステップ、ジューク / フットワークといったジャンルをフックアップし、それらをダンスミュージック・シーンに根付かせてきた。

『Constant Mutation』が与えた影響

μ-Ziq/Planet-Mu と UK ハードコア・シーンの邂逅は 2000 年に、Planet-Mu から Hellfish と The DJ Producer のシングルをコンパイルしたコンピレーション『Constant Mutation』のリリースから始まる。「No More Rock'n'Roll」「Ultimate Damage '98」「Turntable Savage」「The Teknologikal Revolutionary」といった彼等の初期クラシックが上手くまとまった、これ以上ない程に完璧に彼等と UK ハードコアの魅力を紹介した名盤コンピレーションである。翌年には、Hellfish のコンピレーション『Meat Machine Broadcast System』、2002 年は Hellfish と The DJ Producer のコンピレーション第二弾『Bastard Sonz of Rave』もリリースされた。

これらのコンピレーションによって、彼等はエレクトロニカ /IDM 周辺のリスナーや DJ 達からも注目され、John Peel のラジオでもプレイされた。そして、2003 年にスペインで開催された Sonar に  Underworld、Björk、Matthew Herbert と共に Hellfish は出演するまでに至る。サウンド面においても、特に Hellfish が 2000 年以降グリッチや IDM 的な要素を強めていたのも、Planet-Mu が当時プッシュしていた IDM/ グリッチ系のリリースから影響を受けたと思われる。The DJ Producer も「Rude Attitude (B-Boy Throwdown Live at the D.S.P)」とタイトルに記載している様に、この時期は IDM 系で多用されていた DSP エフェクターをハードコア・トラックに取り込み、UK ハードコアの基盤となっていたサイケデリック感を強調させる為にグリッチ系のエフェクトが使われていた。以降、グリッ

μ-Ziq

チの要素は UK ハードコアのトラックにおいて欠かせない要素となっていく。

　Hellfish と The DJ Producer のコンピレーションが発売されるのと同時進行で、Planet-Mu からは Joseph Nothing、Kettel、Capitol K、Electric Company、Slag Boom Van Loon(Speedy J & Mike Paradinas)、Luke Vibert といった IDM やエレクトロニカ、アシッド、ブレインダンス系のリリースと、Venetian Snares、Hrvatski、Doormouse などのブレイクコアやハードなグリッチのリリースも行っていたが、Mike Paradinas の見事なキュレーションによって、全てのジャンルが Planet-Mu というレーベルの中で共存していた。その産物として、マッシュアップ要素の強いコンピレーション・シリーズ『Criminal』や『The Cosmic Forces of Mu』などがある。

　この時期の Planet-Mu はレーベルとして最も理想的な姿をしていた。『ブレイクコア・ガイドブック　上巻』でも触れているが、Planet-Mu から Hellfish と The DJ Producer のコンピレーションがリリースされた 2000 年から 2002 年は、IDM やグリッチが世界的に盛り上がっていた時期であり、Planet-Mu は世界中の電子音楽好きが常にチェックしていたレーベルであった (Planet-Mu のフォーラムは電子音楽好きにとっては貴重な情報源の一つでもあった)。そんな時期に、『Constant Mutation』や『Bastard Sonz of Rave』がリリースされ、IDM やグリッチのファン、もしくはそれらのジャンルに憤りを感じていたリスナーに UK ハードコアはどんぴしゃにハマったのではないだろうか。それを物語る様に、『Constant Mutation』と『Bastard Sonz of Rave』は驚異的な好セールスを記録し、一万枚以上も売れたらしい。

Hellfish & Producer – Constant Mutation

V.A. – The Cosmic Forces Of Mu

Kid Spatula とRude Ass Tinker

　なぜ、エレクトロニカ /IDM のレーベルとして人気のあった Planet-Mu が UK ハードコアをリリースしたのかというと、Mike Paradinas 曰く、彼の元々の音楽的なルーツが DJ であり、自身がレーベルから出している音楽と DJ としてプレイしている音楽にはあまり繋がりはなく、Hellfish & The DJ Producer の 『Constant Mutation』のリリースによって、そういった不一致性を修正しようとしたかららしい。

　その当時、Mike Paradinas が DJ で頻繁にプレイしていたのが『Constant Mutation』に収録されていた UK ハードコア・トラックであり、激しいジャングルやドラムンベース系を速くて踊れる音楽に持っていく時に、Hellfish や The DJ Producer のトラックを DJ セットに入れていたとの事。『Constant Mutation』は Mike Paradinas にとっても、他のシーンを見る事によって新鮮味が感じられ前に進めた、とインタビューで発言している。また、Mike Paradinas と UK ハードコア・シーンのアーティスト達には類似点も幾つか見つけられる。Mike Paradinas は DJ としても、非常に素晴らしい才能があり、レコード収集家だけあって非常にマニアックなレコードを DJ セットに取り入れている。自身の感性にとても正直で、アーティスティックな視点からの DJ プレイが特徴的であり、それもあってか、Mike Paradinas の DJ ミックスをフェイバリットに挙げているアーティストは多い。『Mike Paradinas 90-92 Hardcore Mix』という DJ ミックスは他のオールドスクール系とは少し違った視点で当時のハードコア系をミックスしており、Hellfish と The DJ Producer と同じ様なバックグラウンドを感じさせ、ブレイクビーツ・ハードコアが彼等を繋ぐ大きなパーツとなっているのが分かる。

　また、サウンド面においても、1997 年にリリースされた μ-Ziq のアルバム『Lunatic Harness』収録のアルバム・タイトル曲「Lunatic Harness」はヒューマン・ビートボックスをエディットした高速ビートに牧歌的なメロディを重ねた楽曲であり、Hellfish「Turntable Savage」や The DJ Producer「Damage by DJ (Parts 1 + 2)」などに似たものを感じさせる。先ほど触れた様に、DJ として Mike Paradinas

Rude Ass Tinker – Imperial Break /
Silk Ties

μ-Ziq – Bilious Paths

は Deathchant などのレコードをプレイしていたが、自身の楽曲に
おいてもハードコア・テクノの影響を取り込んでいった。1999 年
にリリースされた Jega と Kid Spatula（Mike Paradinas の別
名義プロジェクト）のスプリット・レコードに収録されている Kid
Spatula の「Hard Love」は、Deathchant の UK ハードコア・ス
タイルを土台に Mike Paradinas らしい鮮やかなメロディを組み合
わせたハードコア・トラックとなっている。楽曲の構成も UK ハー
ドコア・スタイル的であり、ブレイクビーツやガバキックなども一部
Deathchant のリリースからサンプリングされていると思われる。
2000 年にリリースされた Kid Spatula 名義でのアルバム『Full
Sunken Breaks』でも、ハードコアからの影響を受けたと思われる
楽曲が収録されていた。

　そして、2001 年に Deathchant からリリースされた Rude Ass
Tinker 名義でのシングル『Imperial Break / Silk Ties』で、Mike
Paradinas のハードコア・スタイルは頂点を極める。元々、Rude
Ass Tinker 名義では MC Hammer の「U Can't Touch This」を
ぐちゃぐちゃにしたグリッチホップなどを作っていたが、『Imperial
Break / Silk Ties』は、歪に捻じ曲げられたヒップホップ・サンプ
ルとディストーションとグリッチで潰されたキック、制御不能に暴れ
まわるアーメン・ブレイクなど、ハードコア・テクノにグリッチとブ
レイクコアを強引にミックスしたとてつもなく狂暴なレコードで、
Deathchant のカタログの中でも特別異彩を放っている。その後も、
Rude Ass Tinker としては Noize Creator のレーベル Suburban
Trash Industries からリリースされた lowotflaichi のリミックス・
シングルとコンピレーション・シリーズ『Criminal』にも参加し、
2003 年には The DJ Producer のリミックス集『Interpretations』
に μ-Ziq としてリミックスを提供し、Hellfish のトラックを素材にして作られた変則的なコンピレーショ
ン LP『Drug Skill』にも Rude Ass Tinker として参加。この頃は Deathchant と Rebelscum、そし
て Planet-Mu が繋がっていた非常に刺激的な時代であった。同年にリリースされた μ-Ziq 名義のアルバム
『Bilious Paths』では、Rude Ass Tinker 名義での楽曲や The DJ Producer のリミックスを再構築し
た楽曲も収録しており、Mike Paradinas の作品の中で最もハードコア / ブレイクコア要素の強いアルバ
ムとなっている。

　Mike Paradinas と Hellfish が開拓していったグリッチーなハードコア・スタイルは UK ハードコア・シー
ンに広がっていき、2003 年に Dolphin vs The Teknoist『The Glitch War Part 1』といった作品も
生まれ、2006 年にリリ
　ースされた Ebola のアルバム『Reflective Shots』にはその影響が色濃く、Ely Muff や I:Gor、
Scheme Boy といった次の世代のアーティスト達に受け継がれた。μ-Ziq のライブセットでは Kid
Spatula「Hard Love」と Rude Ass Tinker の楽曲はライブのラストパートで頻繁にプレイされており、
2019 年に行われた Boiler Room x Eristoff x Funkroom: Vienna での μ-Ziq のライブでも、Rude
Ass Tinker「Magical Digital」と The DJ Producer「Which Cunt? (μ-Ziq's 6/8 Remix)」がプレ
イされている。

　2006 年に Dolphin & The Teknoist のスプリットが Planet-Mu からリリースされてからは、ハード
コア・シーンとの接点が途切れてしまったが、Planet-Mu の 200 タイトル目を記念したコンピレーショ
ン CD『200』に Hellfish が Shitmat のリミックスを提供していたり、20 周年記念コンピレーション『μ20
- 20 Years of Planet Mu』にも Hellfish はエクスクルーシブ・トラックを提供していた。

今も拡散され続けるUKハードコア

　Hellfish は Planet-Mu との邂逅以降、2000 年中頃からどんどんとノイジーでスカム的な側面を強めていき、ブレイクコア勢からの影響も重なって、ストレンジでハーシュなハードコア・トラックも多く作り出す。それらは Bryan Fury とのコラボレーションやユニット Axe Gabba Murda Mob のリリースで特に強く出ていた。The DJ Producer はインダストリアル・ハードコアとの関わりが密になり、並行して当時アンダーグラウンドで支持を集めていたスカルステップやハードコア・ドラムンベースも取り込み、自身の UK ハードコア・スタイルに攻撃的なサウンドとグルーブを付け加えていった。

　Hellfish と The DJ Producer は The Third Movement からのEPリリースやDJ Promo とのコラボレーション作の発表など、オランダのインダストリアル・ハードコアとの融合が進み、テラーコアとの関わりも増え、その頃から UK インダストリアルという単語が目立つようになる。2010 年代に入るとクロスブリードの出現によって、再び UK ハードコアへの関心が高まり、UK ハードコア勢もクロスブリードを再解釈したトラックを制作し、ハードコア・シーンの活性化に一役買っていた。UK インダストリアルというカテゴライズとクロスブリードにおける UK ハードコアの功績に関しては、『ハードコア・テクノ・ガイドブック インダストリアル編』でフィーチャーしているので気になった方はチェックしてみて欲しい。

　そして、現在。UK ハードコアの勢いは衰える事なく、今もハードコア・シーンを超えて様々なジャンルのリスナーを魅了し続けている。Hellfish は DJ Akira とのコラボレーション作を Fish And Rice Recordings から発表し、Deathchant からは『Unmute The Mutant』と『King Of Ironfist』というアルバム単位のLPも発表。ハイペースでリリースを重ねており、かなりの枚数のレコードをとめどなく製作している。The DJ Producer は 2018 年に発表したアルバム『Future Incognito』で UK ハードコアの神髄を再びシーンに提示し、新旧のファンとアーティスト達からリスペクトを集めた。他にも、『Damaged By DJ. The Unreleased Dubplates 2000 - 2019』や、LFO(Mark Bell) のリミックスを収録した『Doomsday Expanded Redux』といった未発表曲などをまとめた LP も発表。作り込まれた信念のあるサウンドはどんな時代にも埋もれない輝きが宿るのを証明した。

　これから見て頂く UK ハードコアのディスクレビューには、凄まじく緻密に作り込んだハイクオリティなレコードから、悪ノリでスカム的な勢い任せの様なレコード、ブレイクビーツ・ハードコアやドラムンベースに特化したレコードなど様々であるが、どの作品からも UK ハードコアのプライドとメンタリティが感じられる。ハードコア・ファンが良いハードコアを求める為の努力を惜しまない姿勢と、UK ハードコアの勝気でストイックなプライドが共鳴あっているからこそ、UK ハードコアは長年に渡って愛され、ハードコア・シーンでも特別なジャンルになっているのだろう。

V.A. - 200

Hellfish – Unmute The Mutant

The DJ Producer – Damaged By DJ.
(The Unreleased Dubplates 2000-
2019)

ヒップホップのメンタリティで制作するUKハードコアのアイコン

Hellfish

- ⦿ Deathchant、Planet-Mu、PRSPCT、Born Ultraviolent
- ⦿ 1997
- ⦿ http://deathchant-shop.com/
- ⦿ イギリス

90年代初頭から多数の名義でブレイクビーツ・ハードコアをリリースし、アンダーグラウンドのRave シーンでは知られた存在であった Julian Cobb が90年代後半にスタートさせたハードコア・テクノ・プロジェクト。スクラッチやビートジャグリングといったターンテーブリズムと、IDM やグリッチなどの実験的な要素をハードコア・テクノに落とし込み、革命的な UK ハードコアというスタイルを生み出したオリジネーターの一人である。1997年に『Driven by Rage EP』を自身主宰レーベル Deathchant から発表し、Hellfish 名義での活動を開始。『Destined for Destruction』『Hardcore Body Harvest』といったシングルや、Hellfish & The DJ Producer として『Round 1』『No More Rock N Roll』『21st Century Core / R2』などのコラボレーション・シングルを短期間で連発し、90年代後半のハードコア・シーンに多くのマスターピースを残した。2000年以降は Bryan Fury とのユニット Axe Gabba Murda Mob としても UK ハードコアの名作を発表している。ヒップホップを中心に多種多様なサンプルを使い、スキルフルなスクラッチと職人技的なブレイクビーツのプログラミング、ファットでノイジーなキックなどを駆使して作られるハードコア・トラックの数々は、ハードコア・シーンを飛び越えて様々なジャンルのクリエイターに影響を与えた。現在も Deathchant から定期的に自身の 12" レコードをリリースし続けており、PRSPCT や Heresy といったハードコア・シーンのトップレーベルからもシングルをリリースし、常に新しい世代のファンを獲得している。

Hellfish

Driven by Rage EP	イギリス
Deathchant	1997

Deathchant からは初となった Hellfish 名義の 12" レコード。フーバーシンセ、アーメン・ブレイク、ガバキックにラップのアカペラなど、人を高揚させる要素が凝縮されたハードコアのお手本の様なトラックが収録。1997 年にリリースされた物だが、非常に斬新でフレッシュなハードコア・スタイルとなっており、UK ハードコアと Hellfish の歴史を語る上で外せない名盤。卓越したブレイクビーツとサンプル使いにスクラッチを交えた Hellfish らしさが全面に出ており、未だにフロアで通じるトラックばかりである。

Hellfish

Turntable Savage	イギリス
Deathchant	1999

オールドスクールなヒップホップ・クラシックをふんだんに使い、ターンテーブリズムをハードコア・テクノに落とし込んだ「Turntable Savage」は、ハードコア・テクノ史に残る永遠の名曲として、リリースから 20 年経過した今も多くの人々を熱狂させている。80 年代から 90 年のターンテーブリストのミックステープや音源を聴いている人には胸熱なネタ使いとジャグリングは、ヒップホップやターンテール・ミュージック好きも魅了する真の意味でクロスオーバーなハードコア・トラックである。微妙なグリッチ・エフェクトや、ビートとスクラッチの入れ替えなど、この曲が与えた影響は計り知れない。

Hellfish

Man Vs Machine	イギリス
Deathchant	2000

アンダーグラウンドのハードコアな Rave シーンで活躍して得られた頑強な姿勢と、当時の最新技術を存分に駆使して作られた UK ハードコアの本質を感じさせる名盤。タイトルからも分かるように、機械的な要素を人間的なグルーブによって見事にコントロールして産み落とされた究極のハードコア・ミュージックが完成している。「Man Vs Machine」のグリッチ・エフェクトやキックの重ね方などは時代を先取りした内容で、後の UK ハードコア・シーンに多大な影響を与えているのが解る。今作のキックは、ブレイクコア・シーンで人気の某アーティストもサンプリングして曲に使用していた。

Hellfish

Untitled	イギリス
Stroid	2000

Deathchant のサブレーベルとしてスタートした Stroid から 2000 年にリリースされた 12" レコード。ホワイト盤となっており、明確な曲名は存在していないが、A 面では Eminem の「Drug Ballad」を素材にしたマッシュアップ・トラックで、原曲の魅力を引き出した良質なマッシュアップとなっている。B 面は Evil Maniax「Psychopath」や Chosen Few の「Name of the DJ」をマッシュアップしたハードコア・トラック。他にも、Stroid からはヒップホップとハードコアの大ネタを使ったマッシュアップ・トラックの名作が発表されている。

Hellfish

Toilet Wars
Deathchant　　　イギリス　2002

タイトル・トラックの「Toilet Wars」はドラッグ・ネタのサンプルから始まり、クレイジーなアーメン・ブレイクとマッシブなキックが終始暴走気味に暴れまわる Hellfish の狂気が爆発した名曲。アーメン・ブレイクの展開と鳴りがとても良く、最後までまったく飽きさせない。2013 年に「Crack Wars (Toilet Wars Reboil)」というセルフリメイクも発表している。ファンキーなエレクトロとオールドスクール・ヒップホップがハードコア・テクノとケミカルに掛け合わさった「Line 'Em Up」も、揺るぎない UK ハードコアのルーツが感じられる名曲である。

Hellfish

One Man Sonic Attack Force
Planet-Mu　　　イギリス　2005

「U Don't Quit」「Wolfman」「Pill Lesson」といった Hellfish が 2000 年中頃に Deathchant と Born Ultraviolent から発表したシングルと、The Speed Freak や Manu Le Malin & The DJ Producer に提供したリミックスなどをまとめたコンピレーション CD。グリッチや IDM 的手法を多用していた頃の Hellfish の実験的な UK ハードコア・スタイルが凝縮されている。リリース当時は、日本でもタワーレコードなどの大型店舗でも取り扱われていた事もあり、Hellfish の作品では知名度の高い一枚である。

Hellfish

Now That's What I Call Hellfish! 01
Deathchant　　　イギリス　2006

映画やヒップホップ、ポップスなどの大ネタを使った『Now That's What I Call Hellfish!』シリーズの第一弾。ハードコア界でも頻繁にサンプリングされている『攻殻機動隊』のテーマ曲として有名な「謡」や、Dire Straits「Money for Nothing」、Daft Punk「Aerodynamic」、Coldplay「God Put a Smile Upon Your Face」などのヒットソングをグリッチで捻じ曲げ、ファットなキックとブレイクビーツでハードコア化させている。特に、The DJ Producer との共作「Daft Cant」の仕上がりは流石だ。

Hellfish

The Anti-Citizen
The Third Movement　　　イギリス　2008

DJ Promo 率いるインダストリアル・ハードコアのトップレーベル The Third Movement から発表された EP。Hellfish が 90 年代後半から 2000 年代中頃に掛けて作り出していた、独特の質感とグループ感を持ったグリッチ・ノイズが今作で頂点を極めている。過去にリリースされたインダストリアル・ハードコア・テイストの強い作品の中でも、最もテクノ的なニュアンスが強く、重く歪んだ四つ打ちのグループが非常に気持ちいい。近未来的なディストピアを連想させる世界観もとてもよく出来ている。エクスペリメンタル・ハードコアやリズミックノイズのファンにもオススメ出来る一枚。

Hellfish

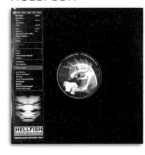

Now That's What I Call Hellfish Vol. 2 　　　　イギリス
Deathchant　　　　　　　　　　　　　　　　　　　2008

前作よりもストレートなネタ使いと構成が目立ち、キャッチーな内容と
なったシリーズ第二弾。ノルウェーのパンク・ロックバンド Turbonegro
をサンプリングした「All My Friends Are Dead」、ブレイクコア・アー
ティスト Toecutter の曲からのサンプリングと思われるものと Cypress
Hill のラップをミックスした「Im a Psycho」、そして、Sean Biggs
feat. Topic and Akon「Never Gonna Get It」をサンプリングした
Hellfish のベストワークの一つともいえる大名曲「My Style」など、全
8 曲収録。

Hellfish

The House of 1000 Kick Drums / Fishika 　　　イギリス
Born Ultraviolent　　　　　　　　　　　　　　　　2009

EBM 的ともいえる機械的で歪んだビートとグルービーなスクラッチに、
ノイズをまき散らしながら暴力的なガバキックがひたすら叩き込まれてい
く、オールドスクールなインダストリアル・ハードコア・テイストの強い
「The House of 1000 Kick Drums」と、平沢進の「白虎野の娘」を
メインの素材に映画『パプリカ』のサンプルを散りばめたメロディアス
でエモーショナルさも醸し出している「Fishika」の 2 曲を収録。ハード
コア・シーンでは数々の日本語サンプルネタがリリースされているが、
「Fishika」はその中でも異彩を放つ名曲である。

Hellfish

The Hong Kong Chop 　　　　　　　　　　　　イギリス
Hong Kong Violence　　　　　　　　　　　　　　　2017

リリース前から DJ Akira や Thrasher の DJ セットで頻繁にプレイされ
ていた Beastie Boys「Fight for Your Right」ネタの「Hong Kong
Fight Club」は、シンプルながらもストレンジでスピードコア的でもあ
り、Hellfish の核となる部分であるアナーキズムが感じられる。2018
年には「A-Team Fight Club」という続編も作られた。オールドスクー
ルなサンプルを散りばめ、職人技のブレイクビーツ使いが光る直球な UK
ハードコア・トラック「The Hong Kong Chop」も素晴らしい。

Hellfish

Black Death 　　　　　　　　　　　　　　　　イギリス
Heresy　　　　　　　　　　　　　　　　　　　　　2019

Love Love Records や Oblivion Underground Recordings か　ら
の Bryan Fury とのコラボレーション・シングルや Deathchant から
の連続リリースで、再びハードコア・シーンにインパクトを与えていた
Hellfish が 2019 年に Heresy から発表した名作。スクラッチやヒップ
ホップなどのキャッチーでファンキーなサンプルは抑えられ、ひたすらス
トイックにビートとノイズが進行する UK インダストリアル・スタイル
で、新旧のファンに Hellfish の凄みを知らしめた。Heresy のレーベル
カラーにも合っており、DJ ユース的な内容でもある。

リアルなプレイを行うUK Raveの歴史に深く名を残す生粋のDJ

The DJ Producer

◉ Deathchant、Rebelscum、The Third Movement
🕐 1994　　　　　　　　　　　　　🌐 イギリス
✉ https://SoundCloud.com/the-dj-producer

DJ として 30 年以上のキャリアを誇るベテランであり、ハードコア・シーンでもトップクラスの人気と実力を誇る Luke McMillan によるハードコア・テクノ・プロジェクト。Rave シーンの黄金期に数々の伝説的パーティーに出演し、イギリスのハードコア・テクノ・シーンの土台を支えた最重要人物であり、UK ハードコアのパイオニアである。
1996 年に Skrewface Records と Storm Breaks から The DJ Producer 名義の 12" レコードを発表し、アーティストとしても本格的な活動がスタート。Wargroover とのスプリットや Manu Le Malin とのコラボレーション・シングル、Hardcore Mafia や Semtex Recordings からの単独リリースも行い、1997 年に Deathchant からリリースした 12" レコード『The Only I Can Do It EP』で今に通じる UK ハードコア・スタイルを開拓。その後も、盟友 Hellfish とのコンビネーションによって革命的なシングルを立て続けにリリースし、UK ハードコアを世界中のハードコア・シーンに知らしめていく。1999 年には、自身が A&R を務める Rebelscum をスタートさせ、インダストリアル・ハードコアと UK ハードコアを混合させた強靭的なハードコア・サウンドとニヒリスティックな世界観を持った名曲を発表していった。現在もハードコア・フェスティバルの常連として毎年多くのフェスティバルのメイン・タイムを任されており、各国のハードコア・ファン達から絶大な信頼を寄せられている。また、Rinse FM で行われている Mumdance のプログラムにミックスを提供した事でも話題を集め、ハードコア・シーン以外の新しい世代からも支持を集めており、ハードコア・テクノの魅力を今も多くの人々に伝え続けている。

The DJ Producer

Nitemare on B-kore Street
Storm Breaks
イギリス
1996

2015 年に再発もされた The DJ Producer の傑作初期シングル。ブレイクビーツ・ハードコアを下地に、ハードコア・テクノやインダストリアル、ジャングル、ガバ、ヒップホップを混合させた若々しい The DJ Producer のハイブリッド・スタイルが披露されている。ディープなキックや、ファンキーなグルーブをキープさせた細かいブレイクビーツとベース、メタルやラップなど多様なサンプル素材を繋ぎあわせたトラックからは、今に通じる The DJ Producer のサウンドが出来上がっている。Underground Music にて、デジタル版が購入出来るので是非チェックを。

The DJ Producer

The Old Skool Retaliation EP
Deathchant
イギリス
1997

The DJ Producer が初めて Deathchant からリリースした 12" レコードであり、UK ハードコア・クラシックとして今もファンに愛されている名作。Double Dee & Steinski や Coldcut といったブレイクビーツ職人達にも匹敵するブレイクビーツ使いとスクラッチの合わせ技や、ジャングル、ガバ、テクノ、ブレイクビーツ・ハードコアを飲み込んで吐き出されたマッシブでファンキーなサウンドなど、The DJ Producer の個性的な部分が今作で完成している。Deathchant と UK ハードコアの歴史を語る上で外せない一枚。

The DJ Producer

The Amazing Adventures of The DJ Producer on the Wheels of Steel!!! EP イギリス
Deathchant
1998

UK ハードコア・シーンにおけるクラシックとして、未だにプレイされ続けるマスターピース。分厚くマッシブでディープなキックとリズミカルにエディットされたサンプルボイスが印象的な「King of the Vari-Speed」は、リリースから 20 年以上が経過しているが、まったく古さを感じさせない革命的な UK ハードコア・トラックである。中盤からのレイビーなブレイクビーツ・ハードコア・パートは、フロアのボルテージを一気に高める最高なパートであり、ハードコア・シーンに存在するブレイク・パートでもトップの出来だ。

The DJ Producer

Anarchy in a Controlled Environment
Rebelscum
イギリス
1999

UK ハードコアの名曲を多くリリースしている名門レーベル Rebelscum の第一弾作品として、1999 年に発表された 12" レコード。突き刺さる様な鋭いレイブ・シンセと、ドラムンベース的とも言えるブレイクビーツに The DJ Producer 印のディープなキックが絡み合って生まれた「The Runner (Electrical Hypertension)」は、正真正銘の UK ハードコア・クラシックとして今も色あせない輝きを放っている。アーメン・ブレイクの刻みと鳴りが非常に心地よい「System Overload at 96-3.65」も UK ハードコアの深い部分を表している。

The DJ Producer

Deep, Charismatic and Edgy　　　　　　　　　　イギリス
Deathchant　　　　　　　　　　　　　　　　　　　　　　2000

The DJ Producer 印のファットでマッシブなキックに、ファンキーな
ブレイクビーツとオールドスクール・ヒップホップのサンプルを組み合
わせた「B Boy Brutality (UK Reprobate Beats This)」は、超高速
ビートでありながらも非常にグルービーであり、ヒップホップのグルーブ
感が全面に出ている。UK インダストリアルの初期型とも言えるトラック
の中でロボットボイスがサイケデリックに回転する「Harder They Fall
(Kamikazees Reprize)」も独特なファンキーさがあり、今作では The
DJ Producer の天才的なグルーブ感を全体で感じられる。

The DJ Producer

The True Creators　　　　　　　　　　　　　　イギリス
Deathchant　　　　　　　　　　　　　　　　　　　　　　2001

プロダクション面において新しい技術や手法が取り入れられ、実験的な要
素も増していた時期の The DJ Producer を象徴する一枚。ダビーでサ
イケデリックな深みのあるキックとサウンドに、印象的なロボットボイス
のサンプルが回る「The True Creators (We're Back!!) (PT.1)」と、
ブレイクビーツ・ハードコアやジャングルのラフでルーディーな部分を
グリッチでリズミカルにマッシュアップした「Rude Attitude (B-Boy
Throwdown Live at the D.S.P)」の 2 曲が収録。両曲ともに UK ハー
ドコアの神髄が感じられる。

The DJ Producer

A Journey of Force　　　　　　　　　　　　　イギリス
Rebelscum　　　　　　　　　　　　　　　　　　　　　　2002

The DJ Producer の代表曲として人気の高い「A Journey of Force」
は、UK ハードコア・シーンに新たな方向性を指示した曲であり、2000
年代前半のハードコア・シーンにとっても重要な曲。90 年代初頭のブ
リープ・テクノやハードコア・テクノの要素をインダストリアル・ハー
ドコアに取り込み、UK ハードコアのメンタリティでまとめた力作。今作
は、技術やネットワークが大きく変化し、クロスオーバーしていっていた
2000 年初頭のハードコア・シーン全体の雰囲気や勢いなども音に込め
られている様に感じる。

The DJ Producer

XTC 1992 - 2002　　　　　　　　　　　　　イギリス
Rebelscum　　　　　　　　　　　　　　　　　　　　　　2004

80 年代のエレクトロやヒップホップから、90 年代のリアルな Rave シー
ンで活躍した DJ としての経験と知識が存分に発揮された「XTC 1992
- 2002」は、現代のオールドスクール・リバイバルや変則エレクトロの
流れをも汲んだ時代性を超えた名曲。時折出てくるブリープ・テクノなサ
ウンドと展開には毎回テンションが上がってしまう。跳ねたキックがテク
ノ的なグルーブを生み出しているダンサブルなインダストリアル・ハード
コア「XTC 2002」でも、ブレイクビーツ・ハードコアのエレメントが
隠し味で活かされている。

The DJ Producer

Breaks the Unbreakable	イギリス
The Third Movement	2007

Rebelscum からのリリースで自身の UK ハードコア・サウンドに磨きを
かけていた The DJ Producer が、インダストリアル・ハードコアの名
門 The Third Movement から発表した 12" レコード。リズミカルなアー
メン・ブレイクが先導するまさに UK ハードコアな「Afraid」、ドラムンベー
スのドライブ感をハードコアに落とし込んだ「Something Stronger
(Fine Day Mix)」、そしてインダストリアル・ハードコアのエッセンス
が活かされた「Battle on LV-426」と「Centrifuge」が収録。揺るぎ
ない UK ハードコアのメンタリティが溢れ出ている。

The DJ Producer

Problematic Frequency	イギリス
The Third Movement	2008

前作『Breaks the Unbreakable』や、DJ Promo とのコラボレーショ
ン EP で披露した UK ハードコア / インダストリアル・スタイルをさらに
アップデートさせた力作。以前よりもアーメン・ブレイクの強度が高まっ
ており、そこからは当時頻繁に共演していたブレイクコア・シーンからの
影響が多少なりとも伺える。退廃的でありながらも Rave の高揚感をダー
クなサウンドと絶妙にミックスした「The Signal 2007 (Producer's
Weird Energy Mix)」は、The DJ Producer の世界観を分かりやすく
表している。

The DJ Producer

Ease up Selector / Hell-E-Vator (Producers XTRM Punk Funk Slamdunk VIP Mix) イギリス
PRSPCT XTRM	2013

UK テクノ的なダビーでクールなサウンドとラガマフィンのサンプルを変
則的ハードコア・トラックに乗せた「Ease up Selector」は、DJ とし
て長年に渡って様々なジャンルやシーンを見てきた The DJ Producer
だからこそ作り出せる名曲であり、ハードコア・テクノにはまだまだ
無限の可能性がある事が証明されている。「Hell-E-Vator (Producers
XTRM Punk Funk Slamdunk VIP Mix)」では、タイトル通りにパンキッ
シュな荒々しいサウンドが付けたされた攻撃的なバージョンに生まれ変
わっている。

The DJ Producer

Future Incognito	イギリス
Heresy	2018

『Doomsday Mechaniks』以来、14 年振りにリリースされたフルア
ルバム。他のアーティストとのコラボレーションやリミックスなどを含
まずに、全曲オリジナルだけで構成されたストイックな内容。The DJ
Producer のコアなサウンドが全体を覆っており、いつもよりエモーショ
ナルなメロディやストーリー性のある展開などを取り入れている。クラブ
トラックとして十分成立しているが、それだけではない、作家性が強く出
たオルタナティブなハードコア・スタイルとなっている。アルバムという
フォーマットだからこそ表現出来た部分が多く、いつもとは違った The
DJ Producer の魅力が感じられる。

The DJ Producer インタビュー

インタビュー：梅ヶ谷雄太
翻訳：長谷部裕介

Q：あなたの地元と育った環境について教えてください。

A：1972 年にイングランド南西部、サマセットの田舎にあるシェプトン・マレットという小さな町に生まれた。全ての始まりはこの不思議な場所からだった。父は大規模な土地と農場を所有していた Clothiers という家族の養子だった。その土地には大きなチーズの製造倉庫と、フライフィッシング用のウジ虫を生産する工場があったんだ。この変な場所から俺の人生は始まった。この場所は夏なら 1 キロ先からでも匂いがするくらい不快だった。でも、それなりに裕福な家庭だったし、農業共済資金も沢山貰えていた。俺の父、Mark は暴力は振るわなかったが心に問題を抱えていた。養子に出された事や、悲しく落ち着かない何かを心にしまっていたようだった。多分、父は彼自身の事の多くを知らなかったのだろう。父との思い出がある。俺が 5 歳で妹が 3 歳の頃、3 人で空き地にある大きな木の枝に座ったのを覚えている。頭上からは太陽の光が降り注ぎ、俺は木の枝を前後に揺らしていた。悲しくもそれが最後の記憶で、そのあとの 24 時間以内に、父は自殺してしまった。これは辛い現実だが、俺の最初の記憶なんだ。でも、5 歳の自分にとってはまだ死というものが理解出来ていなかったから、回復に時間は掛からなかった。この話は家族から聞いたもので、実際はどうだったのか分からない。母は俺の実父の葬式で、友人として来ていた義理の父と出会った。彼はフレンドリーだったが、交際していると気づくまでに数年かかった。彼、Neil Mcmillan は 2015 年に亡くなるまでの間、俺の音楽の旅を本当に助けてくれた。

Q：音楽に興味を持ったキッカケは？　最初に自分で買ったレコードを覚えていますか？　あなたの地元はどういった音楽が盛んでしたか？

A：俺の親は第 1 世代のヒッピーに近いものだった。母は 60 年代のロンドンのビートニクで、The Beatles、Bob Dylan、Roxy Music が大好きだった。Neil は 2 トーン・スカ、Steely Dan、The Damned に夢中だった。Pink Floyd は家族全員が共通して好きな唯一のアーティストだったよ。俺の「目覚めの記憶」は Pink Floyd で『Dark Side of the Moon』のアルバムジャケットを見ながら、古い家のカーペットに座っている自分を思い出す。レコードが大好きで、全てのアルバムジャケットを見つめ、その中にある世界について疑問に思っていた。4、5 歳の頃に Pink Floyd の「Welcome to the Machine」を聴いた後、彼等は音を出す機械であり、人間ではないのだと確信した。本当に人生が変わった次の記憶は、両親がロンドンのアールズ・コートに Pink Floyd の In the Flesh ツアーを見る為に連れてってくれたこと。彼等が『Animals』の曲を初めて演奏した場所だね。ロンドンのバタシー発電所と、その上を飛ぶ豚が描かれているアルバムだよ。ショーの中盤、ステージの後ろが開いて 50 フィートの豚が観客席の方へ向かって来た。5 歳だった自分にとっては本当に巨大なもので、席の下に隠れたのをはっきり覚えている。両親は慌てて俺を探していたよ。46 歳になった今でも、豚が登場したのをハッキリと思い出せる。それが全ての始まりだ。『Animals』はアンビエントの傑作で、今でもお気に入りのアルバムだよ。

Q：メタルやパンクといったバンドミュージックからの影響は受けていますか？　また、ニューウェーブ、インダストリアルといったジャンルも聴かれていましたか？

A：さっきも言ったように、バンドの音楽がスタートだった。でも、Neil は電子音楽や常に新しい音楽を探して聴いていた。だから、本当に沢山のジャンルを聴いていた。Stan Getz から Tangerine Dream、Led Zeppelin から Bach まで全て受け入れていた。もう一つの Neil についての重要な記憶は、彼が家にやってきた時だ。その時、Kraftwerk「Neon Lights」のコピーを持ってきた。彼がターンテーブルをゲットする前だったが、子供が新しい玩具を手に入れた時の様に興奮していた。「これは夜光るんだよ！」と言っている彼の表情は、キャンディの詰まったバッグを持っている子供のようだった。その後、彼はそれをライトに翳してからターンテーブルに置き、ライトを消した。UFO のようなレコードは浮いて、トランスミッターのように見え、スピーカーから今まで聞いたことのないノイズが聴こえてきた。反対の面に収録されていた「Trans Europe Express」はとても

洗練され、未来的で暗く、別世界のもののように聞こえた。この単調な音楽は、自分が今までに見たことのないものを視覚化するようだった。

「駅から駅へ、この速度で、人々と会う、そして David Bowie と」

この歌詞は何年も頭に残っている。David Bowie ではなかったかもしれないけど。だが、それは達成できないものや、この世界について話していた。「想像してください、電車で世界を旅することを。それは素晴らしいことでしょう」。でも、これらは周りの環境から得た最初の音楽経験であり、「自分の音楽」ではない。

Q：あなたの音楽には欠かせない要素であるヒップホップとは、いつ頃出会いましたか？

A：1982 年、イギリスのテレビ番組 Top of the Pops で Malcolm Mclaren の「Buffalo Gals」が初めて流れた。その 3 分半の中で俺の人生は変わった。映像にはブロンクスのグラフィティ、ブレイクダンス、二つの高級レコードプレイヤーが映っていて、何が起こっているのかはよく分からなかったが、とても気に入ったよ。父も「あいつは凄いな！」と言っていた。それから Sex Pistols の話と、Mclaren がどうやってバンドを組んだかについての話をしてくれた。今でも物議を醸している人もいるかもしれないが、それは早くも音楽業界が想像と違うということを教えてくれた。でも、そんなことはどうでもよかった。それが人生で 1 番最初に買ったヒップホップのアルバムだ。1983 年、Herbie Hancock「Rock-it」のビデオが放送された。これまた酷いビデオだった。でも、DJ Grandmixer DST が最高に SAVAGE で、完璧なスクラッチを披露していた。当時の自分は 11 歳で、ターンテーブルが欲しかった時だ。これは、Kraftwerk の「Trans Europe Express」からリフをパクった Afrika Bambaataa & Soulsonic Force の「Planet Rock」に続くものだと、繋がりが見えてきた。11 歳の自分はこの時期に、自分がどんな曲が好きなのかを理解してきた。父は俺の好きな曲を聴いて「何だこれは？」と思っていたよ。1984 年か 1985 年に、イギリスで父と一緒に自己流のエレクトロ・ロック / ブレイクダンスを始めた。俺は 13 歳だったけど、地元のユース・クラブでよくブレイクしていて、映画『Beat Street』や『Breakdance』に夢中だった。『Breakdance』はハリウッドの LA Electro Boogie シーンの悪い面を表したものだ。Ice T と共演した Chris "The Glove" Taylor はマシーンのように凄かった。ブレイクダンスでのバトルシーンは彼のスクラッチを見る為に何度も巻き戻したよ。俺は本当にスクラッチがしたくて、中古の Garrard の 78rpm ノーピッチターンテーブルを買った。それを二つに別れたスピーカーセット付きアンプに接続して、ラインとフォノを切り替えるスイッチングをした。とても原始的だが、音がどう変わるのか、レコードを操作する感覚が分かった。アンプの後ろの入力端子に触れて感電したことも含めてね。もしかしたら死んでいたかもしれないな（笑）。俺はクルーの中ではダメダメなブレイクダンサーで、間違った方法でスピンして脊椎、頭、首を負傷した。それでも、他の誰よりも音楽を愛していたから、かっこいいテープを持っていた。だからミックステープをコンパイルして、公園やクラブで、13 歳の頃には DJ の役割をしていたんだ。

Q：イギリスにはビットコアや UK ラップの偉大な歴史があります。The Criminal Minds、Demon Boyz、Killa Instinct,、The Wild Bunch、Hijack、そして Chad Jackson や Cutmaster Swift といった伝説的な DJ など。あなたに影響を与えたイギリスのヒップホップ・アーティストとは？

A：正直にいうと、イギリスには良いヒップホップは多かったが、そこまで影響は受けてない。最初に 12" カルチャーの世界に足を踏み入れたのは、『Streetsounds Electro Collection』を聴いた時。1983 年から 1988 年まで続いた 22 のアルバムコレクションだ。8 〜 10 曲の本当に最高なアメリカのエレクトロが収録されていて、たったの 5.99 ポンドだった。子供にとってもいい値段だ。どこのレーベルのどのアーティストがいつ出した曲なのかも全てリストになっていた。Cutting Records U.S の Hashim がリリースした『Al Naafiysh』を買ったのを覚えている。その後『Crucial Electro 1』を見つけて夢中になり、成長出来たと思う。このアルバム・シリーズは新しいアーティストやレーベルを知るのに大事なものだ。そして、そのアーティストが所属するレーベルごとにチェックしていくのが最も良い方法だった。イギリスのシーンがやってくる前は、アメリカのヒップホップを聴いていた。その中でも特にお気に入りは、Hijack と The Demon Boyz だった。

Q：イギリスとアメリカのヒップホップで最も違う部分とは？　ファッション面においても違いはありましたか？

A：音楽という観点で見ると、俺は変わった考えを持っていると思う。ヒップホップは俺のスタート地点で、UKヒップホップは異なった方向へと変化する為の進化過程の様なものだ。東海岸の、特にニューヨーク系のハードコア・ヒップホップやフリースタイルのヘビーテンビートはいつになっても原点だ。最初はニューヨークのブロンクス音楽、Afrika Bambaataa や Grandmaster Flash を夢見ていた。ファッションについては全く気にしていないよ。ファッションというよりはパッションだ。でも、俺のミュージックセレクションは常に最新のものだと確信している。それが俺にとって興味のある唯一のファッションかな。

Q：80年代では、イギリスのどの都市でヒップホップは盛んでしたか？

A：俺はイングランド南東部出身で、当時最も近かった街のブリストルでは The Wild Bunch（後の Massive Attack）がジャムセッションをしたり、独自のヒップホップが誕生していた。その当時、俺はロンドン中心街のラジオを聴くことが多くなっていて、FMキャピタル放送から Kiss（ラジオ局）を

聴いていた（海賊ラジオについてはまた今度話すよ）。伝説のDJと呼ばれる Mike Allen はキャピタル放送で「Fresh Start to the Week」と「Allens Army on Manoeuvres」の二つの番組を持っていた。彼はアメリカのヒップホップと Soho の Groove Records（ロンドン中心街発祥のレコードショップ）のヒット曲を繋ぎ合わせ、編集してフレッシュな曲を作っていた。休日には、お金に余裕がある限り、何か得られるものはないかと Groove へ行ったよ。15歳の時には、ロンドンの地下鉄網やロンドン中心街のレコードショップについて多く知っていた。既に150マイル離れた場所からかなり真面目に下準備していたってことだ。俺はもうアンダーグラウンドへと向かっていた。さあ、ミックス・テープを作る時間だ。

Q：DJとしてのキャリアをスタートさせたのはいつですか？　当初はどういったジャンルのレコードをプレイされていましたか？　The DJ Producer 名義の前には、DJ Quickcut として活動されていましたが、その時期の頃についても教えてください。

A：1987年のクリスマスに、ターンテーブルを手に入れ、すぐにミックス出来る様になった。ミックスを学んだ記憶はなく、すぐにミックスをしていたんだ。その時は、ニューヨークのDJで、1986年のDMC優勝者である DJ Cheese からインスピレーションを得ていた。音楽という形を保ったまま、可能な限り高速かつ正確なプレイをしたかった。Henry Chalfant の『Subway Art』という本に、ニューヨークのグラフィティライター Quick がフィーチャーされていた。ターンテーブルを素早く操作する事から、DJ Quickcut という名前でベッドルームDJをしていた。俺は幾つかのミックス・テープをブレイクダンスブームが終わった後も、まだ音楽に夢中になっている友人達の為に録音したんだ。それから1988年、まだスクラッチとミックスをしていた。だが、その頃は、Rob Base & DJ E-Z Rock や It Takes Two がブロック・パーティーで人気だった。

時を止めよう。

1984年から1988年までの学生時代に発見した音楽はとても重要なものだった。学校には感謝しなくてはいけないが、俺は上手くいってなかった。頑張っても駄目だった。音楽の先生は俺に興味を持ってくれたが、俺を混乱させた。彼女にターンテーブルで音楽を作る方法を教えようとしたが、「ターンテーブルは音楽を再生するもので、曲を作るものじゃないのよ」と言われてしまった。それが最後の授業だった。何かが起こり、みんなの知らない事を知ってしまった気分だった。1989年、学校の成績は下がっていた。自分のやりたい事をしていた結果だから驚きはしなかった。特にネガティブでもなく、失敗したとも思っていなかった。俺は何かをただ待っていた。2回目のチャンスとして、ストロード大学のITコースに参加し、

週2回の音楽レッスンを受けていた。その授業は多くなく、教師達は高いグレードのものしか見ていなかった。ストロード大学は当時、Street と呼ばれる街にあり、グラストンベリーという有名な街の隣だった。グラストンベリーはイエスの父がとげの生えた木を植えたり、騎士が集まり会議をした事で有名な場所だ。グラストンベリーでは、過去50年間でヨーロッパ最大級のロックフェスティバルも開かれている。実際、80年代の Glastonbury Festival は核軍縮キャンペーン（CND）が全面的に宣伝していた。CND では、俺の母 Belinda Mcmillan は重要な役職だった。母はミサイル輸送機の前に横たわるなどの抗議活動をしていた。逮捕はされなかったけどね。母はミッドサマセットの重要人物で、Glastonbury Festival にも関わり、中心人物でもあった。だから、俺は Glastonbury Festivals に 1978年から1995年までは全て参加したよ。だが、それより重要なのはその街の「雰囲気」だ。グラストンベリーには The Assembly Rooms と呼ばれる場所があり、そこではバンドが演奏していて、遊びに行くにはいい場所だった。

ストロード大学に入学して間もなく、Dave Pardue という男に会った。今まで見た中で一番だぶだぶのジーンズを穿いている奴で、ハードコアな B-Boy の俺とは正反対だった。彼は「音楽に夢中なんだろ？」と聞いてきたので「もちろんさ」と答えた。それから「ハウスについて何か知っているか？」と聞かれ、「ふわふわしたものだ」と答えた記憶がある。そして彼は、「俺は仲間と小さい規模だが Rave をやってるんだ。君も参加するべきだ」と言った。まず俺はハウスが好きじゃなかったし、Rave が何なのかも分からなかった。ヒップホップとは違ったサウンドだということは分かった。彼は「自分の Technics SL-1210 を持っていくよ」と言い、俺は「あんたは Technics を持ってるのか？????」と返した。そしたら「もちろん」と言ったんで、すぐに Rave に行くことにしたんだ、Technics の為にね。そこには5時間いた。ターンテーブルの右側に立って Dave がヒップホップ、ヒップハウス、初期のアシッド、そしてヨーロッパのハウスをミックスしているのを見ていた。ストロボや人には全く興味が無く、ターンテーブルだけを見ていた。「俺ならもっと上手く出来るのに」と思っていた。後から音楽を確認し、そのほとんどはヒップホップではなかったことが分かった。Dave は4つか5つのイベントを開き、俺はそのうちの二つでプレイした。Quickcut としての最初のプレイだった。

Q：アシッド・ハウスとテクノの存在を知ったのはいつ頃ですか？　あなたがアシッド・ハウスとテクノを知った時、イギリスではどんなレコードが人気でしたか？

A：1989年の終わりに N.W.A. が『Straight outta Compton』をリリースした。イングランド南西部出身の小さな白人の少年が、次の大きなヒップホップ DJ のスーパースターになることはないだろうと思っていた。DMC を制覇するような器用さもないとも思っていた。でも、俺の周りでは大人気だった。アシッド・ハウスは全ての雑誌に載り、Glastonbury Assembly Rooms のギグは一見、そして無意識のうちに、London & M25 Orbital パーティーがやっていたようなことをする為に、田舎のキッズ達のグループを切り離して集団的に推進するスプリングボードのようなものになっていたと思う。そして、サウンドシステムを外に出して、夜明けまで踊る。ハードコア・ヒップホップ・ヘッズから、ハウスとテクノを新しい音楽の対象として受け入れるようになった俺の本格的な転換の瞬間だ。Dave は本当に知識のある人で、当時俺のメンターだった。レーベルやまだ知らない音楽についても教えてくれた。ヒップホップよりも凄いものもあった。本当に驚いたよ。一番大事なのは三つの小規模パーティーの後、Dave と彼のクルーが俺を本物の Rave に連れて行ってくれたことだ。このギグでは、俺は文字通りハードコアの B ボーイだったし、ハウスとテクノを完全に改造して出て行った。そして、俺がするべき事はレコードを変えることだと気付いたんだ。「俺はそれが出来るし、それをするつもりだし、すでにそれをしている。これが自分のやりたいことだ！」とね。それだけだった。音楽と視点を変える時が来た。俺には素晴らしい知識とインスピレーションの源があったし、ブリストルには本当に良いレコード店があった。

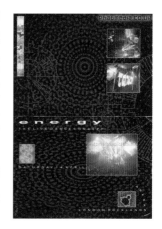

Q：あなたがティーンエイジャーだった頃のイギリスの情勢や、あなたの町の雰囲気を覚えていますか？

A：俺は 1990 年に 18 歳だった。Summer of Love は 1989 年とされているが、それは俺からしたらロンドン中心の考え方だった。1990 年は、アシッド・ハウスとフリー・パーティー・ムーブメントが国中で爆発的に盛り上がった年だ。田舎にいたとはいえ、俺の故郷であるシェプトン・マレットとグラストンベリーの間には、当時ドラッグが沢山あったことは否定出来ない。メンディップ・ヒルズの真ん中、時期的にも、適切なフィールドで、サイロシビンは信じられないほど多産だったので、俺達は奴等と少し遊んだ（1988 年の夏はクソメンタルだったが、それは別の本のために取っておこう）。主にハシッシュ、アンフェタミン、LSD。そして、1990 年半ばにエクスタシーが登場した。その時にドラッグがネガティブな影響を与えたとは言わないけど、その多さは Rave の進化とほぼ手を取り合っていたし、どんな物質でも誤用された時には明らかな犠牲者が出たけど（例えばアルコールのように）、でも、その時はほとんどが遊び心と無邪気なものだった。18 歳は、俺達が本当に自分達の為に物事をやり始めた年齢だった。ロンドンから何マイルも離れた田舎の奥地にいたから、自分達で何かをしたいという衝動に駆られていたんだ。

Q：当時の Rave では、アシッド・ハウスやテクノ、ブレイクビーツ・ハードコアの他にも、ブレイクビーツやヒップホップのレコードもプレイされていたのでしょうか？

A：1990 年は音楽が様々な方向へ変化していった年で、自分にとっては Rave の出発点だった。Renegade Soundwave や Meat Beat Manifesto などのアーティストと並んで、ブレイクビーツ・ハードコアの第一世代のプロデューサーだった初期 Shut up & Dance Records のベースヘビーなサウンドはかなり UK サウンドだった。Eon や Vinyl Solution など、テクノの基礎とサンプリングを組み合わせているアーティストもいた。ベルギーのレコードは、イギリスのプロデューサーとそのサウンドにかなりの影響を与えていた。Prodigy はベルギーのノイジーなテクノからの影響があると思う。俺も影響を受けたと思うよ。

Q：ベルギーの Rave シーンやテクノ（ニュービート）のレコードは、イギリスとは違ったものであったと思います。ベルギーの Rave やパーティーには行かれていましたか？

A：昔は他の国に行ったことがなく、ヨーロッパがどうなっていたのかは分からない。でも、ヒップホップ時代、ベルギーとオランダからレコードを輸入することはあったよ。国内のものはすぐに利用出来たが、それでは他の人との区別が出来なくなる。だから R&S Records、Beatbox International、80 Aum、Go Bang!!、Mental Radio、Antler Subway など、可能な限り多くのテクノを入手した。その後、イギリスのものをチェックしたよ。

Q：80 年代後半から 90 年代初頭の Rave にはとても大きなエネルギーが渦巻いていた様に見えます。なぜ、人々は Rave カルチャーに魅了されたのでしょうか？

A：1980 年代終わりは社会的にパワフルな時代だった。イギリス政府は過渡期にあり、ドイツのベルリンの壁は壊され、様々な政治的イベントがあった。1989 年のアシッド・ハウス・ムーブメント /1st Summer of Love では、イギリスの若者が何かを求めて叫んでいた時期に起こった。80 年代には社会的な分裂、都市部での暴動、経済の衰退などが多かった。法律に反することだが、若者は何かを得ていた。Rave は全国各地から人々を集め、一体感を作り出したんだ。みんなが同じ使命を持ち、ポジティブにとらえていた。

Q：今まで体験した Rave で最も忘れられない体験は？

A：一番思い出に残っているギグは、間違いなく「The DJ Producer」という名前で活動をし始めた日。1991 年に妻の Mellony に出会い、お互いすぐに恋に落ちた（これはまた別の本の為の話だな）。シェプトン・マレットから彼女がいるバースに引っ越した。バースはイギリスで 2 番目に小さい都市で、ローマ人の住んでいた場所に建てられたものだ。天然温泉がある場所だよ。ローマ人は巨大な大浴場を建設し、それは今でも残っていて沢山の観光客を魅了している。シェプトンからは 30km の距離で、小さい頃は母と一

緒にたまに行った場所だった。バースに住み始めると様々な事が変わった。バースには独自の小さなシーンがあったし、ブリストルの街から僅か 10km の場所で活気があり、沢山のアンダーグラウンド・イベントが開催されていたんだ。そこの地下室でのアフターアワーのジャムにも何度か行ったよ。マリファナを吸いながら、初期のデトロイト・テクノを聴いていた。バースでの生活に慣れてすぐ、Rob Pepper と Paul Shurrey に会った。2 人は違法なパーティー Brainstorm をバースで開いていた。そのパーティーは警察と彼等のいたちごっこで、パーティーに使う会場を警察が先に封鎖することもあった。勝ち目のない、長く続く戦いだ。Paul（RIP）と車で話したのをはっきり覚えている。彼は俺にエクスタシーを分けてくれた。「俺たちはもううんざりしているんだ。計画はこれを合法にすることだ。でも違う方法でな。もっとグローバルな視点を持とう。君に仲間になってほしい」と彼は言っていた。あの時はそうとうハイな状態で、どの程度本気だったのかは分からない。俺はそれに対して賛成したし、あの時はいろいろ飢えていた。イギリスの南西にある大きな物と連携するのは最高だった。数ヶ月以内に Rob と Paul は Brainstorm を違法性を理由に解散させ、Universe を設立した。最初のパーティーではプレイしなかったが、2 回目のイベントではプレイした。その時のミックスは、Grooverider とのスプリットでカセットになってリリースされている。この時点ではまだ Post Acid House だった。まだ UK Hardcore Breakbeat の領域の中だ。俺の「最初のハードコア」。元々のオールドスクールサウンドは完全にイギリスのスタイルで、これがイギリスの Rave を完全なる「RAVE」にしたんだ。ハイエナジーのブレイクビーツとマッドなベルギーのサウンド、レゲエのサブベースからの影響をミックスしたもの。この時点ではイギリスのサウンドだったが、俺はすでに気付いた。他の DJ と一緒の時は、大体同じレコードをプレイしていた。隔たりはなかった。音楽は本当に今までで最高のものだったし、最終的には小さなプラットフォームを手に入れたんだけど、何か自分を助けてくれるものが本当に必要だったんだ。自分自身を分離させる為には、「プロデューサーらしい何か」をしたかっただけなんだ。

1992 年 9 月 11 日に Universe は「Mind, Body, Soul & the Universe」を行うことになった。このイベントは、彼等が特別な国際的なゲストを迎える第 1 回イベントとして、ユニークなヨーロッパならではのひねりを加えることになり、ベルリンからスペシャル・ゲストとして DJ Tanith がブッキングされていた。DJ Tanith は聞いたことがなかったが、彼がベルリンのシーンやオリジナルのイベント Mayday の出身であることは知っていた。スタンダードな UK のブレイクビーツ・ハードコア・レコードを買うついでに、GTO、Church of Ecstasy、Nico などの第一世代のテクノ /Rave レコードも買う為、少しずつ貯金していった。それで、ベルリンから彼が来た。彼はラインナップの中で唯一テクノをプレイしている人だった。第一世代のテクノのレコードが彼の音楽的な支えになればいいと思っていた。実は、これまで公にしたことがなかったが、当時の UK サウンドをプレイしてムーブメントの一部になりたいと常に思っていたんだ。でも、Tanith の登場は自分達の国だけではなく、もっとグローバルなムーブメントがここで起こっている事を示していた。だから何も考えずに「テクノをプレイしてみよう」と思った。これ

は紛れもなく、今までで最大のギグだったんだ。そして、俺が築き上げてきたものを変えようとしていた。何年も後になって気付いたんだけど、もしその時の調子が悪かったら……。これが自分のキャリアの中で最大の……最後のギグになったかもしれなかった。実際、そんなことするのは愚かで、大胆でとても直感的だった。あのセットはたったの 35 分だったが、俺を無名の人間から「The DJ Producer - Universe's resident TECHNO DJ」に変えてくれた。あの時の反響は凄まじかった。このイベントのカセット・テープは 1 万本ほど売れて俺を "TECHNO"DJ にしてくれた。Universe の時みたくプレイ出来るかと皆に聞かれるようになった。だから、違うシーンから来た仲間の DJ をサポートするという俺の選択は、文字通り俺をイギリスで最初の HARDCORE TECHNO DJ'S の一人にした。これは事実だ。書き換えられたものではない。それは俺に与えられたものだ。俺が憧れていた「違い」があったから、両手でそれを掴んで走り出したんだ。まだ走り続けている。運命は一夜にして変わったんだ。

Q：あなたは今も定期的にオールドスクールなブレイクビーツ・ハードコアの DJ セットを披露されています。それらの DJ セットは非常に素晴らしく、あなたがプレイしているレコードには多くのレアなホワイト盤があり、今も入手が困難です。当時、どうやってそれらの貴重なホワイト盤を入手していたのですか？

A：それはその当時のものだからね。俺はその時すぐに買っていたんだ。それはダンスフロアを破壊する為に必要で、不気味なハードコアなほど良い。週 2 回はレコードショップに行っていたし、店のオーナーと仲が良く、俺がいない時でもレコードを取り置きしてくれた。完全なるレコードマニアだったよ。レコードを探しにイギリス中を旅したこともある。北と南のレコードショップは俺の音楽のパレットを広くしてくれた。2007 年、Rave でレコードを使わなくなるまで、とにかくレコードを探していた。大物 DJ と他の連中を分けるのはアートだったんだ。そして時間が経つにつれ、この珍しいレコードはさらにレア度を増していき価値が上がる。今は全て所有している訳ではないが、7000 枚の最高のレコードを持っている。もちろん、今まで入手したものは MP3/WAV で保存しているよ。

Q：90 年代初頭からあなたは DJ を職業にされていたのでしょうか？　他にも仕事はされていましたか？

A：学校、大学、アシッド・ハウス、DJ だ。1992 年の Universe のギグの後は自営業になり、DJ とプロデュースだけをしていたよ。20 歳でプロの DJ になって、旅が始まった。ロックスターではないが、若い頃は十分ロックン・ロールな生活をしていた（笑）。1992 年から 1994 年は週末に 5 つのギグをしていた。イギリスはそんなに大きくなく、一晩で三つの都市を移動出来たからね。俺達はハードコアの男で、週末戦士だった。俺には息子の Mellony と Farley がいて、2017 年には水耕栽培のアルバイトを始めた。息子の成長を支える為に、週末は帰る必要がある。

Q：The Prodigy、SL2、Altern 8 がイギリスのポップチャートにランクインされた事を当時どの様に思われていましたか？　彼等のヒットチューンもあなたは当時プレイされていたのでしょうか？

A：もちろん、それらのアーティストのレコードは全部買っていたけど、それはメインストリームのもので、人気があろうがなかろうが特に気にしていなかった。俺達にとってはどうでもよく、完全に違う方向のものだ。

Q：ハードコア・テクノを知ったのはいつ頃ですか？

A：テクノ・レコードのコレクションが増えるにつれてサウンドが発展し、より多くのレーベルが前面に出てくるようになった。可能な限り購入していたよ。イギリス人として、イギリスのしていることから多くを学び、UK テクノ・エリートになるまで長い時間はかからなかった。古典的な「テクノ」に含まれる人々の多くが、かなりハードなものを作り始めた。テクノからハードコア・テクノ。Dave Clarke は彼自身のレーベル Magnetic North からヘヴィな作品をリリースしたし、Luke Slater は Peacefrogから素晴らしいものを出した。GTO と彼等の別名義での全てのプロジェクト、それに Lee Newman のTechnohead はイギリス最初のガバ・ハウスだ。彼女は『DJ Magazine』でレビューコラムを書いていて、4 つのコンピレーションアルバムを作った。これは俺にとってハードコア・テクノの第一歩だった。

Q：Mescalinum United の「We Have Arrived」は世界で最初のハードコア・テクノと言われていますが、この曲以前にハードコア・テクノは存在したと思いますか？

A：多分、そうだと思う。Mescalinum United は間違いなく最初のもので、ハードコア・テクノの出発点だろう。

Q：Euromasters や Rotterdam Records などのオランダ産のガバも出て来た頃からチェックされていましたか？

A：もちろん！ヒップホップ・レーベル The Electro Collection の様に、Technohead のコンピレーションがレーベルを紹介してくれたんだ。彼女のコンピレーションが沢山の知識やレーベルの見つけ方、バックカタログについて教えてくれた。Rave Records & Hardstuff、Terror Traxx、Mokum などのレーベルが特に気に入っている。

Q：1992 年から 1994 年頃まで、Aphex Twin や Jeff Mills、Lory D、Dave Clarke といったアーティスト達も当時はハードコア・テクノを制作し、DJ でプレイしていました。なぜ、その時期にハードコア・テクノが人気を得ていたと思いますか？

A：さっきも触れたが、俺は長い間 DJ をやっていたので、テクノとハードコアの間を簡単に行き来していたんだ。幾つかのテクノはハードコアにかなり近く、そしてハードコアもテクノ要素があったりする。だから、この二つのジャンルは近いものなんだ。ロッテルダムのサウンドが激しくなり、叫びや反抗的な表現が

多くなったり、Juno のシンセなどを使ったハッピーなハードコアの要素を持つようになり、見方が変わっていった。テクノは真面目なもので、ハードコアは馬鹿がやるものという印象だ。そうして二つのジャンルに別れていったのさ。

Q：音楽制作を開始されたのはいつからですか？　当初使っていた機材は？

A：1994 年に初めてスタジオでコンピューターを見た。バースに引っ越してから知り合った、長い付き合いの友人 Chris Maxey は俺がよく通うレコードショップ Rival Records で働いていた。彼にとって俺は初めて会った Technics を持っている人だった。彼は俺よりも技術的なことに興味があった。彼は子供の頃からコンピューターを持っていて、Atari 1040 を購入し、サンプラー・パッケージ Replay 16 を使っていた。Replay 16 は本当に基礎的なループトリガープログラムだが、俺が Semtex Records から出した「Guess My Religion」で使用している。ゴミみたいだったが、サンプルをまとめる能力を得ることが出来たよ。かなり制限があって大変だった。その後すぐに、Chris は Roland W-30 をゲットした。それには大事な理由があり、一つは The Prodigy の Liam Howlett がメインで使用しているものだったからだ。もし、彼がこれでトラックを作成しているのだとしたら、俺にも出来る可能性があった。もう一つの理由は、サンプラーが内蔵されていたこと。14.4Seconds の 30hz サンプリング。それは Chris が使っていた Cubase によってシーケンスすることが出来る。簡単に言うと、2 か月で W-30、Atari 1040STE、そして Cubase を買ったことになる。これが音楽制作の始まりだった。

Q：1994 年に DJ Edge & The DJ Producer 名義で『13』というレコードをリリースしています。これがあなたにとって最初のレコード・リリースで正しいでしょうか？　DJ Edge との出会いから『13』が生まれるまでの背景を教えてください。

A：1991 年から 1993 年の Universe に参加していた時、地元で DJ をしていた John Lewis に出会った。Mach One という名前で DJ 活動していた人物だ。彼は凄い人物で、大規模な Rave や Dreamscape、Universe と Dreamscape が始まる前のイベントでも活動していた。非常に熱心な男で、数回のウェアハウスでのギグが終わった後、より大きなギグを毎月やりたいと思っていたようだ。実際、バースから 60 マイル離れた場所に移動するのを毎週のように見たことがある。俺達は Revalation というイギリス南西部で最初のテクノ・クラブ組織の一員だった。最初は Verbeer Manor という場所で活動していたが、30km 離れた所に沿岸都市プリマスがあり、そこに悪名高い The Plymouth Warehouse がある事を知った。実際に俺が最初にプレイしたとこはそこで、Rave のオーガナイザーとも会った。Aphex Twin がそこに住んでいて、その夜 DJ をしたという話もある。余談だが、基本的には John が DJ Edge に Revalation でプレイして貰える様に連絡していた。彼が了承してくれた時は驚いたよ。彼は本当に素晴らしい。今まであった中で最高だ。ショーの途中で文字通りターンテーブルのプラッターを引き裂き、ベースプレートのネジを外して基盤を出し、ドライバーでターンテーブルの調整をするんだ。ターンテーブルのピッチを +8 から +16 にして、今までに聴いたことのない音を出していた。完全に驚いたよ。John はターンテーブルが壊されるのを恐れていた。俺と John はテクノに夢中で、John はよりクラシックなものが好きだった。いつもハードにプレイしていた。DJ Edge を見た時、自分達は正しい道を進んでいると認識した。ハードにプレイするか、家に帰るかのどちらかだ。

最初のギグは Verbeer Manor で行われた。Plymouth Warehous を確保し、DJ Edge にもう一度プレイして欲しいと思っていた。そして、彼のパフォーマンスの後で、俺は「Gordon、君がどう思うかは分からないけど、いつか一緒にスタジオに行こうぜ」と言った。そして彼は「おう、やろうぜ！」と言ってくれた。とてもびっくりしたよ。期待もしていなかったからね。その後、2 週間以内に計画を立て彼の住むロンドンのストックウェルへ行った。俺は今までコンピューターやシンセを使ったことがなかった。でも、音楽というものは知っている。当時、Gordon の音楽はサンプルベースのもので、全て俺が持っているレコードからだった。曲を作る前に、ノートパソコンでサンプルをどのように使うかを考えた。二つのトラックがあって、一つは重いテクノトレーサーの様なもので、もう一つはエネルギッシュなハードコア・テクノのサ

ンプル。ヘヴィな 909 のドラムプロダクトが、沢山のブレイクビーツとシンセのサンプルを区切る。そして、Edge は 303 の王だ。これらを使用して最強になった。『Edge 13』のストーリーの中で最高で最後の部分は……家に戻り、Revelation でプレイをした時だ。その大規模な週は Carl Cox も一緒だった。俺が会場に入ると、なんと Carl Cox が『Edge 13』をプレイしていたんだ。自分が初めて作ったレコードを彼がプレイしていた！ かなり驚いたよ。その時、俺は頭の中で言ったんだ……「もっと機材が必要だ」と。

Q：UK ハードコアが誕生したのはいつ頃だと思いますか？ Loftgroover, Wargroover（Dave Parkinson）, DJ Clarkee, DJ Sass といったアーティスト達は UK ハードコアに関係していると思いますか？

A：UK ハードコアは Deathchant/Rebelscum の音と、俺と Hellfish のアイデンティティが影響を与えたものだと思っている。俺等は非常に正確なドラムンベースのブレイクビーツとヒップホップ要素を、フランスの初期インダストリアル・ハードコアに注入した人間だ。これらの要素の融合が UK ハードコアの特徴的なサウンドを生み出したと思っている。

Q：The DJ Producer として 90 年代に多くの Rave での録音テープをリリースされていましたが、当時は CD よりもカセットテープの方が人気だったのでしょうか？

A：幾つかのカセット・テープを自主リリースしただけで、ほとんどのテープは Rave のプロモーターがイベントを録音してリリースしていた。多くのイベントに出演する程テープが増え、多くの人に認知され招待されるようになるんだ。レコードをリリースする前のほとんどの人が「ただの DJ」だった当時は、テープはとても大事なもので、とても優れたマーケティングツールだと思っていた。自分のミックスが良いか悪いかはっきり分かるし、誰もクソみたいなミックステープの話はしないからね（笑）。

Q：Technohead がポップチャートに入った時にどう感じましたか？ 彼等がメインストリームで人気を得た事でハードコア・テクノはイギリスで注目を集めましたか？

A：Lee Newman についての悪口は聞いたことがないが、「I Wanna Be a Hippy」はコミックソングだと思われていたよ。つまり、ノベルティ・レコードってことだ。イギリスでハードコアが認められた瞬間ではなかった。イギリスではブレイクビーツが重要視されているから、もうあんなことは起きないと思っている。

Q：Technohead はコンピレーション CD や『DJ Magazine』でのレビューでハードコア・テクノに大きく貢献されていましたが、彼等の功績についてあなたはどう思われていますか？

A：**正直にいうと、Lee Newman は本当に俺を導いてくれたんだ。ロンドンにある Knowledge という悪名高いクラブで GTO と共演したことがある。それは、とても宗教的な体験だった。彼女は本当に理解してくれていたよ。『Technohead Compilations』のことについてはさっきも話したけど、本当に彼等は大事な存在だ。**

Q：『Gaspin 4 Breath EP』によって、特徴的なディープなキックやシンセのスタイルなど、The DJ Producer としてのサウンドを確立したと思います。ディープかつマッシブなキックなど、どうやって自身のオリジナルのサウンドを作り上げたのでしょうか？

A：**「Religion II - Bringer of War」が自分にとってのブループリントで、「自分のジャンル」がどのようなものであるべきなのかを定義するものだ。この深いキックから中音域を取り除き、少しだけリバーブを加え、サンプリングし直して圧縮する事によりアリーナ級の音が出せる。中音域をカットすることで、大事なブレイクビーツに命を吹き込むことが出来るんだ。ヨーロッパのビッグなキックドラムが全てをプッシュしている間に、UK パートに集中している。まさに「俺達だけのハードコア」だ。**

Q：ストレートな 4x4 のキックではなく、非常に細かくランダムにキックを打ち鳴らしてグルーブを作られていますが、ビートのパターンやグルーブはどうやって思いつくのでしょうか？

A：**クラシカルなストレートパーツをプログラミングする事によって引き起こされるファンクだ。使用するブレイクビーツは、全てのパーツを連携させる為に違うプログラミングを発動させることもある。単純なプログラミングはその人の個性を感じることが出来ない。**

Q：あなたの音楽にはブレイクビーツのエレメントが大きく反映されています。ハードコア・テクノにブレイクビーツをミックスする手法はどうやって思いついたのですか？

A：**「UK ハードコア・テクノ」の DJ として自分の名前を見つけた時、ブレイクビーツ・ハードコアのルーツからは離れたくないと思った。1992 年の事を覚えているかい？　テクノをプレイすることが多く、キックドラムのあるレコードを使ってコレクションを考え直す必要があった。でも、俺はいつもブレイクビーツがあるファンキーなものを見つける努力をしていた。それはいつも近くにいて、集めなくてはいけない。**

The UK Hardcore Techno DJ の「UK」はブレイクビーツのことだ。それがトレードマークとなり、クロスブリードの誕生のきっかけとなったのは、このメンタリティのお陰かもしれない。The Outside Agency の Frank & Noel に初めて会った時、Frank（Eye-D）は俺にこう言ったことがある。「俺達は君がブレイクビーツを沢山使っているのが本当に好きなんだ。本当に沢山ね。オランダではそんなことはしないんだよ」と。Storm Breaks 001『A Nitemare on B-Kore Street』は、ブレイクビーツの拠点としての UK を表現した曲だ。母の死後すぐに書いた曲で、確かに変な所にいたんだけど、1 曲目は「Lost 009 PCP」のサンプリングされたキックドラムと Ike & Tina Turner の「Funky Mule」のブレイク、ディストーションとフィルタリングされたブレイクが人々を惹きつけたんだ。ドラムンベースの要素が多いが、インダストリアル・テクノの要素も強い。真の新しい UK サウンドだ。俺はこの瞬間を誇りに思うし、UK のアンダーグラウンドな男達も同じことを言っているよ。

Q：改めてお聞きしたいのですが、UK ハードコアの定義とは何でしょうか？

A：もし君がイギリスに住んでいるなら、UK ハードコアとは Post Happy Hardcore - Happy Hardcore のことだ。もしフランス、オランダ、ベルギー、デンマーク、ヨーロッパに住んでいるんだったら、UK ハードコアとは The DJ Producer、Hellfish、Deathmachine & Dolphin のこと。俺達が UK ハードコアだ。

Q：UK ハードコアにはブレイクビーツ以外にもレゲエの要素も活かされていますが、レゲエやサウンドシステムのカルチャーとの繋がりはあったのでしょうか？

A：UK ハードコアは昔のブレイクビーツ・ハードコアの様に沢山の要素を含んでいる。UK ハードコアはあらゆるものから何かしら盗んでいるんだよ。選択肢なんて無く、全てを試すんだ。技術的に進歩すれば、どんどん独創的になるはず。

Q：The DJ Producer の音楽は The Black Dog、LFO、Surgeon といったイギリスのテクノやブリープと共鳴する部分があると感じています。あなたはテクノを作っているという意識はありますか？ それとも、ハードコア・テクノ /UK ハードコアを作っているという意識なのでしょうか？

A：全て繋がったものだよ。俺がその全てのものをリンクさせた。テクノのルーツを持って、テクノ DJ、ユーロ DJ、Rave DJ、ハードコア DJ として活動してきた。テクノのプロダクションを本名の Luke Mcmillan として行い、The DJ Producer としても 120-140bpm のハードコアを作ってきた。ハードコア・テクノは何にでもなれる。ジャンルとしてのハードコア・テクノは、地球上で一番自由なジャンルの一つであり、プロデューサーとしては様々な要素をいろいろな角度から挑みたい。ハードコア・テクノはダーク・テクノの一種で、全て繋がっている。

Q：Bloody Fist Records について。彼等はあなたと同じくブレイクビーツとヒップホップの要素をハードコア・テクノに落とし込みました。そして、同じようなメンタリティを持っていたと思います。彼等の作品をどう思われていましたか？ 共感されていましたか？

A：その通り、同じメンタリティだ。唯一の違いは、彼等はクソみたいにストレートエッジで俺達はイギリスの Raver 達とドラッグファックしていたから、俺達の作品はよりサイケデリックなんだ。だが、完全に共感できる。Mark N は今は良い友達だ。Bloody Fist は Deathchant/Rebelscum と同じパンク精神を持っている。俺達は自分達のやりたいことをやるし、気に入らなければ聴かなくていい。彼は本当に真面目だ。互いに尊敬しているし、彼はパンク以上にパンクだ。

Q：The DJ Producer としてオランダのハードコア・フェスティバル / パーティーに出演したのはいつでしたか？ ドイツやイタリアのハードコア・シーンに触れたのはいつ頃からですか？

A：1996 年にスコットランドで Rezerection があった。当時は Rez のイベントで何度もプレイしていたが、それはイギリス全土と世界中の人が集まるイベントで、イギリスにとっても特別なものだった。スコットランドはイギリスにおけるハードコアとガバの本拠地だから、当然 1993 年の初めから行っている。25 年以上の付き合いの友人が出来たよ。この 1996 年の Rezerection で、Lenny Dee と Manu Le Malin が b2b の DJ をしていた。Manu のことは知らなかったけど、彼と Dr Kabukibum の Manga Corps は聴いていた。野外イベントだがずっと雨が降っていて、VIP バーの所をぶらぶらしていた。その時、出番が終わった Manu がやってきて話し始めたんだ。彼はパリの人間だがとても英語が上手かった。しばらく話して、お互い似たような部分があることが分かったんだ。そしてレコードについて話して、お互いのレコードボックスから全く同じレコードが出てきたよ。本当にばかげていたし、とても似

たような人間だったようだ。イベントが終わるまでずっと話し続けたよ。一晩中ね。実際、俺はイベントがいつ終わっていたのか覚えていないくらいだ。最後に Manu は「Luke、早くフランスに来い」と言ってくれた。

1993 年前半には何度かドイツでプレイしたことがある。でも、それはイギリスの奴がセットしたイベントで、災難だった。最悪すぎてカウントしたくない。それから、Manu に連絡し、彼のいるパリの小さいクラブでプレイする為に連れてってくれたんだ。これが最初のヨーロッパに行くきっかけになった。俺が Deathchant の為にレコーディングした最初の曲は、フランスのインダストリアル・ハードコア・シーンと自分達が共鳴したように、ラウドなサウンドになっている。主にガバが始まってからの DJ は Industrial Strength、Mokum、Rotterdam Records 辺りのハードコアをプレイしていたが、誰もプレイしていなかったレコードを俺は持っていた。フランスでは新しいスタイルのハードコアをやっていて、その中にいるか流通網を知っている人でないと手に入らないようなものばかりだった。そして当然の事ながら、俺は発掘家であり、常に誰も手にしていないサウンドを欲しがっていた。俺はそれを豊富に持っていたし、関連するほとんどのインダストリアル・レーベルから実際にプロモを郵送して貰っていた。ヨーロッパで俺の名前が知られるようになったのは Manu のお陰だ。ここまで有名になれたのは、Manu が沢山のドアを開いてくれたからだ。彼は想像よりも偉大な人物だった。

ここで、俺の素晴らしい友人の Simon Underground についても触れておこう。Simon を知ったのは 1993 年。ロンドンの Knowledge Club で出会った。先に述べた GTO と一緒にプレイした夜だ。彼はクラブの裏でショップ兼レーベル Underground Music を開いていた。テーブルの上にレコードの木箱が一箱だけ置かれていて、俺は近づいて見てみた。俺は驚きながら「すごい、こんなレコードどこで見つけたんだ!?」と言った。彼は笑いながらウインクした。彼は今もその仕草をする（笑）。彼は特におすすめをしなかったが、そこにあるのは最高なものばかりだった。PCP、IST、Adam & Eve Records、Labworks Germany など、いつもの店では手に入らないものだらけだ。俺は DJ だ、すぐに友達になったよ。数年間その店の客だった。それから、俺が他のレーベル用に作った最高のレコードを販売してくれた。彼は俺と同じように、多様なハードコア・テクノを受け入れ、時と共に音楽への興味は広がっていった。

1999 年後半、俺達はオランダでプレイする為に 80 Aum の Renaat からブッキングされた。その旅で Drokz & Akira に初めて会ったのは覚えている。俺が作った Deathchant と Storm Breaks のトラックに彼等はとても大きなプロップス与えてくれた。ハードコアとガバ・ハウスの本場のプロップスを入手出来たのは素晴らしいことだ。旅の終わりに、俺と Simon はスキポール空港に戻る為に停留所にいた。待ってる間に彼が「知ってると思うけど、僕はディストロを手に入れて Matt Green の Corrupt も運営してる。一緒にレーベルを立ち上げないか？　君が音源を出し、僕がマーチとディストロを担当するよ」そうして Rebelscum が誕生した。これは俺等にとって多くのことをもたらしてくれたが、その中でも最も大きなものは 1 年後の Thunderdome だった。俺と Simon が b2b でプレイする事になり、それは自分のキャリアの中で 2 番目に大きなものだった（Universe の後では）。オランダのハイネケン・ミュージックホールで開催された Thunderdome は、まさにゲームチェンジャーだった。オランダにとってのゲーム・チェンジャーだったんだ。オランダのインダストリアル・ハードコアを彼等が今まで聴いたことのない方法でプレイしたからね。その夜は幾つかのサイトでも、オランダの「インダストリアル・ハードコア」の始まりとして紹介された。その夜に実際にそこにいた多くのオランダのインダストリアル・アーティストと話をしたことがあるが、彼等はその夜をきっかけに何かを変えたり、新しいことに挑戦したりするようになったと言っている。Mindustries と N-Vitral がその例だね。自分にとってのゲームチェンジャーは、ヨーロッパの 140 から 160bpm くらいのインダストリアル・ハードコアを聴いた事だ。俺はより速いハードコアを求めていたし、毎晩聴いていた。家に帰ってから「俺にもこういうハードコアなら作れそうだ」と思い作ったのが「A Journey of Force」なんだよ。その曲は Thunderdome を含む、25 のコンピレーションに収録されている。2005 年には Sebastian Hoff（DJ Promo）と仲良くなり、その夏には彼のレーベル The Third Movement が DJ Agency をスタートさせ、俺は彼等の最初のインターナショナル・サインを受けたんだ。それからは彼等と一緒に仕事をしているし、エージェンシーは定期的に世界中に俺を送ってくれている。

Q：Hellfish と出会ったのはいつですか？　彼の第一印象は？　Hellfish & The DJ Producer としての活動が始まった経緯は？

UK Hardcore

A：1996年、俺はイギリスの強力な組織 Helter Skelter に所属していた。Helter Skelter と Dreamscape は、2000年まで活動していた最後の大物 Rave プロモーターで俺は1994年から彼等の為にプレイしていて、Technodrome のレジデントになった。当時、俺がプレイしていたレコードをライセンスして作った Helter Skelter のオフィシャル・ミックス CD もリリースしたことがある。ある夜、Helter Skelter で DJ をしていた時、ハゲ頭の男が俺の所にやって来て、白いラベルのレコードを掴んで俺の注意を引いた。俺は「どうしたんだ？」と聞くと、「君は今すぐこのレコードをプレイしたほうがいいんじゃないかい？」と言った。俺は笑った。Rave で渡されたレコードを使ったことは無かった。家で使いやすさを確認する必要があるからだ。でも、その男は頑固だった。「さあ、早く！　ヘッドフォンでチェックしてくれ！」と

ね。彼はおかしい人に見えたよ。本当に自信に満ち溢れているようだった。だから、俺は「わかったよ、ちょっと待ってくれ」と言ってレコードを受け取ってヘッドフォンでチェックした。「いいね。ところであんたは誰なんだ？」と言った。これが Julian Cobb aka DJ Hellfish との出会いだった。そして、彼はホワイト盤の「The Ripper」のリミックスをくれた。それから俺が「お前に会えるのをずっと待っていた」と言った記憶がある。歴史的な瞬間だったよ！

Q：1997年に Deathchant から『The Only I Can Do It EP (Or Pump up More Volume in 1997 !!)』を Deathchant からリリースされました。このレコードは今も UK ハードコアのクラシックとして人気です。このレコードが生まれた背景を教えてください。

A：これも実験の一つだ。ガバ・キックドラムの推奨された半分の速度で走るヒップホップ・アカペラ。そこに好きな要素を加えていった。ハーフタイムとダブルタイムで正しく動くビートとブレイクを見つけたりね。初期のトラックは、俺と Hellfish のヒップホップルーツを表現したかったから、とても分かりやすいものになった。Deathchant の曲は沢山作ったが、特に気に入っている二つは DC 10 の「B Boy Brutality」と「Whatever It Takes」だ。これらは B ボーイの態度と、ハーシュ・インダストリアル・ビーツがミックスされている。Deathchant のルーツをハッキリと表現しているものだ。

Q：あなたは今までに数多くの名曲を Hellfish とのコラボレーションによって生み出しました。インターネットが発達し、データのやり取りが主流となる前は、彼とのコラボレーションはどの様にして作られていたのでしょうか？

A：文字通りお互いのスタジオに行って作ったよ。まだインターネットが発達していない頃は、お互い電話で連絡を取り合い、お互いのスタジオに1週間くらい滞在して作業していた。共通の目的と時間制限があって、家に帰るまでに作業を終える必要があったが、やりたいことは成し遂げたよ。

Q：2000年初頭頃、Aphex Twin はあなたの「Theme from Fuck-Daddy」や「Rude Attitude」をプレイしていましたが、彼と会って話した事はありますか？

A：1990年に1度だけあるよ。彼は全然喋らなかったな。だから、会った事にならないかもしれない。2019年8月25日にフランスで彼がプレイしているのを見た。Rebelscum 002 の「Signal Confirmed」をプレイしていて、彼がまだそれを聴いてることが分かったよ。

Q：あなたのメロディは非常に個性的で素晴らしいです。メロディはどの様にして作られていますか？

A：メロディを作るのは難しいよ。それは人に話しかけるようなものにしなくてはいけない。俺は感情が伝わりやすいマイナーキーが好きで、悲痛な感情と完全に破壊するものとのコントラストが好きなんだ。音楽的に、自ら破滅に向かうものには美しさを感じる。時々、音の正しい組み合わせ見つける為に1週間戦うこともある。音楽的な訓練をした訳ではないから、予測して試しているのさ。基本的な知識はあるけど、最

強のメロディがいつ出来るかは分からないよ。

Q：あなたは長い音楽活動の中で、スランプに陥った事はありますか？

A：14歳からDJとして活動してきたし、それが自分のやりたいこと全てだ。観客の為でもないんだ。DJにハマったのは、それが芸術であり実験だと思ったからさ。ビートがどのように連携するか、どの機能が使えるのか、クイックミックス、EQミキシング、ターンテーブルの調整、一人でも1万人の前であっても、これらが全てやりたかったことなんだ。でも、音楽制作は時間が経つにつれて重要になった。そして、それらの注意を必要とするスキルは、DJをする事よりも大事だ。音楽が良いものである限り、俺はDJを続けたいと思っている。もし、DJというものが無かったとしても、自分で作る。俺はキャリアがどういうものなのか知る前に、自分のキャリアを見つけられて幸せなんだ。俺は今はアルバイトをしながらDJをしているが、自分のやりたいギグをすることが出来るので、より一層DJを楽しんでいる。辞めようと思ったことはないよ。自分がラッキーなだけかもしれないけど、大好きなことを辞める人なんていないだろう？

Q：プロフェッショナルなDJとは、どんな存在ですか？

A：プロのDJとは誰かを追いかけず、他の人を導く存在だ。伝統を壊したり、ダンスフロアを沸かせながら教える。

Q：若いDJ達に何かアドバイスはありますか？

A：自分の中でのベストを尽くし、自分だけのものを創り上げろ。「やらない」なんて答えは無い。もっと頑張れ。自分の好きなように挑戦するんだ。

Q：音楽生活と通常の生活のバランスはどうやって保っているのでしょうか？　また、長年に渡るDJ活動においての心身や聴覚のケア方法はありますか？

A：とっても簡単だよ。俺は今46歳（※インタビュー時の2019年9月）だけど、ロックン・ロールな生活は15年前に辞めた。気分が悪くなるから酒は飲まない。クラブのサウンドシステムの前にいる時間は最小限に抑えて、スタジオでは大音量で作業することはほとんどない。とても普通の生活をしているけど、Raveの中にはそれとは違うものがあるね。今はそういう環境にいる時間を決めているし、もちろん休憩を取っているよ。毎週のようにそのような環境に行く人は注意しなきゃだめだよ。騒がしい工場で働くよりは簡単なことさ。

Q：過去にBerghainでもプレイされていましたが、それはどういったパーティーだったのでしょうか？

A：ああ、一度だけね。伝統的なテクノをプレイしていたJoey Beltramの後にブレイクコアをプレイしたよ。俺の人生の中での「変な夜」の一つだ。あそこは過大評価されている。他にもっといい場所がある。広告に書いてあることは見てはいけない。

Q：90年代と2000年代であなたが最もプレイしたレコードを教えてください。

A：**1990年代**

English Muffin『The Blood Of An English Muffin』

Manga Corps『War Dancer』

Micropoint『Neurophone』

2000年代

The DJ Producer『A Journey of Force』

The Outside Agency『The Way Of The Exploding Fist』

Hellfish『Hardcore Will Never Die』

Q：最後に、あなたにとってハードコア・テクノとは？

A：自分の為に創り上げた世界、命、誰にも危害を与えない反抗、生きがい、少年が男になるまでの話、つまり自分の人生そのものだ。

他ジャンルを貪欲に取り入れるUKハードコアの第二世代

The Teknoist

◉ Ninja Columbo、Deathchant、Ad Noiseam、Industrial Strength Records
🕙 2003 年　　　　　　　　　　　　　　　🌐 イギリス
📧 https://SoundCloud.com/the-teknoist

伝統的な UK ハードコアを主軸に、IDM/ グリッチ、ドラムンベース、ブレイクコアをミックスしたパワフルなトラックに、壮大なストリングスやエモーショナルなメロディを重ねたオルタナティブなハードコアのスタイルを提示した次世代 UK ハードコアを代表するアーティスト。
2003 年に Deathchant から Dolphin とのスプリット 12" レコード『The Glitch War Part 1』でシーンに登場。初期は、Hellfish からの影響を感じさせるグリッチを多用した UK ハードコア・スタイルであったが、リリースを重ねる度にスキルを上げていき、独自のハードコアを追求していく。2006 年に Ninja Columbo からリリースした 12" レコード『I Break You like I Break Your Friend』では、IDM やエレクトロニカ的要素に美しいストリングスとメロディを UK ハードコアに落とし込んだ画期的な作品で大きな注目を集めた。
Teknoist はブレイクコア・シーンとも古くから繋がりが強く、Cock Rock Disco、Bang a Rang（Peace Off）といったブレイクコア・レーベルからのリリースや、Eustachian（DJ Skull Vomit のユニット）とのツアーでハードコア・シーンとブレイクコア・シーンを自由に行き来するユニークな存在でもある。
2008 年には Murder Channel の招待によって初来日を果たし、国内での知名度も高まる。
一時期活動を休止していたが、2014 年に Industrial Strength Records からリリースした 3rd アルバム『Tank Alligator』で活動を再開。同時期にインダストリアル・テクノをメインにした別名義 Fyerhammer としての活動もスタートさせ、現在もマイペースに活動を続けている。

The Teknoist

I Break You like I Break Your Friend
Ninja Colombo / イギリス / 2006

Teknoist の名を一気に知らしめた大名曲である「Lion Girl」を収録した
12" シングル。Teknoist にとっては初の単独レコードでもある。物悲し
いメランコリックなピアノのメロディに、感情的に暴れまわるアーメン・
ブレイクとガバキックが壮大な世界観を演出した「Lion Girl」は、ドリ
ルンベースやブレイクコア的な要素を UK ハードコアに落とし込んだメ
ロディアスなハードコア・トラックで、ポストロック / メタルにも通じる
新たなハードコア・テクノの方向性を提示していた。ブレイクコア・シー
ンでもこの曲は度々プレイされており、未だに根強い人気がある。

The Teknoist

The Teknoist Presents: Cock Rott Columbo
Cock Rock Disco / イギリス / 2007

2007 年に Cock Rock Disco からフリーダウンロードで発表されたミ
ニアルバム。Deathchant や Rebelscum といったハードコア・レーベ
ルからのリリースで既にハードコア・シーンからは支持を受けていたが、
この作品で一気にブレイクコア・シーンからも注目を集めた。ブレイクコ
アや Cock Rock Disco のファンにとっても UK ハードコアを聴くキッ
カケとなったリリースではないだろうか。Linkin Park ネタの「Captain
Fabuloso's Cave of Hair」や、メランコリックなメロディが印象的な
「Dootchbag」などが収録。

The Teknoist

...Like a Hurricane Made of Zombies
Ad Noiseam / イギリス / 2008

次世代ハードコア・シーンをリードしていた Teknoist が抜群のタイミン
グで発表した 1st アルバム。UK ハードコア・スタイルを軸にしながらも、
ブレイクコア、ドラムンベース、エレクトロニカの要素を多く含んだ重低
音ビートに、Venetian Snares や μ-Ziq に匹敵するストリングス使いや
ピアノのメロディが加わり、非常にメロディアスなトラックを生み出して
いる。名曲「Lion Girl」と「Richie's Breakcore Lovesong」も別バー
ジョンで収録。このアルバムで Teknoist は自身のオルタナティブなハー
ドコアのスタイルを確立し、キャリアをステップアップさせた。

Enduser / Needle Sharing / The Teknoist

Enduser Shares Needles With The Teknoist
Ad Noiseam / アメリカ、イギリス、ドイツ / 2012

アメリカの Enduser とドイツの Needle Sharing とのコラボレーショ
ン作。プロダクション・レベルが高く、揺るぎない自身のオリジナル・サ
ウンドを持った三者だけあって、どの曲でもお互いのサウンドを上手く活
かしながら自身のフォーマットに落とし込んだ唯一無二なトラックを完成
させている。リズミックノイズ、ブレイクコア、ドラムンベース、ハード
コアが抜群のバランスで混ざり合っていて素晴らしい。Teknoist による
インダストリアル・ハードコア要素もある「Truckers Road Map」や、
メタルギターを使った「White Slavery」など、ファンは見逃せない曲
が収録されている。

The Teknoist

Poissoned 2003　　　　　　　　　　イギリス
Deathchant　　　　　　　　　　　　　　　　2008

レコードのタイトルにもなっている A 面の「Poissoned 2003
（Fished）（Get Your Garys Out）」は、The Prodigy の「Poison」
を素材に使った UK ハードコアとなっていて、スクラッチやファンキー
なブレイクスが効果的に使われており、Deathchant にピッタリな内容。
B 面の「5 Point Exploding Heart (Chinning 3 Staffi's)」では直球
な UK ハードコアを披露しており、「Amos Non Stop Arse Grapes」
では、LXP との共作でラガマフィンを使ったブレイクコア＋ハードコア
となっている。

The Teknoist

15 Boots / Techno Exorcism　　　　　イギリス
Lost Frequency Records　　　　　　　　　　　2010

[KRTM]、Deathmachine&Autopsy のレコードをリリースしていた
Lost Frequency Records から 2010 年にリリースされた 12" シン
グル。Teknoist のアグレッシブでサディスティックな側面が全面に出た
狂暴なハードコア・トラック「15 Boots」では、殺傷力が強く鋭いブ
レイクビーツとガバキックが複雑かつグルービーに展開しており、凶暴
なサウンドとビートをギリギリの所でコントロールしている。「Techno
Exorcism」は、抜けの良いスネアとテッキーなサウンドを駆使したトラッ
クで、2010年の段階で独自のクロスブリード・スタイルを披露している。

The Teknoist

Trainwreck Magnetism　　　　　　　イギリス
Ad Noiseam　　　　　　　　　　　　　　　　2011

2011 年にリリースされた Teknoist の 2nd アルバム。新曲や過去曲
のヴァージョン違いに加えて、μ-Ziq、Drumcorps、King Cannibal、
AK-Industry の楽曲を Teknoist がリミックスした曲を収録したコンピ
レーション的な内容。1st アルバムよりもストレートなハードコア / ドラ
ムンベース・スタイルのトラックが中心となっているが、メロディアスで
オルタナティブな Teknoist のスタイルは健在だ。Drumcorps や King
Cannibal のリミックスでは、ブレイクコア・テイストの強いハードコア
で Teknoist らしい仕上がりになっている。

The Teknoist

Tank Alligator　　　　　　　　　　イギリス
Industrial Strength Records　　　　　　　　2014

活動休止期間を得てリリースされた待望の 3rd アルバム。Teknoist なら
ではのハードコアにドラムンベース / スカルステップのエッセンスを取
り込んだトラックは、当時流行していたクロスブリードとも共鳴してい
る。しかし、クロスブリードに影響された訳ではなく、Teknoist はハー
ドコア＋ドラムンベースのハイブリッド・トラックを 2000 年中頃から
既にクリエイトしており、彼のトラックがいかにオリジナルであり、時代
を先取りしていたのかを改めて感じさせられた。Passenger of Shit、
Igorrr、Smyla とのコラボレーションではそれぞれの個性をしっかりと
反映させた唯一無二のトラックも生み出している。

The Teknoist

I'm Not a Psychopath (The Remixes)
Industrial Strength Records ／ イギリス ／ 2014

アルバム『Tank Alligator』からのシングルカット。アグレッシブなドラムパターンやダブステップを取り入れたヘヴィーなブレイクダウンは、グルーヴ・メタルやポスト・スラッシュ的であり、壮大なストリングス使いにも Teknoist のコアな部分が現れている。一定のテンションでクールに展開される構成と、ヒリヒリとした緊張感に包まれたシリアスな雰囲気からは、トラックに込められたテーマを感じる。Dolphin、Dither、Fortitude のリミックスもそれぞれのスタイルを駆使して原曲の魅力を違った形で表している。

The Teknoist

11 Years of Ninjas, Samurais & Zombies
Murder Channel ／ イギリス ／ 2016

Teknoist が 2005 年に立ち上げたレーベル Ninja Columbo と、サブレーベル Samurai Brylkreem から発表したレコードをまとめたベスト盤。Stazma the Junglechrist がリマスタリングを担当していて過去の名曲達が新たに磨かれ生まれ変わっている。ブレイクコアやグリッチを多用した実験的な UK ハードコアをベースにした初期作をメインに、「Lion Girl」「Rastafrogian Baycore」「Cephalopod Carnage VIP」などの Teknoist の代表曲を多数収録。Teknoist のキャリアを総括する重要な作品となっている。

The Teknoist

Transcend Nihilism
Sonicterror Recordings ／ イギリス ／ 2019

DJ 活動をメインにしていた Teknoist が、2019 年に Sonicterror Recordings から発表したシングル。単独作品としては 5 年振りとなったが、ファンの期待を超える素晴らしい作品を作り上げた。UK ハードコアとドラムンベースを軸に、ブレイクコア〜スカルステップ〜アシッド・テクノなど、ありとあらゆるジャンルの断片が組み合わさり、溶け合った破壊力満点のコア・サウンドが収録。UK ハードコアの土台ともいえるブレイクビーツへの強い拘りと愛情が現れており、ストレートなハードコアではないが、UK ハードコアの本質を感じさせる。

Technoist

Maximal Techno
Love Love Records ／ イギリス ／ 2019

Fyerhammer 名義で独自のテクノ・サウンドをクリエイトしていた Teknoist が、名義を Technoist と改めて発表したテクノサイドのアルバム。UK ブリープな音色のシンセと丸みのあるキックにサイケデリックなシンセベースが絡んだ直球なテクノを軸としている。アーメン・ブレイクとアシッドを巧みに使ったメロディアスなトラック、アンビエントなサウンドスケープが広がるダビーなトラックなどもあり、全体的にキャッチーで聴きやすい。LFO や Plaid などのブリープ・テクノに British Murderboys のインダストリアル・テクノを配合させた様なハイブリッド・スタイルが魅力である。

The Teknoist インタビュー

インタビュー：梅ヶ谷雄太
翻訳：Numb'n'dub

Q：ご出身はどちらですか？

A：マンチェスターで生まれた。育ちは北ウェールズ地方で、ちょっとカオスな環境でね。もう直ぐ引っ越そうと考えてる（笑）。

Q：音楽に興味を持ったのはいつ頃からですか？ あなたのホームタウンはどういった音楽が盛んでしたか？

A：13歳の頃、めちゃくちゃ音楽に興味がでた。自分の友人と、その兄貴達の数人がDJかつ、Raverの第一世代なんだ。その中の一人の父親が超有名なNorthern SoulのDJだった。ここらの地域で唯一、ターンテーブルを持ってる人物で凄く助けて貰ったよ。自分が住んでいたコルウィン・ベイは本当に小さな海沿いの町って感じで、とても綺麗なエリアもあるけど、その他のエリアはそうでもないって感じだな。それでも楽しかったけどね。大概の場合、流行りは大きな街の一年遅れだったけど、ハードコア・テクノが来た時は全く別物だった。運命か、はたまた単なる偶然か分からないけれど、コルウィン・ベイの隣町がRhylという遊園地もある割かし大きめな海沿いの町で、BanksyがDismalandというアートプロジェクトを始め出した場所で、それが物語るように、あの街が一番最初のハードコア・テクノのパーティーSteamが始まった場所だったんだ。確か、Greg（Dolphin）監修の元で旧友の一人が始めたものだった。でも、考えてみてもとても変な感じだよ、こんな期待もされてないような場所から斬新なカウンターカルチャーが来るなんてさ。Monty PythonのTerry Jones位なもんで、それ以外に特に良いものなんてここにないから。

Q：あなたが10代の時に体験したRaveで最も記憶に残っている事は？

A：最も記憶に残ってるのは毎週末にやっていたSteamだね。1999年以降はまったく活動していないけど、Steamは90年代半ばに開催していたハードコア・テクノのパーティーで、Nasenbluten、Lenny Dee、The DJ Producerといった世界的なアクトをブッキングしていた。海が一望出来るバルコニーがあって、そのクラブを運営してたレジデントDJ達はレコードショップも経営していて、国内でも相当レアなジャンルに特化した場所だった。自分達と繋がりもある友人だったから、すぐに彼等と直接会わせて貰えた。あれは本当に奇跡的なシチュエーションだったね。彼等は世界で一番クールな人達だって思ってた。高校生の頃、はっきりと言えるけど、Greg（Dolphin）みたいになりたいって思ってたよ。サッカー好きな少年が好きなサッカー選手と同じ髪型にしたがるように、彼みたいに、あごひげを伸ばしてた（笑）。黒歴史だけどね。でも、全てが素晴らしかったな。そして幸運にもこの全てを経験出来たこと、今でも彼等とすぐにコンタクトを取れる距離にあるし、本当に全てに感謝しなくちゃってことを思い出させてくれたよ！

Q：音楽制作を始めたのはいつからですか？

A：15、6歳の頃にAmiga 500でPro Trackerというソフトを使って作り始めたのが最初で、Gregから破格の一時間5ポンドでDTMレッスンも受けて、さらに友達とレッスンが終わってからもサンプリングとエディットの基礎を教えて貰っていた。学ぶ為に作っていたテンプレートの基礎が初のDolphin & The Teknoistのコラボ作になったともいえるね。当初はAcidをメインに作っていて、最初の数年は当時付き合ってた彼女のパソコンを使ってたよ。DAWのプログラム、LSDじゃないよ。

Q：ハードコア・テクノを知ったのはいつですか？
ハードコア・テクノを聴いた時の第一印象は？

A：さっきも言ったように、最初にやられたの
がハードコア・テクノとヒップホップだった。
Tony Touch の昔のミックステープなんかも聴
いていたし、後に Gregs の店で買った Rave の
テープも。人生で初めて感銘を受けたのが Rave
ミュージックだった。それ以外には全く興味もな
かったし、自分みたいな奴は生粋のハードコア野
郎だって神に誓えるよ。

Q：UK ハードコアの存在を知ったのはいつです
か？　UK と他の国のハードコアで最も違う部分
とは？　Deathmachine といったあなたと近い世代のアーティストを認識したのはいつ頃からですか？

A：質問の度に幾度となくその名を言ってきたけど、Dolphin は想像以上のものを自分に与えてくれた。
Steam のブッキングも 3rd Planet でのリリースもしかりね。Deathmachine については、彼とは全
く別の場所だったけど自分とほぼ同期で、それぞれのやり方で共に切磋琢磨していた。お金が無くても遊ん
だり、10 代の頃に国内を電車で旅したり、一晩中降り続ける雨の中、駅の中で一緒に寝たりとかね。イギ
リスとその他の国との違いは、それがガチかどうかっていうか、本当に凄いアティテュードがある。学校と
かでも、イケてる音楽の部類になることは無かったし、未だにイケないし。しかし、ガバはまさしくオラ
ンダのカルチャーで、イギリスでの中でも、世で言うならず者の変わり者が、それを好きになったというか、
自分もまさに好きだったけど。俺しかいねーじゃん的なレベルだったけどさ（笑）。ある意味パンクなもの
を感じるというか、音にじゃなくてカルチャーとかそのバイブスにね。とにかく反抗的で、クソで、騒がし
くって、世の中から完全に誤認されていて、まさに完璧だったね！

Q：The Teknoist としての活動が始まったのはいつですか？　名前の由来は？

A：14、5 歳の頃に The Teknoist としての活動を始めて、地元のクラブでよく Rave パーティーを
オーガナイズしてた。当時そこが唯一自分達が Rave 出来るクラブだったんだけど、他の地域の若い奴等
もよく遊びに来ていて頻繁に喧嘩も起きるし、もうクレイジーな状態だったよ。めちゃくちゃだったけど、
凄く熱を注いでた。DJ Miikey T みたいなスタンダードなネーミングなんて考えもしてなかったし、いつ
も変わった何かにしようと、新しくて何か意味があるようなね。Pump Panel (Cari Lekebusch) か
ら Hardcore Tekno の Dolphin や The DJ Producer 含め、テクノは全般的に大好きだった（最近
のフリーパーティー等でも見られるけど、Tekno が "k" になってるのは反体制を意味している）。自分は
Techno/Tekno の伝道師だったから、The Teknoist としたんだ。

Q：あなたのデビュー作は Dolphin vs The Teknoist『The Glitch War Part 1』で正しいですか？　こ
のレコードが生まれた経緯を教えてください。

A：そうそう、あれがデビュー作で間違いないよ。このレコードがどうやってリリースされたかを話すと、
偶然にもその時期、僕と Greg が同じタイミングで別々にマンチェスターに引っ越していてね。ストーカー
だった訳じゃ絶対ないよ（笑）。Greg は仕事の都合で、僕は小さな町の行き詰まりから逃げ出す為に引っ
越した。18、9 歳の頃かな。Greg と市内中心部で一緒に制作スタジオをやることに決めて、人生の時間
の大半は彼とセッションしてた。僕はよくソファを寝床にしてて、制作中のトラックでまだ作業をしなくちゃ
ならない時は早朝シフトにしてたんだけど、その時はベッドで寝たりもしてた。自分が寝る時は彼が曲作り
をして、朝 9 時に起きたら交代して曲作りするっていうね。彼と一緒の時間を過ごす事によって、いろ
んなことを学べたし、経験も出来たし曲作りも本当に楽しかった。そうそう、実は Greg は曲作りが苦手
でね。だから、曲作りはあまり介してなかった。僕が Ninja Columbo をやりだす前もね。制作中、僕だ
けが聴けるのは本当に贅沢だったけど、もっとみんなに彼の音楽を聴いて欲しいという想いでいっぱいだっ
た。そこで、最初にまともなハードコア・チューンを完成させた時、僕は自分のトラックと Greg の PC
から彼の曲も取ってきて CD に焼いて Deathchant の Hellfish に送ってみた。Greg はそのことを翌朝、
自分を起こすまで全然知らなくて、起こされるや否や「Hellfish からメールが来てるぞ！」って、さらに「曲
を Deathchant で使いたいと……一体何をしたんだ」ってね。そうして、当時の世界最高峰のハードコア・

レーベルからリリースする流れとなるんだ。あの日の朝は人生最高の瞬間だったな。今も思い出したら泣けてくるよ。

Q：The Teknoist はドラムンベースやエレクトロニカといったジャンルをハードコア・テクノとミックスしたスタイルと、エモーショナルで美しいメロディが特徴的です。あなたはストレートなハードコア・テクノ・シーンに存在する見えないルールを壊し続けていると感じます。なぜ、こういったスタイルにされたのでしょうか？

A：ハードコア・テクノにルールがあるとはあまり思わないけど、「これはハードコアだ」と感じざるえない何かがそこにあればね！　ハードコアは、いろんな方向から表現可能だし、自分にとっては自分らしい表現方法をやってると思っている。本当によく言ってることなんだけど、The DJ Producer は歩く Rave ミュージックを体現している。それと似てて、自分の中にはハードコアが流れている。パンクとかみたいに反抗的な意味で言ってるんじゃなくてね。自分は極めて熱狂的な人間だし、オーラはきっとストロボライトみたいかもしれない。自分が作り出す音楽は文字通り、自分の内面からくるものなのさ。DJ セットを構成する時も同じで、自分がする全ての事にはパワーがある。このパワーが伴ってね、とても特別なものなんだ。だから、自分の音楽もどこか特別な力を反映しているのさ。少し難しいかもしれないけど、自分にとって凄くしっくりくるんだ。

Q：The Teknoist はブレイクコア・シーンでも非常に人気です。あなたがブレイクコア・シーンと関わりを持ったのはいつ頃からですか？

A：ブレイクコアの初期の頃、昔の Planet-Mu のフォーラムや SoulSeek のブレイクコア・チャットルームのメンバーだった。ある夜に、Aaron Funk（Venetian Snares）と話してたんだけど、彼が共有してたフォルダーを検索してたら、Stephen Hawking の『A Brief History of Time』というオーディオブックが出てきた。一応ダウンロードして、翌日それをサンプリングしてスピードコアを作った。Brood Records からリリースしてたやつね。Planet-Mu のホームページにアクセスしてフォーラムに参加してたんだけど、あれは歴史の一部だよね。このフォーラムから数々の伝説が生まれてきたから。いろんなタイプがあるけど、情熱はみんな同じで、DIY のエレクトリック・パンク精神とパワー、どっちも平等に愛しているよ。

Q：あなたは Dolphin と多くのコラボレーション・トラックを制作してきました。彼の音楽の魅力とは何でしょうか？

A：いつも言ってるんだけど、学生時代からめちゃくちゃ大ファンで彼はハードコアでは常に一番だ。実際、あのスタイルは僕にとって凄く大きかった。Greg の音楽はいつも出来る限りの最高峰をやり尽くしてるって分かるし、本当に素晴らしい音楽だ。恐ろしいことに、今が常にその最高到達点だって思ってる。信じられないよね、完全に食らわされたし、若い頃、彼のスタイルに魅了されたけど、未だにそれは続いてる。本当に計り知れないよ。10 代の頃は只々、兄を求めて彷徨う塞ぎ込んだ少年で、ずっと続くこの嫌な人生に嫌気がさしていたけど、でも本当に彼なしに今日の自分は存在し得ない。これは本当に自分にとって大事なことだ。ずっと失い続けた数年間だったけど、今もこうして自分自身を失わずにいれるのは、彼のお陰だよ。自分達がどうやってコラボしているかってのを見てくれても分かるけど、とても良い感じだよ。ずっとスタジオで仕事してるし、自然と素早く色々案が出てくる。今、キックやスネアとかの音源もお互いに共有し合っ

てるし、完璧な関係性でやってるよ。

Q：音楽制作のプロセスを教えてください。どういった機材を使われていますか？

A：僕は早起きだからね。スタジオの日は朝5時位には起きて、紅茶で目を覚ましてから、500mlの水にレモンと塩を少し入れて飲んで、深呼吸からの瞑想を10分程してから、15分間はヨガの練習をする。それから、Cubaseを起動して作業開始。朝早くからやるのがベストなんだ。徐々に脳が時間の流れと同時に覚醒して、そのピークの時に音楽の女神が舞い降りてくる。煮詰まらないように細心の注意を払っているよ。制作に入ると、よく燃え尽きてしまったり、負のループに入ったり、実際そうなってしまうこともあるんだけど、不規則な流れがあってもそのバランスを取る事が大事だ。朝方はヘッドホンを使っている。ヘッドホンの作業が多いから、丁度こないだAKG K812のプロヘッドホンを買ったんだ。すぐに制作モードにスイッチオン出来る。この前のツアーで以前使ってた古いE-Muが壊れちゃってね、RMEまでの繋ぎで安いオーディオインターフェースを使ってるよ。モニタースピーカーはAdam A7で一日中、ヘッドホンとそれを行ったり来たり。メインのソフトはNative Instrumentのをよく使っていて、Reaktorがとても好きだ。多分、一番使ってるんじゃないかな。Kontaktもよく使うけど、Serum、Dune 2、Zebra 2、WavesやFabfilterプラグインとか。あと、昔のPSPのプラグインもよく使うね。Spliceも登録して、すぐにシンセのキーにあったドラムのサンプルとかを見つけられるから大好きだ。ずっと古いローファイなノイズと最新のサウンドの中間みたいな音を追い求めているけど、一方いつものようにダージ、グリット、ファズのようなサウンドもトラックに使ってきた。このバランスを保つのって穏当に苦労するし、今もずっと日々勉強中だ。でも、その過程も好きというか、本当に大事なことだなって思うんだ。

Q：ビートとメロディのどちらを先に作られていますか？　あなたのビートのパターンは非常にユニークでオリジナリティがあります。どの様にしてあの複雑でグルービーなビートをプログラミングしているのですか？

A：本当に特にこれといった方法はないんだけど、作るトラックは全て試行錯誤した実験の中から生み出される音だよ。コアがつくジャンルのプロデューサーは大体テンプレートをなぞるのも多いけど、自分はもっともっと実験的なことをしたいし、その中で自分を表現して音楽を作り出したい。自分の身の丈以上を作ろうなんて思っていなし、もしエモーショナルなストリングスを作らないといけなくなっても、まず最初に遊んでみて、そこからビートを足して徐々に足場を作っていくような作業をすると思う。やってるともっと激しくて、エネルギッシュなものにしたくなるし、ReaktorとSerumを立ち上げて、いらないドラムのフレーズを幾つか削除して、そこにブレイクビーツを足してグルーヴを作って展開させていくといった風にね。Technoistとしてテクノを作る時は、Reaktorをメインにとにかく沢山ジャムセッションをレコーディングする。ドラムマシンやアシッドグルーブボックスをプレイしたりね。時々それでも上手くいかないこともあるけど、自分が思い描く最高のアーティストになろうとすることの方が健全だと思う。

Q：The Teknoistの音楽は非常に暴力的な要素を持っているかと思いますが、あなたの破壊衝動、もしくは破滅願望的なものはハードコア・テクノの楽曲制作に反映されているのでしょうか？

A：これ本当に良い質問だと思うよ（笑）。自分はそもそも対立したりしない性格で、音楽から来るエネルギーは攻撃的だけど、人間としては全然そうではなくて、とても内向的だ。ハードコア全般

は攻撃的なものだ！って考える人達の考え全てには同意出来なくて、殺人的な音楽だって解釈には同意出来ないけど、普通の人達にとって受けいれ難い音だとは思う。シンプルにそのパワフルさというか、人々がよくいうハードコアの中の攻撃性の要素って、ただの音楽的なエネルギーだって思うんだよね。きっと、それって昔の自分に対して言ってるようなものかもしれないけど（笑）。自分の音楽は内側のカオスから吐き出されるもので、それ以外の表現方法はない。自分の内側のカオスを表現し続けることが自分にとっての生きているという存在証明になっている。自分の破壊的衝動とエネルギーは自分のハードコアに全て反映しているよ。

Q：テクノ・プロジェクト Technoist をスタートさせたのはなぜですか？　The Teknoist との最大の違いは？

A：まず始めに、Fyerhammer という名義で直球なテクノをプレイしたり、作ったりしてたんだ。The Teknoist と別々に分けてやりたくて、同じ名義を使ってクルービーで美しいテクノを作ることは、ちょっと違うなっていう印象が強くてね。きっと全然違うスタイルの音楽だから、聴いた人達が混乱してしまうと思って、Fyerhammer 名義を作った。比較的にゆったりした感じのプロジェクトだったけど、テクノ側の自分を最近は伝えていきたくて名義も Technoist に変更したんだ。なんていうか、自分のやってることのサブ的な活動というか、もっと肩の荷を下ろしたみたいに気軽に取りかかれるというかね。

Q：あなたは自身が抱えている精神的な病気を公表し、チャリティー活動もスタートされました。一部では、マッチョイズム的な要素が求められるハードコア・テクノ・シーンにおいて、この決断はとても勇気が必要であったと思います。あなたの決断は、ハードコア・テクノ・シーンで同様の問題を抱える人々の助けになったと思います。公表するまでに至った経緯を教えてください。

A：その問いかけをしてくれて嬉しいよ、ありがとう。ここ 10 年間、統合失調症と躁鬱病と診断されたんだけど、そこに至るまでにも双極性障害（すなわち躁鬱病）とか色々と診断があったんだ。それと ADHD もしかり。幼少期の ADHD は後期の統合失調症と関連してる場合があって、一般的な病に色々足して、一

© DEREK DJONS / DEREKDJONS.NL

緒にしてしまったみたいな、予想出来ない自己破壊だっていつも知らされている。もし、自分の脳がちゃんと機能してないなら、これは自分の音楽だって思うことが出来ないだろうし、自分はオープンな性格で、公然とそれを話すことがこういう状況を説明出来るなら、凄くプライベートな事だったけどいいかなって。昨今の世の中では、特に僕等は助け合いがないといけないって思う。幼い頃から自分の理解し難いような行動や、裏切り行為は日常茶飯だった。アーティストとして成長していく中で、ハードコア・シーンの一部であろうとして、フォーラムでの失言や失態も人生の一部で何かの意味を持っていたと思うよ。凄くキツかったし、そんなことは家族には話せなかった。いろんなことで凄くトラウマを抱えてた。それで友人の家を転々としてたんだけど、やがて次第に彼等が大切な家族みたいな存在になった。DJ、プロデューサーとしてやり始めた頃の話。まだまだ全然若かったな、特に自分達のシーンではね。そういうことを公にしようって思ったのは、生きる希望がないと同じような事で悩んでいる人や、何かしらのサポートが必要な人達の支えになれる気がしたからなんだ。それは自分自身にとってもセラピーみたいなもので精神浄化にもなるんだ。見た目で判断せず、手を差し伸べる事、隔たりなく辛い人生を過ごしている人達は、それを良いも

のに変化させる事がいつだって出来るという事。やがて、それは必ず良くなるって事をそういう人達に示していきたいんだ。絶対に良い方向に出来るって、その暗闇は長く続かない、必ずまた良くなる。

Q:The Teknoist として数多くのフェスティバルに出演されていますが、最も記憶に残っているフェスティバルは？

A:正直かなり沢山あるけど、ソロでプレイした Bong-Ra の結婚式と Dolphin とプレイした Glade 2009 かな。とても意味のある瞬間だったよ。

Q:あなたが経験した最もクレイジーな音楽体験は？

A:初のヨーロッパ・ツアーを Tony Skull Vomit と Eustachian の John、Surachai、CaptainAhab と Sarah Sitkin で周った時。ありえないくらい楽しかったよ。いろんなブレイクコア・アーティストと一緒に出来たし、凄い人達しかいなかった。そんな天才達と一緒にツアーをやれるなんて思いもしなかったからね。人生最高の時間だったよ。統合失調症を患いながらハードコア / ブレイクコアを奏でて、ツアーをやり遂げたのは本当にクレイジーな体験だった。そうだな、覚えているクレイジーな体験といえば、きっと経験した人もいると思うんだけど、飛行機の時間に間に合わなかったこととか……でも、毎回のギグが本当に良い経験だよ。

Q:これからのハードコア・シーンはどうなると思いますか？

A:このシーンの特筆すべき事の一つだと思うんだけど、違った国々から違ったスタイルで、進化し続けるだろう。数年間、この音を続けてきて色々な進化もあった。でも、それがリアルで弁論の余地もないくらい本物で、それはとても大きなことだ。みんな愛しているからね、それが一番の答えだよ。

Q:最後に、The Teknoist のファンにメッセージをください。

A:ありがとう！ すごく良く接してくれて。そして自分を理解してくれて本当にありがとう。もし君に会えば、ハイタッチするよ。これからの音楽の方向性もまた君の元に届くようにしたい。

UK Hardcore Disc Review

Technological Terror Crew

Where Angels Fear to Tread - The DJ Hellfish Remixes	イギリス	
Deathchant	1996	

Hellfish、Skeeta、Diplomat によるハードコア・ユニット Technological Terror Crew が、1994 年にリリースした「Where Angels Fear to Tread」と 1996 年にリリースした「The Ripper」を Hellfish がリミックスしたトラックと、オリジナル・トラックを 2 曲収録したシングル。「The Ripper (Remix)」は、Deathchant や Hellfish のクラシック・セットではほぼ毎回使われる名曲。ガバのテイストが色濃いが、UK 独自のハードコア・サウンドを形にした「7 Motherfuckas」も見逃せない名曲である。

Dolphin Tox & Dare

Yeah Motherfucker	イギリス	
Hardcore Mafia	1997	

Dolphin と Tox/Dare の初コラボレーション・シングル。タイトル・トラック「Yeah Motherfucker」は、高速ブレイクビーツとラップのサンプルに Frankfurt Terror Corp の「Multicriminal City」のメロディをサンプリングした UK ハードコア・トラック。工夫されたビートの展開で最後までまったく飽きさせない。「Welcome to Slavery」は、Dolphin の特徴的なスタイルである壮大なスケール感を持ったシネマティックなハードコアの原型ともいえる。今に続く Dolphin と UK ハードコアの流れを作った名盤。

Dolphin & DJ Tox

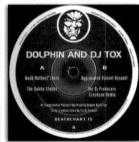

Weak Motherf*ckers	イギリス	
Deathchant	1998	

1992 年にリリースされた Tic Tac Toe のブレイクビーツ・ハードコア・クラシック「Ephemerol」と Bonzai Records からのリリースでガバ・シーンではお馴染みの DJ Bountyhunter の「Demilitarized Zone」をサンプリングし、オールドスクール・ヒップホップにジャングル / ドラムンベースのエッセンスも交えたウルトラ・ハイブリッドな「Aggravated Violent Assault」は、UK ハードコアのメンタリティを具現化している。収録曲全てが名曲であり、UK ハードコアというジャンルを語る上で外せない重要な一枚。

V.A.

The Rehydration of Violence	イギリス	
Deathchant	1998	

Deathchant の初となるレーベル・コンピレーション。Hellfish、The DJ Producer、Technological Terror Crew、DJ Scorpio & Wargroover、Diplomat など、UK ハードコアのレジェンド達が参加しており、Hellfish「Techno City (Diplomat Remix)」、Technological Terror Crew「Who Da Fuck Are You? (Dolphin & DJ Tox Remix)」など、レア・トラックが収録。レコード裏面のアーティスト写真も時代を感じさせる物で味わい深い。

Hellfish vs. Producer

Round II		イギリス
Deathchant		1998

Hellfish と The DJ Producer の B-Boy マインドが全開した名盤。ハードコア・テクノにヒップホップのエレメントをストレートにぶつけた「Do Ya Like?」は、スクラッチのパターンや同じサンプルを使っている事から Nasenbluten との強い繋がりを感じさせるが、最終的なアウトプットがまったく異なっているのが面白い。同曲の The DJ Producer によるリミックスでは、パンキッシュなアーメン・ブレイクが炸裂するアグレッシブな内容で、この時期の作品が Shitmat や Wrong Music を筆頭としたブレイクコア・アーティスト達に影響を与えているのが解る。

Hellfish & Producer

No More Rock N Roll		イギリス
Deathchant		1998

Hellfish & The DJ Producer の代表曲であり、UK ハードコア史に残る永遠の名曲。ハードコア・シーンにおける UK ハードコアのイメージを決定づけた曲でもある。Schoolly D の「No More Rock N' Roll」のサンプリングに、UK ハードコアらしいディープなキックとサイケデリックなシンセがリズミカルに重なり合い、ヒップホップとハードコア・テクノのグルーブとサウンドが見事に一体となっている。完璧な完成度を誇っており、今聴いてもまったく隙が見つからない。まだ聴いた事が無い方はすぐにでもチェックして欲しい。

The Death Syndicate

No Sound FX		イギリス
Deathchant		1998

Diplomat、Trouble、Hellfish によるユニットのシングル。タイトル・トラックの「No Sound FX」は、シンプルながらもインパクトのある素材を組み合わせたストイックな UK ハードコア・トラックとなっており、彼等のハードコア・スタイルの魅力が凝縮された名曲。Hellfish と Diplomat の特徴的な部分がとても良いバランスで重なり合っている。UK ハードコアらしいマッシブでディープなキックと高速ブレイクビーツが炸裂する「The Gimp」と、クレイジーなアシッド・フレーズにテンションが上がる「System Overload」も素晴らしい。

Technological Terror Crew

Devilcore / Reckless		イギリス
Hardcore Mafia		1998

Deathchant からの『The Ripper』と『Where Angels Fear to Tread - The DJ Hellfish Remixes』で、UK ハードコアの土台を作り上げた彼等がさらに新しい方向に突き進んだ一枚。UK ハードコア独特の歪みをスクラッチを交えて全面に押し出した暴走気味なインダストリアル・ハードコア「Devilcore」、ヒップホップ・テイストの強いスピードコア・トラック「Reckless」と、2曲共に当時としては革命的な手法とアイディアであっただろう。UK ハードコアに限らず、今作に影響を受けたアーティストは多いと思われる。

Dolphin & DJ Tox

Yeah Muthafucker (Remix) / Ascendus Avernum (Ascent from Hell) イギリス
Social Parasite   1999

The DJ Producer や Diplomat & Trouble、Technological Terror Crew をリリースしていた Social Parasite の第一弾として 1999 年に発表された一枚。Dolphin & DJ Tox のクラシック「Yeah Muthafucker」のリミックスでは、原曲よりもブレイクビーツとキックの強度が増しており、よりディープなハードコア・サウンドに変化。「Ascendus Avernum (Ascent from Hell)」は、当時リリースされていたインダストリアルやフレンチコアからの影響も感じさせるパワフルなトラックとなっている。

Hellfish vs Producer

Violent Works of Art EP   イギリス
Psychik Genocide   1999

A 面 の The DJ Producer「Violent Works of Art (The Psychik Shocker)」はテッキーでインダストリアルなサウンドを駆使したサイケデリックなトラックとなっており、B 面の Hellfish「Deck Fuel (Adventures for the Sonically Deprivated)」も、インダストリアル・ハードコア・テイストの強い武骨なトラックになっている。両曲共にノイジーで、分かりやすいサンプルやメロディは無いが、圧倒的なグルーブ感と構成力によってフロアをコントロールする事を可能にしている。彼等の強みが全面に出た名作。

Hellfish & Producer

Constant Mutation   イギリス
Planet Mu   2000

Warp や Rephlex Records と並んで IDM/ エレクトロニカ・シーンで人気を集めていた Planet-Mu が、2000 年に発表した Hellfish と The DJ Producer のコンピレーション作品。Deathchant からリリースされた初期 UK ハードコア・クラシックがまとめられている。抜群のタイミングでリリースされ、Hellfish と The DJ Producer はハードコア・シーンを超えて様々なジャンルのリスナーから支持を集める事に成功した。今作によって、Planet-Mu の方向性も変わったと思われる。

Hellfish " Skeeta

The R.I.P EP   イギリス
Deathchant   2000

Acid Beard Massive や Technological Terror Crew のメンバーであった Skeeta と、Hellfish のコラボレーション・シングル。オールドスクールなガバ・スタイルの「The Ripper」と、鋭いブレイクビーツとスクラッチが足された Hellfish のリミックス、そしてグリッチーな UK ハードコアにリミックスされた「Ripper (Final Edit)」の 3 曲が収録。Skeeta は Hellfish と The DJ Producer と共に『Spitting Blood』というシングルや、ソロでも二枚のシングルを残している。

Diplomat vs. Trouble

Iniquitous Genoside
Deathchant イギリス 2000

Death Syndicate のメンバーでもあった Diplomat と Trouble による コラボレーション・シングル。Deathchant の膨大なカタログの中でも カルト的な人気があり、非常に高値で取引されているレア盤である。テク ノやトランス、エレクトロ、アシッド、そしてブレイクビーツ・ハードコ アの断片を絶妙にミックスさせ、ハードコア・テクノとしてアウトプット させたトラックは神々しさすら漂っている。ダンスミュージックに必要な ものがほとんど入っているといっても過言ではない。今聴き返しても非常 にフレッシュなサウンドであり、これからもフロアで愛され続けるだろう。

Hellfish & Producer

Bastard Sonz of Rave
Planet-Mu イギリス 2002

『Constant Mutation』に続いて発表された Hellfish と The DJ Producer のコンピレーション。今回は Deathchant からのリリー スに加えて、Rebelscum のリリースも収録。「A Journey of Force (Bastard Mix)」「Theme from Fuck-Daddy」「Rude Attitude」「Toilet Wars」といった 2000 年前半に残された彼等の名曲がまとめられてい る。以前、Planet-Mu に所属していたアーティストから聞いた話では、 今作は当時の Planet-Mu のカタログの中で最も好セールを記録したそう だ。

Hellfish & Producer

Non Standard Procedure
Deathchant イギリス 2002

インダストリアルな歪みを駆使したシンプルな構成で聴かせきる「Non Standard Procedure」は、どちらかというと Hellfish 色が強く出てい る様に感じるが、不愛想なハードコア・トラックの地盤を固める跳ねたビー トは The DJ Producer の職人技が活かされている。壊れたジャングル・ ビートにラガ・サンプルを散りばめたルーディーな「Theme from Fuck Daddy」は、ジャングル・テクノを UK ハードコア的に解釈したオール ドスクール・ヴァイブスも感じさせる名曲で、ハードコア以外の DJ 達に もプレイされていた。

The DJ Producer

Interpretations
Rebelscum イギリス 2003

Rebelscum からリリースされた The DJ Producer のシングルを Hellfish、Skeeta、Manu Le Malin、DJ Traffik、The Enticer、 Joshua、Mike Paradinas こと μ-Ziq がリミックスしたコンピレーショ ン LP。ハード・テクノとインダストリアル・ハードコアを絶妙にミック スした Manu のリミックスも非常に素晴らしいが、IDM やブレイクコア のカオティックでプログレッシブなサウンドと展開をハードコアとミック スした、超クレイジーな μ-Ziq のリミックスが一際大きなインパクトを 放っている。

Hellfish & Producer

International Muthafukkas	イギリス
Rebelscum	2003

Planet-Mu の Criminal シリーズや Leafcutter John のアルバムへの参加などで、IDM/ グリッチ要素を強めていた時期の Hellfish のカオティックなサウンドと、The DJ Producer の UK インダストリアル的スタイルが見事に組み合った名作。タイトなキックとリズミカルなグリッチ・ノイズが近未来的な世界観を連想させる「International Muthafukkas」は、実験的な要素とフロアライクな手法が最適なバランスで配合されており、Rebelscum のレーベルカラーにとてもマッチしている。

Radium and Hellfish

Detox / Motordog Bytes Back	フランス、イギリス
Deathchant	2003

Micropoint でもお馴染みの Radium とのコラボレーション・シングル。Hellfish と Radium のサイケデリックなハードコア・サウンドが交じり合ったディープな一枚。フレンチコアと UK ハードコアを絶妙にミックスした「Detox」は、高速 BPM ながらもテクノ的な高揚感があり、最初から最後まで没頭して聴かせるグルーブがある。Hellfish の独特な歪みが Radium のフレンチコアに合体した「Motordog Bytes Back」も、ダンサブルで中毒性がある。翌年にリリースされた Radium のリミックス作『Steel-Finger Remixes』も合わせてチェックして欲しい。

Dolphin vs The Teknoist

The Glitch War Part 1	イギリス
Deathchant	2003

UK ハードコア・シーンの名コンビである Dolphin と The Teknoist のスプリット。両者ともにタイトル通りのグリッチ・サウンドを用いた実験的なハードコア・スタイルを披露している。The Teknoist の「Kev Mcalls Late Burpday Present」は、バウンシーなサンプルをマッシュアップしたパワフルなトラックとなっており、Dolphin の「Disco Shit」は、オールドスクールなハードコア・テクノのエッセンスも交えた伝統的な UK ハードコア・トラックとなっている。今作以降、彼等はコラボレーション・トラックのリリースやライブセットも行っていき、注目を集めていった。

Micron

Globalisation	イギリス
Deathchant	2004

スピードコア、インダストリアル・ハードコア、フレンチコア、そして UK ハードコアをクリエイトしている Micron の 1st LP。今作でも様々なスタイルのトラックが収録されているのだが、全てのトラックに強烈な歪みがあり、独特のダークな世界観が出来上がっている。キャッチーなラガ使いが印象的な「Somnambulism」、爆音ノイズが降り注ぐエクストリームなフレンチコア「Loxosceles Reclusa」など、Deathchant のカタログの中でもハードでクレイジーな作風である。エクストリーム・ミュージック好きはマストである。

Hellfish & Bryan Fury

Dog Porn / Gripper Vs Jumbo Fingers
イギリス
Deathchant 2004

Hellfish のグリッチノイズの美学と Bryan Fury のパンキッシュなサウンドが高次元でミックスされたドープな UK ハードコア・スタイルで、彼等のアーティストとしての幅の広さを証明した力作。丸みのあるテッキーなキックとシンセが病的に動き回り、UK ハードコアのサイケデリックな部分が全開している「Dog Porn」、キックとノイズだけでトラックの大部分を作り上げている「Gripper Vs Jumbo Fingers」と、2曲共に彼等の天才的な歪みのスキルが反映されており、UK ハードコアのディープな側面が楽しめる。

Ely Muff

Get into the Car and Drive It All over Me
イギリス
Capsule Core 2005

Deathchant のコンピレーションに参加し、One Inch Punch や Pacemaker からの 12" レコードのリリースでハードコア・シーンで異彩を放っていた Ely Muff が Capsule Core から発表した EP。Hellfish からの影響を感じさせる過剰な歪みやエディット、UK ハードコアの流れに沿ったブレイクビーツを土台にしたハードコア・チューンなど、独自の解釈による UK ハードコアを披露している。ドラムンベースとハードコアをブレイクコア的にマッシュアップした「Hold Tite the P No Need for London」での、クレイジーなテンションは凄まじい。

Dolphin & The Teknoist

Soul Cannibal / Closing Down
イギリス
Planet-Mu 2006

Planet-Mu からリリースされたシングル。コラボレーション・トラックではなく、両者のソロトラックを収録している。Dolphin は神秘的で透明感のあるメロディとストリングスに、様々なエフェクトを駆使したブロークン・ビーツとガバキックを合わせたブレインダンス〜ブリープ・テクノ〜IDM〜ハードコア・テクノを結び付けたディープな「Soul Cannibal」を収録。Teknoist も同じく、美しく壮大なストリングスにダブステップを取り入れたヘヴィーウェイトでマッシブなハードコア・テクノで独自のスタイルを提唱している。

Hellfish & Bryan Fury

UK Scumbags / RDS Engaged
イギリス
Pacemaker 2006

Hellfish と Bryan Fury のコラボレーション・ワークの中でも非常に暴力性が強く、狂気的なサウンドに満ちたエクストリーム好き必聴の一枚。ディストーションに塗れた叫び声に、切り付ける様なアーメン・ブレイクとヒステリックなノイズ、そしてマッシブなキックが発狂気味に混ざり合っていく「UK Scumbags」は、Hellfish と Bryan Fury のカオティックな側面が 100% 発揮された名曲。音数を絞ったストイックな「RDS Engaged」も UK ハードコアのディープな部分を表している。インダストリアル・ハードコアのファンにもオススメだ。

DJ Chucky & NDE

Ultimate Damage
Gabba Disco/Guhroovy

イギリス、日本
2006

H2OH Recordings や Ruffneck のミックス CD もリリースしている
DJ Chucky と、Deathchant 周辺の UK ハードコアをメインにプレ
イしていた NDE によるオフィシャル・ミックス CD。Hellfish & The
DJ Producer のトラックを中心に、Technological Terror Crew や
Dolphin & DJ Tox などのオールドスクールな UK ハードコアのクラシッ
クをスムーズに繋ぎ合わせている。このミックス CD によって、日本のハー
ドコア・シーンに Deathchant は広く知れ渡ったのではないだろうか。

Diplomat & Beagle

Dub War
Sonic Fortress

イギリス
2006

2000 年以降はエレクトロのレコードをリリースしていた Diplomat
と、90 年代中頃に Bogwoppa Records から Cobbie (Hellfish) との
コラボレーション・シングルをリリースしていた Beagle のスプリット。
Diplomat のエレクトロとブレイクビーツ・ハードコアをミックスしてい
く「Drop It」と、様々な Rave クラシックの素材を次々と繋ぎ合わせて
いく「Dub War (Destructive Upgraded Bass Remix)」は、リアル
タイムで Rave シーンで活躍していた彼だからこそ出せる、圧倒的な音
の厚みと説得力が感じられる。

The Teknoist & Scheme Boy vs Mr Kill

Untitled
Bang a Rang

イギリス、フランス
2007

ブレイクコアの名門レーベル Peace Off のハードコア専門レーベル
Bang a Rang から、リリースされた Teknoist & Scheme Boy と Mr
Kill (Rotator) のスプリット・レコード。ハードコアを主体にしながらも、
ブレイクコアの要素も大きく反映された凶暴なトラックを披露している。
Teknoist & Scheme Boy は、ラガネタや細かいブレイクビーツを重ね
た彼等のルーツである UK ハードコアの息吹を感じさせるトラックで、
Mr Kill は Daft Punk の「Aerodynamic」をサンプリングした超攻撃型
ハードコア・トラックを提供している。

Ely Muff

Psychobetafukdown
Zero71 Recordings

イギリス
2007

FFF、Droon、Sunjammer、Paulblackout のレコードをリリースして
いたブレイクコア / ハードコア系レーベル Zero71 Recordings から発
表されたシングル。レーベルカラーにマッチした、ブレイクコア要素のあ
るハードコア・トラックを収録。トラックの土台を支えているブレイクビー
ツやノイジーなサイケデリアなどからは、伝統的な UK ハードコアのメン
タリティを感じさせる。この他にも、Ely Muff は Dead Pig Records か
ら二枚の名作ハードコアをリリースしているので、気になった方はチェッ
クして欲しい。

The Teknoist & Scheme Boy

The Clone Wars EP	イギリス
Anticlone Records	2008

Undead Roniin としても活動を共にする Teknoist と Scheme Boy の
コラボレーション・レコードの第二弾。A面「99 Hoos」は、フレンチ
コア的なキックも取り込みながら彼等の特徴的なグルービーに展開する崩
れたハードコア・トラックの上に、ファンキーなブレイクビーツと様々な
ラップのアカペラを乗せた迫力のあるトラックで非常に DJ ユース的だ。
B面「Dry Bent Grannies」は、暴れ回るアーメン・ブレイクとガバキッ
クに、レゲエ・フレイバを塗したハイスピードな UK ハードコアとなっ
ていて、手数の多さと展開の仕方がある意味ブレイクコア的ともいえる。

V.A.

The Canary War EP	イギリス
Ninja Columbo	2009

Ninja Columbo のレーベル・コンピレーション。Teknoist と Scheme
Boy によるマッシブで硬派な UK ハードコア「Wet Bent Grannies」と、
ジャングルやブリープ・テクノの要素も感じさせる UK ハードコアの深い
部分が表れた「Versus Unleashed」は、彼等がそれまでにリリースし
てきたコラボレーション・トラックの中でも上位に入る内容。Teknoist
のソロトラック「Our Style Actualy」は、ファンキーなスクラッチと
容赦なく叩き込まれるガバキックとアーメン・ブレイクを用いたトラック
で、フロアで抜群の機能を発揮するはずだ。

Deathmachine

Descent	イギリス
Industrial Movement	2009

Deathmachine のキャリアにおいて非常に重要な作品であり、UK ハー
ドコア / インダストリアル史に残る名盤。Deathmachine を形成する緻
密で機械的なインダストリアル・サウンドは今作で既に完璧な仕上がり
を見せており、今聴き返してもまったく古さを感じさせない。スカルス
テップのブルータリティをインダストリアル・ハードコアに落とし込み、
UK ハードコアのグルーブ感で組み合わせた「Machine Alternative」
や、ドラムンベースとハードコアを配合させた「Follow My Sound」と
「Descent」はクロスブリードを先取りした様なトラックである。

The Speed Freak / The DJ Producer

The Freakwaves Remixes	ドイツ,イギリス
Psychik Genocide	2010

The Speed Freak と The DJ Producer がお互いのトラックをリミッ
クスしたシングル。DJ Vadim feat Moshun Man「The Terrorist」
をサンプリングした The Speed Freak の人気トラック「Terrorist」の
The DJ Producer のリミックスでは、原曲の素材をふんだんに使いなが
らも、新たに素材を付け加えた非常に情報量の多いカオティックでグルー
ビーな UK ハードコア・スタイルとなっている。The DJ Producer にし
てはロック・テイストの強いリミックスで、いつもよりもアグレッシブな
スタイルである。

V.A.

The Audio Damage All Stars LP　　　イギリス、ベルギー、アメリカ
Audio Damage　　　　　　　　　　　　　　　　　　　　2010

Autopsy と Tugie のレーベル Audio Damage のコンピレーション。The DJ Producer の「Positive Outlook」は、彼の特徴的な要素が全て反映されており、2000 年後半にリリースされたトラックの中でも上位の仕上がりである。UK ハードコアにインダストリアル・ハードコアとブレイクコア、スカルステップをミックスしたトラックに、ヒップホップやレゲエのサンプルが超絶カオティックに入り乱れる Igneon System vs Homeboy の「Respect the Strength」も素晴らしい。全曲ハイクオリティなトラックばかりの名盤である。

The DJ Producer vs Bong-Ra

The Abominable / Blood Clot Techno　　　イギリス , オランダ
PRSPCT XTRM　　　　　　　　　　　　　　　　　　　2011

PRSPCT XTRM の第一弾として発表されたブレイクコア・アーティスト Bong-Ra と、The DJ Producer のコラボレーション・シングル。A 面「The Abominable」は Bong-Ra の「Yeti」を The DJ Producer が UK ハードコア・スタイルに仕上げている。B 面「Bloodclot Techno」は、The DJ Producer の「Pestilence Eterna」を Bong-Ra がハードコア・ドラムンベース調にリミックスしており、両曲共にドラムンベースのエッセンスを交えながら最良のバランスで両者のサウンドが合わさっている。

Bryan Fury vs. Ladyscraper

Untitled　　　　　　　　　　　　　　　　　　　イギリス
Pacemaker　　　　　　　　　　　　　　　　　　　　　2011

メタルやグラインドコアの素材を使ったエクストリームなブレイクコア / スピードコアで、ハードコア・シーンでも人気であった Ladyscraper と Bryan Fury のスプリット。Bryan Fury は、様々なリズムパターンを組み合わせたリズミカルなハードコア・トラック「C4 Killa」を提供し、Ladyscraper はブレイクコアとハードコアにノイズロックやメタルの要素も交えた「Heavy like Uranus Is」と「The Regulator」を提供。Ladyscraper は 2008 年に Deathchant から EP を発表しており、独自のブレイクコア＋ハードコア・スタイルを披露している。

Dolphin

Untitled　　　　　　　　　　　　　　　　　　　イギリス
Komplex Kommunications　　　　　　　　　　　　　　2011

2011 年にスタートしたレーベル Komplex Kommunications の第一弾。2006 年以降、活動ペースが落ち着いていたが、その期間に得られた新しい要素が反映された Dolphin 流のオルタナティブで革新的なハードコア・スタイルを披露。壮大なストリングスを激しいビートの連打が劇的に演出する「Requiem for a Samurai」、凶暴なスカルステップ・チューン「Dynamo」、エモーショナルなメロディとプログレッシブに変化していくビートに人間味を感じる「Goitchi Koots」、Planet-Mu からリリースされた「Soul Cannibal」の VIP ヴァージョンを収録。

Axe Gabba Murda Mob

A.G.M.M.　　　　　　　　　　　　　　　　　イギリス
Axe Gabba Murda Mob Records　　　　　　　2011

Axe Gabba Murda Mob Records の第一弾作として 2011 年にリリースされた一枚。Slayer「Angel of Death」をサンプリングしたオールドスクールなサウンドとアトモスフィアが漂う「Dual Murda」、Bob Marley「Buffalo Soldier」のサンプリングをグリッチで捻じ曲げ、怒号を重ねた「Axe Gabba Theme Tune」の 2 曲は、Hellfish のカオティックな側面が存分に堪能出来る。雑な素材の使い方の様に聴こえるが、Hellfish のアティテュードを強く感じる。

DJ Skeeta

Skeeta Is Dead　　　　　　　　　　　　　　イギリス
Deathchant　　　　　　　　　　　　　　　　2011

Technological Terror Crew としても Deathchant の初期を支えた Skeeta が、2011 年に発表した活動最後の作品。現代的なサウンドを取り入れつつも、昔ながらの正統派な UK ハードコア・トラックを貫いた「Champion Sound」と「Domesticated Gangster」。そして、Hellfish とのコラボレーション・トラック「This Is the End」など、解りやすいメロディや複雑なビートや展開などは無く、ストイックな自身のハードコア・スタイルを披露した傑作である。

Hellfish & Producer

Theme from Fuck Daddy - The Remixes　　　イギリス
Deathchant　　　　　　　　　　　　　　　　2012

2002 年にリリースされた Hellfish & The DJ Producer のクラシック・チューン「Theme from Fuck Daddy」のリミックス集。Hellfish による UK ハードコア解釈によるジャングル・テクノなリミックスや、ハーフステップやスカルステップをハードコアとディープにミックスした Bryan Fury のリミックスが特に素晴らしい。原曲同様このリミックス集は、PRSPCT RVLT 周辺のブレイクコア系ジャングルや Mashed Youths Records などのハードなラガジャングルが好きな方にもオススメである。

Hellfish

Chained Evil　　　　　　　　　　　　　　　イギリス
Psychik Genocide　　　　　　　　　　　　　2012

Hellfish のトラックを中心に The DJ Producer、The Teknoist、Bryan Fury/ Axe Gabba Murda Mob から The Outside Agency や Akira といった UK ハードコア / インダストリアル・トラックをスクラッチを交えてミックスしており、2000 年後半から 2012 年までにリリースされた UK ハードコア / インダストリアルの名曲が一気にチェック出来る。DJ ミックスされる事で本来トラックが持っているダンスミュージックとしての優れた機能性を改めて感じられる。Hellfish の個性的なスクラッチも味わい深い。

Dolphin & The Teknoist

Polishing Turds: Part I
Komplex Kommunications
イギリス
2012

過去に両者が制作していたコラボレーション・トラックを Dolphin が新たにリミックス / リメイクした EP。Teknoist のメタリックでサディスティックなドラムンベース / スカルステップの要素も色濃く残っている「Fight 2 the Def (Dolphin's De[con]struction)」、美しく透き通ったピアノのメロディに、エレクトロニカとダブステップをハードコアとマッシュアップした「Choircutz (Dolphin's Redux)」などの名曲が収録。ハードコア・ドラムンベース / クロスブリードのエッセンスが全体的に活かされている。

The DJ Producer & Deathmachine

Come Hell or High Tempo
Rebelscum
イギリス
2013

以前にも、『Failed Attempts at Bending Time and Space』というコラボレーション・シングルを発表していた両者が再びタッグを組んで生み出した UK ハードコアの最強クラシック。当時流行していたクロスブリードからの影響も若干受けていると思われる「Hell-E-Vator」は、The DJ Producer の骨太で丸みのあるセクシーなキックと Deathmachine の無機質なインダストリアル・サウンドが最高のバランスでミックスされた名曲。2010 年以降の両者のキャリアにおいて、今作はトップ 3 に入る傑作だろう。

The Teknoist & Johnty Warrior

The Ninjas Dutiful Salute to Deathchant
Ninja Columbo
イギリス
2013

Johnty Warrior という謎の人物と Teknoist のコラボレーション・シングル。ダブステップのベースを巧みに使い、Teknoist の天才的なビートのプログラミングに改めて驚愕させられる「Like a Whirlwind Made of Zombies」、グリッチで捻じ曲げまくった Gravediggaz の「Bang Your Head」にスカルステップのスネアが突き刺さる「Chop Your Chin」の 2 曲が収録。シングルのタイトルに現れている様に、Deathchant へのリスペクトが全体に込められている。

Dolphin x Bryan Fury

Competition Is None Volume 4
Hong Kong Violence
イギリス
2013

Hong Kong Violence から 2013 年に発表されたスプリット。スケールの大きいメロディとキックがドラマティックに重なる Dolphin の「Warfare」は、普段ハードコアを聴かない人にもオススメ出来るオルタナティブで深みのあるトラック。Bryan Fury の「Godless」は、武骨なキックとブレイクコア的なアーメン・ブレイクがサディスティックに叩き込まれる狂暴なトラックで、Axe Gabba Murda Mob で見せるカオティックな要素が表れている。Hong Kong Violence のレーベルカラーにも、とてもマッチした内容だ。

Deathmachine

Engines of Creation	イギリス
The Third Movement	2013

巨大で機械的なインダストリアル・ハードコアを主軸に、Deathmachine がクリエイトしてきた様々なジャンルや要素を一つにまとめ上げた力作。オープニングを飾る「Our Introduction (To Technology)」は、ミステリアスで高揚感を煽るメロディにずっしりと重いキックがのしかかる押し潰されそうなヘヴィーウェイトなインダストリアル・ハードコアであるが、一度ハマると抜け出せなくなる麻薬的なグルーヴも魅力であり、アルバム全体を象徴する名曲。The DJ Producer や N-Vitral が参加したリミックス EP もリリースされている。

Dolphin

Army of Zombies / Zerodark	イギリス
Komplex Kommunications	2014

ドラムンベースとダブステップを取り入れた Dolphin のダンサブルな UK ハードコア・スタイルの完成形とも言える名作。マッシブなダブステップ・ベースにリズミカルなスクラッチとラップを重ね合わせた「Army of Zombies」と、UK ハードコアらしい崩したビートの展開に、Dolphin らしいドラマチックで壮大なストリングスがミックスされる「Zerodark」が収録。今作以降も、Dolphin は Komplex Kommunications から『Hengsha / Terpsichore』や『Stormbringer』というハイクオリティなシングルをリリースしている。

Tugie

Back to the Old School EP	イギリス
Deathchant	2014

Audio Damage からの Autopsy とのコラボレーション・リリースや、Karnage Records からの単独リリースで独自の UK ハードコア・スタイルを披露していた Tugie が 2014 年に Deathchant から発表した EP。Hellfish が Deathchant からリリースした UK ハードコア・クラシックを素材に、Tugie の重いインダストリアルなキックでマッシュアップした「The Deathchant Chronicles」は 90 年代の UK ハードコアと 2000 年代の UK ハードコア・サウンドがミックスされ、非常に面白い内容になっている。

Dolphin

Black Gold / Snow Hill Massacre	イギリス
PRSPCT Recordings	2014

今では活動拠点の一つともなっている PRSPCT から、はじめてリリースされた Dolphin のシングル。Komplex Kommunications からのリリースで得た実験の成果が存分に発揮されており、Dolphin のキャリアをステップアップさせた。トランシーなメロディと迫力のあるベースが合わさった「Black Gold」、ドラムンベースからハードコアになり、ドラムステップ的なブレイクを挟む「Snow Hill Massacre」での、ベースのアプローチやクオリティはベースミュージックとして聴いてもまったく引けを取っておらず、ハードコアとしても完成度がとても高い。

Grandmaster Dee & The Furious Fish

Untitled イギリス
Deathchant 2014

Hellfish と Lenny Dee の変名によるコラボレーション・シング
ル。Lenny Dee のボーカルを使ったラガマフィン・ハードコア
「Raggabitch」は、クロスブリード的な要素も交えており、様々なハー
ドコアの DJ セットに取り込める万能トラック。同じく、Hellfish 流の
カオティックなクロスブリードとも言える「Soundboy Pussy (Hellfish
Rave-Core Rmx)」、ファンキーなサンプルを使った「Clap Your
Hands Now」は、Lenny Dee のエッセンスが強く表れたオールドスクール
なフレイヴァ溢れるトラックで見逃せない。

The DJ Producer / Smyla

The Very Last Drop イギリス
Our Fucking Jungle 2015

Teknoist のジャングル・レーベル Our Fucking Jungle から発表
されたスプリット・シングル。The DJ Producer は名曲「Ease up
Selector」で見せたディープな UK Rave ミュージックのエレメント
をジャングルに注ぎ込んだ「The Very Last Drop」では、The DJ
Producer と UK ハードコアのコアな部分を感じ取る事が出来る。伝統
的な UK のアーメン・ドラムンベース / テックステップの流れを汲んだ
ストイックでダークなリリースでアンダーグラウンド・シーンで人気の
Smyla も、ドープで危険な香りのするハードなジャングルを提供。

V.A.

Ninja Columbo #11 イギリス
Ninja Columbo 2015

ブレイクコア寄りのラガジャングル・スタイルでラガコアやブレイクコ
ア・ファンから人気の Algorithmic と The Teknoist のコラボレーショ
ン・トラック「Callate La Boca」は、歪んだニューロファンクやハー
ドコアの要素もミックスされた激烈ハードコア・ジャングルで強烈な破壊
力がある。クラシカルなポスト・ブレイクコア / ブレインダンス・スタ
イルで日本でも人気の Anorak の「Not Knowing」を UK ハードコア化
させた Teknoist のリミックスは、彼のエモーショナルでメロディアスな
ハードコア・スタイルを堪能出来る。

Bryan Fury

Untitled イギリス
PRSPCT Recordings 2015

重心の低いパワフルなドラムンベースにインダストリアル・ハードコアを
ミックスした Bryan Fury 流の変則クロスブリード「Curb Stomp」と、
スカルステップにモダン・ヘヴィネスのグルーブを掛け合わせたメタリッ
クなクロスブリード「XS5」、ダブステップと UK ハードコアをミックス
したトラックに荒々しいボーカル・サンプルをエディットした「Bringing
the Pain」の 3 曲が収録。Counterstrike や Fragz などのメタリック
なハードコア・ドラムンベース / クロスブリード好きにもオススメである。

Deathmachine

Bad Boy Sound　　　　　　　　　　　　　　　　　イギリス
Motormouth Recordz　　　　　　　　　　　　　　　2015

PRSPCT や Future Sickness Records か ら の リ リ ー ス で
Deathmachine 流のクロスブリードやドラムンベースを展開し、クロス
ブリード / ハードコア・ドラムンベース・シーンからも高い評価を受けて
いた Deathmachine が、2015 年にリリースした UK ハードコアとク
ロスブリードをマッシュアップした名曲。リズミカルなアーメン・ブレイ
クとラガ・サンプル、フーバーシンセが印象的な「Bad Boy Sound」は、
UK ハードコアの伝統的な部分をアップデートさせており、UK ハードコ
ア / クロスブリード双方の DJ がプレイ出来る。

Hellfish vs The Teknoist

Untitled　　　　　　　　　　　　　　　　　　　イギリス
Deathchant　　　　　　　　　　　　　　　　　　　2016

両者が Deathchant からリリースしたトラックをリメイク / リミッ
クスしあったスプリット。Teknoist が 2008 年にリリースした The
Prodigy ネタの「Poisoned」を、ストレートな UK ハードコア・スタ
イルでリミックスした Hellfish の「Poisoned (Hellfish 2016 Re-
Puke)」と、2000 年代の Hellfish の代表曲の一つ「Wolfman」を、
Teknoist が リ ミ ッ ク ス し た「Wolfman (Teknoist's 2016 Beak
Wolves Re-Chop)」など、お互いの個性が交じり合ったカオティックな
トラックが収録。

Dolphin & The Teknoist

Undead and Uncut　　　　　　　　　　　　　　イギリス
PRSPCT Recordings　　　　　　　　　　　　　　　2016

Dolphin と Teknoist の名コンビによる久々のコラボレーション作。こ
れまでに両者は長い間コラボレーションをしていなかったが、ブランクを
感じさせない抜群のコンビネーションを披露している。「War Track」で
は、Teknoist らしいストリングスとけたたましいサンプルに、グリッチ・
エフェクトを多用したハードコア・トラックになっており、展開の多さや
ハードなドラムの打ち方に驚かされる。Skull Vomit をボーカルに起用
した「Power Without Form」では、凶暴なアーメン・ブレイクとガバキッ
クが怒涛の勢いで叩き込まれるハードコア＋ブレイクコア・スタイルを
披露。

The DJ Producer

Revise_Deploy_Annihilate　　　　　　　　　　イギリス
The Third Movement　　　　　　　　　　　　　　2016

UK ハードコア～インダストリアル・ハードコア・シーンの実力派アー
ティスト達が参加したリミックス集。Xaturate、N-Vitral、Igneon
System、Detest、Mindustries、Deathmachine といった 2000 年
代のアーティストから、The Outside Agency、Hellfish、Dolphin、
Drokz、Promo、Akira といった重鎮が、The DJ Producer への深
い敬意を感じさせる素晴らしいリミックスを提供している。The DJ
Producer のソロ・トラックも 2 曲収録。

Deathmachine

Self Distort EP
PRSPCT XTRM / イギリス / 2016

シンフォニックなストリングスとドラマティックなメロディがシネマティックな世界観を演出する「I Know」、終始ハードなキックが叩き込まれ、テラーコア的な要素も垣間見えるブルータルな「Distort You」、The Hard Way「Pentagram of Coke」をメタリックな UK インダストリアルにリミックスしたトラックなど、いつもよりも攻撃的で攻めの姿勢が感じられる。クロスブリードから UK ハードコア / インダストリアルとトラックによってスタイルと BPM が違い、Deathmachine の魅力を色々な角度から楽しめる。

Hellfish / Bryan Fury

Return of the Living Dread EP
Pacemaker / イギリス / 2016

2011 年にリリースされた Bryan Fury の「C4 Killa」を Hellfish がターンテーブリズムを交えてリミックスした「C4 Killa (Banana Bomb 2016 Remix by Hellfish)」は、原曲の世界観を重視しながら Hellfish のコアなサウンドを巧みに入れ込んだ素晴らしいリミックスとなっており、2010 年以降の Hellfish のリミックス・ワークでもトップに入る仕上がりだ。Hellfish の癖の強い独特なスクラッチを存分に堪能出来るのと、「Turntable Savage」の進化形ともいえる内容である。

Believe

Night Time Vultures
Ninja Columbo / イギリス / 2017

The Teknoist や Scheme Boy 以降のオルタナティブな UK ハードコア・スタイルを開拓した衝撃的なシングル。Teknoist よりもプログレッシブな展開と多様なビート・パターンや、全体にまとっているフレッシュでスリリングなアトモスフィアは、今までに無かった新しい UK ハードコアの方向性が感じられる。ドラムンベースからの影響が強いが、UK ハードコアの精神性がトラックの大部分から感じ取れる。残念ながら、今作以降は SoundCloud で数曲フリーダウンロードでトラックを公開しただけなのが非常に勿体ない。いつの日かまたカムバックしてくれるのを願う。

Bryan Fury

Bloody Bones EP
PRSPCT XTRM / イギリス / 2017

全体を包む神秘的なメロディと相反する様に、終始狂暴なブレイクビーツとキックが暴れまわるハイテンションな「3NYA」、クロスブリード要素の強い「Bloody Bones」、ロッキンなニューロファンク＋ダブステップからハードコア化していく流れがグルービーでスリリングな「The Solace (Geared up Edit)」が収録。Smackdown Recordings からリリースしていたクロスブリード・スタイルをアップデートさせたパワフルなトラックを完成させている。この路線の Bryan Fury をもっと聴いてみたい。

Secret Squirrel

Essential Squirrel Beats Vol.1
Bogwoppa Records イギリス 2017

90 年代初頭に Dance Bass Records と Bogwoppa Records からブレイクビーツ・ハードコアやハッピーハードコアのレコードをリリースしていた Hellfish の Secret Squirrel 名義が、20 年以上振りに発表した新作。昔ながらのブレイクビーツ・ハードコア＋ジャングルなスタイルで、オールドスクール好きを歓喜させた。UK ハードコア / インダストリアルとはまったく違うが、Hellfish のコアな部分を知る事が出来るので、今作を聴いた後に彼のハードコア・トラックを聴くとより楽しめるのではないだろうか。

Tugie

True Gangster EP
PRSPCT XTRM イギリス 2017

クロスブリードのエッセンスを大きく取り入れたパワフルな「True Gangster」と、ドラムンベースと UK ハードコアをミックスさせた「Raw to the Core」など、全体的にクロスブリード / ハードコア・ドラムンベースの要素が強いが、UK ハードコアのメンタリティを失わずに独自のハイブリッド・トラックを生み出している。2019 年には、新たに Rogue 名義にてハードコア・ドラムンベース・スタイルの EP「The Reincarnation」を PRSPCT からリリースしており、今作の延長線上にある作風を見せている。

Dolphin

Information Asymmetry
PRSPCT Recordings イギリス 2018

Dolphin のキャリア初となるフルアルバム。壮大なストリングスを使ったエモーショナルで劇的なスタイルを中心とした、Dolphin らしいドラマティックな演出が映えるトラックが収録されており、アルバムというフォーマットを最大限活かしている。Dolphin の優れた作曲家としての才能がさらに進化しており、心に残る印象的な美しいメロディを沢山聴く事が出来る。Hellfish、The DJ Producer、Bryan Fury という 90 年代から活動を共にしている盟友や、Teknoist と Deathmachine とのコラボレーション・トラックも素晴らしい。

Hellfish & Bryan Fury

Marijuana Jones and the Tempo of Doom
Oblivion Underground Recordings イギリス 2018

Khaoz Engine、Xaturate、eDUB、Dolphin のシングル /EP のリリースや、ポッドキャストで UK ハードコア / インダストリアル・シーンで人気を集める Oblivion Underground Recordings から発表された Hellfish & Bryan Fury のシングル。ラガヒップホップのサンプルを使ったキャッチーながらも AGMM を彷彿とさせるストレンジな「Root One」と、ファンキーなブレイクビーツとスクラッチに狂暴な UK インダストリアル・サウンドをぶつけ合わせた「Doom Dance」の 2 曲が収録。

Micron

Untitled	イギリス
Deathchant	2018

2000年後半以降、活動休止状態であったMicronの復帰作となったEP。クロスブリードやニューロファンクをフレンチコア/UKハードコアとミックスした「Twisted Bone Breaker」と「Zombie Countdown」、メロディアスなフレンチコア・トラック「Ancient Technology」など、現代的なダンスミュージックのエレメントが大きく反映されたダンサブルな仕上がりになっている。過去のエクストリームなMicronとはまったく違うが、新たに独自のスタイルを開拓している。現在は自身のレーベルIrrational Impulsesから定期的にシングルをリリースしている。

Axe Gabba Murda Mob

B2B Murda / King Kebab	イギリス
PRSPCT RVLT	2018

2016年にリリースされた『Hey Motherfucka』以来となるPRSPCTからのシングル。今回はPRSPCT RVLTからのリリースとあって、ブレイクコアやジャングル的な要素が大きく反映されている。他のシングルでもサンプリングしていたDaddy Freddyのラガマフィンを使った「B2B Murda」、スクラッチとラガマフィンがアーメン・ブレイクの上でマッシュアップされるラガコア的な「King Kebab」と、同曲をクレイジーにぶち壊して再構築した「King Kebab (Return of the Kingz Mix)」が収録。

Dolphin

Hong Kong Ping Pong	イギリス
Hong Kong Violence	2019

卓球のピンポン玉がリズミカルに跳ねる音を使った変則的ハードコア・トラック「Hong Kong Ping Pong」は、非常にグルービーでコミカルながらも刺激的なトラックで、様々なポッドキャストやDJミックスでプレイされた2019年を代表する1曲。ハードコアなスイング感のある「Bloodeaters」も、Dolphinらしいパワフルなキックとバウンシーなメロディが合わさったハードコアDJに重宝されるトラックだ。近年のHong Kong Violenceの方向性とも合わさった一枚であり、Dolphinの存在感がハードコア・シーンでさらに増した重要な作品。

Secret Squirrel

Dam Ruff Beatz EP	イギリス
Bogwoppa Records	2019

Bogwoppa Recordsを復活させ、Secret Squirrel名義でのブレイクビーツ・ハードコア・セットも披露し始め、新たなファン層を獲得していたSecret Squirrelが2019年に発表したEP。現代的なサウンドを取り入れているが、一貫して変わらないコアなオールドスクール・サウンドを貫いている。同年には『Nut Mode Overdrive EP』というEPもリリースしており、そちらもオールドスクール・ファンにはたまらない内容になっている。他にもオンラン上でSecret Squirrel名義のDJミックスも公開しているので、気になった方は是非チェックを。

Chapter 3
Digital Hardcore

デジタルハードコア解説

　　ハードコア・テクノの歴史において、Planet Core Productions と同等に重要なレーベルがドイツには幾つも存在する。Overdrive、Mono Tone、Shockwave Recordings、Nordcore Records、Fischkopf Hamburg、Gabba Nation Records、そして Cold Rush Records や Dance Ecstasy 2001 などの Planet Core Productions によるサブレーベルの数々。ドイツのレーベルにはオランダやアメリカとは違った独特の雰囲気を感じさせる。それは、ドイツの音楽全般がテクノとの結び付きが他の国よりも密接であり、テクノ・シーンからの影響、もしくは反発などが強く反映されているからかもしれない。テクノだけではなく、クラウトロックに代表される実験的で革新的な音楽を生み出すドイツという国の特殊性や社会情勢も関係しているようにも考えられる。そんなドイツのハードコア・テクノシーンの中でも、世界的に広く知られているレーベルとして有名なのが、Atari Teenage Riot の Alec Empire が 1994 年にスタートさせた Digital Hardcore Recordings である。

ハードコア・テクノとデジタルハードコアの関係性

V.A. - Techno Rave! Vol. 1

T'N'I & Alec Empire – Trip Men

　　Digital Hardcore Recordings（以降 DHR）がドイツのハードコア・テクノ・レーベルとして語られる事が少ないのには理由がある。まず、DHR をスタートさせた Alec Empire と所属アーティストはドイツを拠点に活動していたが、レーベルの本拠地はイギリスであった。さらに音楽の形式としても、ハードコア・テクノの要素より、パンクやインダストリアルをブレイクビーツ・ハードコアと複雑に組み合わせた「デジタルハードコア」というスタイルを押し出していたのが大きい。

　　もちろん、DHR はハードコア・テクノの要素を取り入れた曲やミックス・テープも発表している。Atari Teenage Riot や Ec8or はガバキックを超高速以上で打ち鳴らすハードコア・テクノもリリースしていたが、DHR の主軸となっていたのはブレイクビーツであった。デジタルハードコアというジャンルはアーティストや時代によって定義は変わり、音楽的な形式も曖昧ではある。デジタルハードコアはハードコア・テクノと切り離されている様に見えるかもしれないが、デジタルハードコアの源流の一つは間違いなくハードコア・テクノであった。Atari Teenage Riot のデビューアルバム『1995』を聴けば、当時の彼等のスタイルにとって、ハードコア・テクノは非常に重要なパーツであったのが分かるはずだ。

　　このチャプターでは、DHR/ デジタルハードコアとハードコア・テクノとの関係性を掘り下げながら彼等が如何に異端な存在であったのかをお伝えしよう。

Alec Empireのバックボーン

　　デジタルハードコアの生みの親である Alec Empire は 1972 年に西ベルリンで生まれる。8 歳でギターの演奏を始め、10 歳でラップミュージックに魅了され、12 歳でパンクバンド Die Kinder を結成。16 歳の時にパンクに見切りをつけた彼は実験的な電子音楽やクラシックを聴き始め、デトロイト・テクノやアシッド・ハウスに出会う。

　　その後、東ベルリンのアンダーグラウンドな Rave シーンに強く影響された彼は、LX Empire 名義でダンスミュージックの制作を始め、DJ としてのキャリアもスタートさせた。1991 年には、ドイツのテクノ

レーベル !Hype がリリースしたコンピレーション『Techno Rave!』に The Prodigy、F.U.S.E.(Richie Hawtin)、John&Julie、L. A. Style、Lords of Acid と共に LX Empire の曲が収録されている。

　同年フランスにて DJ を行った際、Ian Pooley に注目された事がキッカケとなり、Force Inc から T'N'I(Ian Pooley&DJ Tonka) とのコラボレーション・シングル『Trip Men』をリリース。この時から名義が Alec Empire に変わる。『Trip Men』は、UK Rave ミュージックからの影響が色濃く出たアシッド・ハウス・スタイルながらも、ずっしりと重いキックとゲームミュージック的なメロディを使ったユニークなスタイルで、すでにこの頃から Alec Empire の核となる部分が完成しつつある。

　その後も、Ian Pooley とのコラボレーションは続き、1996 年に Ian Pooley & The Jaguar 名義で『Two Space Cowboys on a Trip to Texas』と『Two Space Cowboys on a Bad Trip』というシングルをリリース。後に、Alec Empire は The Jaguar 名義ではアシッド・テクノを制作し、Freddy Fresh の Analog Records や Force Inc からシングルをリリースする。

ブレイクビーツ・ハードコアからデジタル・ハードコアへ

　1992 年に Force Inc から Alec Empire として初の単独レコード『SuEcide (Pt.1)』をリリース。このレコードはヒプノティックなアシッド・ハウスに、デトロイト・テクノの精神性とヒップホップの力強いグルーブがミックスされており、ファンクやディスコなどのサンプルのチョイスと使い方も非常に個性的だ。90 年代初頭に勢いがあった様々なダンスミュージックの美味しい所を取り込み、自身のコアなサウンドに落とし込んだ抜群のトラックを生み出している。若干 20 歳とは思えない豊富な知識と技術が音に浮き出ており、Alec Empire の驚異的な才能が開花した名作だ。

Alec Empire – SuEcide (Pt.1)

　同年に、Force Inc からリリースされた『Yobot EP』と『SuEcide (Pt.2)』でも、アシッド・ハウスやデトロイト・テクノの要素は残しながらも、ブレイクビーツ・ハードコアの色合いが濃くなっていく。この頃から、本場イギリスのブレイクビーツ・ハードコアの BPM よりも高速で尋常ではないテンションを用いた攻撃的なブレイクビーツ・スタイルを提示しており、特に『SuEcide (Pt.2)』はデジタルハードコアへと繋がる複線が現れている。

　そして、『SuEcide (Pt.2)』に収録された「Hetzjagd (Auf Nazis!)」は、Alec Empire の反ナチズムをダンスミュージックに反映させた最初期のトラックであり、彼の音楽活動の方向性を決定付けた。この曲は、Atari Teenage Riot の 1st アルバムにも収録されていることから、今でも多くの人々に聴かれている。2013 年にベルリンで行われた反ファシストの為のフリーコンサートでは、6000人の前で Alec Empire が「Hetzjagd (Auf Nazis!)」をプレイしている映像が YouTube にて公開された。

Alec Empire – SuEcide (Pt.2)

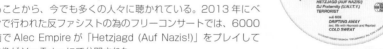
　Force Inc からリリースされた Alec Empire の初期作品はデトロイト・テクノやアシッド・ハウスからの影響が色濃く出ているが、パンクやヒップホップ、ジャズにファンク、ドイツの電子音楽の歴史などの Alec Empire の豊富な音楽的ルーツが自然と反映され、二層三層に作りこまれた深みがある。

Atari Teenage Rio が結成されるまで

　Alec Empire のスタイルがブレイクビーツ・ハードコアに特化していく間も、1992 年に Force Inc からリリースされた Hanin Elias(Hanin 名義) のソロ作『There's No Love in Tekkno』には、LX Empire としてプロデューサーとして参加し、Hanin のボイスとアシッドが蜜に絡んだメロディアスで実験的な要素のあるテクノ・レコードも作っている。

　この時期、ドイツのテクノ・シーンには多種多様なサウンドのアプローチがあり、各都市から次々にアー

Hanin – There's No Love In Tekkno

ティストや DJ 達が現れ、メインストリームでもアンダーグラウンド
でもフレッシュなレコードが作られ、シーンを超えた繋がりがあっ
た。例えば、Mijk Van Dijk が 1992 年に MFS からリリースした
ヒット・シングル『High on Hope (The Summer Remixes)』に
は、Hanin Elias がボーカルとして起用されており、『TekknoBoy』
というテクノ・コンピレーションに Alec Empire は Baby Ford や
Robert Armani と共に参加。Alec Empire も Hanin Elias もドイ
ツの初期テクノ・シーンには意外な形で関わっていた。彼等のレコー
ドをリリースしていた Force Inc も当時は Thomas P. Heckmann
の変名である Age や Exit 100、Love Inc. (Wolfgang Voigt) の
テクノ・レコードと、Space Cube や Biochip C のブレイクビーツ・
ハードコアのレコードを同系列でリリースしており、テクノもブレイ
クビーツ・ハードコアも一つの大きな枠組みの中で共同体として繋
がっている様であった。

　そして、1992 年に Alec Empire、Hanin Elias、Carl Crack に
よって、ネオナチ思想が広まりつつあるドイツのテクノ・シーンに
対する反抗として Atari Teenage Riot が結成される。同年に Riot
Rhythm(Force Inc のサブレーベルと思われる) から 5 曲入りのデ
モテープを制作し、翌年にメジャーレーベル Phonogram と契約。
Nirvana の「Smells like Teen Spirit」を大胆にサンプリングした
デビューシングル『ATR』をリリースして本格的な活動を開始させる。

　第二弾シングルでは、Sham 69 の「If the Kids Are United」を
サンプリングした『Kids Are United!』をリリース。パンクとハー
ドコア・テクノを軸に、ブレイクビーツ・ハードコア、ヒップホップ、
アシッド・ハウス、デトロイト・テクノを熱いパッションによってミッ
クスした画期的なレコードを立て続けに発表。彼等が 10 代の時に影響された Rave ミュージックのホワ
イトレーベル・カルチャー、パンク・バンドの活動やスコッターの経験が現状への怒りと合わさって前代未
聞の音楽を生み出していった。

反ファシズム
　実際に、どの様な規模でどういった事がドイツのテクノ・シーンで起きていたかは不明であるが、ハード
コア・テクノ / ガバは 90 年代のドイツ、オランダ、イタリア、アメリカ中西部のネオファシストの Rave
シーンでもフォローされていたらしい。ハードコア・テクノ / ガバが誕生してから現在までに、Atari
Teenage Riot だけではなく、ファシストやネオナチに対する反対意識を表明するレーベルやアーティス
トは多い。

　例えば、1993 年にスタートしたオランダの Mokum Records はレーベルのステートメントとし

て反ファシストをレコード・スリーブで表明し、スローガンに
「United Gabbers Against Racism & Fascism」を掲げてい
た。Mokum Records の Chosen Few は「Chosen Anthem
(Against Racism)」というトラックもリリースしており、同レーベ
ルの看板ユニットであった Party Animals の 1st アルバム『Good
Vibrations』には「Die Nazi Scum」という曲が収録されている。
こういった曲が生まれた背景を考えると、当時のハードコア・テクノ
/ ガバ・シーンには残念ながらネオナチやファシストが紛れ込んでい
たのかもしれない。

　Alec Empire も反ファシズム / ナチズムに対する反対を明確に
伝えていく様になり、1993 年に Force Inc からリリースされた
反ナチズムを掲げたコンピレーション『Destroy Deutschland!』

に Mike Ink、Nero、Exit 100 と共に参加。Alec Empire は社会
活動家としても知られるアメリカの Harry Belafonte の「The Far
Side of the Hill」をサンプリングした「Anti-Nazi-Soulfood」と、
2 トーンスカの草分け的存在であるイギリスの The Specials の
「Doesn't Make It Alright」をサンプリングした「Forgive Not
Muthafuckers! ('Cause It Doesn't Make It Alright!)」を提供。
サンプリング元の歌詞の意味をストレートに表している名曲である。
　『Destroy Deutschland!』は、ネオナチによるドイツのレセプショ
ンセンター (一時収容施設) に住んでいた難民への暴力行為や殺人に
対する抗議としてリリースされた物であり、リリース後には Force
Inc Anti Fascism Tour '93 というツアーも企画され、収録アーティ
ストに加えて、Space Cube、Biochip C、DJ Bleed、Triple R も

V.A. – Destroy Deutschland!

ツアーに参加したそうだ。1992 年から 1993 年までにドイツでの極右勢力が引き起こした難民への暴力
と殺人事件は多く、極右勢力は非常に危険な存在であった事が当時の事件記録を見ると分かる。
　そういった状況に反対するように、ダンスミュージック・シーン以外でも、反ファシズムをテーマとした
作品が生まれており、1993 年にドイツのパンク・バンド Die Ärzte はシングル「Schrei nach Liebe」
で反ファシズムを表明していた。90 年代後半にも、ハードコア・テクノ・シーンでは DJ Freak vs
Noize Creator『The Anti Nazi Pack』や Micropoint「Anti Nazi Vendetta」といった作品が発表され、
今も多くのアーティストとレーベルはネオナチやレイシズムに対する反対を音源で表明し続けている。

ブレイクビーツ・ハードコアとハードコア・テクノ

　Atari Teenage Riot/Alec Empire の音楽にはファシスト / ネオナチだけではなく、音楽シーンに対
する威嚇的な姿勢が込められており、それは商業化していく Love
Parade と実験性が薄れ、フロア・トラックに特化したテクノに対し
ても向けられていた。初期の Love Parade には Alec Empire も好
意的であり、ドイツのテクノにも刺激を受け、可能性を感じていたそ
うだが、コマーシャルなレコードが増え、ヒッピー化していく様に見
えたテクノ・シーンに対し、徐々にアンチ・テクノの姿勢になる。
　Alec Empire は、Atari Teenage Riot の活動と並行して Force
Inc からレコードのリリースを続けていき、ブレイクビーツ・ハード
コアの可能性をストイックに追求する。その結果、1993 年にリリー
スした『Bass Terror EP』で自身のアティテュードとサウンドを一
つのスタイルにまとめ上げる事に成功した。『Bass Terror EP』は、
それまでにリリースしていた Alec Empire のブレイクビーツ・ハー
ドコア・スタイルが、さらに鋭く研ぎ澄まされており、彼の代名詞と
なるパンキッシュに音が歪んだアーメン・ブレイクのプロトタイプ版
が披露されている。

Alec Empire – Digital Hardcore EP

　このレコードの前後には、Alec Empire と Carl Crack を中心とし
た Bass Terror という DJ チーム兼パーティーがベルリンでスター
トしており、Bass Terror は Atari Teenage Riot/DHR の活動に
深く関わっていく事になる。Alec Empire が Force Inc からハード
コア・ブレイクビーツをリリースしていた 1991 年から 1993 年
は、イギリス産のブレイクビーツ・ハードコアが Rave シーンで流行
しており、Alec Empire と Force Inc のレコードもブレイクビーツ・
ハードコア系の DJ 達から支持を受けていたそうだ。一例では、UK
Rave シーンで活躍していた DJ Easygroove は Alec Empire のレ
コードを大規模な Rave でプレイしていたらしい。
　Alec Empire 以外にも、ハードコア・テクノ系のアーティストで

DJ Moonraker – Riot Allnighter

Carl Crack – Lion MC

ブレイクビーツ・ハードコアのレコードを制作していたアーティスト
は少なくない。Patrick van Kerckhoven(DJ Ruffneck) は 1992
年に The Prophecy 名義でブレイクビーツ・ハードコアのレコード
をリリースしており、The Speed Freak も Biochip C 名義にてエレ
クトロやアシッド・テクノをブレイクビーツと混合させたレコードを
リリースしている。1993 年に Planet Core Productions はブレ
イクビーツ専門のサブレーベル White Breaks Frankfurt をスタート
させ、Steve Shit(Miro) と White Breaks/Chucky Chunk(Marc
Acardipane) のブレイクビーツ・ハードコアやジャングルのレコー
ドをリリース。他にも、Marc Acardipane は Beethoven 名義で
『Greatest Works Part 1』というブレイクビーツ作品も残してい
る。

　ブレイクビーツ・ハードコアとハードコア・テクノは Rave シーン
において日々実験を繰り返し、時に交わりながら進化をしていった。
双方のシーンで認識されているアーティストは限られているが、Alec
Empire は間違いなく双方のジャンルが発展する中で、重要な作品を
作ったアーティストだろう。

Digital Hardcore Recordings設立

　1994 年 1 月にドイツの Alec Empire と、Atari Teenage Riot/Alec Empire のローディー兼プロモー
ターを担当していた Joel Amaretto、On-U Sound や Savers of Paradise のマネージメントを手掛け
ていたイギリスの Peter Lawton によって Digital Hardcore Recordings をロンドンに設立。

　Atari Teenage Riotはメジャーレーベルである Phonogram との契約で得たアルバムの前金をせしめ、
DHR の運営資金に流用。二枚のシングルだけをリリースして Atari Teenage Riot は Phonogram から
去り、DHR での活動を始める。DHR の第一弾リリースであった Alec Empire の『Digital Hardcore
EP』は 1993 年には出来上がっていたそうだが、デジタルハードコアというスタイルと概念、そして
DHR のレーベルカラーを明確に打ち出した第一弾作品に相応しいレコードだ。

　DHR は「Riot Sounds Produce Riots」をスローガンに掲げ、第二弾リリースでは、ドイツのテク
ノ・シーン創世記から活動していた DJ Bleed による『Uzi Party EP』、第三弾は 3 人組ユニット Sonic
Subjunkies の『Suburban Soundtracks Pt.1』をリリース。彼等のレコードからはテクノからの影響
が自然と出ており、テクノとの繋がりがまだ音にも表れているのが興味深く、当時のデジタルハードコア
はとてもベルリン的なスタイルであった。DHR の共同設立者 Joel Amaretto のインタビューでは、当
時イギリスで爆発的なムーブメントを巻き起こしていたジャングルに対して否定的な発言をしていたが、
DHR のリリースには確実にジャングルからの影響が色濃く出ている。当時のメインストリーム寄りのジャ
ングルというよりも、Bizzy B、Doc Scott、Ed Rush、DJ Deckjammer などのダークコア系や Vinyl
Conflict's Own(Special K)、Remarc、DJ Nut Nut などのハードなジャングルに共鳴していたと思わ
れる。

　DJ Moonraker や Carl Crack が当時リリースしていたミックス・テープを聴くと、ハードなラガジャ
ングルやダークコアをデジタルハードコアとミックスし、まだ発展する前であったデジタルハードコアの
サウンドと姿勢をそれらのレコードを使って補っていた。1995 年には Alec Empire は E.C.P. 名義にて
『Generate / Drum Typecast』と DJ Mowgly 名義の『Cook EP』で、UK ジャングルからの影響を
独自解釈したレコードを残している。

Atari Teenage Riot 『1995』の功績

　DHR がスタートしてから 1 年後の 1995 年に Atari Teenage Riot の 1st アルバム『1995』が発
表される。『1995』には、Anne Clark のプロデュースや Lee Scratch Perry、Mark Stewart、Dub
Syndicate、Audio Active のアルバムにプレイヤーとして参加していた David Harrow が数曲でプロ
デュースしているが、基本的には全曲のプロデュースとプログラミングを Alec Empire が担当。自身のソ

ロワークでは見せなかったハードコア・テクノの手法がふんだんに使われたトラックに、死に急ぐかの様な鬼気迫る 3 人のボーカルと MC を完璧なまでに組み合わせている。ハードコア・テクノ、デトロイト・テクノ、ブレイクビーツ・ハードコア、ヒップホップに彼等のルーツであるハードコア・パンク、ゴシック・ロック、ガレージ・ロックの荒々しいエネルギーが熱く圧し掛かり、バンドサウンドとダンスミュージックを完璧に融合させている。

Atari Teenage Riot – 1995

パンクやロックをダンスミュージックと融合させる難しさはいつの時代も変わらないが、Atari Teenage Riot がその融合に成功した要因に、Alec Empire がダンスミュージックのプロデューサーである前に、バンド活動の経験があるミュージシャンであった事が重要かもしれない。自分の手でプログラミング出来るミュージシャンであり、Rave ミュージックの凄まじいエネルギーをリアルタイムで体感していた経験も大きく反映していたはずだ。初期のテクノ・アーティスト達はパンクやロックをルーツに持つ者が多く、Alec Empire と Hanin Elias もそうであった。そういった過去の経験もあって、トラックにあそこまでのフィジカル度が与えられたのではないだろうか。

『1995』では、ブレイクビーツと共にガバキックが多く使われているが、Alec Empire が作るハードコア・テクノは、オランダやアメリカのハードコア・テクノ / ガバよりも、Kotzaak Unltd や Overdrive などのドイツのハードコア・テクノに近く、ハードコア・テクノ側から見ても当時としてはセンセーショナルな存在であったはずだ。ハードコア・テクノと同等にパンクやスピード・メタルを素材としたギターサウンドもインパクトがある。1 曲目を飾る「Riot 1995」では Dinosaur Jr の「Sludgefeast」からギターリフをサンプリングし、「Into the Death」ではオランダのデスメタル・バンド Thanatos の「Bodily Dismemberment」「Speed」では Powermad の「Slaughterhouse」「Delete Yourself! You Got No Chance to Win!」は Sex Pistols の「God Save the Queen」のギターリフをサンプリングして使用。どの曲でも、サンプリング元のソリッドなギターの音を上手く利用している。『1995』はサンプリング主体の作りだが、パンクやメタルバンドと同等の迫力とエネルギーを曲に持たせる事に成功しており、彼等が『1995』で開拓した手法は世界中のアーティスト達に多大な影響を与えた。

『1995』が今も多くの人々に愛される要因としては、Atari Teenage Riot の音楽性を象徴する部分でもあり、彼等の最大の武器でもあるアップテンポでキャッチーな歌メロもあるだろう。シンプルにシンガロング出来る歌メロであったのが、日本を含めた英語圏以外の国の人々からの支持を得られた要因の一つであったと思われる。

勢いを増していく DHR 勢

同じく 1995 年には、Alec Empire と Carl Crack と共に DJ チーム Bass Terror のメンバーとして活動していた DJ Moonraker がディストリビューション兼カセット・テープ・レーベル Midi War をスタート。DHR のレコードを流通しながら Midi War は DJ Moonraker、Ian Pooley、Alec Empire のミックステープや、E-De-Cologne と Sonic Subjunkies や DHR からレコードをリリースする前の Shizuo や Din-St もカセット・アルバムをリリースし、ドイツのアンダーグラウンド・シーンの動向と新しい才能をいち早く紹介していた。

1996 年から Midi War は Joel Amaretto が引き継ぎ、通販部門の DHR Mailorder もスタート。当時の DHR の通販で購入出来

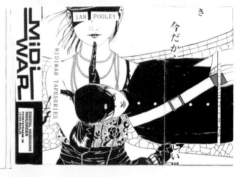

たレコードは Joel Amaretto の趣向が強く現れており、そのラインナップの濃さには驚かされる。アンダーグラウンドのハードコア・テクノ / スピードコア、日本のノイズミュージック、そして後にブレイクコアへと発展していく実験的なハードコア・テクノやブレイクビーツを DHR の作品と共に販売していた。さらに、DHR Mailorder だけで販売されていた限定カセット・アルバムも存在しており、1996 年には Alec Empire、Melt-Banana、Ec8or、Din-St、Headbutt などが参加したデジタルハードコアとグラインドコア、ノイズミュージックをまとめたコンピレーション『Worldwide Noise 2001』を発表。Joel Amaretto は DHR をアンダーグラウンド・シーンと結びつけ、コア層の支持を持続させていた。

　1996 年にアメリカのヒップホップ・グループ Beastie Boys のレーベル Grand Royal と DHR は契約する。Atari Teenage Riot、Shizuo、Ec8or、Alec Empire の 7" レコードが Grand Royal からリリースされ、アメリカでも DHR の存在は広がっていく。Atari Teenage Riot は Beck とのアメリカ・ツアーと大規模フェスティバルへの出演を得て、メジャーシーンでの注目を集めた。そして、DHR は勢いをそのままに日本の音楽シーンにも流れ込んでくる。

DHR の真の功労者

　ここでは、Joel Amaretto についてもう少し掘り下げたい。彼の存在が無ければ DHR の発展とアンダーグラウンドのハードコア・シーン、そして後のブレイクコア・シーンは確実に変わっていたはずだからだ。Joel Amaretto は 80 年代末までベルリンにてストレートエッジ・バンドのベーシストとして活動していたが、アシッド・ハウスとの出会いによってバンド活動を辞め、1990 年の終わり頃から LX Empire のローディーを始める。

　前のコラムでも触れたコンピレーション『TekknoBoy』のコンパイルを Joel Amaretto は担当して

おり、1994年にもコンピレーション『Noise Love Unity - Love Parade '94 - The Bunker Compilation!』のコンパイルをしている事から、彼も当初はドイツのテクノ・シーンで活動していたと思われる。『Noise Love Unity - Love Parade '94 - The Bunker Compilation!』は、Alec Empire、Atari Teenage Riot、Sonic Subjunkies、DJ Bleed といった DHR 勢に、Gabba Nation や Xol Dog 400 などのドイツのハードコア・テクノ・アーティストもフィーチャーしており、Bunker を中心としたハードコア・テクノ / ガバ・シーンの結びつきが形になっ

ている。さらに、Joel Amaretto は Force Inc のブレイクビーツ・ハードコア / ジャングルを専門的に扱うサブレーベル Riot Beats のコンピレーション CD にライナーノーツを提供。当時のファンジンには Joel Amaretto が DHR を代表してインタビューに答えており、彼は Alec Empire と共に DHR の理念を表明する重要な人物であった。

V.A. - Noise Love Unity - Love Parade '94 - The Bunker Compilation!

　音楽プロジェクト Killout Trash としても活動しており、DHR のコンピレーションに参加し、カセット・アルバムも発表していた。1997年に自身のレーベル kool.POP を立ち上げ、Killout Trash、Society Suckers、DJ Scud のレコードをリリースし、ブレイクコアというスタイルを提示。2000年以降は Something J 名義にてグライム / ブレイクスのレコードを Warp と MG77 からリリースした後は、残念ながら表舞台からは姿を消してしまい、その後の消息は誰も知らない。Joel Amaretto が Zine や DHR Mailorder でアンダーグラウンドのハードコア・テクノやノイズ、実験的なブレイクビーツや電子音楽を取り扱い、DHR の運営を通して過激な音楽を世界に広めた功績はとても大きいだろう。

ハードコア・テクノシーンとの関わり

　DHR の特殊性は挙げたらキリがないが、彼等を特殊たらしめていたのは所属アーティスト達がそれぞれユニークな音楽的バックグラウンドをダンスミュージックに反映させていた事だろう。所属アーティスト同士で影響を与えながらも、独自のコアなサウンドは皆それぞれ確立したものを持っていた。Alec Empire のソロ作品はブレイクビーツが主体であったが、Mono Tone のコンピレーションにハードコア・テクノ系アーティスト達と共に参加しており、Shockwave Recordings の名物コンピレーション『Braindead』の第一弾に Alec Empire は Naomi Campbell 名義で E-De-Cologne や Irish Coffee(Patric Catani & Moonraker) と共に参加し、アシッドコアを提供していた。

　1992年から1996年までベルリンにあったクラブ Bunker(元々は 1943年にドイツ国営鉄道の乗客を保護するために建設された空襲避難所であった) は、ハードコア・テクノやガバに特化したパーティーを行っており、Gabba Nation がレジデントを務めていた事でも有名だが、Bunker には Alec Empire、Sonic Subjunkies、Carl Crack、Ec8or も出演していた。1994年7月2日には Chosen Few、Dano、Cut-X、Cristian Vogel、Alec Empire、Carl Crack、E-De-Cologne、PCP という今ではありえないラインナップが集結したイベントが開催され、1994年12月24日には Atari Teenage Riot と Rave Creator が Bunker で共演。この前後に Spiral Tribe がドイツにやって来た時に Alec Empire は彼等と

接触し、イギリスのフリーテクノ・シーンに刺激を受けたそうだ。

　1995 年に Joel Amaretto が立ち上げたレーベル Capital Noise の第一弾作品である Mix CD『Capital Noise (Chapter 1: Noise and Politics)』のミックスを Alec Empire が担当。Delta 9、SP 23 feat. Gabba Nation、Somatic Responses に Leathernecks、Turbulence、Mescalinum United な ど の PCP、そ し て Christoph De Babalon や Killout Trash、DJ Bleed などの DHR のレコードをミックスし、ハードコア・テクノとブレイクビーツの新たな融合を指示していた。他にも、Technohead のコンピレーション・シリーズ『Technohead 4 - Sound Wars: the Next Generation』に Alec Empire の曲が収録され、アメリカのガバ・シーンを支えている重鎮 DJ の Ron-D-Core のミックス・テープにも収録されていた。

『The Future of War』

　さらに、Alec Empire のハードコア・テクノ・サイドが最も解りやすい形で現れているのが、Atari Teenage Riot の 2nd アルバム『The Future of War』だろう。

　前作『1995』よりも直球なハードコア・テクノ・スタイルを披露しており、ガバキックとアーメン・ブレイク、そしてノイズが Slayer、Bad Brains、The Users、The Maids からサンプリングしたギターリフと共に高速で叩き込まれるエクストリームな作風。全編に渡ってディストーションに塗れたカオティック

でシリアスな雰囲気が漂っており、彼等のハードコア・パンクからの影響がダイレクトに現れている。1 曲目「Get up While You Can」はハードコア・テクノとインダストリアルが混合した退廃的で攻撃性に満ちたトラックに、リスナーの胸ぐらを掴みにくる様な鬼気迫る 3 人のボーカルがハイスピードで重なり合い、オープニングから 100% のテンションで突っ込んでくる。2 曲目の「Fuck All!」から「Sick to Death」「P.R.E.S.S.」までハードコア・パンクをガバキックで打ち鳴らしたアドレナリン全開の曲が怒涛の勢いで続き、アルバム・タイトルの「The Future of War」も、ガバキックと共にデスメタル的なギターとスペーシーなシンセが暴れ回る。

V.A. - Capital Noise (Chapter 1: Noise And Politics)

　『The Future of War』は、ハードコア・テクノというよりもスピードコアに近く、『1995』と 3rd アルバム『60 Second Wipe Out』の中間的なバラン

スが魅力的である。ハードコア・テクノのファンで Atari Teenage Riot を聴いた事が無い方は、『The Future of War』からチェックするのもいいだろう。ちなみに、2001 年にリリースされた Alec Empire のソロアルバム『Intelligence and Sacrifice』では、『The Future of War』を連想させる退廃的でシリアスな世界観に、ハードコア・テクノとハードコア・パンク、スラッシュメタルやノイズ、インダストリアルを混ぜ合わせた彼のソロ作で最もハードコア・テクノの要素が強い作風となっていた。

Atari Teenage Riot – The Future Of War

DHRのハードコア・テクノ要素を補ったアーティスト

　DHR の看板アーティストとして人気だった Ec8or の Patric Catani は E-De-Cologne 名義でハードコア・テクノを制作しており、ドイツのハードコア・シーンには初期から関わっている。Mono Tone や Shockwave Recordings からのアルバムや、Napalm から DJ Moonraker との共作でノイジーでインダストリアルなハードコア・テクノを発表しながらも、Patric

Catani のハードコアを探求する勢いは止まらず、Eradicator と Test Tube Kid 名義でハードコア・テクノの可能性を追求し、Fischkopf Hamburg、Epiteth、Praxis から革命的なレコードをリリースしていった。さらに、ハードコア・テクノだけに収まらず、ノイズミュージックにも接近していき、Tod Dockstader、John Watermann、ConDemek、Haus Arafna、Anne Gillis から

Eradicator – Shortage Of Oxygen EP

Eradicator – Agit Prop

日本の Merzbow、Astro、Masonna、暴力温泉芸者といったノイズミュージック、インダストリアル、エクスペリメンタルとハードコア・テクノ、デジタルハードコアをミックスしたミックス・テープもリリースしている。

　Eradicator や Test Tube Kid などの Patric Catani によるハードコア・プロジェクトは、ブレイクコアというジャンルにとっても重要な役割を果たしていた。Shizuo の様に振り切ったクレイジーさではなく、Alec Empire のようにカオスをコントロールする訳でもなく、Patric Catani は掴みどころのない、ある意味で最も純粋な形で音楽制作に取り組んでいる。DHR の中でも彼はハードコア・テクノ（そしてテクノ・ミュージック）の本質にあるダンスミュージックとしてのグルーブをいかに保ちながら崩していくかという実験を繰り返していたのではないだろうか。ノイズの使い方も、Alec Empire や他の DHR 勢とは違い、フリーキーでありながらも音楽的に感じる。これらの要素がブレイクコアという概念と近い部分である。

　直接的に解りやすい形ではなくても、ハードコア・テクノの精神性が音に表れているパターンもある。DHR の初期を支えた Sonic Subjunkies はインダストリアル・ミュージックからの影響をハードコア・テクノとブレイクビーツと混ぜ合わせ、Rave の多幸感や解放感の裏側にある空虚さや無秩序な側面を映し出した。Christoph De Babalon の作品にも近いものがあり、それは Rave やパーティーが終わった後の荒れ果てたフロアの床から濁りだしてくる、避けられない疲労感や喪失感が混入されている様である。Sonic Subjunkies や Christoph De Babalon の作品からは、インダストリル・ミュージック的な自身や社会の内側に向かっていく精神性がハードコア・テクノや Rave ミュージックと出会い、蕭索的で刹那的な世界観を作り上げていると感じる。

Test Tube Kid – Menschenzoo Stadt

日本との関係

　90 年代のハードコア・テクノ・シーンでは、日本の漫画やアニメを使ったレコードやフライヤーは多く、DHR も日本の漫画やアニメをアートワークやフライヤーに使用していた。Atari Teenage Riot が 1000 枚限定で配布した 7" レコード『Kids Are United / Start the Riot!』と、Riot Beats からリリースした Atari Teenage Riot と Alec Empire のスプリット 7" レコード『Raver Bashing/Together for Never』のアートワークには、日本の漫画キャラクターと思われる素材を使っており、アルバム『Delete Yourself!』の CD 版アートワークには大友克洋の漫画『Akira』を使用。アルバム 1 曲目「Start the Riot！」では、アニメ『3x3 Eyes』の英語版をサンプリングしており、2nd アルバム『The Future of War』の CD 版アートワークでは手塚治虫の漫画『アドルフに告ぐ』を使い、「Sick to Death」にはアニメ『超神伝説うろつき童

Atari Teenage Riot – Kids Are United / Start The Riot!

Atari Teenage Riot - Delete Yourself!

V.A. - Revolution Action Japan Tour 1999 EP

子』の英語版をサンプリング。デビューシングルでもあった「Atari Teenage Riot」では、1983 年にナムコから発表されたアーケードゲーム『マッピー』のオープニング・タイトルをサンプリングしている。DHR のイベント・フライヤーにも『Akira』は使われており、DJ 6666 feat. The Illegals のアルバム・アートワークでも日本の漫画が使われていた。当時の彼等が打ち出していたサイバーパンクなディストピア感を表現するのに日本の漫画やアニメは最適であったのだろう。

　現在まで、Atari Teenage Riot と Alec Empire は頻繁に日本でのライブを行っている。Alec Empire の初来日は 1996 年で、新宿リキッドルームにて石野卓球、Merzbow、Anarchy 7(山塚 EYE&ATR)、Hair Stylistics(中原昌也)、宇川直宏といった豪華な面々と共演している。この時に共演した日本のアーティスト達のライブに Alec Empire は衝撃を受け、彼がノイズミュージックを自身の音楽や DHR に取り入れていくキッカケとなったらしい。同年に発売された『Quick Japan』9 号の表紙を Alec Empire が飾り、以降『Rockin'On』や『Crossbeat』といった雑誌にも、度々取り上げられていく。1997 年 1 月に Atari Teenage Riot と Shizuo が新宿リキッドルームに来日。同年には Fuji Rock Festival の第一回目に Atari Teenage Riot が出演。Fuji Rock でのライブは「Atari Teenage Riot 1997」のミュージックビデオに使われている。

　この前後から、日本のレコード会社である Beat Ink が DHR の流通を開始した事も大きなトピックである。Atari Teenage Riot『The Future of War』、Alec Empire『Squeeze the Trigger』、Ec8or『World Beaters』、Hanin Elias『In Flames (1995-1999)』、V.A.『Riot Zone』は Beat Ink のレーベル Beat Records から日本盤がリリースされ、アメリカやヨーロッパ盤とは違ったボーナストラックが追加収録されたり、2 枚組仕様になり発売された。Beat Ink が流通を担当した事により、DHR の CD やレコードは Tower Record、HMV、Virgin Megastores、Wave といった大手レコードストアでも取り扱われ始めていき、当時人気であったビックビートやデジロックといったジャンルを聴いていたリスナー層に DHR の音源は聴かれ始める事になる。1998 年 1 月には幕張メッセで行われた The Prodigy の来日公演に Ec8or がオープニング・アクトとして来日。1999 年 8 月の Fuji Rock Festival に Atari Teenage Riot が再び出演し、10 月には DHR から Fever と Shizuo を引き連れて『Revolution Action Japan Tour』を決行。ツアーに参加した DHR アーティスト達の楽曲をまとめた来日記念コンピレーション CD が Beat Records からリリースされている。

　Atari Teenage Riot は長年に渡って日本のロック系フェスティバルに出演しているだけあって、国内においてはダンスミュージックのリスナーよりもロック系のリスナーからのファンが多い様に見え、これはヨーロッパやアメリカでも同じ様だ。デジタルハードコアは時にパンクやロック・バンドよりも生々しくも

自由であった。そんな彼等の作品に触発され、楽器からサンプラーに機材を持ち替えたバンドマンやロックリスナーは少なくなかったのではないだろうか。

日本の音楽との関係

　日本の音楽に対しても、Alec Empire は Yellow Magic Orchestra の『テクノデリック』をフェイバリットに挙げており、Boredoms や Merzbow からの影響を公言している。他にも Guitar Wolf、荒木健太、Synth Sisters、UFO or Die、杉本拓といった日本人アーティスト達の名前も挙げていた。日本のノイズミュージックからの影響はかなり強く現れており、1997 年にドイツにて中嶋昭文の Aube とのセッションを行っている。翌年にはアメリカの CBGB で開催された Digital Hardcore Festival にて Merzbow ともセッション。この時のセッションは凄まじくラウドだったらしく、来ていた観客に相当な衝撃を与えたそうだ。

　Alec Empire と Merzbow はドイツでもセッションを行い、2001 年の Fuji Rock Festival での Alec Empire のライブでは Merzbow がドラムを担当した。DJ でも日本のノイズミュージックをデジタルハードコアやハードコア・テクノとミックスし、2007 年には 5 台のターンテーブルにテープ・ディレイを使い、Merzbow、Boredoms、Masonna、灰野敬二などの日本のノイズミュージックやアヴァンギャルド・ロックをミックスした『Japanese Noise Pt.1 & 2 & 3』という 3 枚組みの Mix CD を発表。ノイズミュージックを DJ の視点から再構築する彼のスタイルの集大成的な内容であった。1997 年にスタートした DHR のサブレーベル Geist Records からは、Hanayo や浅野達彦といった日本人アーティストのアルバムも発表している。

　今でも Atari Teenage Riot は国内で海外アーティストとしては上位の人気を誇っているが、そこに至るまでには、日本のアンダーグラウンド・シーンからのサポー

Alec Empire vs. Merzbow – Live CBGB's NYC 1998

DJ Alec Empire – Japanese Noise Pt.1 & 2 & 3

トが最初にあったからである。ハードコア・テクノ・シーンでは、Atari Teenage Riot/DHR の存在は初期の段階から知られていただろうが、ロックシーンとの関わりとしては ZK Records が 1997 年にリリースしたコンピレーション『Digital Catastroph 1997』が非常に重要である。『Digital Catastroph 1997』は、ZK Records のバンドの楽曲を DHR のアーティスト達がリミックスするという画期的な企画で、ZK Records サイドは暴力温泉芸者 &DMBQ、Coaltar of the Deepers、サーファーズ・オブ・ロマンチカ、Atomic Fireball、Korean Buddhist God、Gaji、Cowpers が参加。DHR サイドからは Alec Empire、Killout Trash、Sonic Subjunkies、Christoph De Babalon、Ec8or、Shizuo がリミキサーとして参加している。同時期に Alec Empire は少年ナイ

V.A. – Digital Catastroph 1997

V.A. - Destroy The Monsters
Millennium Godzilla Remixes

フ、Audio Active、Buffalo Daughter、The Mad Capsule Markets、Guitar Wolf、ゴジラのオフィシャル・リミックスアルバム『Destroy the Monsters Millennium Godzilla Remixes』にもリミックス提供を行った。Alec Empire 以外も、1998 年にはカヒミ・カリィのリミックス・アルバム『A K Is a K Is a K』に Shizuo が参加し、彼の代表曲である「New Kick」に通じるストレンジでポップなリミックスを手掛けている。同年には、Fantastic Plastic Machine や砂原良徳の海外リリースを手掛けていたドイツのシンセポップ / インディーロック系レーベル Bungalow のコンピレーション『Business Class of '98: Romantic Warriors』に Pizzicato Five と Ec8or の楽曲が収録。こういったハードコアとポップスの異文化交流は非常に 90 年代的であった。

Alec Empireによるリミックス史

DHR の存在をダンスミュージック・シーン以外にも広く知らしめた要因に、彼等の作品に共鳴したアーティスト達からのリミックス依頼を引き受ける事によって、広範囲にデジタルハードコアを聴かせる事に成功し、ファン層を拡大させていったのもあるだろう。

90 年代から Alec Empire は数多くのリミックスワークを手掛けており、当初はドイツのバンドやアーティスト達のリミックスをメインにしていたが、徐々にメジャー / アンダーグラウンドの垣根を越えて、世界中からリミックスオファーを受ける事になる。ドイツのデスコア・バンド Hate Squad のリミックス・シングルにはハードコア・テクノ・スタイルのリミックスを提供し、独創的なスタイルでアメリカで人気を得ていた日本の Cibo Matto のシングルにはスペーシーなエレクトロニック・サウンドが広がるエクスペリメンタルなリミックスを提供。Nicolette(L.A. Style や Massive Attack のアルバムでボーカルを務める女性シンガー) にはデジタルハードコアとトリップホップを融合させた幻想的なリミックスを提供していた。挙げればきりがないが、その他にも 2000 年までに Einstürzende Neubauten、Schweisser、Mogwai、Thurston Moore(Sonic Youth)、Stereo Total、Mark Stewart、Techno Animal のリミックスも手掛けている。

その中でも、Alec Empire をリミキサーとして有名にさせたのは Björk のリミックス・ワークだろう。Björk は Mark Bell(LFO) との共同制作で有名であり、ダンスミュージック・シーンとの関わりは昔から深く、1993 年に Speedy J と Underworld をリミキサーに起用している。以降も Funkstörung、μ-Ziq、Matmos、RZA、Grooverider をリミキサーに選んでいた。Alec Empire が最初に Björk のリ

Björk – Jóga

ミックスを手掛けたのは、1997 年にリリースされたヒット・チューン「Joga」であった。壮大なストリングスと妖艶なボーカルが芸術的な世界観を作りだす名曲「Joga」のリミックスは、ECP 名義でのハードコア・テクノ＋エレクトロ＋ジャングルをミックスしたリズミカルなブレイクビーツ・スタイルのリミックスと、ボーカルを全面に出しつつもハードコア感溢れる無機質な鉄骨ビートが、原曲のネイチャーな世界観を上手く引き出したダウンビート調のリミックスを提供。シングル「Bachelorette」にも Alec Empire によるリミックスが二つ存在しており、『Hypermodern Jazz 2000.5』で披露していた電子ジャズ・スタイルのリミックスと、爆音アーメン・ブレイクと分厚いベースが乱舞するデジタルハードコア・スタイルのリミックスを提供している。これらの Björk のリミックスは、Alec Empire

のリミックスワークの中でも上位に入る仕上がりだ。

　当時のポップカルチャーの中で実験的ながらも大衆受けもしていた Björk との仕事は、Alec Empire の活動において大きな影響を与えたと思われる。この頃はメジャーの大手レーベルはこぞってシングルをリリースしており、その中には大体リミックスが数曲収録されていた。アメリカやイギリス、そして日本盤では収録曲も違い、リミキサーも多く採用され、贅沢なプロモーションが出来ていた時代。メジャーの仕事をする事で、ダンスミュージック・シーンで活躍し始めた若手アーティスト達は大金を得る機会に恵まれ、機材を増やし知名度を上げブッキングを増やし、クリエイティブな創作活動を続けられるという環境があった。

Björk – Bachelorette

イルビエントとの邂逅

　デジタルハードコアを形成する上で欠かせない要素に、ハードコア・テクノ、パンク、そしてヒップホップとブレイクビーツがある。Alec Empire を筆頭に DHR 所属アーティストの多くはヒップホップからの影響を公言しており、それぞれのスタイルの中にヒップホップの要素があった。Alec Empire や Patric Catani はファンクやソウルのブレイクを使い、ハードコアなラップのアカペラをデジタルハードコアとミックスし、Shizuo は伝統的なヒップホップのビートを上手く利用していた。デジタルハードコアは、ガバキックやアーメン・ブレイクにシャウトやギターを乗せたエレクトロニック・パンクのイメージが強いが、ヒップホップやジャズ、ファンク、ディスコといったブラックミュージックのエッセンスをディストーションに通して吐き出した、畏敬のブレイクビーツ・スタイルも同じ様に重要であった。

　DHR がレーベルとしてスタートした 1994 年、Rave ミュージックとそれに付随するカルチャーが各国で流行し、Rave ムーブメントの勢いが頂点を向かい始めた頃、アメリカとイギリスではその流れとは別の新しいムーブメントが動き始める。アンビエント・ミュージックやサイケデリックな電子音楽、そしてダブのサウンドスケープにヒップホップのグルーヴやサンプリングの手法を足したイルビエントというジャンルが 1994 年頃に誕生。イルビエントの由来は、NY のブルックリンで活動していた音楽コミュニティが作り出していたスタイルを DJ Olive が名付けたとされている。イルビエントの代表的なアーティストとしては、名付け親である DJ Olive を筆頭に DJ Spooky や Spectre 率いる WordSound などのアメリカ勢であるが、Techno Animal や Mick Harris による Scorn と The Weakener などのイギリスのアーティストもいる。

Techno Animal – Babylon Seeker

悪夢の様なバッド・トリップを連想させる超ダウナーで極端に歪ませたノイジーなものから、ターンテーブルによるカットアップを多用したコラージュ色の強いものなど、イルビエントはその名の通り、イル（ヒップホップのスラングで病的といったニュアンスで使われる）なアトモスフィアが充満する実験的な作品が多い。DJ Olive が Kim Gordon(SonicYouth)、Ikue Mori、Jim O'Rourke といった前衛的な音楽家とセッション作品をリリースしている事からも、イルビエントというのが実験精神を重視しているのが分かる。そして、90 年代初頭にイギリスのブリストルではヒップホップにエレクトロニカ、ジャズ、ファンク、レゲエ、ダブ、ソウルをミックスしたトリップホップ（ダウンビートとも言われる）が誕生。イルビエントよりも音楽的な構成が整っており、ジャズやファンク、レゲエなどのブラックミュージックを重視している印象がある。ダウナーではあるが、メロウなサンプルを使い、ボーカルやラップをフィーチャーした聴きやすい作

Alec Empire - Generation Star Wars

V.A. – Headz 2A

Alec Empire – Low On Ice (The Iceland Sessions)

風が多い。Massive Attack、Tricky、Portishead、DJ Krush、DJ Shadow、DJ Cam といったアーティスト達がトリップホップとされる音楽の土台を作り、イギリスのレーベル Mo' Wax がリリースしたコンピレーション・シリーズ『Headz』と DJ Shadow と DJ Krush のスプリット『Lost and Found (S.F.L.)/Kemuri』や、Massive Attack の『Blue Lines』と Portishead の『Dummy』などがトリップホップというジャンルを表現している。イルビエントとトリップホップは非常に似た部分が多く、双方の要素を持った作品もあり、レーベルも明確に線引きをしてパッケージしていた訳では無かったのだろう。

　Techno Animal や DJ Krush ともコラボレーションをしていた DJ Vadim は、ヒップホップの黒い部分を掘り下げていき、アルバム『Abstract Hallucinating Gases』や『U.S.S.R. Repertoire (The Theory of Verticality)』はイルビエントやトリップホップと言うよりも、アブストラクト・ヒップホップと言われていた。イルビエントは電子音楽的な要素が多く、ノイズなどの歪みとサイケデリックなものが多いが、トリップホップにはノイズ的な要素はあまり見つけられない。トリップホップはイルビエントよりもバンド的な要素があり (楽曲の構成や実際のライブにおいて)、サンプリングで構成されるメロディアスなループも特徴的だ。イルビエントとトリップホップは Rave ミュージックやカルチャーとまったく接点が無かったとは個人的には思えない。アンビエントやエクスペリメンタルなテクノが Rave でもプレイされていたり、Carl Craig や Moodymann も一時期参加していた Urban Tribe が Mo' Wax からリリースしたレコードにも、トリップホップ的な要素がある。

　DHR もイルビエントとトリップホップに強く共鳴し、それらは彼等のアーティストとしての作家性を引きだす事に一役買っていた。Alec Empire はデジタルハードコアやハードコア・テクノの制作と平行して、実験的な電子音を主軸にジャズ、サイケデリック、テクノ、ミュージックコンクリート、ノイズミュージックのカオティックなサウンドを組み合わせたイルビエントを作り始める。1994 年に Mille Plateaux からリリースしたアルバム『Generation Star Wars』以降、多くのイルビエント的な作品を発表。翌年に同レーベルからリリースされたイルビエント / ダウンビートなアルバム『Low on Ice (The Iceland Sessions)』は、Alec Empire の電子音楽家としての才能の凄さを感じられる傑作だ。デジタルハードコアやハードコア・テクノとは速度も音色も音数も違うのだが、濃い部分で彼のハードコア魂が表れている。他にも、スペーシーな電子ジャズ・アルバム『Hypermodern Jazz 2000.5』、重厚なシンセサイザーが多種多様な表現を見せる『Les Étoiles Des Filles Mortes』も見逃せない。

　これらの作品は、Alec Empire を通してドイツの電子音楽の歴史を旅するかの様なサイケデリックで実験的な音が広がり、彼のルーツであるヒップホップの実験精神をも表しているようだった。1999 年には、Dan the Automator(Gorillaz/Dr. Octagon) と Prince Paul のユニット Handsome Boy Modeling School のアルバム『So... How's Your Girl?』に EL-P(Run the Jewels/ Company Flow) と共に「Megaton B-Boy」という曲に参加。Alec Empire のサイバーパンクなデジタルハードコアが EL-P のラップと融合した名曲であり、Alec Empire のヒップホップ・ワークの中でも間違いなくトップ 3 に入る。後に Alec Empire & EL-P 名義でタイトルを「Shards of Pol Pottery」に変更して DHR から再リリースされた。

『Electric Ladyland』が開いた扉

　Mille Plateaux が 1995 年からスタートさせたイルビエント・コンピレーション『Electric Ladyland』も非常に重要である。このコンピレーションはハードコア・テクノやデジタルハードコア、

ドラムンベースを作っていたアーティスト達の新たなアウトプットを提供する場所として機能し、世界にイルビエントの存在を広く知らしめた。

1995 年にリリースされた『Electric Ladyland』の第一弾 は、Alec Empire、Hanin Elias、Ian Pooley、Mouse on Mars、Gas などが参加しており、アメリカで生まれたイルビエントと同時期に展開されていたドイツの実験的

V.A. - Electric Ladyland II

V.A. - Electric Ladyland Clickhop Version 1.0

でサイケデリックなダウンビートの楽曲がコンパイルされている。翌年にリリースされた第二弾では、DJ Vadim と Techno Animal が参加し、トリップホップとアブストラクト・ヒップホップ色も強め、『Electric Ladyland』の方向性を明確にしていく。その後は DJ Spooky、Spectre&Torture、Si Begg、DHR からは Alec Empire に続いて Patric Catani と Bomb20、ハードコア・テクノシーンからも The Speed Freak の変名である Biochip C と Steel、ドラムンベース / ジャングルからは Panacea と DJ Soul Slinger、日本からは Mou(Kuranaka&Kouhei Matsunaga) が参入。イルビエントを主軸に、トリップホップ、ブレイクス、ドラムンベース、ハードコア・テクノまでをも繋ぎ合わせた『Electric Ladyland』はコンピレーションとしての完成度がどれも高く、Electric Ladyland という一つのジャンルと言っても過言ではない。

『Electric Ladyland』の余波は世界中に広がり、似た様なコンセプトのコンピレーションが企画されたが、『Electric Ladyland』に並ぶクオリティとコンセプトの物は少なかった

デジタル・ハードコアの核となる部分

DHR のリリースでも、ハードコア・テクノやノイズミュージックを作っていた Din-ST はラッパーの Paul PM とユニット Fever を結成し、1998 年に DHR からアルバム『Too Bad but True』をリリース。ポストパンクやインダストリアルからハードコア・テクノとデジタルハードコアを通過して作られた無機質でチープなマシーン・ビートに、Paul PM のダミ声ラップが融合したアヴァンギャルドなヒップホップ・スタイルは、Einstürzende Neubauten と The Bomb Squad がセッションした様な革命的なスタイルであった。残念ながら、Fever としてはアルバム一枚だけの活動となってしまったが、Paul PM は Patric Catani とのコラボレーション EP を Wordsound のサブレーベル Black Hoodz からリリースし、2002 年には Paul PM と Patric Catani、そして Bomb20 といった DHR 所属アーティスト達によって結成された人形ヒップホップ集団 The Puppetmastaz を本格的に始動させ、ヨーロッパで成功を収めた。Din-ST は Carl Crack と共にユニット Firewire でも作品を発表しており、幻想的でメランコリックなジャズ・テイストのトリップホップ・スタイルの作品を残している。

Carl Crack の唯一のソロ作品であるアルバム『Black Ark』は、底なし沼にゆっくりと飲み込まれていく様な絶望的な世界観が広がるアルバムで、イルビエントとトリップホップにもインスパイアされているのが解る。非常に個性的なサウンドと世界観で、一つのジャンルにカテゴライズするのが難しいアルバムであるが、DHR のファンはもちろん、Young Echo 周辺の作品が好きな方にも是非オススメしたい。このアルバムは時を得て、アンビエントやエクスペリメンタル・シーンで人気の Huerco S(Pendant/Royal Crown of Sweden) が 2019年に Resident Advisor に提供したミックスにも使用された。

Bomb 20 は B-Boy イズムに溢れたグルービーなビートをベース

Fever – Too Bad But True

Puppetmastaz – Creature Shock Radio

にしたスタイルで、DHR の中では最もヒップホップ的なスタイルであった。サンプルのチョップやハメ方において、ヒップホップのコアな部分が感じられる。インダストリアル、ドラムンベース、ノイズミュージックをジャズに落とし込んだ奇抜な作品でカルト的な人気のあるスイスのフリージャズ・バンド 16-17 のミニアルバム『Human Distortion』も DHR から発表されており、今作は Kevin Martin(Techno Animal/The Bug) がプロデューサーとして参加。Kevin Martin が GOD と ICE で探求していたインダストリアル・ジャズの方向性と、Techno Animal のハードコアなイルビエントにドラムンベース / テックステップにブレイクコアまでをもミックスしたクレイジーなディストピア・フリージャズであった。Kevin Martin は Techno Animal/ICE 時代に Alec Empire と数回に渡ってコラボレーションやリミックスを行っており、その集大成として 1998 年に DHR からリリースされた Techno Animal と Alec Empire のコラボレーション・アルバム『The Curse of the Golden Vampire』が生まれた。元々このプロジェクトは、Techno Animal 側は Alec Empire のデジタルハードコア / ハードコア・テクノ・スタイルでのアルバムを希望していたそうで、Alec Empire は逆に Techno Animal のダビーでハードなイルビエント作品を気に入っていたらしく、双方のリクエストが当初は違っていたらしい。だが、アルバム『The Curse of the Golden Vampire』は彼等のストイックな姿勢とサウンドがぶつかり合った傑作となった。

DHRの崩壊とAtari Teenage Riotの解散

　Atari Teenage Riot は 2nd アルバム『The Future of War』のリリース後、日系アメリカ人ノイズミュージシャン Nic Endo を正式メンバーとして加える。Alec Empire とサポートメンバーが担当していたバックトラックを Nic Endo が受け継ぎ、ノイズコントロールとバッキングボーカルも担当した。Nic Endo が加入した事により、Alec Empire はフロントマンとしてのカリスマ性を高めていき、Atari Teenage Riot のライブパフォーマンスはロック色をさらに強く押し出していく。オランダの Pinkpop Festival への出演や、Wu-Tang Clan、Rage Against the Machine、The Roots とのアメリカ・ツアーで Atari Teenage Riot のライブパフォーマンスはアメリカでも高く評価され、その証拠に、ライブ・アルバム『Live in Philadelphia Dec. 1997』には当時の彼等の熱いライブが熱狂的なファンに受け入れられているのが形となって残っている。

　アメリカの人気コミック『Spawn』の実写映画のサウンドトラックにて、Atari Teenage Riot と Slayer によるコラボレーションも実現させ、メジャーフィールドでも彼等の存在は無視出来ない程の人気を得ていた。Atari Teenage Riot の活動と並行しながらも、Alec Empire は多数のリミックス・ワークを手掛けつつ、Death Funk や No Safety Pin Sex 名義でのアルバムを DHR からリリースするなど、彼のワーカホリックぶりにはとても驚かされる。

　この辺りから、Alec Empire の作品にノイズミュージックからの影響が色濃く出始め、どんどんと歪みを増し、デジタルハードコアはさらにカオティックに過激になっていった。同時期に DHR からは、Christoph De Babalon『If You're into It, I'm out of It』、Shizuo『Shizuo Vs. Shizor』、Patric C『The Horrible Plans of Flex Busterman』といった名盤アルバムもリリースされ、Ec8or と

Carl Crack – Black Ark

Shizuo はアメリカでのツアーを決行。同年、DHR はアンビエント
やエクスペリメンタルに特化したサブレーベル Geist Records を設
立し、Alec Empire が Mille Plateaux からリリースした曲をまとめ
た 3 枚組コンピレーション『The Geist of Alec Empire』、ドイツ
の電子音楽家 Rope の 1st アルバム『Rope Hotel』をリリース。そ
の後も、Geist Records からは Like a Tim、She-Satellites(Nic
Endo)、Hanayo などのアルバムがリリースされた。

　そして、1999 年に Atari Teenage Riot は 3rd アルバム『60
Second Wipe Out』を発表。過去 2 枚のアルバムよりもハードコア・
テクノの要素は抑えられ、Nic Endo による殺気のあるノイズが彼等
のアナーキズムと適合した狂気的なトラックに、同じく過剰に歪んだ
ギターと 3 人のボーカルが合わさった非常にアグレッシブなアルバム
となった。『60 Second Wipe Out』は好セールスを記録し、Atari
Teenage Riot はワールドワイドに活躍する人気バンドの仲間入りを
した。同年 5 月 1 日にベルリンで開催されたデモ (ドイツのコソボ
紛争へ武力介入する事への) に、AFA(Anti-Fascist Action) からの
呼びかけに応え、Atari Teenage Riot はライブを行う。この伝説的
なライブは、すぐに日本の音楽雑誌でも報じられ、彼等の知名度をさ
らに上げた。デモでのライブの模様は DHR の映像作品にも収録され、
現在も YouTube で見る事が出来る。「Into the Death」のガバキッ
クに合わせて行進する多くの人々と、「Revolution Action」で警察
と衝突し暴動化する映像は非常に衝撃的である。その後、Fuji Rock
Festival の為に来日し、ヨーロッパやアメリカの有名なフェスティバルのメインステージに出演。11 月
には、Atari Teenage Riot と Alec Empire の作品にインスパイアされたと言っていた Trent Reznor か
らのオファーを受け、Nine Inch Nails のツアーのサポートアクトを務める。

　順風満帆に見えた彼等であったが、内部では様々な問題が起きており、すでにバンドとしての活動を持続
させるのは困難な状況だった。問題を抱えながらも行われた Nine Inch Nails とのツアーで訪れたイギリ
スにて、問題作『Live at Brixton Academy』が生まれる。『60 Second Wipe Out』のリリース後に行
われた長期のツアーやプロモーションで心身共に衰弱し、ドラッグ中毒の問題も抱えていた Carl Crack は
Atari Teenage Riot の活動をストップさせる。

　2000 年に入り、Atari Teenage Riot は Rage Against the Machine のギタリスト Tom Morello
をフィーチャーしたシングル『Rage』を発表。これが解散前の Atari Teenage Riot としての最後のシン
グルとなった。

　2001 年に Alec Empire はアルバム『Intelligence and Sacrifice』をリリースし、Fuji Rock
Festival にて初となるバンド構成でのライブを披露。メンバーは、Charlie Clouser(Nine Inch Nails)、
秋田昌美 (Merzbow)、Gabe Serbian(The Locust)、Nic Endo と
いう豪華面子がライブをサポートした。そんな中、Din-St とのユニッ
ト Firewire と Whatever で音楽制作を続けていた Carl Crack が、
2001 年 9 月 6 日にベルリンにあった彼のアパートにて亡くなって
いるのが発見されてしまう。当時まだ 30 歳という若さであった。
Carl Crack の訃報を受けて、Atari Teenage Riot は解散。DHR も
2000 年以降になると、所属アーティストのほとんど全員がレーベ
ルとのトラブルによって離脱していく。

Atari Teenage Riot – Live In
Philadelphia Dec. 1997

再結成後

　Atari Teenage Riot の解散後、Alec Empire はソロでのライブ
活動をメインに DHR からアルバムをリリースしていき、2007 年に
は新たにレーベル Eat Your Heart Out をスタートさせ、Force Inc

Firewire

からリリースしていたレコードをリマスターした『Bass Terror』や
ミックスCDをリリースしていった。Hanin Eliasは、DHRの傘下レー
ベルとしてスタートさせたFatal Recordingsを再スタートさせ、
ソロアルバム『No Games No Fun』をリリースし、以降もソロア
ルバムのリリースやMartin Atkins率いるインダストリアル・バン
ドPigfaceにも参加。Atari Teenage Riotは2002年にレアトラッ
クやリミックスなどをまとめた『Redefine the Enemy!Rarities
and B-Sides Compilation 1992-1999』と、2006年にはベ
スト盤『1992-2000』をリリースしたまま沈黙が続いていたが、
2010年にAlec EmpireとNic Endo、そして新メンバーにCX
KiDTRONiKを迎えて再結成。シングル「Activate!」をリリースし、
世界中のファンを喜ばせた。

　翌年には、Steve Aokiのレーベル Dim Mak Records との共同リリースによって2枚のシングルと
アルバム『Is This Hyperreal?』を発表。Hanin Eliasに変わってNic Endoがボーカルを務め、サウ
ンドはロッキンなエレクトロにシフトしたが、彼等のアティテュードは昔と同じく激しく現れていた。
Dim Mak Records からのリリースもあり、エレクトロやEDMといった新しいジャンルのリスナーも
獲得し、Atari Teenage Riotは見事にシーンに返り咲き、各国のフェスティバルに再び出演。再結成
後はSummer SonicとFuji Rock Festivalに出演し、単独ツアーも行う。2011年には、日本のバン
ド9mm Parabellum Bulletが監修したAtari Teenage RiotのコンピレーションCD『Introducing
Digital Hardcore/9mm Parabellum Bullet Selection』と、翌年には日本でのライブの模様を形にし
た『Riot in Japan 2011』がリリースされ、日本での人気は変わらず高く、2018年にはストリートブ
ランドNeighborhoodとのコラボレーションも話題となった。

　DHRとデジタルハードコアの遺伝子は次世代のアーティストに引き継がれていき、ブレイクコア、ド
ラムンベース、テクノ、ベース・ミュージックなどのダンスミュージック・シーンからロックやメタルと
いったバンド・シーンまで、様々な所でその影響が見受けられる。Raime、Black Rain、Cut Hands、
OssiaをリリースしているレーベルBlackest Ever Blackや、イタリアの次世代インダストリアル・アー
ティストShapednoise、グライム/ベースミュージック・シーンをリードするイギリスのKahn & Neek
がDHRの作品をプレイしており、DHRの残した作品は今後も様々なジャンルに影響を及ぼしていくだろ
う。

　Alec Empire/Atari Teenage RiotとDHRはハードコア・テクノ・シーンにおいて、主要な存在では
なかったかもしれないが、彼等の活動はハードコア・テクノに関わる人々にも確実に影響を与えているのは
間違いない。今回はハードコア・テクノとの関係性を中心に彼等の活動をまとめたので省いた部分も多く、
本来の彼等の魅力や功績はまだまだ紹介しきれていない。この機会に、まだ彼等の作品を聴いた事が無い方
は各種ストリーミング・サービスでも視聴出来るようになっているので、是非チェックして欲しい。

Atari Teenage Riot - Riot In Japan
2011

Atari Teenage Riot

◎ Digital Hardcore Recordings、Grand Royal、Vertigo
🕐 1992 年　　　　　　　　　　　　　　🌐 ドイツ
🖝 https://www.atari-teenage-riot.com/

90 年代初頭からドイツのテクノシーンで活躍していた Alec Empire を中心に、ボーカルの Hanin Elias と MC の Carl Crack によって 1992 年にベルリンにて結成。アメリカのビデオゲーム会社 ATARI が販売した Atari ST と、Portuguese Joe のロカビリー・ソング「Teen Age Riot」が名前の由来とされている。

ネオナチ思想に対抗すべく反ネオナチと反ファシズムを掲げた無政府主義的な歌詞と、ハードコア・パンクとハードコア・テクノを土台にヒップホップ、アシッド、スピード / スラッシュ・メタルの要素を組み合わせた画期的な作風で結成から一年後にはメジャー・レーベル Vertigo と契約。数枚のシングルをリリースした後、1994 年に Digital Hardcore Recordings から Atari Teenage Riot の 1st アルバム『1995』をリリース。痛烈な歌詞と革命的なサウンドによって Atari Teenage Riot はアンダーグランド / メジャーの枠組みを超え、ドイツだけではなくヨーロッパやアメリカでも注目の的となった。1996 年に Nic Endo をメンバーに加え、Wu-Tang Clan、Rage Against the Machine、Beck とのツアーを決行。1999 年にリリースしたアルバム『60 Second Wipe Out』が世界中でヒットし、国際的な有名フェスティバルにも多数出演。だが、人気絶頂の中、2001 年に Carl Crack が亡くなり、Atari Teenage Riot は一度解散する。

2010 年に Alec Empire と Nic Endo、そして新メンバーに CX KiDTRONiK を迎えて再始動させ、新しい Atari Teenage Riot をスタートさせた。

ATR

ATR	ドイツ
Vertigo	1993

1992 年にベルリンにて結成された Atari Teenage Riot（この時は ATR 名義）のデビューシングル。Black Sabbath、Def Leppard、Metallica、Bon Jovi などをリリースしているイギリスの大手メジャーレーベル Vertigo から 1993 年にリリースされた。Nirvana の「Smells like Teen Spirit」を大胆にサンプリングした「ATR」は、RAVE ミュージックのタフネスさと柔軟性をパンクと結びつけた名曲。「Midi Junkies (Berlin Mix)」では、うねるアシッド・フレーズが特徴的なハードコア・テクノを披露している。

Atari Teenage Riot

Speed / Midijunkies	ドイツ
Alternation / Digital Hardcore Recordings	1995

アメリカのスピードメタル・バンド Powermad の「Slaughterhouse」のギターリフをサンプリングした「Speed」は、サイバーパンク感のある高速ブレイクビーツ・トラックに Carl Crack のハイテンションな MC と、Hanin Elias のセクシーなボーカルが合わさったキャッチーな曲で、今でも Atari Teenage Riot のライブでは披露される人気曲。デジタルハードコアの方向性が広がったという意味でも貴重な曲だ。漲るエネルギーと破壊衝動が爆発寸前に暴れまわっている「Start the Riot! (Live)」も凄まじい。

Atari Teenage Riot

1995	ドイツ
Digital Hardcore Recordings	1995

1995 年に Digital Hardcore Recordings からリリースされた Atari Teenage Riot の 1st アルバムにして、90 年代のハードコア・テクノ史に残る名盤。彼等の熱いパッションと革命的なアイディアを元に ATARI 1040、CASIO FZ-1、TR-909 を使って叩き出される生々しくもダンサブルで挑戦的な恐れ知らずの楽曲達は、リリースから 20 年以上経過しても当時の勢いや輝きを失わずにいる。1997 年にタイトルを『Delete Yourself!』に改めてジャケットも変更して再リリースされ、2012 年にはボーナストラックを追加したリマスター版もリリースされた。

Atari Teenage Riot

Sick to Death EP	ドイツ
Digital Hardcore Recordings	1996

RAVE ミュージックとパンクをベースにしたダンサブルなスタイルから、よりノイジーでアグレッシブなスタイルへと進化していく流れの中でリリースされた Atari Teenage Riot の第二章を感じさせる EP。Alec Empire がソロワークで打ち出していたジャングル（D-Jungle）やブロークンビーツの可能性が反映されており、ハードコア・テクノとパンクの暴力性とスピード感がさらに強調された狂暴なデジタルハードコアが完成している。狂ったように高速で弾き鳴らされるギターに、アーメン・ブレイクとガバキックがぶつかり合う「Sick to Death (Remix)」には危険な魅力がある。

Atari Teenage Riot

The Future of War
Digital Hardcore Recordings ドイツ 1997

1997 年にリリースされた 2nd アルバム。1 曲目のストレートなハード
コア・テクノ「Get up While You Can」や、続く「Fuck All!」での 3
人の畳みかける様なパンキッシュなボーカルとノイジーなギター、そして
ガバキックの殴打で一気にリスナーのボルテージをマックスまでぶち上
げてくる。今作からギターリフのサンプリングがより直球な形となり、
Hanin Elias もスクリーミングを活用し始めている。Atari Teenage
Riot のアルバムでは最もハードコア・テクノ / パンク的だが、随所に
Alec Empire のダウンビートやエクスペリメンタルな作品のエッセンス
も反映されている。

Atari Teenage Riot

Destroy 2000 Years of Culture EP
Digital Hardcore Recordings ドイツ 1997

Atari Teenage Riot の核となるサウンドと姿勢を正面から打ち出した
「Destroy 2000 Years of Culture」をリードカットとした EP。『The
Future of War』未収録の「Paranoid」と「Destroy 2000 Years of
Culture（Remix）」も収録。インダストリアル感のある硬いスネアと、
音割れしたアーメン・ブレイクにガバキックが荒れ果てた退廃的な世界観
を演出する「Paranoid」は隠れた名曲。ノイズに塗れたスピードコア・
テイストの「Destroy 2000 Years of Culture（Remix）」も素晴らしい。

Atari Teenage Riot

60 Second Wipe Out
Digital Hardcore Recordings ドイツ 1999

Atari Teenage Riot の 3rd アルバムにして、彼等のアルバムで最も知
名度が高く人気の一枚。オープニングを飾る「Revolution Action」や、
後にシングルカットもされた「Too Dead for Me」はミクスチャーロッ
ク～モダン・ヘヴィネスからデジロックのファンも虜にし、このアルバム
によって Atari Teenage Riot は世界的な存在になった。Nic Endo の
加入によってノイズの要素が大幅に増えている。終始迫力のあるディス
トーション・ブレイクビーツとギターがカオティックに混ざり合ってお
り、ブレイクコア的な印象も受けるが、ギリギリの所でキャッチーにまと
め上げている。

Atari Teenage Riot

Live at Brixton Academy 1999
Digital Hardcore Recordings ドイツ 2000

1999 年に Nine Inch Nails とのツアーにて訪れたロンドンでのライブ
を録音したアルバム。通常のライブではなく、既存の曲をリアルタイムで
破壊していく凶暴なノイズライブを披露している。ひたすらに鳴り響く無
機質な電子音とハーシュノイズに、時折聴こえてくる原曲のブレイクビー
ツが絶妙なタイミングで交わった時に味わえる高揚感は、癖になるもの
がある。こういったライブになったのには諸説あるが、Nine Inch Nails
のファンの前であり、各国の有名バンド達が演奏した名所である Brixton
Academy で、この様なノイズライブを行った彼等はやはりアナーキーな
存在だ。

DJ Bleed インタビュー

インタビュー：梅ヶ谷雄太
翻訳 :L?K?O

1989 年に発行されたテクノ雑誌『Frontpage』での活動を経て、1997 年に雑誌『De:Bug』のゼネラルマネー
ジャー / 編集者としてドイツの電子音楽とダンスミュージックに深く関わった人物。Traum Schallplatten
のオーナーとして知られる Triple R と共に伝説的なパーティー Cosmic Orgasm をオーガナイズし、最初期
のドイツの Rave シーンに多大な影響を与えた。DJ/ プロデューサーとしても活動しており、Force Inc の
名作コンピレーション・シリーズ『Rauschen』にも参加。1994 年に DHR から、テクノのエッセンスも交
えたユニークなジャングル・スタイルのレコード『Uzi Party EP』をリリース。オーガナイザー、DJ、ライター
として、90 年代初頭のテクノ、ブレイクビーツ・ハードコア / ジャングル、ハードコア・テクノ、そして、
デジタルハードコアを体験してきた生き証人である。

Q：出身地はどちらですか？　いつ頃から DJ 活動をスタートさせましたか？
**A：元々は（ドイツの）ケルンの郊外出身。真剣に DJ を始めたのは 1989 年頃で、初期の UK/ デトロ
イト / シカゴの Rave サウンドにとても影響を受けていたよ。**
Q：活動初期はどこを拠点に DJ をされていましたか？　当時のドイツでダンスミュージックが盛んだった
場所は？
**A：友達の Triple R と自分で Cosmic Orgasm というサウンドシステムを当時住んでたケルンで始め
たんだ。90 年代初頭にシーンは瞬く間にドイツ中で発展していった。それぞれがユニークな音を鳴らして
いたよ。一番大きなシーンは、多分ベルリンとフランクフルトだったと思うけど、ハンブルクやミュンヘン、
ケルンなんかもエナジーがあった。例えば、ケルンには大きなレゲエ・シーンと密な初期ハウスのシーンが
あって、僕達は（パーティーの為に）大きな倉庫を借りていたんだ。ミュンヘンは他の街と比べてもっとディ
スコ寄りだったね。ハンブルクは完全にアメリカのハウスが席巻していたけど、Mannheim というクラブ
では早くからブレイクビーツ系のパーティーをやっていた。フランクフルトは Electronic Body Music
（EBM）に熱心で、デトロイトと姉妹都市みたいな関係だったベルリンでは Basic Channel が瞬く間
にファンを増やしていた。90 年代初頭の数年で東側が一気に発展していったのと時を同じくして、新たな**

価値観の音楽シーンが各地で花開いていったんだ。壁の崩壊が多くの新たな場所とエネルギーを生み出し、アメリカとイギリスの兵士がもたらした異文化からの影響とドイツと近隣の国の音楽的伝統とテクノロジーが交わり合って新たな音楽シーンが生まれた時代なんだ。

Q：DJ Bleed としての活動が始まったのはいつからですか？

A：僕達の Cosmic Orgasm の Rave が始まってすぐだよ、多分、1991 年かな。ブリープサウンドの大ファンだったから、DJ Bleed と名乗るようになったんだ。良いサウンドシステムの名前を思いついたから、DJ ネームも必要だと思ったんだけど、DJ Bleep は既に他の人に使われていたし、本名の Sascha だと当時すでに有名だった DJ Sascha と一緒になっちゃうから、Bleep に近い Bleed にしたんだ。

Q：東ドイツのテクノ・シーンを知ったのはいつですか？　あなたが東ドイツで DJ を行ったのはいつでしょうか？

A：ベルリンの壁崩壊直後から瞬く間に旧東ドイツ全域にテクノ・シーンが広まっていったんだ。僕が旧東ドイツ側で初めてプレイしたのは 1991 年だよ。旧東ドイツのほとんどの街はとても小さくて、それぞれのシーンがとても近かったんだ。だから、当時はギャラも少なかったけど。ただ、ベルリンみたいに新たなクラブがどんどんオープンしていたから、数をこなせたんだ。ベルリンのシーンからかなり影響を受けていたけど、もっとアンダーグラウンドだったね。

Q：アメリカとイギリスのテクノや Rave 系の DJ 達がドイツにやって来たのはいつ頃からでしょうか？

A：アメリカの DJ はかなり早くから来ていたよ。なぜなら、彼等のほとんどはドイツ人の誰も出来ない音の出し方を熟知していたし、ベルリンのシーンはデトロイトのシーンから大きな影響を受けていたからね。確か、1991 年に Tresor で見た Underground Resistance と Jeff Mills は啓示とも言えるくらい衝撃的だった。あと、多分、1993 年にはシカゴの大物 DJ 達のほぼ全員がドイツでレギュラーで回していたよ。1991 年以降のシーンはとても国際的だった。イギリスの DJ 達が来るのにはもう少し時間がかかっていたけどね。なぜなら、彼等はあの時期イギリス国内だけでとてつもないスケジュールをこなしていたから。例えば、一晩で三つの Rave を掛け持ちとかさ。アメリカのクラブシーンはそこまでアクティブじゃなかったから、彼等はヨーロッパでたくさん出演出来たんだろうね。

Q：Cosmic Orgasm の Rave やパーティーのインフォメーションはどの様にしてシェアしていたのですか？　スピーカーなどのサウンドシステムは所有していたのでしょうか？

A：いいや、僕らはサウンドシステム自体は所有していなかった。そういう風にはしたかったけどね。色んな所で開催したけど、大抵がその一回限りで遊牧民みたいな感じだった。新たな場所を探すのは僕等にとってとても重要で楽しかった。ある意味、ベルリンの正反対とも言えるんだけど、ケルンはとても狭くて閉鎖的だから、新たにいい感じの場所を探すのは本来とても難しいんだ。でも、Triple R には見つけてくるコツがあって、僕達はその時々で空の倉庫や工場、アートスペースや使われていない橋なんかを見つけてきては開催していた。僕等は 2 週間前にはフライヤーを作って町中を走り回った。良さげな人達が集まるイベントやパーティーにはほぼ顔を出して手渡ししていたよ。ソーシャルメディアのない時代で、ケルンも約 100 万人が暮らす都市だけど、肝心なのは基本的にパーティー好きはみんな顔見知りだったからね。

Q：Cosmic Orgasm にはどんなアーティストが出演し、どういったタイプのお客さんが来ていましたか？

A：Space Cube がライブしたし、Mike Inc、DJ Pierre、Goldie ともパーティーをしたよ。でも、ほとんどの場合は多くの DJ を呼ぶ典型的なイベントとは違っていた。なぜなら、僕達自身がやりたいと思ってる事があったからね。自分達自身で毎回プレイしていたし、それで満足していた。お客さんはかなり色んなバックグラウンドの人たちが入り混じっていたよ。学生やティーネイジャー、アート界隈の人達、ミュージシャン、それにクラブ好き（ケルンでは大抵ハンドバッグ片手に踊ってるタイプ）なんかが。特に音楽的な背景は様々だった。パンク、60s、レゲエ、メタル、ダブ、ヒップホップ、ハウスみたいな感じだった。

Q：Cosmic Orgasm はいつまでオーガナイズされていましたか？　Cosmic Orgasm でのベストな思い

出は？

A：あれはトータルで約 5 年間のことだった。辞めることになったのは、僕が 1995 年にベルリンに引っ越したからだよ。音楽的にはドラムンベースに傾倒していた時期で、Triple R はブリーディングという、よりミニマルに進化したケルンの新しいジャンルにハマっていた頃。カーニバルの周辺でオーガナイズした 72 時間の狂ったパーティーがベストの思い出だよ。時間を追うごとにどんどん狂っていく最高にヤバいパーティーだった。

Q：ハードコア・テクノの存在を知ったのはいつですか？　PCP 以前にも、ハードコア・テクノ的な作品を発表していたドイツのアーティスト / レーベルはあったのでしょうか？　ハードコア・テクノのルーツは何だと思われますか？

A：僕にとってのハードコア・テクノのルーツはデトロイトとオランダとイギリスと、あと多分、フランクフルト辺りだね。僕はいつもファンキーなアプローチが好きだけど、それはアメリカとイギリスのスタイルだよね。ドイツには長年のインダストリアル、ノイズ、要するに Einstürzende Neubauten 周辺のシーンの伝統があるけど、90 年代初頭にあらゆる事が加速していって、それに合わせて曲のテンポも週を追うごとに速くなっていったように思う。逆を返すと僕にとってのハードコアっていうのはテンポっていうより精神状態の事だと思うんだ。ハードコア・テクノがスタイルとして画一化されることよりも、その多様性にいつも魅了されているんだ。

Q：Euromasters などのオランダのガバはドイツではどういったリアクションを得ていましたか？

A：Euromasters の一作目と初期のガバは大好きだよ。とてもワイルドで聴いた事のない音だったから。ダーティーでめちゃくちゃ速くて、とてつもなく楽しいよね。タガが外れてるっていうかさ。そのパワーとスピードと一直線なグルーヴに魅了されたよ。ドイツではオランダのようには人気はなかったけど、フォロワーは確実にいたね。僕は自分のことをすごく早くアグレッシブにプレイ出来る DJ だと当時は思ってたけど、オランダで Paul Elstak と一緒にブッキングされた時、正直全く（彼のテンションに）ついていけなかったよ。すごく奇妙な体験でもあって、両手にビアジョッキを持った半裸のムキムキなサッカーのフーリガンみたいな奴等が、風船が漂う中で奴等のお気に入りのガバのトラックに合わせてサッカーのチャントを叫んでたんだ。僕にとってそれはハードコアとドイツのシュラーガーっていうポップスのジャンルのミクスチャーの様に聴こえていたけど、酒ノリの速ければイイっていうバイブスは正直なとこ楽しめなかったよ。まるでメタルがグラインドコアになっていった頃を思い出すっていうか。

Q：ドイツのハードコア・テクノ / ガバ・シーンで重要な役割を果たしたクラブ Bunker について。あなたは Bunker でプレイされた事はありますか？　Bunker とはどんなクラブだったのでしょう？

A：Bunker は名前の通り古い防空壕に由来してるんだけど、確かに伝説的だった。最近みんなが使う言葉だと「クィア・クラブ」（ゲイクラブ）のような感じでもあった。とても実験的な箱で、そこで培われたものによって、後に世界一有名なクラブ Berghain が生まれたんだ。自分にとってあの場所の一番の思い出は Cut-X と Sascha だよ。僕もプレイしたことがあるけど、ほとんどドラムンベースだったね、妥協のない速さのダークな頃の。その当時はまだアンダーグラウンドで、暗くて、迷子になるくらいフロアやバースペースが幾つもあった。そう、当時はそれほど有名じゃなくて、常に客で埋まってた訳ではなかったけど、間違いなくアンチで影響力がある初期テクノのクラブの一つだった。Fuckparade ムーブメントの中心としての役割も担っていたように思うよ。

Q：あなたは 1993 年に WestBam と Triple R とのスプリット・カセットをリリースされていますが、当時はテクノ・シーンと深い関わりがあったのでしょうか？

A：僕がかい？　実際には WestBam と直接何かを一緒にやったことはないよ。何回か同じパーティーでプレイしたことはあるし、『Frontpage』（僕が 1992 年から働いてる電子音楽の雑誌）のオフィスで定期的には会ってたけど。Triple R は Cosmic Orgasm のパートナーだし、ハウスやテクノやブレイクビーツまで当時はなんでも一緒にやってたけどね。1993 年の僕等のパーティーは一晩で BPM 的には 120 〜 200 までやってたし、当時としてはかなり珍しかったんじゃないかな。

Q：Love Parade について、あなたは当時どう感じていましたか？

A：初めて開催された時には遅れたけど行ったよ。でも、もうみんな疲れ果てて芝生で寝てた。90 年代初期の Love Parade は『Frontpage』もオーガナイズに携わってたけど、僕はそんなに楽しめなかったよ。ほとんどの音楽は僕の好みじゃなかったし、当時としても全然アンダーグラウンドではなかったから。ケル

ンはパレードと伝統的に繋がってるけど、個人的には興味無かったね。

Q：Low Spirit Recordings はドイツのテクノ・シーンにとって最重要レーベルの一つだと思いますが、彼等の影響についてどう思われますか？

A：僕は彼等の音楽は好きじゃなかったから、僕はなんとも思わないよ。僕はテクノシーンの終焉のポップミュージックだと見なしてた。Love Parade がシーンにとって大きな影響力があったのは確かだし、ベルリンのクラブが恩恵を受けていたのは認めるけど。

Q：ドイツの Rave やテクノ・シーンにおいて、ドラッグの影響はどれ程ありましたか？ ドラッグ・ディーラーやマフィアは Rave やテクノ・シーンに関わっていましたか？

A：ドラッグはそこら中にあって、DJ やアーティストや Raver やみんなにとって重要な役割を担っていたよ。間違いなくローカルのマフィアが関わっていたし、多分、クラブの経営者との協定なんてのもあったと思う。でも、それがシーンに暴力的な側面をもたらすことは全くなかった。僕はドラッグで問題になったことはないし、エクスタシー好きの人達とも楽しくやってたよ。だからといって自分は好き好んでは使ってなかったけどね。幸運なことにケタミンみたいなのは全然流行ってなくて(ほとんどエクスタシー、マリファナ、スピード、たまに LSD)、ドラッグのせいで僕達のパーティーに救急車を呼ぶなんてことは一度もなかったんだ。激しいストロボライトでテンカンの発作を起こして倒れた人が一度あったくらいで。

Q：90 年代初頭、Mike Ink, Moby, Mijk Van Dijk はハードコア・テクノ的なトラックを作り、Sven Vath や Jeff Mills もそういったトラックをプレイしていました。1992 年以降、ハードコア・テクノはどういった状況になっていましたか？

A：1992 年頃はほとんどみんながハードな音をプレイしていたからね。なぜなら、それはすごく新鮮で探求しがいのあるものだったからさ。Richie Hawtin ですら、ガバみたいなプロジェクトをやってたからね。ほとんどの人にとってハードコアは電子音楽に脈々と続く革新性というモーターの中の新しいアイデアと技法の一つとして認識されてた。ただのサブジャンルではあるけど、ガバが成立したことによって、あらゆる人々がそれまでと違うテンポやグルーヴを受け入れたんだよね。当時のドイツでは、一番ポピュラーだったトランスをプレイしてた DJ もいたけど、僕はトランスには全く眼中なかったし、いつもクソみたいに言ってたよ。一番最悪なのが EBM さ。

Q：Digital Hardcore Recordings との出会いについて教えてください。

A：僕が Alec Empire に会ったのは、Force Inc (後に Riot Beats、Mille Plateaux とか) を主催していた Achim Szepanski を通じてなんだ。僕等はブレイクビーツへの愛情が共通していた。初期のドラムンベースや UK ハードコアなんかも含めてね。ケルンの僕等にとって当時のブレイクビーツのシーンはとても小規模だったから、Alec やベルリンの Bass Terror crew (Bassdee と Feed) や Sonic Subjunkies、マンハイムの Milk Crew なんかと自然に繋がっていった。僕等が初めて会ったのは確か 1992 年だったと思う。

Q：Alec Empire は 90 年代初頭にテクノ・トラックもリリースしていましたが、彼は当時テクノ・シーンからも認識されていましたか？

A：僕が知る限りでは彼が Force Inc とやることになる以前の数トラックだけだと思うけど、それらが彼が然るべき注目を浴びることになったきっかけだと思う。知ってるとは思うけど、1992 年はテクノと他のシーンがほとんど分かれていなかった時期で、異なったフレーバーの音楽が集まった一つの大きなシーンって感じだったよね。革新と探求の種が幅広く生息していた時期で。彼の初期のリリースは Aphex Twin みたいな音楽的ポリマス (博識者) のものと似て、特定のジャンルだけじゃなく、全てのシーンからの注目と尊敬を集める様な類のものだったと思う。

Q：あなたが DHR と出会った時から、彼等は政治的な姿勢を音楽に込めていましたか？ 彼等の姿勢をどう感じていましたか？

A：うん、そうだね。それが魅力の一つでもあった。Force Inc の Achim Szepanski から強く影響を受けていたね。当時は、混乱状態であるのと同時に新世代の新たな価値観、可能性、約束事が確立されていった時期に重なる。当然、それ以前の音楽なんてなんの

価値もない様に思えたし、新たな価値観の文化が Rave シーンだけでなく、自らの手の平から湧いて出てくる様だった。僕ら（Triple R と僕）はポストパンク出身でスクウットハウスでパーティーをやり始めて、政治的でない音楽なんて退屈だと思ってた。そういう音楽と政治的なスタンスの結びつきを明確にしていた事が DHR との共通点だと思うよ。ただ、彼等への異議もあって、いくら左翼的な姿勢を音楽でカッコ良く示しても、大衆迎合の側面は否めないし、ちょっとトゥーマッチだとも感じてた（特に「Riot Sounds Produce Riots」という彼のスローガンに顕著だと思うけど）。

Q：ATR はドイツのテクノ・シーンに蔓延していたという、ネオナチに対抗して結成したと言われていました。当時、本当にネオナチはドイツのテクノ・シーンに侵入していたのですか？

A：僕はケルンのシーンに奴らがいなくて本当にラッキーだったと思うよ。ケルンにもナチの連中はいたけど、ナチパンクロックのシーンに溜まってたからね。だから、スクウッドハウスでパンクロックのイベントみたいなのをやってたら、ベースボールバットを持った奴らに襲撃されてパーティーどころじゃなかったかもしれない。東ドイツの奴らが闊歩していた頃は東ドイツのシーンではアンダーグラウンドの音楽はまだ正式にはオープンなものじゃなかったから、初めて連中をパーティーで見た時は本当にショックだったよ。特に、1992 年にリヒテンハーゲンで起こったポグロムの後は、旧東ドイツ側に新たなナチの問題が起きていることをみんなはっきりと悟ったし、それらのエリアのプロモーターはかなり警戒していたよ。

Q：ネオナチ的な思想を持ったアーティストやレーベルは存在したのでしょうか？

A：僕の知る限りでは、はっきりそうと分かるものはほとんどないよ。ごく僅か、多分ネオナチに傾倒しているものはあるし、インダストリアルの文脈の中に未だに生息している様だよ。あと、最近だと Vaporwave のシーンの中の極めて小さなサブジャンルの Fashwave なんかにもね。ドイツのネオナチ界隈で一番聴かれているのは未だにパンクロックみたいなやつさ。

Q：1994 年に DJ Bleed として『Uzi Party EP』をリリースされていますが、このレコードが生まれた経緯を教えてください。

A：Alec に彼の新しいレーベルからレコードを出さないかって頼まれたから嬉しくなって作ったんだ。機材もロクに持ってなかったけど、断る気はなかった。だから、当時仲が良かった Mike Ink の所に通って彼のスタジオで制作出来ることになったんだ。レコードのほとんどのトラックは長年自分が影響を受けてきた音楽のミクスチャーさ。ほとんどが皮肉な笑いと過剰さのミックス。例えば、「In Bed With Marusha」ってタイトルは「In Bed With Madonna」から取っている様に。なぜなら、僕は『Frontpage』で働いてたから Love Parade を主催していた Low Spirit から送られてくる、その類のメインストリームのプロモ音源に常に悩まされていたからね。と、同時にそれらは本当に自分の好きなアンダーグラウンドの音楽を宣伝するのに最適だとも感じていたんだ。Marusha は当時としてはブレイクビーツを広めるのにメインストリームのテクノを使った数少ない一つだったと思うよ。だから、あのトラックはホント馬鹿馬鹿しい Rave テクノのメロに Lisa Suckdog と Bow Wow Wow のサンプルで作ったんだ。

Q：『Uzi Party EP』はジャングル・ミュージックであると思いますが、ジャングル・シーンからサポートを受けましたか？　当時のドイツのジャングル・シーンの状況は？

A：1992 年にはジャングルシーンはあった。Alec と僕はそれに携わっていたし、ドイツのシーンではよく知られていたんだ。イギリスではそれほどではなかったけど、正直なところ、シーンはすごくスタイルごとに組織化されてて、僕達はアウトサイダーだったよ。John Peel は大好きだったようだけどね。

Q：あなたは DHR のイベントにも出演していましたか？

A：DHR のイベントでやったかは定かじゃないんだけど、Force Inc のイベントでは Alec とよくやってたよ。Ec8or は Cosmic Orgasm の Rave のレギュラーだったし、Alec にもプレイしてもらった。あとは、Bass Terror Crew にもよくやってもらってたね。Sonic Subjunkies の Thaddeus Herrmann は長年の仕事のパートナーで、自分の雑誌『De:Bug』とかを一緒にやってるんだ。

Q：DHR のリリースの中で、あなたのお気に入りは？

A：正直なとこでは、DHR のサブレーベルの Geist からリリースされた Like a Tim の全タイトルかな。DHR では Sonic Subjunkies の初期が幾つかが好きだね。

Q：ドイツのテクノは 90 年代中頃に大きく発展しましたが、当時のテクノ・シーンをあなたはどう感じていましたか？ DHR はまだテクノ・シーンとの関わりを持っていましたか？

A：90 年代中頃（1995 年と言おうか）には DHR はテクノのシーンではなかったよ。前に触れた様に、90 年代初期は誰にとっても実験のフィールドが広がっていたからね。僕は未だにそのスピリットを愛している。毎週新しいものを見つけられる、レコード屋を回ってフレッシュで聴いたことのないものを探す旅をね。1995 年には電子音楽のサブジャンルのほとんどは体系化されて、ユニークな 1 曲は一晩聴いてもなかなかないって感じだからね。その数年色々

DJ Bleed – Uzi Party EP

聴いた中で一番進化を感じたのがドラムンベースだった。でも、僕にとってはその頃の初期の音楽シーンはちょっと近視眼すぎたんじゃないかって思うよ。

Q：あなたが DHR から離脱したのはいつですか？ 今も DHR に所属していたアーティスト達とは交流はありますか？

A：僕は DHR に所属したことなんてないよ、そう感じたことがないっていうか（自分の名前が載った DHR の T シャツはまだ持ってるけどね）。僕は ATR の大ファンって訳でもないし、そのアティテュードもだけど、1995 年以降の DHR の音はフォーミュラ化されてた。政治的にはその思想にだいぶ近いし、Mille Plateaux の進化にも敬意を持ってるけど、そのフィールドにいて自分が感じたのは、DHR はメジャーレーベルの資本下の演技で全てはビジネスなんだってことだよ。

Q：あなたが出版していた音楽雑誌『De:Bug』について。雑誌を始めようと思ったのはなぜですか？

A：僕らが『De:Bug』を始めたのは『Frontpage』が廃刊した直後の 1997 年。『Frontpage』はまだ発展期だった頃のシーンにとっては良い乗り物だったけど、時代が進むにつれて Raver のライフスタイルガイドみたいになっていった。僕等（当時一緒に働いてたオープンな思考の仲間達）は次にすることを考えていて、ただの音楽雑誌ではなく、電子音楽の精神を持った最新のデジタルカルチャーとの融合を図った雑誌を作ることにしたんだ。

Q：あなたは長年に渡ってドイツのダンスミュージック・シーンを見続けています。なぜ、ドイツはダンスミュージック（特にテクノ）が常に人気を得ているのでしょうか？

A：どこでも人気だけどね。ドイツで特に特徴的なことはやはり壁の崩壊によるものだろうね。それがなければ、ベルリンのクラブは今とはだいぶ違っていただろうから。ドイツの他のシーンにはそこまでの影響はなかったと思うよ。壁の崩壊でもたらされた当時のエネルギーは、もはや別物だった。一番重要なことは、それによってドイツの最初期のテクノ・シーンはあらゆる影響のメルティングポットになったってことさ。シーンのスタート時からとても国際的で、ドイツ独自のものではなく、あらゆる音楽が集まっていた。ベルリンは全ての国の人々と結びついていたし、なぜなら新しいアイデアを持った人々にとって最高に楽な場所だったからさ。その上で電子音楽もとても人気だから、長年この地に根付いた巨大なクラブシーンは独自の音楽シーンを築いているし、ニッチなところも含めてあらゆる分野で発展していくだろうね。

DJ Moonraker インタビュー

インタビュー：梅ヶ谷雄太
翻訳 :L?K?O

ドイツのジャングル / ブレイクビーツ・ハードコアを代表する集団 Bass Terror の中心人物であり、Patric Catani とのコラボレーションでハードコア・テクノもリリースしていた DJ/ プロデューサー。90 年代に自身が運営に関わっていたレーベル兼ディストリビューション Midi War から、UK 産のハードなラガ・ジャングルやダークコアをメインとしたミックス・テープをリリースし、Riot Beats のコンピレーション『Rough and Fast』にも Moonraker 名義でのトラックを提供。デジタルハードコアのコアパートであるジャングルとブレイクビーツ・ハードコアを DJ として表現し、DHR と Bass Terror の軸を支えていた。ハードコア・テクノ・サイドでは、Patric Catani とのユニット Irish Coffee として 1993 年に Titanium Steel からシングルをリリース。Ec8or & Moonraker 名義でも Mono Tone と DHR のコンピレーションにトラックを提供し、Napalm 名義でも共作を手掛けている。Bass Terror の活動を通じて、ドイツのアンダーグラウンド・シーンにジャングル / ブレイクビーツ・ハードコアを根付かせた功労者であるが、その存在を知る人は少ない。

Q：DJ Moonraker としての活動をスタートさせたのは何時からですか？　それ以前はどういった活動をされていましたか？

A：それは 1988 年のことで、僕は若造のスケーターでパンクスだった。アートスクールを出たばかりで、パンクとメタル界隈で遊んでて、軍への入隊を避けて特別な何かを探してたよ。アシッドが流行りだして僕は虜になって、いつも学校のパーティー用にブレイクダンスのテープを録音したりしてた。叔父さんとお爺さんがやってたベーカリーの手伝いで土曜の朝にパーティー用のパンを焼いて、その金で Technics 1210 と小さい Citronic のバトル用ミキサーを買ったのが 1990 年の初め頃。だから、1990 年にはミックステープを作り始めて、イリーガルな場所でやってた場当たりのパーティーでプレイしてたよ。その頃に、初めてケルンやドイツ中の街々のテクノやアンダーグラウンドのパーティーに遊びに行く様になったけど、ケルンでやってた Triple R & Bleed の Cosmic Orgasm Raves に一番ハマってた。その後、幾つかのパーティーを経て、僕等は友達になってミックスを聴いて貰って彼等の Rave でプレイさせて貰えることになったんだ。当時のビッグネームの面々と一緒に出来て最高だったよ。1990 年から 1994

年まではその後ベルリンに移るまで彼等の専属だった。

Q：1993年にEc8orとの共作『Ec8or + Moonraker』をMono Toneからリリースされていますが、このレコードが生まれた背景を教えてください。

A：いつの日かのこと、アホみたいに踊り狂ってたところにPatric（Ec8or）が来て、アニメーションダンサーとしてメガホンを持ってステージで踊らないかって誘ってきたんだ。僕は面白いアイデアだって思ったし、冗談を言い合いながら狂ったことを一緒にやる相談をしてる内に親友になったよ。夏休みの頃に、僕は幾らか金があったから人生で初めてイギリスに行ってブレイクビーツのレコードを買うつもりだったんだけど、数週間ケルンの旅行会社の地下に借りてたPatricの狭い部屋を訪ねたら結局全部使い果たしちゃってた。本当に真っ直ぐ立てないくらい天井の低い極小の部屋だったんだ。マットレス、クズレコードとケーブルの入った箱、Amiga 500と8ビットのサンプルモジュールが乗ったテーブルと天井に向けて設置された2発のDIYスピーカーだけの部屋。

極小の防空壕みたいな感じだった。

僕はサンプリング用にMTV（マゾTV）と古いレコードから録りためた音源をテープに入れて数本持っていった。Patricもクソみたいなパーティーレコードを一箱持ってたから、それらを全て混ぜ合わせていったんだ。彼のガバからの影響と僕のブレイクビーツの狂気をね。それをverwursten＝ソーセージを作る工程（ソーセージ用の挽肉作り）って呼んでたよ。僕等はそこに数週間座って、ドラッグをキメまくって、次々に曲を作っていった。E-De-Cologne『Die Langspielplatte』や、Irish Coffeeの曲とかホラーコア/ブレイクコアの未発表曲なんかさ。

Q：1992年から1993年にかけて、あなたはどこを拠点にDJをされていましたか？ 当時のドイツのRaveシーンの雰囲気はどういったものでしたか？

A：さっきも言った通り、1993年から1994年にベルリンに移り住むまではケルンだけでやってたんだ。Cosmic Orgasmは、ドイツのRaveシーンではアンダーグラウンドだったけど、みんなが来てたよ、ロックの人達とかもね。ウェアハウスみたいなシックなテクノのクラ

Toktok & Moonraker – Trampolin EP

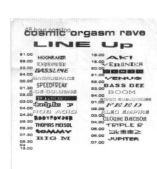

ブを門前払いされる様な奴等みんなさ。みんなの助けを借りて全員一丸でやったんだ。最高の時代だったよ。当時は、ほとんどのクラブでコマーシャルなお決まりのテクノばかりがプレイされてたけど、僕達はブレイクビーツや初期ジャングル／ダークステップなんかをかけてた。Triple R と Bleed は最大で最先端のテクノ雑誌『Frontpage』でレコード批評をしていたから、当時の流通前のアンダーグラウンドなリリースやホワイト盤から、実験的なものやデトロイトのもの、Underground Resistance や Djax Up のめちゃくちゃヘビーなアシッドチューン、もちろん、Mono Tone Rec、Force Inc、Output なんかのラフなドイツ国内のリリースも全て持ってた。Bleed と僕は 33 回転を＋8 でプレイしても遅くて 45 回転を－8 でプレイしても早い様な定形外の古いレコードをいっぱいプレイしてたから、Technics 1210 でテンポ調整して、それぞれのスピード間をなんとかマッチさせながらプレイしていたよ。僕は早いのが好きだったけどね。

Q：当時、テクノ・シーンでもブレイクビーツ・ハードコアのレコードはプレイされていたのでしょうか？

A：うん、僕が知る限りでは。例えば、Murasha がいっぱいハッピーハードコアのセットをやってた様にね。

Q：1994 年に Toktok & Moonraker 名義で『Trampolin EP』をリリースしていますが、Toktok との出会いについて教えてください。

A：僕が Benni と会って友達になったのは、Sascha と Riley がベルリンの伝説的なクラブ ELEKTRO でプレイしたパーティーの夜だよ。偶然に出会って意気投合したんだ。だから（ベルリン近郊の）モアビットの彼の家に遊びに行く様になって、吸えるものを吸って、録音ボタンを押して、ジャムるようになった。初めは遊びで録ってたんだけど、何人かに聴いて貰っている内に彼が計画してたレーベルの初リリースとして出すことにしたんだ。僕等はポーランドのレコード工場で白色のカラーバイナルを 180 枚カッティングした。それが偶然、『Frontpage』の Record of the Month に選ばれて知られる様になり、フランスの『TNT』のインタビューを受けたりしたよ。

Q：Digital Hardcore Recordings に参加した経緯を教えてください。Alec Empire と Joel Amaretto と出会ったのはいつ頃ですか？

A：初めてコンタクトがあったのは、僕がドイツのアンダーグラウンドシーンの Who is Who と共演した時で、ケルンのクラブ UNDERGROUND（Yunk Yard Club）で開催された Cosmic Orgasm の 48 時間 Rave の時さ。僕等はバックステージで会って話した、一緒にやったら最高なんじゃないかって。その後、Triple R と Bleed と一緒にベルリンに何回か行った時に、僕と Patric が初めて作った例の未発表のホラー／ゴア・ブレイクコアをテープに入れて持っていったんだ。それは絶叫だらけでフレディー・クルーガーの鉄の爪やドリルなんかが出す様な甲高い金属音まみれのハーシュなブレイクコアだったけど、Alec の車で聴いたら、彼は目を大きく見開いて、顎が外れたよ。「お前らマジ狂ってる !!!」ってね。それから数ヶ月して、彼は Digital Hardcore Recordings を始めたんだけど、そのちょっと前に Joel からベルリンの彼の家に住んで Bass Terror DJ として活動しないかって誘われたんだ。もちろん、僕はそうすることにして、後に加わっ

た Patric にも声をかけたんだ。

Q：DHR はイギリスとドイツで同時に運営されて
いたのでしょうか？

A：ドイツで生まれて、イギリスで育ったって感
じかな。ドイツでのパフォーマンスがほとんどだっ
たけど、イギリスに基盤を置いたのはビジネス的
な理由からだと思うよ。Abbey Road Studios
でマスタリングしたり、弁護士の Pete はロンド
ン出身だったし、イギリスで誕生した音楽の幾つ
かが根底にあったからじゃないかな。ジャングルもロンドンからのものだしね。でも、正確なレーベルの政
治的なことは Alec に聞いたほうがいいよ。僕はレーベルの事にはあんまり興味なかったし、他にやるべ
きことがあったからね。

Q：1994 年にリリースされた Riot Beats のコンピレーションにあなたは参加されていますが、Riot
Beats は Force Inc のサブレーベルで正しいでしょうか？　当時、Riot Beats がリリースしていたジャ
ングルのレコードはどういった DJ がプレイしていましたか？　その時期、ブレイクビーツ・ハードコア /
ジャングルを取り扱っていたレーベルや DJ はドイツに存在しましたか？

A：うん、そうだよ。Riot Beats は Force Inc. のサブレーベルさ。そう、正解。当時あんなハードで
早いのをプレイするやつはほとんどいなかった。大体の DJ は初期ドラムンベースやジャングル、フュー
チャーアーバンジャズみたいなのにハマってたからね。僕達がパイオニアとしてその境界をどんどん押し広
げていったんだ。

Q：あなたがメンバーとして活動していた Bass Terror とは、どういったクルー / パーティーだったのでしょ
うか？

A：1994 年に僕が Bass Terror Crew に加入した頃にはもっとメンバーがいて、Alec、Carl
Crack、Feed と Bass Dee、あと Boom って奴がいたよ。何人かは遅い時間にプレイする為の許可が
必要だった、彼等はとても若かったからね。だから数ヶ月後にはみんな辞めてって、Alec、Carl と僕だ
けが残り、僕がほとんどでプレーすることになったんだ。Carl が MC をしてくれて、時々 Alec が参加
する形で、Atari Teenage Riot のギグの前後や、ベルリンの中心にあったクラブ I.M. EIMER でやっ
てた PoGo（ドイツ独自のアナキズム）のパーティーなんかでプレイしてた。他にも Suicide Club や
ELEKTRO でやってたね。Bass Terror のパーティーに来れば世界中のアンダーグラウンドシーンの
あらゆるスタイルのエクスクルーシブなハードコアを聴けたんだ。僕が公式に Bass Terror で活動して
たのは、1994 年から 2000 年までで、Alec と個人的に揉めてやめたんだ。でも、2000 年以降もま
るで自分のものの様に Bass Terror の名前を追記して野外パー
ティーなんかでやってたけどね。

Q：Bass Terror と DHR がパーティーを行っていた伝説的なクラ
ブ Suicide Club とは、どういったクラブだったのでしょうか？

A：Suicide Club は広くて古臭い地下と巨大なフロアの上階の
二階建てで、ベルリン中心部のハッケンシャーマルクト広場近くに
あった。Roland っていう Alec の親友で Hanin の彼氏だった人
が僕達を応援する目的でそこを借りたんだ。ATR の「Kids Are
United!」って曲のビデオ撮影はそこでしたんだけど、そのクリッ
プに出ているのは全て当時の僕の友達だよ。自分達で全てのリノ
ベーションをして、ポルノ漫画のコピーを至る所にばら撒いたりし
て、その最高なロケーションに Praxis と Ian Pooley をゲスト
に招いて伝説的なオープニングパーティーをしたんだ。ビデオの撮
影と録音もしたんだけど、これには Alec の許可が必要だった。僕
はポスターとフライヤーを準備した位で、あとはプレイすることで
精一杯だったけど、本当に最高だった。汗が天井から滴り落ちてく
るんだ……あの日の事はすごくよく憶えてるよ！

club I.M. Eimer

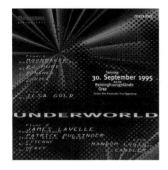

Q：Bass Terror が提唱していた D-Jungle の定義とは何だったのでしょうか？

A：D-Jungle は Carl Crack が生み出した言葉なんだ。元々、Jungle はドイツ語の綴りでは Djungel なんだ。D=Deutschland（ドイツ）＋ジャングルで D-Jungle ＝ドイツのジャングルってこと。ちなみに、Djungle だと＝ Digital Jungle で、Digital Hardcore Jungle の短縮形だよ。

Q：政治的な思想は Bass Terror にも反映されていましたか？　あなた達のパーティーに過激な政治思想を持った人々も来ていましたか？　その人々は DHR/Bass Terror の思想に共感していましたか？

A：ああ、もちろんさ。Alec は常に政治的な思想を持っていたし、それは Bass Terror Crew の政治観にも反映されていたよ。イベントや様々な面でね。もちろんだよ！そして当然過激な奴等もいっぱい来てた。でも、正直奴等が僕達の考えを理解してたかは疑問だけど。奴等のほとんどは、高揚して、PoGo して（飛んだり暴れたりして）、とにかく怒りと破壊衝動を解き放つ為に来ていた様に思う。Alec がいつも発言していた様なアナーキーな気分を味わう為にね。でも、時には質問してきて、僕達の哲学を本気で理解しようとしてくれてた人達もいたけど。

Q：Bass Terror/DHR と PCP は当時パーティーなどで共演されていましたか？

A：いいや。直接の繋がりはなかったよ。彼等は僕等同様にクレイジーだったからね。彼等はドイツのハードコアに強固なステートメントをもたらしたと思うよ。

Q：デジタル・ハードコアや D-Jungle のリリースはハードコア・テクノやガバのファンにもサポートされていましたか？

A：ああ、もちろんさ。当時 Patric と僕は Bunker のガバのフロアでそれらをプレイしてたよ。初めて Bunker でプレイした時は明らかに異質だったけど、驚くことにみんな数曲で理解してくれたし、それ以来仲間なんだ。彼等は僕に敬意を持って接してくれたから、彼等は僕達のパーティーに遊びに来てくれたし、僕達も彼等のパーティーに行った。近からず遠からずな感じで。Patric と僕は同じパレード（Hate Parade）でも一緒にやったしね。Force Inc のトラックはまだ準備出来てなかったから、Gabba Nation のトラックでパレードをスタートして、何セットかを交代でやったんだ。

Q：あなたのお気に入りの DHR のリリースは？

A：うーん、多分 Patric と僕が一緒にやった『AK-78』かな。それか僕等のプロジェクトとしてスタートした Ec8or のデビューアルバムか。僕は本当に Patric の作品が大好きなんだ。彼は本物の才能で結合双生児の様に彼と作業出来ることはいつも最高の喜びだったよ。あと、当然 Alec の作品のいくつかと Fever が好きだ。

Q：Bass Terror/DHR のパーティーで特に記憶に残っている事は？

A：沢山あった最高なパーティーの中でも、一番思い出深いのは、ハンブルクのレーパーバーンにあった Große Freiheit 36 っていうホールでやったサウンドシステムのクラッシュだ。ベルリンの三つのサウンドシステム、Bass Terror Crew と Safari と Elefant Soundsystem でやったクラッシュで、それぞれ 10 分ずつのセットをテーブルに着席した興奮状態の 3000 人近くの客を相手にやったんだけど、ホールの人が来て「昨日は Marius Müller-Westernhagen（ドイツのロックの重鎮）がここで

The Bunker

やったけど、客は半分しか埋まらなかったよ。なのになんだ、今日は！　狂ってる！　またやるべきだ！」って叫んでたよ。そう、僕らは勝ったのさ（笑）。大々的に報道されて、数ヶ月後にやった時も同じ結果だったよ。あともうーつは、Tresor、E-Werk、Frisör なんかの近くにあった Elektro Club での Bass Terror のパーティーだね。小さなクラブ（二つの小部屋の３階建）だったけど、中は完全に満員で 300 人近くが外で待ってる様な状況だった。僕達は PA から離れた小さなバーカウンターの中でプレイしなくちゃいけなかったし、警察も二度来たけど、僕らが Alec の「Der

Neunte Schuss（Hetzjagd）」をプレイした時、みんなが一緒に歌って、店は本来の終了時間を無視してやらせてくれたんだ。客はみんな大喜びでパーティーはどんどん激しくなっていった。ベルリンの『Tip City』って雑誌に切手サイズの記事が載っただけだけどね（笑）。あとは、初めての Hate Parade（現在の Fuckparade）の前日に電話が掛かってきて、Force Inc で明日パレードに参加するんだけど、誰も出来るやつがいないからお願い出来ないかと言われて、若かりし日の Panacea と急遽やることになったのも思い出深いよ。他にも面白い話は色々あるけど、また次の機会にでも。

Q：Hate Parade には他の DHR アーティストも参加していましたか？　Hate Parade にはどういった人々が当時来ていましたか？

A：いいや。Patric と僕と若い頃の Panacea がいただけだね（1 回目の Hate Parade に）。この Hate Parade で Patric と僕は幾つかのレーベルの政治的スタンスを何人かの DJ 達とトラックの中で話して、特定のレーベルのものをプレイしないって決めて、ガバヘッズも含めてみんな賛成してくれたんだけど、何人かが僕達を怒らせようとしてわざとプレイしたから、トラックを飛び降りたんだ。その時にレコードバッグが崩壊して、路上にレコードを撒き散らして、慌てて掻き集めて上を見上げたら、モヒカンのパンクス 2 人がビールのボトルを顔めがけて投げつけてきて、それで帰ることにしたよ。MC はまだステージでガバのトラックに合わせて論争の種をぶちまけてて、みんなも叫んでたな。異様だったよ。その後のことは自分はよく知らないけど、多分、Alec や他の DHR のアーティスト達もプレイしたんじゃないかな、定かではないけど。唯一知ってるのは Panacea は未だに時々そこでプレイしてるってこと。でも、Alec はやったはずさ、彼のプロフィールにも明記してあるからね。アナーキーでパンクだったって。5 月 1 日のデモ（クロイツベルクのメーデー）でも ATR は同じ様なことをしてたと思うよ。全ては DHR のプロモーション用に Phillip V によって計画され撮影されていたんだ。僕は自分が言っていることに自覚があるよ。僕はストリートと工場のスクワット出身で、彼にはリッチな両親がいて、二つの大きな部屋を与えられてメルセデスを乗り回してたってことさ。彼は要するにポーザー（カッコだけの奴）で（今はテクノ嫌いの）Iggy Pop と Trent Reznor の真似をしていただけなのさ。

Q：90 年代中頃から後半にかけて、Atari Teenage Riot は世界的に人気を得ていきましたが、彼等が人気を得ていって最も変化した部分とは何だったでしょうか？

A：僕は嫉妬したことはないけどね！　だけど、Alec が Nic を ATR に誘った時点で僕も Ec8or に似たバンドをやろうと思って彼女に相談していたところだったんだ。Nic と僕は 5 年間一緒にいて、ベルリンに連れてきて一緒に住んでた。Alec は彼女をディナーに招待して、彼の側に誘ったのさ。彼女は当時、Hanin が妊娠してる状態で世界中をツアーしていたけど、フロントウーマンがいなくなることで案の定ツアーはキャンセルされることになった。僕は Bass Terror のイベントやなんかをベルリンでやりながら 1 年間彼女が ATR のツアーから戻るのを待ってたけど、そんなこんなで彼らは突然態度を変えて、僕をレーベルから弾き出したんだ。Alec は何ヶ月かで文字が消えるような FAX 用紙に情けない手紙を書いてよこしたけど、（ちなみにすぐコピーしたから今も持ってるよ。）それを読んだ後は本気で怒りに震えたよ。僕は彼等とは一生口を利かない。最悪の気分だったからね。

Q：Carl Crack と最後に会ったのはいつでしたか？　彼はあなたにとってどんなアーティストでしたか？

A：Carl は最高の男さ。クレイジーだけど愛嬌に溢れてて。Nic と僕はカップルでベルリンのフリードリヒスハインで同棲してたけど、彼は同じフロアに住んでて、ご近所だったんだ。それが彼を見かけた最後の頃でもあるけどね。後に彼はその部屋で首を吊ったんだ。一体なぜそうなってしまったのかは分からないけど、彼が AMIGA で詩やスポークンワードと格闘してるのは知ってた……。それと同時に彼はソウルとジャングルの DJ だったんだ。

Q：DHR の功績とは何だと思いますか？

A：正直分からないけど……僕達はもっと高みを目指すことは出来たと思うよ。もっと強い絆で、親友みたいにさ（笑）。ただの妄想だけどね。Alec か Nic に当時いくら稼いだのか聞いてみたいよ（笑）。ATR が最優先だったのは分かるけどね……。いずれにしても、このインタビューで君が僕に声をかけてくれたことは光栄に思うよ。ありがとう！　またいつでも！

John Fanning(DJ Entox/The Skreem) インタビュー

インタビュー：梅ヶ谷雄太
翻訳：長谷部裕介

アンダーグラウンドのハードコア・テクノを中心に、デジタルハードコア、ノイズミュージック、ブレイクコアなど、エクストリームで実験的な作品を紹介していた Zine『Skreem』の発行人。90 年代中頃にスタートした『Skreem』は、John Fanning こと DJ Entox のハードコア・テクノへのストイックな探求心を元に、その当時の社会問題や音楽シーンにおける様々な問題について、反骨精神を感じさせる鋭く、シニカルな視点も交えた熱い文章でまとめたアンダーグラウンドのハードコア・シーンを体現している様な Zine であった。アメリカからイギリス、ドイツ、フランス、オーストラリア、日本、ベルギー、デンマーク、オーストリアなど、様々な国からリリースされていた多種多様なレコードのレビューや、シーンで活躍していた DJ 達によるコラム、Laurent Hô、Laura Grabb、ExploreToi、DJ Freak、Big the Budo(Hammer Bros)、Taciturne、Liza 'N'Eliaz、Network23、V/Vm、ZyklonB、Jack Acid、Lunatic Asylum、William Bennet(Whitehouse)、Widerstand Records といったアーティスト達へのインタビューで構成され、当時のハードコア・シーンを幅広く網羅していた。特に、DHR に対しては初期の頃からコラムやツアーのレポートなどを載せており、Alec Empire、Hanin Elias、Patric Catani、Bomb20、Christoph De Babalon、Shizuo、Joel Amaretto へのインタビューも行い、積極的に彼等を紹介していた。アンダーグラウンドからメジャー・シーンに飛び込んで行ったその瞬間を近くで見ていた John Fanning に、当時の Atari Teenage Riot と DHR、そして、アンダーグラウンドのハードコア・シーンや Zine 文化について尋ねた。

Q：あなたがハードコア・テクノに興味を持ったキッカケは？
A：ハードコア・テクノに興味を持った三つの理由は、僕が 10 代前半だった頃の 1992 年終わりから 1993 年にある。最初は、Archie というあだ名のクレイジーな人が働いていたボストンのタワーレコードで、ハウス・テクノ・商業ダンスのアルバムを買ったんだけど、どういう訳か彼と話すことになり、彼は

ニューヨークとヨーロッパのハードなサウンドに夢中になっていることを知った。彼からハードコア・テクノやガバを教えて貰い、イーストボストンの外れにあった Boston Beat という店を知り、家族との旅行のついでに行く事にしたんだ。そこには、テクノ・シーンに関わっている男がいて、アンダーグラウンド・アーティストのレコードを紹介してくれた。本当に大きな影響は、ニューハンプシャー大学で金曜日の夜に放送されていたラジオ番組「E Before I」だ。Marc と Matt から成るユニットがテクノ、アシッド、ガバをプレイしていて、僕は既に似たようなレコードを買っていたから、ショーの放送中に彼等に連絡した。はっきりと覚えてはいないけど、Rotterdam Termination Source の「Poing」をリクエストしたか、Rotterdam Termination Source の他の何かをプレイ出来るか聞いた。その後も放送を聴き続け、メンバーのどちらかが「Rotterdam Termination Source をリクエストした人は電話をかけなおしてくれ！」と言った。その後、彼等にまた連絡した。彼等は僕がこの種の音楽を知っている事に驚いていたよ。さらに、彼等は僕を次のショーに招待してくれて、それから毎週のように彼等のショーに参加して話したり、ステーションで DJ をしたこともある。その時、僕はまだ 15 歳だったけど、それは問題じゃなかった。そうして、僕は彼等のショーを引継ぎ、ショーの名前を「Ataxia」に変えて活動を始めた。ハードテクノ、ブレイクビーツ、80 年代の音楽、ノイズなど、あらゆる種類が混ざった実験的なものだったよ。

Q：その当時、あなたの地元でハードコア・テクノはどういった反応がありましたか？　Rave やハードコア・テクノのパーティーに行かれたのはいつ頃からですか？

A：90 年代中頃は本当に素晴らしい時期で、その時に参加出来たのをとても幸せに思うよ。1993 年頃、故郷から 1 時間当たりのニューハンプシャー州マンチェスター市で New England Acid Underground（N.E.A.U.）というグループがアンダーグラウンドの Rave に影響を受け、ニューヨークシティの何年も放置された倉庫で違法なパーティーを開いた。そのほとんどは、アシッド、テクノ、ハウス・サウンドであり、とてもアンダーグラウンドで DIY、本当に自由で様々なルールを破っていた。多くのパーティーは告知も無く名前も出さず、口コミと電話で開催地を確認するようなものだった。ドラッグはどこにでもあったけど、面白いことに当時の僕はドラッグに手を出していなかった。ドラッグよりも音楽、ダンス、DJ、プロデューサーに夢中だったんだ。ニューハンプシャーでアンダーグラウンドの Rave シーンは 3 年程で終わった。より大きい会場に移すことは困難になり、警察とトラブルになる前に全てを破壊したんだ。

Q：あなたがテクノやダンスミュージックの Zine を読み始めたのはいつ頃からですか？

A：最初に読んだテクノの Zine は『Under One Sky』。ブルックリン区の Groove Record に所属する、ニューヨークシティの DJ Heather Heart（Heather Lotruglio）が発行していた物だ。リリース、プロデューサー、レーベル、パーティーなどの情報が沢山書かれていて気に入ってたよ。今のようにインターネットが普及する前は、アンダーグラウンドな音楽の情報を得るのは困難で、特殊な店に行く事と、DJ がプレイしているレコードを見る以外では一番良い方法だったね。

Q：あなたが影響を受けた Zine は？

A：90 年代の Zine は全て影響力が大きい為、どれか一つを選ぶことは出来ない。アメリカの『Under One Sky』、イギリスの『Irritant』、フランス・パリの『TNT』、大阪の『WAX』、ニュージャージー州の『Base 10』はとても良かった。高校時代に Zine を発行している人と友達になった。テクノやハウスではなく、個人の日記、パンク、アナキスト、フェミニスト、反キリスト教、反同性愛嫌悪などがテーマで、インターネットが普及する前の時代は、Zine は自分の意思を表現する特別な方法だった。僕にとって Zine は、人生に大きな影響を与えたものだ。

Q：『The Skreem』の発行を開始したのはいつ頃からですか？

A：最初に出版したのは 1993 年で、『Under One Sky』からかなり影響を受けていた。アンダーグラウンドのダンスミュージックとインタビュー、曲の作り方とレーベルの運営方法、それと作品紹介に特化したものにしたかった。僕の住んでいた小さな場所から、世界のリスナーにアプローチする方法だった。

Q：当時、Zine を作るのには幾ら位の予算と時間が必要だったのでしょうか？　『The Skreem』はレコードショップなどでも販売されていたのですか？

A：全く覚えていないな。Zine を作るのはそこに自分の愛情があるからで、お金を稼ぐことに意味があると思っていなかった。その為、金銭面を気にして作ったことはない。ほぼ、全ての時間を制作に充てていたよ。学校の事や将来について考える以上に真剣に取り込んでいた。Zine はレコードショップとディストロに送ったり、ショーや Rave で無料配布したり、安い金額で販売することもあった。

Q：当時、『Massive Magazine』や『DJ Magazine』といったダンス・ミュージック雑誌に対してフラストレーションや対抗意識などはありましたか？　雑誌とは違い、Zine にしか出来ない事などはあったのでしょうか？

A：フラストレーションは全くなかったよ。『Massive Magazine』に関しては、彼等と連絡を取っていたこともあるし、インタビューを受けたこともある。後に人気が出たことは知っているけど、1995 年以降は読んでいないので、これ以上言うことはない。90 年代半ばに、『DJ Magazine』と少し問題があったけど、正直全く気にしていなかった。20 年以上読んでいないし、一度も買ったことがない。雑誌と Zine の大きな違いはお金と広告だね。Zine は基本的には一人で制作し、利益を得ることが目標ではない。それに対して雑誌は、制作により多くの費用が掛かり、広告主がより多くの人々にアピールする為に費用を払って従業員がいる。

Q：アンダーグラウンドのハードコア・テクノ・シーンには政治的なメッセージや表現が多く見受けられます。ハードコア・テクノと政治的な表現の関係をどう思いますか？

A：パンクロックが政治的メッセージと結びつくのと似ていて、ハードコア・テクノもこの社会に対し異なった意見を持ち、反抗的で社会に合わせようとしない人々を引き付けたと思う。ハードコア・テクノは商業的でなく、特定のリスナーの為のものだった。しかし、ヨーロッパでは驚く程に人気となり、パーティーの規模も大きくなっていき、そして非商業的なアンダーグラウンドの世界から離れていった。実際、アンダーグラウンドであり続けることは非常に難しい。なぜなら、小規模のパーティーや、森やどこかで行うフリーパーティーのような人々がお金を払わないイベントをしてお金を失うのは気が滅入るし、逆に大規模のパーティーを開くのも良いとは思えない。

Q：『The Skreem』は音楽以外では、どういったトピックを扱っていましたか？　アメリカ以外の国からも反応を得ていましたか？最も遠い国からの反応はどこからでしたか？

A：思い返すと、もっと社会問題を取り上げたかった。休刊する時は、自分の主張やアンダーグラウンドを取り巻く環境についての意見を多く書くようになっていて、「シーンは死んだのか？」のような記事も書いた。それと、Zine はハードコア・テクノだけでなく、ノイズやさらに定義が難しい音楽をカバーしていた。遠い国といえば日本もそのうちの一つだね。東ヨーロッパや南アメリカなど、世界があまり注目していない地域を調べるのを楽しんでいたよ。

Q：『The Skreem』は様々な国のレコードをレビューしていました。それらのレコードはアメリカのレコードショップから入手していたのでしょうか？その当時、アメリカで最もハードコア・テクノを取り扱っていたレコードショップとは？　また、ハードコア・テクノにおいて国ごとの特色などはありましたか？

A：ニューヨークの Sonic Groove と Temple Records に電話して注文していたよ。それと、幸せなことに、多くのレーベルがレビュー用にプロモーション音源を送ってくれていた。家に帰ってきてレコードの荷物を見る度に興奮していたよ、まるでランダムな

クリスマスプレゼントのようだった。ドイツにはシリアスでダークなハードコアや、素晴らしいRawテクノがある。最近のドイツ人達は、ベルリン最大級の会場であるBerghainで楽しんでいるみたいだね。Panorama Barの方がもっと興味深い場所みたいだけど。オランダは面白いハードコアを作ることで有名だ。ガバはオランダが生み出したものということを忘れないで。この言葉はdudes/bros/peeps/crewの意味で、友達との集まり（主に男性）のように考えられている。ガバはオランダで人気に火がつき、その後、馬鹿げたメロディとRoland 909のハードなベースドラムキックが加わり、商業的になった。オランダに住んでから、なぜそれがここまで人気なのか少し理解出来た。重くて正確な4/4ビートはオランダ人にとって、文化的に相性の良いものだからだ。そして、可能な限り「普通である事」を重視している文化への反抗の一つでもある。それはまた、階級が関係した音楽でもあり、特定の車やバンが通り過ぎると、ガバが聴こえることがよくある。その車を運転している人のほとんどが、建設業や配管工の労働者階級だ。180bpmの激しい低音キックが聴こえると、僕は嬉しくなるけど、普通の人々はどう思うのか気になる。フランス人はこの世で誰もやらない、ガラクタの山のような過激なハードコアを作る。そして、これはレーベルにも当てはまり、酷い状態のレコードを出したり、アーティストを騙したりもする。アメリカは不思議なことに素晴らしいテクノを作る。不思議というのは、アメリカ人は極端な方法で物事をするのが好きだけど、ハードコア・テクノは常にアメリカの文化的理想の端にあり続けているから。イングランド、スコットランド、ウェールズも素晴らしいものを作る。全体的に、これは音楽の一つであり、「普通の人」ではない人間を惹きつける。幾つかの文化的なものは影響力があるが、それは常に周辺にある。90年代は文化的理想像がもう少しハッキリしているように思えた。最近だと音がどうあるべきかについての「基準」が打ち立てられてきたので、どの国出身でも同じ様に聴こえるよね。

Q：『The Skreem』やあなたが作ったコンピレーション『like a Blood in the Decibels』、そしてアンダーグラウンドなハードコア・テクノ系のレコード／フライヤーなどでは、死体などのグロテスクなイメージを使われていますが、なぜそういったイメージが頻繁に使われていたと思いますか？

A：10代の頃、過激なイメージに興味があった。人々を困らせ、衝撃を与える力があるからね。過激なイメージは人々が見たくない、この世の残酷な部分でもある。しかしながら、90年代のRaveに使われたものは、花や宇宙、チープな近未来など、新しい種類のヒッピーの様な物ばかりで、僕はそれに反対していた。「死はリアルなものだが、面白いものではないよね？」という意味で正反対のイメージを使った。「死体」と「血」が一般的になってしまうと、それはただの決まりのようなものになる。ノイズ、グラインドコア、デスメタルでも、そのようなイメージは数多く使われていて、それは理にかなっていると思う。ハウスとテクノでは、今でも近未来的なイメージか、フェスティバルやクラブでよく見るようなデザインが使用されている。ハードコア・テクノでは90年代に使用されたものと同じイメージが使われ、ほとんど変化することが

Diverside Crasagecosado (4)

Phad Bonus + 15

Diverside Crasagecosado 7

ない。

Q：Zine やレコードで過激な表現を行っていたとしても、アンダーグラウンドのハードコア・テクノ・シーンには根本的にポジティブな姿勢があったと思います。ですが、それとは逆にナチズムや差別的な表現を本気で行っていた人々はハードコア・テクノ・シーンに存在していたのでしょうか？

A：確かに存在していたようだけど、オーディエンスの立場からすると、人種差別者や右翼のレコードを見たことがない。1998 年、ドイツのハンブルクでの Rave に行った時、観客の中にネオナチのような雰囲気の人を見たことはある。だけど、それはハッキリ分かるものではなかった。何とも言えない気分になったよ。それは本当にごく一部の人間のことで、真のハードコア・ファンはファシズムのようにマナーが悪かったり、右翼のように人を憎むことはないと思う。

Q：Digital Hardcore Recordings について。あなたが DHR の存在を知ったのはいつですか？　その時、DHR はハードコア・テクノ・シーンの一部でしたか？

A：Archie と出会った時の話まで戻るんだけど、彼から Atari Teenage Riot というバンドを教えて貰った。イギリスのレーベル Vertigo からリリースされたシングル「Berlin mix」と「Midi Junkies」は今でも気に入っているよ。その後すぐに DHR を知り、連絡を取った。90 年代半ば、DHR で働いていた Joel Amaretto は Killout Trash のメンバーだった。Atari Teenage Riot が Grand Royal と契約して有名になる少し前の 1995 年、僕は Alec Empire と彼が短い期間結成していたバンド Zeit（ドイツ語で時間という意味）を見る為にニューヨークに向かった。彼等は何もリリースしていないのに、ニューヨークの Cooler というクラブでプレイすることが決まっていた。彼等はデジタル・ハードコアではなく、No-Wave Punk 的なアティテュードのようなバンドだった。上手くはなかったけど、自分達のプレイを売り込んでいた。Zeit にドイツ人女性のメンバーがいたんだけど、彼女は Dinosaur Jr のメンバー J. Mascis のガールフレンドだったから、彼女と J.Mascis を通して Beastie Boys は ATR と DHR を知る事になったらしい。これが、彼等が Grand Royal と結びついた理由。Alec とは彼が滞在していたアパートで会い、インタビューを行った。DHR は昔からハードコア・シーンの一部として考えられていたけど、実際は少し違う属性だった。

Q：あなたは Alec Empire 以外にも、Hanin Elias、Christoph de Babalon、Shizuo、Bomb 20 といった DHR のアーティスト達に『The Skreem』でインタビューをされていましたが、特に印象に残っているアーティストは誰でしたか？　亡くなってしまった Shizuo と Carl Crack はどういった人物でしたか？

A：Christoph de Babalon は最も印象的なアーティストだね。とてもフレンドリーで素晴らしい人間だよ。僕がベルリンに住んでいた少しの間にも連絡を取り合い、唯一会っていた DHR アーティストだ。Joel Amaretto と彼のガールフレンド Caro も良い人だった。彼女は Robotnics Crossing のメンバーで、Hanin Elias がツアーに参加せず、Nic Endo がまだ加入する前の

Atari Teenage Riot のツアーに参加していたんだよ。1996年か1997年にニューヨークシティで行われたDHRのショーケースギグに行ったことがある。ハドソン川のボート上でのイベントだったんだけど、電力のトラブルがあってAlecとEc8or以外ほとんど誰もプレイせずに終わってしまった。Grand Royalからライセンス・リリースしていたアーティストが集まっていて、Hanin Eliasにインタビューしたんだけど、彼女は本当に優しい人だったね。そこではShizuoとも話したけど、Carl Crackとは話さなかった。この2人は本当にクレイジーな人間だ。Shizuoは麻薬中毒者だったけど、実際はクールでユーモアのセンスのある人でもあった。Carlは今まであった中で最も静かな人だったと思う。彼が言ったことのほとんどを僕は覚えていないけど、悲しいことに、彼は精神的な問題を多く抱えていた。DHRに対する多くの批判があっても、Alec Empireに会う度に、Alecはユーモアがあるまともな人間だと感じる。彼が物事を堂々と行うのは彼のペルソナの一つで、それは人間としての弱さを見せることにもなる。でも、全体的に見て、彼は食事を摂るべきだったし、家賃や保険を払って、他の人と同じように何らかの仕事を続けなければならないんじゃないかな？

Q：あなたがATRにインタビューをしていた時、彼等はBeckとアメリカをツアーしていました。ATRがアメリカのメインストリームとされるシーンからも人気を得ていくのを当時どの様に感じていましたか？ その頃、ATRとDHRはアンダーグラウンド・シーンからサポートされていましたか？

A：彼等はGrand Royalと契約してから、数多くの雑誌に登場し、アンダーグラウンド・シーンの次のスター、もしくは、パンク

EC8OR CONT. FROM PAGE 16

DJ: What was your most interesting live experience?
EDC: The most exciting gig I had was in Cologne. A fan was hitting his head on the floor in a really hard way! Another time, when I played with EC8OR a woman got problems with her "Heart Rhythm" because we played on a volume from 130 db. She had to be sent to the hospital!

DJ: Do you do all your tracks on the Amiga 500? If no, what other equipment do you use? What do you like about the Amiga?
EDC: I like the sound of the Amiga and I like to work with it. I'm surely going to buy some more equipment sometime soon because it's important to go on and on. But the Amiga is the ultimate Hardcore machine.. if you're able to work with it!

DJ: Do you think your production style has changed much since you got involved with DHR?
EDC: No, the only thing that changed through DHR is that so many kinds of styles are united. It's because DHR is really open minded for all kinds of aggressive and extreme music.

DJ: You use a lot of hardcore/metal samples in your tracks. Are you involved at all with the Metal scene or Punk Scene? Have you ever done straight out Metal/Punk tracks?
EDC: I'm also listening to punk, metal, hip hop, industrial and electronic like God Dockstader or Gobell. I simply like music with enough power to change all that shit!!

Mad Onna > 18

cross fade

DJ Esteac: How long have you guys been into Hamburg?
Christoph De Babalon: I had been living in a suburb of Hamburg for about ten years, then I moved to the city center.
DJ: What are your thoughts about the city, it's "normal", attitudes etc.?
CDB: Hamburg has a variety of musical styles. House/Techno,

Techno abstract direction(real in the Sub-Club, which is the headquarter of a Techno collection at all. More or less a strange place run by nice people. Then there is the well known clubhouse, located in a big squat called Rote Flora, which used to be a theatre once but was given to the squatters. The Pudel, the underground ...

Dub, Reggae, even some interesting Hip Hop samba. I would not say that I am part of any of these ("scenes"). Hamburg is a huge part of the Hamburg activistic I know have a punk background, but changed their musical and work with electro/noise stuff.
Cross fade member — CRUCIFIX is resident DJ [Proute]

start the CrossFade [side of the program]. I'll continue like "core short Will" DF are here at present about few things were going. So Beck, who at the time was A/J, discovered the "scene" that...

ALEC EMPIRE

DJ Esteac: What projects do you have going on now? You have Atari Teenage Riot, Jaguar...
Alec Empire: I'm doing stuff on my own, the hardcore stuff, and stuff for Mille Plateaux which has a softer sound, more jazzy. And I've got this other band, called Jolt.
DJ: And that's your newest project?
AE: It's a project of mine, I'm leaving this band. It was originally Phillip and Jules, and I'm also in it with it. I decided I'm under the label Digital hardcore.
DJ: When did Atari Teenage Riot start?

non voglio, non credo **14**

の新しい形として人気を集めたと思う。彼等の後ろには、本当に上手いプロモーションをする人々がいたようだね。Beck など、様々な人気バンドとツアーをしていたよ。ニューヨークでは、ATR が Jon Spencer Blues Explosion のオープニング・アクトを務めたのを見たけど、とても奇妙だった。ごく少数の人間は感銘を受けたようだけど、僕と何人かの友達は ATR のファンで、Blues Explosion についてはまったく気にしていなかったけど、他の観客の多くは正反対だった。ATR はメインストリームへ混ざりこむ為に、より大きなツアーをし続けた。それは、アナキストが一般人に理想を押し付けるようなものだ。より人気になる為、アンダーグラウンドに背を向けたように思った。しかし、それは政治的声明のようなものとして行っていて、彼等がどれだけ本気だったのかはハッキリしていない。政治的メッセージを発信するバンドが、大規模なギグやフェスティバルなどの為の組織の中にいることは簡単なことではないだろう。もし、彼等が本当に政治的なバンドであれば、非営利組織を作り、その一部として音楽活動を行うべきだ。正直に言って、ATR は 2000 年までに活動を終了するべきだった。彼等が今も活動しているなんて信じられないよ。元のパワーを失った幽霊を見ているようだ。

Q：あなたは『The Skreem』で DHR のレビューをされていましたが、DHR のカタログの中で特に思い入れのある作品は何ですか？

A：おそらく、Christoph de Babalon の『If You're into It I'm out of It』だと思う。アルバム全体を通して素晴らしく、彼を人として好きなのもあるけど、完全に特別な作品として成り立っている。Shizuo の『High on Emotion EP』は素晴らしいライブ・アルバムで、僕が知る限りでは最高のライブ音源だね。そして、Alec Empire の『The Destroyer』はとても素晴らしい作品で、優れた楽曲が収録されている。彼の作品で最も完成度の高いものは『Generation Star Wars』だと思う。Carl Crack の『Black Arc』はレーベルの中で一番奇妙な作品で、理解するのには時間が掛かったけど、彼の生み出す複雑で心理学的な音楽には感謝している。コンピレーション・アルバム『Harder than the Rest』も良い作品で、特に Killout Trash、Moonraker & Ec8or、Hanin Elias の曲は、他のアルバムには収録されていない曲で、彼らのベストトラックとも言えるくらいの完成度だよ。

Q：90 年代後半から、DHR と ATR はノイズミュージックの要素を大きく取り込んで行きました。なぜ、彼等はノイズミュージックを自身の音楽とミックスしていったと思いますか？

A：おそらくノイズミュージックをプレイしている人と同じ理由じゃないかな。騒がしく難しい音楽は、特定の人に反応して貰える。

Q：DHR の功績とは何だと思いますか？ DHR 以前と以降で何が変わったと思いますか？

A：短い期間だったけど、本当に特別なサウンドと考えを広めた事だと思う。多くの人が DHR に影響され、変な方向に向かってしまったと感じるよ。90 年代後半からの友人 Timothy Fife に、DHR についてのインタビューを『The Skreem』の中で行った事がある。彼は当時 DHR のファンだったけど、実際にそのようなスタイルの曲は作っていなかった。今は 70 年代のイタリアのホラー

映画に影響された、ホラー映画のサウンドトラックを作っている。ATR の人気は彼等自身というよりも、このシーンを作り出すのに効果的だったんじゃないかな。

Q：1997 年に Joel Amaretto（Killout Trash）のレーベル Kool. POP は Praxis や Ambush と共にブレイクコアというジャンルを広めていきました。1997 年以前にブレイクコアという単語は使われていましたか？

A：「ブレイクコア」という言葉をいつ誰が作ったのかは解らないけど、多分、2000 年より前だったと思う。定かではないけどね。Kool.POP は良いレーベルだ。全てが好きだった訳ではないけど、素晴らしい作品を出していたと思う。僕は、Robotnics Crossing のメンバーである 2 人の女性のユニット GoGo Goddess の作品がお気に入りだよ。

Q：あなたは『The Skreem』での活動で積極的にハードコア・テクノ・シーンをサポートしていたと思います。ハードコア・テクノ・シーンに対して、使命感や責任感の様なものを感じられていましたか？

A：使命感を感じていたけど、当時は若かったから特に責任は感じてはいなかった。自分の意見と情報を合わせて発信するのが好きで楽しかった。小さな箱の上に立って、「これを見てくれ、すごいぞ！」と叫んでいるようだった。

Q：ハードコア・テクノのアーティストで最も過小評価されていると思うのは誰ですか？　我々が知るべきハードコア・テクノのアーティストがいたら教えてください。

A：これは難しい質問だね。実際にレコードをリリースした人、十分に宣伝をした人、音楽を発表する機会を得た人の作品の中にも、誰も聴いていない沢山の未発表曲があって、その中には素晴らしいものもあると思う。保管スペースや古い機材の中、ハードディスクの中に、レーベルに発見されず眠っている曲を持っている人が多くいると思う。CD-R で自主リリースされたものや、インターネットにアップしたけど埋もれてしまったものの中には、良い作品にも関わらずリスナーを獲得できなかったものもあるだろう。その様な作品は、死んでから有名になった芸術家のように、他の人に発見される必要がある。「創造」することは常にこのことを考えなくてはいけない。作品は自分の体の外で永久的に生き、誰かがそれを気に入り、自分が死んでから数年、もしくは数世紀経った後に、誰かに気に入られるかもしれない。実際にリリースされた中で、過小評価されているのは解らない。このリストには誰も入れたくない。

Q：あなたは過去に日本に来た事があるそうですが、その時の日本の印象は？

A：1998 年に大阪のハードコア・アクト OUT OF KEY と Jap Hardcore Masterz Team のメンバーであり、レーベル Bass2 Records と Kill the Rest を運営していた Shigetomo Yamamoto が招待してくれたんだ。彼はとてもフレンドリーだったよ。当時、僕は 19 歳で日本を出た日が誕生日だった。時差の関係で、20 歳の誕生日を 2 回迎えたよ。日本での思い出は本当に強烈で素晴らしく、日本が大好きになった。言葉で表現するのは難しいけど、東京よりもユニークな大阪が好きだ。

当時、僕はレコードを沢山買っていて、特に 80 年代のレコードをよく買っていたんだけど、日本では何でも見つける事が出来ると思った。映画、音楽、ビデオゲーム、本、なんでも見つける事が出来ると感じたよ、本当に何でもね。六本木と大阪の二つのギグがあって、特に大阪でのギグが印象に残っている。それ以来一度も大阪を訪れていないので、もう一度行きたいと思っている。

Q：あなたが見た中でベストなハードコア・テクノの DJ/Live アクトは？

A：どれがベストかは選べないな。DJ としてではなく、その場所で見て感じたもののほとんど全てを覚えている。大阪でのイベントはとても気に入っているよ。本当にクレイジーな雰囲気だった。一番はっきり覚えているのは、大阪の Punsuka というアーティスト。奇妙な衣装を着て改造した電子玩具でノイズを出していて、コメディーショーみたいだった。もちろん、千葉の Congenital Haemorrhoids も凄かったよ。観客に向けて花火を投げるのはかなりクレイジーだね。僕もなかなかクレイジーな状態で、フィジカルな DJ プレイをした。オーディエンスの周りを狂ったように走り回っていたら、女性とぶつかって転ばせてしまい、申し訳なかったな。だけど、ショーの後に彼女が何か買いたいと僕の所に来てくれたのは本当に嬉しかった。ショー全体がとても素晴らしく、参加できて本当に幸せだったよ。

Q：『The Skreem』でインタビューしたアーティストの中で特に印象的だった人物は？

A：今までノイズ・ミュージシャンや、ジャンル分けするのが難しいミュージシャンへのインタビューをしてきた。その中でも、最も興味深かったのは Széki Kurva だね。彼等は 90 年代にハンガリーからロンドンに移住した音楽集団で、「可能な限り全てのものをマッシュアップする」彼等のスタイルが大好きだ。当時、特に何も起きなかったけど、僕は新しいクールな何かの始まりのように感じていた。僕はいつも様々な要素をミックスさせること、例えばハウス・ミュージックや 80 年代のポップソングとノイズをミックスさせるようなことに興味がある。

Q：『The Skreem』は廃刊するまでに何号発行されていたのでしょうか？　なぜ、Zine 活動をストップさせたのですか？

A：19 号まで発行したよ。偶数が好きなので、本当は 20 号で終わらせるほうが良かったな。1997 年の終わり頃か、1998 年頃に最終号を出した。12 号までは Zine の表紙に年数を記載していたけど、それ以降はなぜか記載していなかった。当時は様々なことをして、しばらくして、何かに飽きて、それを変えようとしていた。ハードコア・シーンは終わりに近づいたか、すでに変化していて、自分も違う道へ進んでいる感覚があった。1997 年からヨーロッパで DJ を始めて、活動を続けようと思っていた。今振り返ると、ちょうどいい時期に Zine の発刊を止めたと思う。もし、続けていたら、それはインターネットにあるものに変わると確信していた。僕は永遠に続くものより、始まりと終わりがはっきりしているほうが好きだ。

Q：あなたがハードコア・テクノから得た物とは？

A：頭痛……ではなくて、ダンス・ミュージックの可能性に対する

This costs money.
It is $1.
Pay now or feel pain.

ISSUE 12

So Grausam Ist Unsere Welt!

TECHNOLOCAUSTI+ISSUE 12
1 US DOLLAR / 25 RUPEES

FREDDY FRESH
SPACEWORKS/SVEN-R-G
PLUG RESEARCH
FREAX
REVIEWS/REPORTS
SMELLY RECORDS
TEKNIVAL

様々なアプローチ方法だと思う。パンクやエクスト
リーム・メタル、グラインドコアがロックンロール
を基礎としているように。どんな形や言語のハード
コアも生々しい感情を表現していて、人気の差で評
価するのは難しい。それは本当に特別なものだ。ハー
ドコア・テクノは、90年代より範囲は狭いけど、
良い方向に進化できたんじゃないかな。僕が見てい
ないだけかもしれないけど、誰も昔のようなことは
していない。自分の感情とアイデア、そして経験し
た事と共に多くのことをやっていこうというのは、
僕の本当の意見だ。今、僕が「若者よ、それは昔と
は違うんだよ！」というのは変だけどね。でも、ま
あ……そうではないのかもしれないけど。将来の人
達も自分を表現したり、自分と全く関係のないもの
を楽しむ方法を見つけるだろう。僕が言えること
は、人生を楽しみ続けろという事だけだ。

EDUCATING aT GuNPOiNT

Alec Empire

Bass Terror EP	ドイツ
Force Inc	1993

Force Inc から 1993 年にリリースされた超名盤。同レーベルからリリースしていた Alec Empire の『SuEcide』シリーズで開拓したブレイクビーツ・ハードコアをアップデートさせた驚異的なトラックが収録。Moving Shadow や Bizzy B のブレイクビーツ・ハードコア / ジャングルからの影響も垣間見えるが、サンプリングとビートの構成に圧倒的なオリジナリティがある。EP のバックグラウンドにあるサイバーパンクな世界観が、過激なハイスピード・ブレイクビーツと合わさって、只ならぬ存在感を放っている。1993 年という時代を考えた時に、この EP はあまりにも早過ぎたはずだ。

Alec Empire

Digital Hardcore EP	ドイツ
Digital Hardcore Recordings	1994

1994 年にリリースされた DHR の第一弾作。デジタルハードコアという概念とスタイルが形となった最初の作品であり、デジタルハードコアの真髄を感じさせる。厚みのあるフーバーシンセとアーメン・ブレイクが乱舞する中、キャッチーなラガマフィンのサンプルとリズミカルなベースラインが全体をグルービーにまとめる「Hardcore Gal」、パンクとジャングルが凄まじい勢いでぶつかり合っている「Pleasure Is Our Business」など、Force Inc で積んだ経験が全て活かされたデジタルハードコアとしかカテゴライズ出来ないトラックが収録されている。

DJ Bleed

Uzi Party E.P.	ドイツ
Digital Hardcore Recordings	1994

90 年代初頭から DJ としてドイツで活躍していた Sascha Kösch の DJ Bleed 名義となる唯一の単独作品。1994 年に DHR から 12" レコードでリリースされた。ブレイクビーツ・ハードコアをベースに、ユニークなサンプル素材やテクノの音色を使った独創的なトラックが収録。「In Bed With Marusha」は、ジャーマン・テクノのエッセンスが絶妙に活かされた他に類を見ないブレイクビーツ / ジャングル・トラックで、今でも十分フロアで通用する。White Breaks Frankfurt 系統のドイツ産ブレイクビーツ・ハードコアの隠れた名盤。

Sonic Subjunkies

Suburban Soundtracks Pt.1	ドイツ
Digital Hardcore Recordings	1994

Holger Phrack と Thaddeus Herrmann、そしてインダストリアル・ミュージシャンの Rob Marvin によって 1992 年に結成された Sonic Subjunkies のデビューレコード。ジャングルやブレイクビーツ・ハードコアに、歪んだアシッドやインダストリアルなフレーズをミックスし、アニメやホラー映画のサンプルを付け加えた退廃的なサイバーパンク感のあるトラックが魅力的だ。Alec Empire のデジタルハードコアや D-Jungle に近い部分もあるが、彼等はジャングルに様々な要素を付け足しながらも、ジャングルの根本的な魅力を欠かさずに活かした独自のスタイルを確立している。

Alec Empire

Death EP
Digital Hardcore Recordings　　　　　　　　　　　　ドイツ
1994

『Bass Terror EP』と『Digital Hardcore EP』で出し切れていなかったデジタルハードコアの可能性を押し出した一枚。前作よりも全体的にハードさが増しており、直接的ではないがハードコア・テクノからの影響も随所で感じられる。Alec Empire のデジタルハードコア・ワークでもトップ3に入る名曲「We All Die」を収録。2000年代の US ハードコア・ジャングルを先取りしていた様な「Bang Your Head」も見逃せない。今作で Alec Empire の向かう方向性が決まったと思われる。

E.C.P.

E.C.P.
Riot Beats　　　　　　　　　　　　　　　　　　　　ドイツ
1995

Riot Beats から1995年にリリースされた Alec Empire による E.C.P. 名義でのシングル。アシッドとジャングルを高速でブレンドさせた上に、パンクのエネルギーを加えた Alec らしい D-Jungle となっている。Jaguar 名義でアシッド・テクノをリリースしているだけあって、アシッドの使い方が流石だ。中毒性のあるフレーズと鳴りの良いアーメンがパキッと合わさっている。アシッドを使ったジャングル・トラックは数多く生まれているが、Alec Empire/E.C.P. が90年代に残したアシッド・ジャングルは今聴いても異彩を放っている。

Sonic Subjunkies

Turntable Terrorist EP
Digital Hardcore Recordings　　　　　　　　　　　ドイツ
1995

迫力のあるフーバーシンセとラガマフィンのサンプルに、高速ジャングルビートが乱れ打つタイトル・トラック「Turntable Terrorist」や、アシッド・テクノとジャングルが狂暴に交わった「Never Trust a Pretty Face」など、Sonic Subjunkies の魅力が凝縮されている。彼等のコアな部分でもあるインダストリアルなサウンドとサイバーパンクな世界観が以前よりも深みを増しており、DHR の精神性を Alec Empire と共に支えているのが分かる。当時流行していたジャングルやダークコアには過激過ぎただろうが、現代のジャングル・シーンには十分フィットする。

V.A.

Harder than the Rest
Digital Hardcore Recordings　　　　　　　　　　　ドイツ
1995

Digital Hardcore Recordings の記念すべき初のコンピレーション。Atari Teenage Riot、Ec8or、Sonic Subjunkies や、まだレーベルから作品をリリースする前だった Christoph De Babalon、Killout Trash、Shizuo も参加している。収録曲は全てクリエイティビティがあり、何よりもパンクであり、凄まじい勢いがある。Killout Trash や Ec8or & Moonraker など、このコンピでしか聴けない曲も収録されている。デジタルハードコアを知りたければ、まずはこれからチェックするのがいいだろう。

DJ Alec Empire

Live at the Suicide Club Berlin 1995
Digital Hardcore Recordings ドイツ 2006

DHR にとってはお馴染みの Suicide Club にて行われた Alec Empire の DJ を録音したミックス作。90 年代にカセットテープでリリースされ、2006 年に CD-R で再発。デジタルハードコアとハードコア・テクノを軸に、ノイズミュージックをスクラッチして楽曲にさらに凶暴性を足していく過激なミックスとなっており、ライブならではの熱気と勢いも収められている。矢継ぎ早にレコードを荒々しく繋ぎあわせていく DJ スタイルは、正に The Destroyer の名に相応しい。こんなにもカオスなサウンドが広がり、音と人とが戦っている様な DJ ミックスも多くはない。

DJ Mowgly

Cook EP
Digital Hardcore Recordings ドイツ 1995

Alec Empire のジャングル・プロジェクト DJ Mowgly による唯一のシングル。スモーキーでロウなラガマフィン使いの UK ジャングル・スタイルとなっており、リリース当時流行していたジャングル・ムーブメントの影響を感じさせる。ディストーションやハードコアの要素を差し引いた純粋なジャングル・トラックながらも非常にレベルが高い。ちなみに、カタログ番号が DHR UK 1 となっているのは何か関係があるのだろうか？今作が UK ジャングルを意識した作品であったので、もしかしたらこういったジャングルのリリースを第二第三と予定していたのかもしれない。

V.A.

Capital Noise (Chapter 1: Noise and Politics)
Capital Noise ドイツ 1995

Joel Amaretto が 1995 年に立ち上げたハードコア・レーベル Capital Noise の第一弾リリースであり、唯一の作品。DJ ミックス形式となっており、Alec Empire がミックスを担当している。当時のアンダーグラウンド・シーンで注目を集めていた各国の異端児達のトラックが収録。ブレイクビーツやジャングルの要素が強い物から、インダストリアル・ハードコア、デジタルハードコアなど、新たなハードコアの方向性を模索していたのが窺える。Turbulence、Leathernecks、Mescalinum United といった PCP 関連のレコードが使われているのも見逃せない部分だ。

Hanin Elias

Show EP
Digital Hardcore Recordings ドイツ 1995

DHR からは初となる Hanin Elias の単独 EP。エンジニアとプロデューサーは Alec Empire。エレクトロ～ EBM にブレイクビーツやハードコアの要素をミックスしたダークでセクシーなトラックによって、Hanin の様々な表情を引き出している。タイトル・トラックの「Show」は、Hanin の力強いアジテーション的なボーカルに、ガバキックとインダストリアルなビートが機械的に打ち込まれるデジタルハードコア・チューンとなっていて、Atari Teenage Riot 的とも言える。「Under Pressure」の MV は Hanin のキャラクターや世界観が上手く演出されており、見応えがある。

Christoph De Babalon

Destroy Berlin!
ドイツ
Digital Hardcore Recordings | 1996

Cross Fade Enter Tainment からのレコードや、アンダーグラウンドのハードコア・テクノシーンでは未だに熱心なファンがいる、Fischkopf Hamburg からレコードをリリースしていた Christoph De Babalon が 1996 年に DHR からリリースした 12" レコード。ネオクラシカルやダークアンビエント的な重いストリングスに、高速ブレイクビーツが合わさった異形のジャングル・トラックを収録。この頃から今に通じる Christoph De Babalon の作風が完成している。Samurai Music や Blackest Ever Black のファンにもオススメしたい。

ECP Feat. The Slaughter of Acid

Squeeze the Trigger
ドイツ
Riot Beats | 1996

ECP 名義では 3 枚目となるシングル。The Slaughter of Acid とは、A 面に収録されているタイトル・トラックの「Squeeze the Trigger」でサンプリングしている Buju Banton の「Gun Unnu Want」のリリックからの引用だと思われる。この曲は、ダンスホールとジャングルのダーティーなバイブスがパンクとテクノに流し込まれて生まれた危険なラガジャングルだ。ガバキックをリズミカルに打ち鳴らす「Silver Pills」は、Technohead や Biochip C の実験的なハードコアとの共通点がある。D-Jungle の完成系ともいえるラディカルで革命的な一枚。

Alec Empire

The Destroyer
ドイツ
Digital Hardcore Recordings | 1996

1996 年にリリースされた DHR からは初となる Alec Empire のアルバム。90 年代初頭から中期までに Force Inc や Riot Beats からリリースしていたハードコア・ブレイクビーツと D-Jungle、そして『Death EP』や『Digital Hardcore EP』で開拓したデジタルハードコアのスタイルを一枚にパッケージングしている。初期デジタルハードコアの魅力が余す所無く収められており、Alec Empire の入門編として最適だ。高速ブレイクビーツに様々な音楽カルチャーをミックスした知的でパンキッシュな楽曲は、今聴いても衝撃的である。

Shizuo

Sweat / Stop It
ドイツ
Grand Royal / Digital Hardcore Recordings | 1996

David Hammer による Shizuo の記念すべきデビューシングル。1996 年に Grand Royal と DHR から共同リリースされた。A 面は、エスニックなサンプルにブーストしたファンキーなアーメン・ブレイクが独特のグルーブを奏でる名曲「Sweat」を収録。B 面の「Stop It」では、スラッシュメタル調のギターをサンプリングしたハードコア・トラックになっており、Shizuo の凶暴性が解りやすい形で現れている。2 曲共に比較的聴きやすい曲となっているので、Shizuo の入門編としてオススメしたい。

Shizuo

High on Emotion EP
Digital Hardcore Recordings   ドイツ
                                                1997

パンクとジャングルにノイズやハードコア・テクノを直観的にミックス
して、乱雑に吐き出したジャンクで刹那的な Shizuo の世界観を凝縮し
た名作。前半はオリジナル曲となっており、後半からは 1996 年に行
われた DHR Festival でのライブを収録。ファンの間では人気の高い
「Anarchy」はハードコア・テクノ的にアレンジされており、他の曲もディ
ストーションやノイズが足され、原曲よりもアナーキーさが増している。
狂暴な曲と Shizuo の気怠く荒っぽい MC に反応する観客の叫びが高揚
感を煽り、まるで自分もその場にいる様な感覚になる。CD 版には味わい
深いコミックも載っていて必見である。

Christoph De Babalon

Seven Up
Digital Hardcore Recordings   ドイツ
                                                1997

DHR 史上に残る名盤アルバム『If You're into It, I'm out of It』と同
年にリリースされたミニアルバム。『If You're into It, I'm out of It』の
インパクトが大きすぎる為か、Christoph De Babalon の熱心なファン
以外からはあまり知られていない印象がある。『Destroy Berlin!』やデ
ビュー作『Love Under Will EP』の頃に近い激しいアーメン・ブレイク
を用いたジャングル・トラックから、ドゥーミーなストリングスやシンセ
が全体を覆いつくすダーク・アンビエント・ジャングルを収録。是非チェッ
クして欲しい一枚。

Death Funk

Funk Riot Beat
Digital Hardcore Recordings   ドイツ
                                                1997

限定枚数のみのリリースを行う DHR Limited シリーズの第一弾として発
表された Alec Empire の変名アルバム。歪みまくったブレイクビーツと
ラップのサンプルを継接ぎにしたクレイジーなデジタルハードコアを主体
にしたアルバムで、ECP 名義の『Squeeze the Trigger』や DJ 6666
名義の『Death Breathing』がヒップヒップ色を強めた印象がある。こ
の頃の Alec Empire の作品はディストーション・ブレイクスの最高潮だ
ろう。Jason Forrest（DJ Donna Summer）がフェイバリットに挙げ
ている様に、ブレイクコア的な要素が非常に強い。

Shizuo / Give Up

New Kick EP
Digital Hardcore Recordings   ドイツ
                                                1997

Shizuo と Annika Trost（Cobra Killer）、Ghazi Barakat（Pharoah
Chromium）と David Hammer（Shizuo）によるユニット Give Up の
スプリット作。タイトル・トラックにもなっている「New Kick」は、
Naila をボーカルに迎えたキャッチーなフレンチポップ感が漂うストレン
ジ・ポップチューンであり、謎の中毒性があって何度も聴いてしまう。
Shizuo の天性の才能が解りやすく出た名曲だ。このレコードと同時期
に、Give Up は DJ Scud のレーベル Ambush からもクレイジー極まり
ないレコードをリリースしている。

No Safety Pin Sex

No Savety Pin Sex EP	ドイツ
Digital Hardcore Recordings	1997

DHR Limited シリーズの第二弾として 1997 年にリリースされた Alec Empire の変名アルバム。ディストーションに塗れたアーメン・ブレイクとノイズが爆発寸前の狂気と共に一つの形となっており、デジタルハードコアの凶暴性が浮き彫りになっている。所々に Position Chrome のテックステップ系ドラムンベースからの影響も伺える。この時期の DHR は、No Safety Pin Sex や Death Funk に加えて、Shizuo の『High on Emotion EP』や Christoph De Babalon の『Seven Up』などで、デジタルハードコアの可能性を大きく広げていた。

Bomb 20

Choice of the Righteous	ドイツ
Digital Hardcore Recordings	1997

David Skiba による Bomb 20 が DHR からリリースした初の 12" レコード。20 歳以下の若手をリリースする Less than Twenty シリーズの第一弾作でもある。Bomb 20 は、前年に Riot Beats からデビュー・レコード『Pigtronics』をリリースし、Force Inc のコンピレーションにも参加しており、既に大きな期待を集めていた様だ。今作では他の DHR アーティスト達には無い斬新なアイディアと手法によって、ネクストレベルのデジタルハードコア・スタイルを完成させている。同年には Midi War からカセット・アルバムも発表していた。

Alec Empire

Hetzjagd Auf Nazis (Remix)	ドイツ
Position Chrome	1997

Mille Plateaux で共に活動していたドラムンベース・アーティスト Panacea が Alec Empire/Atari Teenage Riot のクラシック「Hetzjagd Auf Nazis」をリミックスしたシングル。原曲へのリスペクトも感じさせるが、怯む事なく自身のサウンドとスタンスを叩きつけている。この頃の Panacea は Position Chrome から革新的なレコードを連発して、ドラムンベースからハードコア・テクノ・シーンにまで影響を与えており、その強烈な個性と多彩っぷりから Alec Empire との共通点が多くあった。

Shizuo

Shizuo Vs. Shizor	ドイツ
Digital Hardcore Recordings	1997

過去に DHR からリリースしたシングルや EP からの曲も収録しており、Shizuo の集大成的な一枚。ブレイクコア・シーンのパイオニア DJ Scud との共作である「Braindead (Pt.1)」「Makin' Love」や、Carl Crack、Elena Poulou も参加している。過去作同様アナーキーな Shizuo の世界観はそのままだが、表現の幅を広げている。クレイジーな楽曲ばかりであるが、上手く構成されていてアルバムとしての流れを作り出しているのが素晴らしい。時代やジャンルにまったく囚われない異端で革命的な楽曲ばかりで、いつ聴いても刺激を受ける。

Christoph De Babalon

If You're into It, I'm out of It
Digital Hardcore Recordings　　　　　　　ドイツ　1997

DHR が 90 年代後半にリリースした作品の中で、最も重要な役割を果たした名盤。今もこのアルバムの影響力は続いており、新しい世代のリスナーやアーティスト達からも支持を受けている。Christoph De Babalon の絶対的な世界観を元に、アンビエント〜ジャングル〜テクノ〜ドローン〜インダストリアルといった要素を掛け合わせて作り出された唯一無二の楽曲達は、時代を超えて存在し続けている。2018 年に Cross Fade Enter Tainment から Rashad Becker のリマスタリングを施して LP として再発された。

Give Up

Fuck Step '98
Digital Hardcore Recordings　　　　　　　ドイツ　1998

1998 年に DHR Limited シリーズの第四弾としてリリースされた Give Up のアルバム。今作は Shizuo のみで作られたと思われる内容。ハウス、ヒップホップ、アシッド、ジャングル、ハードコア・テクノ、パンクをサンプラーとミキサーに突っ込んでディストーションやフィルターなどを乱雑に掛け倒した壊れまくった楽曲が収録されている。曲名も全てUntitled となっており、半分位の曲が 2 分未満で展開も雑であるのだが、それがめちゃくちゃにカッコいい。アルバムのタイトルが『Fuck Step '98』というのも完璧だ。最高か最低か、この二つしか無いだろう。もちろん、最高だ。

Bomb 20

Flip Burgers or Die!!!!!
Digital Hardcore Recordings　　　　　　　ドイツ　1998

ドラムンベースの要素を大幅に取り込み、破壊力を増したデジタルハードコア「Made of Shit」、Bomb 20 の代名詞とも言えるグルービーなサンプルのカットアップと、天才的なブレイクビーツ使いが炸裂したハードコア・ヒップホップチューン「You Killed Me First (Gina-Mix)」と「Innocent Bystanders」は、どんな状況で聴いても自然と体と頭が動いてしまう。ブーストしたベースと割れたアーメンがファンキーに絡む「Branded」も素晴らしい。Bomb 20 は Bloody Fist の Overcast と同じく、ハードコア・テクノ界におけるブレイクビーツの魔術師だ。

DJ 6666 feat. The Illegals

Death Breathing
Digital Hardcore Recordings　　　　　　　ドイツ　1998

Alec Empire の数ある変名プロジェクトの中でも、最もブレイクコア・テイストが強い過激なアルバム。過剰なまでに激しいノイズとディストーションに塗れたエクストリームなサウンドが展開されている。当時繋がりがあったであろう DJ Scud や Base Force One (Praxis) からの影響もあったのだろうか？ ここまで、ノイズとブレイクビーツを過激に過剰に混合させた作品はブレイクコア・シーンにも中々存在しない。ギリギリの所でダンスミュージックとしてのグルーブを保っており、その危険なバランス感覚に魅了される。

Carl Crack

Black Ark ドイツ
Digital Hardcore Recordings 1998

Carl Crack が残した唯一のソロアルバム。スモーキーなダブ／レゲエや
ヒップホップのエッセンスを反映させたダークでダウナーなダウンビート
を中心に、メロウなソウルボーカルにディストーション・ギターをミック
スしたジャングルや電子音がゆらゆらと漂うノンビートまで、トリップ感
の強い幻想的な楽曲を収録。ストレンジなサンプルのループやチョップ、
独特なビートの展開など、イルビエントとトリップホップに近い感覚でも
あるが、それらの要素を取り込みながらも独自の世界観を確立している。
好き嫌いが分かれるかもしれないが、好きな人には生涯を通して聴ける名
盤だろう。今こそ再評価されるべき一枚。

The Curse of the Golden Vampire

The Curse of the Golden Vampire ドイツ
Digital Hardcore Recordings 1998

Alec Empire と Justin K Broadrick（Godflesh/JK Flesh）、Kevin
Martin（The Bug）の 3 人によるコラボレーション・プロジェクト。
Justin K Broadrick と Kevin Martin は Techno Animal として活動し
ており、Alec Empire とは Electric Ladyland シリーズへ共に参加して
いたり、Position Chrome からもレコードをリリースしていたりと共通
点は多かった。今作では、煮えたぎる様な彼等の独創性とハードコア魂が
絡み合った近未来的なドープサウンドを展開している。

Bomb 20

Field Manual ドイツ
Digital Hardcore Recordings 1998

Bomb 20 が 1998 年に DHR からリリースした超名盤アルバム。
『NME』誌にてベスト・テクノアルバムにも選ばれ、Bomb 20 の名を
広く知らしめた。DHR からリリースした 2 枚の EP より、ディストーショ
ン・ノイズの要素が強まっており、イルビエントからの影響も自身の中で
消化して反映させている。生粋の B-Boy がハードコア・テクノとドラム
ンベースをターンテーブルの上で無雑作にミックスして生まれた様なバウ
ンシーなファンク感がアルバム全体にある。アルバムのインナーを見れ
ば分かるが、Bomb 20 は DHR の中でもポリティカルな姿勢がとても強
かった。

Cobra Killer

Cobra Killer ドイツ
Digital Hardcore Recordings 1998

Annika Trost（Give Up）と Gina V. D'Orio（Ec8or）が結成したユニッ
トのデビューアルバム。Yamaha SU-10 と Korg オルガン、ビンテー
ジなレコードをサンプルして作られたというローファイなトラックに、パ
ンキッシュでキュートなボーカルが合わさったストレンジなポップロッ
ク・テイストの楽曲は非常に魅力的だ。ドイツらしさを感じさせるメロディ
や、サンプリングしている素材にも独特のセンスがある。2000 年以降
も活発に活動しており、Monika Enterprise からアルバムをリリースし
ていた。

Sonic Subjunkies

Live at the Suicide Club 8-7-95
ドイツ
Digital Hardcore Recordings　　1998

DHR Limited シリーズとしてリリースされた Sonic Subjunkies のライブアルバム。Holger Phrack が MC を担当しており、DHR からリリースされた二枚の 12" レコードからのトラックを中心に未発表曲もプレイされている。アシッドが暴れ狂うハードコア・テクノチューン「Magnum Force」や、オールドスクールなガバ・テイストの「Destroy」、Slayer をサンプリングした「Backlash」など、Sonic Subjunkies 流のハードコア・スタイルも味わえる。CD 版は DHR からリリースした 12" レコードのトラックも追加収録されたお得な内容。

Alec Empire

Live at CBGB's New York City 4-11-1998
Digital Hardcore Recordings　　1998

CBGB での Alec Empire と Merzbow の対決の前に披露された Alec の DJ セットを録音した CD-R。正式なリリース時期は不明。ハーシュなデジタルハードコアを中心とした DJ プレイに、Hanin Elias のスクリーミング、Antipop Consortium の Beans と High Priest の MC が乗った貴重なライブセッションとなっている。即興ゆえに Hanin のスクリーミングが Atari Teenage Riot の時とは違ったハードコア感があって素晴らしい。プレイしているレコードもバキバキのデジタルハードコアで、遠慮なくフロアを叩きのめしている。隠れた名作だ。

Nintendo Teenage Robots

We Punk Einheit!
ドイツ
Digital Hardcore Recordings　　1999

Alec Empire の変名であり、任天堂のゲームボーイを使用して作られた完全なチップチューン・アルバム。Alec Empire と DHR の作品の中で最もカルト的な存在としてコアなファンからは根強い人気がある。この頃の Alec Empire はデジタルハードコアやハードコア・テクノシーンだけではなく、メジャーのロックシーンからも支持を受けていたが、そういった時期にこの様なギークで実験的なアンダーグラウンド・テイストの強い作品を発表する事に Alec Empire らしさを感じる。チップチューンの歴史においても重要視されているアルバムである。

Alec Empire

Miss Black America
ドイツ
Digital Hardcore Recordings　　1999

Atari Teenage Riot『60 Second Wipe Out』と同時期に作られていたというアルバム。DHR Limited シリーズとして 1999 年にリリースされた。1 曲目「DFo2」は、ニューウェーブ的なエレクトロニック・パンクチューンとなっており、Alec のダウナーなボーカルがバックグラウンドのノイズと合わさって、退廃的な雰囲気を感じさせる。歪みまくったブレイクビーツを用いたヒップホップや制御不能なデジタルハードコアなど、お得意のスタイルも収められている。全体の雰囲気や作品のアプローチから次回作『Intelligence and Sacrifice』へと繋がる伏線がある。

Alec Empire

Alec Empire Vs. Elvis Presley
ドイツ

El Turco Loco
1999

Elvis Presley の代表曲を大胆に使った無許可リミックス・アルバム。元々
は DHR Limited シリーズとしてリリース予定であったらしいが、権利関
係の問題でリリースが出来なくなり、少数枚数のみ作られたプロモーショ
ン盤を関係者に配布した所、El Turco Loco というレーベルがブート
レグ盤として限定リリースしたとされている。誰もが聴いた事があるであろ
う有名曲を、凶暴な爆音アーメン・ブレイクでマッシュアップしたデジタ
ルハードコアの神髄が出た傑作。Alec Empire のサンプリング・テロリ
スト的な部分が存分に発揮されており、今作はブレイクコア・ファンから
の支持が高い。

Hanin Elias

In Flames (1995-1999)
ドイツ

Digital Hardcore Recordings
2000

1999 年にリリースされた Hanin Elias の 1st アルバム。DHR からリ
リースした EP やコンピレーションに提供した楽曲から、Mille Plateaux
の Electric Ladyland に提供した楽曲も収録されている。彼女のルーツ
であるゴシック・ロックやパンクの要素がデジタルハードコアに反映さ
れたアルバムのタイトルにもなっている「In Flames」は緊迫感のある 1
曲で、彼女のパーソナルな世界観が現われている。アルバム後半からは、
Hanin 制作のインスト曲も収録。この後、Christoph De Babalon や
Nic Endo が参加したリミックス集もリリースされた。

Shizuo

Shizuo No I
ドイツ

Shizuo Rec
2000

Shizuo のレーベル Shizuo Rec の第一弾として 2000 年にリリースさ
れた 7" インチ・レコード。DJ Scud との共作で作られたパンク・ジャ
ングルチューン「More-Morphine」は、ノイズとアーメン・ブレイクに
キャッチーなボーカルが合わさったユニークな曲となっており、「New
Kick」に通じる独特なポップ感がある。続く、ファンキーなブレイクビー
ツが魅力的な「Neurology」、ディスコとノイズがグルービーにコラージュ
される「16 Licks」などからは、Shizuo の新しい方向性を垣間見るこ
とが出来た。残念ながら今作が Shizuo としては最後のリリースとなって
しまった。

Alec Empire

Intelligence and Sacrifice
ドイツ

Digital Hardcore Recordings
2001

Atari Teenage Riot『60 Second Wipe Out』でアンダーグラウンド
を飛び越え、幅広い層にまでデジタルハードコアというスタイルを知ら
しめ、世界的な人気アーティストとなった Alec Empire がバンド解散後
に発表したアルバム。ハードコア・テクノとハードコア・パンク、スラッ
シュメタルのエレメントを取り戻したアグレッシブな楽曲でまとめられ
た Disc-1 と、エクスペリメンタルな楽曲で構成された Disc-2 の 2 枚
組みとなっており、彼が今まで生み出した手法がパッケージされている。
Disc-1 に関しては、ハードコア・テクノの歴史においても重要な作品だ
ろう。

V.A.

Digital Hardcore!!! Videos	ドイツ
Digital Hardcore Recordings	2001

Atari Teenage Riot、Lolita Storm、Alec Empire、Hanin Elias、
Shizuo、DJ Mowgly、Ec8or のミュージックビデオとライブビデオに
加えて、映像作家 Philipp Virus の作品も収録したコンピレーション・ビ
デオ。DHR はミュージックビデオを多く作っていたが、今作は過去にレー
ベルがリリースしてきたミュージックビデオがほとんど全て納められてい
る。映像においても、サイバーパンクでディストーションの効いたデジタ
ルハードコアの世界観が表現されている。彼等のスタンスが映像として残
された貴重な一本。

Alec Empire vs. Merzbow

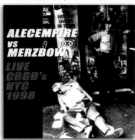

Live CBGB's NYC 1998	ドイツ
Digital Hardcore Recordings	2003

パンクの聖地と言われているアメリカの伝説的なライブハウス CBGB に
て、1998 年に行われた Alec Empire とノイズミュージック界の帝王
Merzbow によるライブセッションを録音したライブアルバム。2003 年
に DHR Limited シリーズとして限定リリースされた。ダウンビートから
高速ブレイクビーツまでスクラッチを交えながら縦横無尽に駆け巡るデジ
タルハードコア・トラックに、Merzbow のハーシュノイズが絡み合い、
奇跡的な融合を果たしている。デジタルハードコア並びにエクストリーム
なダンスミュージックの歴史において一つの頂点が極められた名盤。

Alec Empire

Bass Terror	ドイツ
Eat Your Heart Out	2008

Force Inc からリリースした『SuEcide (Pt.1)』『Yobot EP』『SuEcide
(Pt.2)』、そして『Bass Terror EP』といった Alec Empire の初期名
作レコードをまとめた傑作コンピレーション CD（現在は配信もあり）。
アシッドハウスやテクノ、ヒップホップからの影響を強く感じさせるビー
トや Rave 色の強いシンセなど、若かりし頃の尖った Alec の漲る初期衝
動が見事に収められている。D-Jungle とデジタルハードコアへと流れて
いく貴重な瞬間が収められており、ドイツのハードコア・シーンを語る上
でも外せない名曲ばかりだ。

Give up / Replicant Impulse

Shizuo No II	ドイツ
Dirgefunk Records	2018

2011 年 5 月 15 日に亡くなってしまった David Hammer が 1997
年頃に録音していたという未発表曲と、レーベル元である Dirgefunk
Records のオーナーである Christopher Jion のユニット Replicant
Impulse とのスプリット・レコード。このレコードに収録されている楽
曲は、David Hammer のレーベル Shizuo Rec からリリース予定であっ
たというコンピレーションの為に作られた曲だったらしい。DJ Scud と
Christopher Jion のライナーノーツと Give Up のステッカーが封入さ
れており、221 枚のみ限定で発売された。

Extra Chapter
Post Rave

Post Rave 解説

Raveミュージックの回帰とPost Raveに至るまで

　IDM、グリッチホップ、2ステップ、グライム、ダブステップ、ハーフステップ、オートノミック、エレクトロ・クラッシュ、ベースライン・ハウス、フィジェット・ハウス、バイレファンキ、ジューク、フットワーク、ブレイクコア、シーパンク、UKファンキー、スクウィー、シュランツ、ボルチモア・ブレイクスなど、時系列はバラバラだが、これらはハードコア・テクノ関連以外で2000年代から2010年代初頭にダンスミュージック・シーンで台頭したジャンルである。筆者がフィジカルやデータで購入していたものだけなので、把握していないものもまだまだある。2000年代のダンスミュージック・シーンでは、ダンスホール・レゲエとRaveミュージックに影響を受けたスタイルが人気を得ていたが、特にRaveミュージックはサイクルの周期と重なり、数十年の時を経て新たな客層を取り込み、以前とは違ったサウンドと価値観を兼ねそろえて再び我々の前に姿を現した。このコラムでは、ハードコア・テクノ以外のダンスミュージックが、どのようにしてRaveミュージックと再び結びついたのかと、現代のPost Raveと呼ばれるものの骨組みを解析する事を前提としている。この部分を振り返る事によって、今巻き起こっているハードコア・テクノを取り巻く状況を理解する事が出来るはずだ。

　あくまで筆者の考え方であるが、Post Raveには特定の形式や概念というものが存在せず、パラレルでアトモスフェリックな現代の空気感を指していると感じている。CD-Jとレコードボックスの進化によって、DJ達はジャンルに縛られる事なく、自由に幅広い選曲とプレイが可能になり、YouTubeやDiscogsを駆使して過去の作品に簡単にアクセス出来るようになった。その過程の中で、ハードコア・テクノ/ガバが取り上げられる事が増え、それまで交わらなかったDJやリスナーにもヒットしていったのだろう。Post Raveが無ければ、現代におけるハードコア・テクノのリバイバルと再構築は、まだ少し先になっていたかもしれない。

ブレイクコアによる意識の変化

　2000年代のダンスミュージック・シーンにオールドスクールなRaveミュージックを呼び戻したのにはブレイクコアが大きく関わっている。2003年から2007年に掛けて、ヨーロッパでブレイクコアが熱狂的なムーブメントとなり、その台風の目となっていたアーティスト達にはRaveミュージックのルーツが強く反映されていた。それによって、ブレイクコアを経由してRaveミュージックは若い世代のリスナーやアーティスト達にも浸透していった。例えば、Sonigからのアルバム・リリースでポスト・ロックや実験音楽系からも支持されていたJason Forrestは、2000年代中頃から日本のハードコア・シーンに影響され、自身のレーベルCock Rock Discoからは日本人ハードコア・アーティストのコンピレーション・レコード『Cock Rock Disco Presents: Maddest Chik'ndom 1』とブレイクコア・アーティストによ

Shitmat – Full English Breakfest

るハードコア・トラックのリリースをテーマとした『White Cock』シリーズをスタートさせた。DJ Donna Summer名義でのDJミックスでは、J-Coreを中心とした日本のハードコア・テクノからハードスタイルやジャンプスタイルをブレイクコアとミックスしていき、ヨーロッパのブレイクコア・シーンにそれらのジャンルを紹介。当時、ブレイクコアのアーティストやリスナーはアメリカやオランダ、イギリスのハードコア・テクノ/ガバをルーツに持つ人の方が多く、日本のハードコア・テクノとブレイクコアのリスナーが結びつく事は少なかったが、Jason ForrestとCock Rock Discoによって、日本のハードコア・テクノとハードスタイルやジャンプスタイルといったアッパーなサブジャンルがブレイクコア・シーンにも広まっていった。自由奔放なJason ForrestやCock Rock Disco周辺の面々の活動によって、それまでのRaveミュージックやハードコア・テクノへの偏

見や古臭さの様なイメージは変わり、同業者達や彼等の周りの人々の意識を変えていった。

　そして、Shitmat の活動はもっと広範囲に Rave ミュージックのエレメントを巻き散らした。ハッピーハードコアのバイブスをブレイクコアに持ち込み、SL2(Slipmat) の「On a Ragga Tip」のリメイクなど、とにかくアッパーでキャッチーなトラックを量産。Shitmat の本極地であったレーベル Wrong Music も、Chevvers & Fluxxy『Rave like a Bastard』などで、彼等独自の Rave 感を提唱した。彼等はイギリスの大型フェスティバルにも度々出演し、フェスティバルやクラブのフロアをパンク的なバイブスのあるブレイクコアやマッシュコア、ジャングルでモッシュピットに変え、次の瞬間には早回ししたキャッチーなハッピーハードコアが降り注ぎ、さらには Shitmat がカラオケを披露し、DJ Scotch Egg が Bon Jovi を iTunes から流してフロアにいる客と大合唱して終わるという、パンクと Rave とスカムとが一体となった彼等のライブパフォーマンスはヨーロッパ全土を熱狂させた。

ブレイクコアからレイブコアへ

　当時のブレイクコアの吸引力は凄まじく、本当に様々なジャンルや文化の人々が引き込まれていた。その中には、パンクやメタル、IDM、ノイズミュージックなどのリスナーもおり、Rave ミュージックをルーツに持たない人々にブレイクコアを経由して Rave ミュージックの存在を伝えた功績は今となって考えると非常に大きな意味があった。ブレイクコアは音楽的以外にも、Rave ミュージックとカルチャーの様々な側面を受け継いでいた。感覚的な部分でいえば、音楽による解放感や多幸感を目指したものや、シーンやジャンルに属さないという共同意識や反骨精神、物事へのシニカルな視点など、その他にも真逆ともいえる感覚が表裏一体となり、そのアンバランスさに人々は魅かれていたのかもしれない。ブレイクコアのパイオニア的な存在である DJ Scud と Christoph Fringeli は、Rave の退廃的な側面を浮き彫りにした作品を作っており、そこに Rave ミュージックのポジティブなエネルギーは表面的には見えないが、その根っこの部分には Rave ミュージックとカルチャーへの愛も垣間見える。イギリスの Irritant は、DJ Scud

達の姿勢を受け継ぎながらも、そこにバカバカしさやユーモアも付け足し、シニカルながらも素直に Rave ミュージックを肯定した展開を行い、その結果として Sonic Subjunkies のハッピーハードコア・レコード『With a Little Love / Sonic Junior』やブレイクコアという枠を超えてメインストリームにまで広がった Knifehandchop の「Dancemix2000」をリリースした。この様に、ブレイクコアは初期の段階から Rave ミュージックとはどこか愛憎な関係でもあった様に見えるが、ブレイクコアのサウンドとメンタリティの深い所には Rave があるのは確実だろう。Venetian Snares も『Pink+Green』と『Detrimentalist』で自身の Rave ミュージックのルーツを反映させ、クラシカルな作風だけではないダンサブルな側面も解放していった。

Bong-Ra が直球に Rave ミュージックと向き合った Glowstyx 名義でのアルバム『Class of 1992』も衝撃的で、The Prodigy の『Experience』をブレイクコア化させた Soundbites の『The Soundbites Experience - Bootlegs for a Mashed up Generation』、そして、Pisstank『Ravecore Anthems』と FFF『The Feeling』が連続でリリースされ、この頃からレイブコアというサブジャンルが誕生。Warp や Planet-Mu 周辺のアーティストとブレイクコア・アーティストが同じエージェンシーに所属していた事や、度々フェスティバルやエージェンシー主催のパーティーで共演していた事もあってか、この頃からアーメン・ブレイク、ガバキック、フーバーシンセ、Rave 系のスタブを使用した楽曲が Warp や Planet-Mu 周辺でも目立つようになる。Ceephax

Squarepusher – Numbers Lucent

Acid Crew は『Hardcore Esplanade』と『Hardcore Wick』でハードコア化していき、Clark も『Turning Dragon』収録の「Beg」でシュランツともハードコア・テクノともいえない未知の何かを作り上げ、Squarepusher も『Numbers Lucent』収録の「Illegal Dustbin」でハードコア・トラックを披露した。

Bang Face/Neo Rave

ブレイクコアがヨーロッパでムーブメントを巻き起こす寸前であった 2003 年にロンドンでスタートした Rave パーティー Bang Face によって、Rave ミュージック並びにブレイクコアやハードコア・テクノなどのアグレッシブなダンスミュージックは新たな客層とリスナーを得る事に成功する。ロンドンでの月 1 回のクラブナイトとして始まった Bang Face は、回を重ねる度にオールドスクールな Raver から Rave ミュージックを知らない若い層までを魅了していき、イギリスだけではなく、オランダとベルギーでも開催され、Glastonbury Festival や Dour Festival、Glade Festival でも Bang Face はショウケースを行い、DJ Mag や NME、The Guardian Guide にもピックアップされる Rave パーティーとなった。Bang Face の功績として、Rave の音楽的側面だけではなく、そのカルチャーも若い世代に伝えたことと、オールドスクールなだけではなく、最新のダンスミュージックも Rave ミュージックとして解釈して取り入れたのが画期的であった。さらに、Bang Face はブレイクコア・シーンとの結びつきも強く、イギリスの Wrong Music 勢を筆頭に、当時活躍していたブレイクコア・アーティストの多くが Bang Face でプレイした。Bang Face によって、ブレイクコアはダンスミュージックとしての機能性を更に高めるキッカケの一つにもなったはずである。

2008 年には規模を拡大させた Bang Face Weekender をスタートさせ、第一回目には Squarepusher、Model500、Phil Hartnoll(ORBITAL)、Kode9 などが出演。回を増すごとに規模とラインナップは拡大していき、Andrew Weatherall、808 State、Kevin Saunderson、Aphex Twin、2 Unlimited、DJ Pierre、2 Bad Mice、Ratpack、A Guy Called Gerald、Human Resources、Liquid、T99、Joey Beltram、M-Beat & General Levy、Hixxy & Sharkey、Luna-C、Scott Brown、Shut up and Dance、SL2 といった Rave ミュージックの歴史に欠かせない重要アーティストが出演した。さらに、ハードコア・シーンからも Mark N、Rotterdam Terror Corps、Marc Acardipane、N-Vitral、DJ Smurf、Al Twisted、The Speed Freak、Angerfist、Deathmachine、Stormtrooper、[KRTM] などが出演し、他では成立しない Bang Face だからこそ出来るラインナップを実現させている。Bang Face によって現代の Post Rave と呼ばれるシーンの土台が作られた部分は確実にあるだろう。

New Rave

2000 年前半はダンスミュージックをバンドのフォーマットに取り入れたディスコ・パンクが注目を集め、The Rapture、Radio 4、LCD Soundsystem といった DFA Records の作品が音楽業界を賑わし、Bloc Party や Klaxons といったバンドの登場によって勢いは加速。Frankie Knuckles のハウス・クラシック「Your Love」をカバーした Friendly Fires は XL Recordings からアルバムをリリースし、ダンスミュージックとの接点を太く持つバンドが現れ、New Rave(Nu Rave とも) というムーブメントが巻き起こる。New Rave の定義付けは当初から曖昧な所があり、細かく音楽的なバックグラウンドを定義づけるものではなく、メディア主体の流動的なカテゴリーであった。

例えば、DJ Scotch Egg は一時期海外のメディアから New Rave と紹介される事があり、本人も困惑

していた。パンク的な要素のあるダンスミュージックをメインに、新しく勢いのあったものは若干強引に New Rave の括りに入れられていた。New Rave の起源を調べると、イギリスのバンド Klaxons がニューウェーブと Rave をもじった造語として自分達のスタイルをNew Rave と呼んでいた所から始まっているそうだ。内輪で通じる冗談から始まった New Rave は、Klaxons が人気になるにつれてその単語も音楽メディアに取り上げられていき、その結果 New Raveが独り歩きしていったのかもしれない。テクノやトランス的なサウンドをベースにした作品もあったが、それよりもディスコの形態を主体とした作風の方が目立っていた。New Rave という括りで紹介されるバンドに Rave ミュージックからの直接的な影響はあまり感じられ

Friendly Fires – Photobooth

なかったが、イギリスの Hadouken! は特殊な存在感を放っていた。グライムとインディ・ロックにエレクトロを融合させ、フーバー・シンセやアーメン・ブレイクなどの素材も取り込んだ眩しい程にカラフルな楽曲は、バンドミュージックにおける現代的な Rave ミュージックであると感じられる。UK ガラージやベースライン・ハウスのエッセンスも取り込み、Double 99「Rip Groove」を引用した「MicCheck」という楽曲や Plastician や Phace をリミキサーに起用するなど、イギリスのアンダーグラウンドなダンスミュージック・カルチャーを意識した作品を発表している。Hadouken! のボーカルJames Smith はバンド結成以前に、Dr. Venom 名義でグライムのレコードを数枚リリースしており、UK ガラージやダブステップ・シーンで人気だった True Tiger Recordings からもポップセンスが光るシングルをリリースしている。

Hadouken! – M.A.D.

　New Rave は音楽的な部分よりも、ファッションや感覚的な所でRave という単語を若い世代に残した功績はあるのではないだろうか。New Rave 以前と以降で Rave という言葉から連想するイメージは若干トレンディに更新された様な気がする。2010 年代にオランダのガバが音楽的にもファッション的にも受け入れられるまでの道のりに、New Rave の下地が手助けした部分もあるだろう。

フレンチ・エレクトロ

　New Rave がムーブメントとなっている最中、ディストーションとコンプレッサーをふんだんに使ったフレンチ・エレクトロもトレンドであった。フランスの Ed Banger Records からは Justice、KrazyBaldhead、Mr. Oizo、Para One がヒットを飛ばし、フレンチ・エレクトロのパワフルなサウンドはメインストリームの音楽シーンも飲み込んだ。Diplo の Mad Decent は Boy 8 Bit『The Suspense IsKilling Me』や South Rakkas Crew『Mad Again』などで、チップチューンやダンスホールをエレクトロとミックス、Drop the Lime率いる Trouble & Bass Recordings はベースライン・ハウス /UKガラージとエレクトロを混ぜ合わせ、Jason Forrest と Jubilee のレーベル Nightshifters は Hostage と AC Slater のシングルでオールドスクールな Rave ミュージックをエレクトロやベースライン・ハウスに落とし込んだ。Sinden や Toddla T、Hervé など多数のアーティスト達が集結した Machines Don't Care は、アッパーなテンションと凄まじい情報量のフィジェット・ハウスを作り、SteveAoki のボーカルをフィーチャーした The Bloody Beetroots の「Warp」は Human Resource「Dominator」を彷彿とさせるフーバー・シンセ使いでハードコア・テクノ好きも反応した。そして、EDM という括りにそれらは集められていき、音圧はさらに爆発的に

The Bloody Beetroots Feat. Steve
Aoki – Warp

上がる。EDM が世界的なムーブメントになり、ダンスミュージックは以前よりもずっと身近な存在になった。個人的な推測だが、エレクトロによる Rave サウンドの復旧は無意識にも、オールドスクールな Rave ミュージックへの対抗を作っていたと思われる。そこから EDM を経過してハードスタイルに向かった人や逆にオールドスクールな方向に向かっていった人もいるのではないだろうか。

グライム/ダブステップ

Semtex – Crunk & Grime

Vex'd – Degenerate

Goth-Trad – Mad Raver's Dance Floor

2000 年初頭は Adam Freeland、Plump DJs、Soul of Man などによってニュースクール・ブレイクビーツ / プログレッシブ・ブレイクビーツも人気を得ており、DJ Zinc はレーベル Bingo Beats をスタートさせ、ブレイクビーツの可能性を拡大させていく中、グライム、そしてダブステップの出現によってベース・サウンドにフォーカスしたジャンルが盛んになる。

XL Recordings は Dizzee Rascal『Boy in Da Corner』と Wiley『Treddin' on Thin Ice』をリリースし、グライムはメインストリームでも注目を集めた。グライムの影響下にもある M.I.A.『Arular』の世界的なヒットもあり、日本のレコード・ショップやメディアでもグライムがプッシュされ始める。アメリカとイギリスの一部は、Lil Jon のクランクをグライムとミックスし、ヒップホップとグライムを融合させようと試みていた。Lil Jon がホストを務めた Semtex の Mix CD『Crunk & Grime』や DJ/rupture と Team Shadetek の音源はヒップホップ的な見せ方でグライムを推しだし、Diplo と Big Dada も似た様な方向性を展開する。Din-St 名義でデジタル・ハードコアやブレイクコアを制作していた Frederic Stader は DJ Maxximus 名義でエレクトロとグライムのレコードをリリースし、Milanese は IDM とブレイクス、エレクトロ、ジャングル、グライムを独自配合させたインダストリアルな雰囲気も感じさせる奇怪な EP を Warp から発表。彼等の様にレフトフィールドなグライムも現れ、2004 年に Roly Porter と Jamie Teasdale(Kuedo) のユニット Vex'd もデビュー・シングルを Subtext からリリース。この頃はダーク・ガラージとブレイクスの要素が強いが、彼等のジャングルと Rave ミュージックのルーツが所々から感じられる。翌年にリリースされた Vex'd の 1st アルバムにしてベースミュージック史に残る不屈の名盤『Degenerate』には、ノイズミュージックやドローン的な要素も反映され、全曲を通してダークでシリアスな雰囲気の漂うアルバムとなった。だが、「Gunman」や「Lion V.I.P.」といったアッパーなトラックには、ジャングルとドラムンベースのマッシブなエネルギーが注ぎ込まれており、Rave ミュージックの正当な流れを受け継いでいる。

世代的な部分もあるが、初期のグライムにはこういった Rave ミュージックを意識したアーティスト達は少なくない。それを裏付ける様に、Rephlex が 2004 年にリリースしたコンピレーション『Grime』は、UK ガラージやジャングル、そして Rave ミュージックから派生したグライムの側面を映し出しており、収録曲の Mark One「Stargate 92」が最も解りやすい形でそれを証明している。それらよりもさらにストレートにグライムと Rave をミックスさせたのが Goth-Trad の 3rd アルバム『Mad Raver's Dance Floor』だろう。今作はブリープ・テクノ、ブレイクビーツ・ハー

ドコア、ジャングルをグライム / ダブステップと融合させており、自身の音楽的ルーツを素直にさらけ出したものであった。『Mad Raver's Dance Floor』はグライムという括りには収まらないかもしれないが、Rephlex の『Grime』シリーズに収録されているアーティスト達と同じ感覚を共有している。『Mad Raver's Dance Floor』の前に、Goth-Trad は『The Inverted Perspective』というノイズのアルバムもリリースしており、この時期はノイズのライブパフォーマンスも頻繁に行っていた。DJ プレイではグライムからドラムンベース、イルビエント、ブレイクコア、ガバもプレイし、Gabber Eleganza と近いセンスが感じられ、Gabber Eleganza が Goth-Trad のダブステップ・トラックを自身のセットに取り入れていたのにも納得がいく。

Zomby 『Where Were U in '92?』

同じく、ブレイクビーツ・ハードコアやジャングルをルーツとするダブステップも、2000 年後半からルーツに立ち戻る様な動きが目立つ。Hyperdub から衝撃的な作品を発表していた Zomby が 90 年代初頭から中頃のブレイクビーツ・ハードコアとジャングルへの愛を表現した『Where Were U in '92?』は、完璧なタイミングで世に放たれ、その後に展開されていく Rave ミュージック回帰への大きな役割を果たす。『Where Were U in '92?』は 1992 年という時代をキーワードに、イギリスで作られた全てのハードコアな Rave ミュージックに対するオマージュが捧げられているが、ダブステップや UK ガラージを通過していなければ出せなかったベースやビートのアプローチがあり、ノスタルジックなだけではない作品であった。収録されている楽曲は、1992 年にリリースされていても受け入れられただろうし、2008 年という時代でも新しさ

Zomby – Where Were U In '92?

があり、そのパラレルなサウンドと世界観に多くの人が魅了された。Zomby から醸し出される知的な不良感が『Where Were U in '92?』では非常に良い味付けをしていて、ギークっぽさがあまり感じられないことが、多様なリスナーに受け入れられた要因だったのかもしれない。埃っぽくてどこか落ち着く音の悪さ、唐突に終わりを迎える曲の構成、サンプリングの配置など、本当に独特な作りで『Where Were U in '92?』にしかない世界観がある。今作をキッカケに動き出したストーリーは想像するよりも多そうであり、Post Rave へと時代が進む道のりには欠かせない作品だろう。

ダブやレゲエの再発を行いながら『Box of Dub - Dubstep and Future Dub』でダブステップにもフォーカスを当てていた Soul Jazz Records は、2008 年に Ragga Twins のベスト盤『Ragga Twins Step Out』 を リ リース。この頃の Ragga Twins は Aquasky とのコラボレーションでブレイクス系の活動が目立っていたが、『Ragga Twins Step Out』のリリース以降、彼等の活動範囲は広がる。1990 年から 1992 年までにリリースされていたレコードをまとめた『Ragga Twins Step Out』は、ドラムンベース、ジャングル、ブレイクス、ダブステップのリスナーに Shut up and Dance の偉業を改めて伝えた事も大きい。Soul Jazz Records からは他にも、Ramadanman と Kutz のリミックスを収録した Ragga Twins のシングルもリリースされている。同時期に Altern 8 『Full on .. Mask Hysteria』の再発も行われ、Bang Face の盛り上がりも手伝い、UK Rave ミュージックの歴史を振り返る企画も増え、そこにはダブステップが重要な立ち位置

Ragga Twins – Ragga Twins Step Out

Skream - Burning Up

にいた。

　当時、ダブステップのトップ・アーティストとして引っ張りだこだった Skream は、Digital Soundboy Recording からリリースしたシングル『Burning Up』と La Roux のヒット・シングル「In for the Kill」のリミックスで、ジャングルとダブステップの根深いファウンデーションを形にした力強いベース・サウンドと、90 年代の UK ハードコアのアトモスフィアをダブステップと融合させた。

　Skream と同じく、ダブステップ・シーンで高い人気を得ていた Caspa はアルバム『Everybody's Talking, Nobody's Listening!』収録の「Back to '93」でジャングル・トラックを披露し、盟友 Rusko も Mad Decent からリリースしたアルバム『O.M.G.!』収録の「Kumon Kumon」でジャングル・トラックを作り、Night Slugs の L-Vis 1990 もダブステップやエレクトロに Rave ミュージックの要素を入れ込んだフレッシュなトラックをリリースした。2010 年以降はダブステップの中にも直接的な Rave サウンドの導入が目立ち始め、ダブステップ・アーティストによるジャングルの DJ ミックスも公開される。シリアスでディープな側面を大事にしていたシーンやリスナーの意識が徐々に変わっていった時期であった。

The Prodigyの Rave 回帰

The Prodigy - Invaders Must Die

　Rave ミュージックへの回帰が進む中、The Prodigy もアルバム『Invaders Must Die』で『Experience』の頃を彷彿とさせる Rave サウンドを大胆に取り入れた傑作を発表。ラガマフィンの早回し、Rave スタブ、高速ブレイクビーツ、女性ボーカルのサンプルなど、初期 The Prodigy を象徴するスタイルと『The Fat of the Land』以降のエレクトロニック・パンクを融合させ、オールドスクールでありながらもカッティングエッジなサウンドで再び金字塔を打ち立てた。収録曲「Take Me to the Hospital」は「Fire」と同じく Daddy Freddy をサンプリングした Rave とラガとパンクなミクスチャーであり、『Experience』と『The Fat of the Land』のノウハウが活かされている。

　他にも、「World's on Fire」では、90's Rave クラシックの Outlander「Vamp」をサンプリングし、「Piranha」には L.A. Style「James Brown Is Dead」をサンプリング。ブレイクビーツ・ハードコアのバイブスをニュースクール・ブレイクビーツなどの 2000 年代のブレイクビーツ感と合わせた「Warrior's Dance」も Rave ミュージックを現代的に解釈している。だが、ビートのない「Omen (Reprise)」が最も Rave ミュージック的であり、解る人には解る様なサインが送られてくるような楽曲だ。『Invaders Must Die』は Liam Howlett の天才的なサンプリング・スキルとセンス、ダンスミュージック・シーンの最前で活躍するプロデューサーとしての嗅覚、そして、ブレイクビーツへの多大なる愛情が込められている。自分達の影響力とブランド力を理解していて何を望まれているかも解っているはずだが、The Prodigy は毎回アルバムごとに新しい事に挑戦し、賛否両論あれどその姿勢は素晴らしい。彼等が無意識であったとしても、結果的に『Invaders Must Die』はメインストリームの音楽業界に Rave ミュージックの輝かしいパワーを再び叩き込んだ。

グラスゴーからの回答

　90 年代に Rave ミュージックを聴いて育った世代が 2000 年代にはアーティストとなって世に登場してきたが、その中の一部は、Rave ミュージックとは離れた別のジャンルに Rave ミュージックのエネルギーを注ぎ込み、別の角度から Rave ミュージックの素晴らしさを提示した。その中でも、Hudson Mohawke と Rustie のグラスゴー勢は現代の Post Rave と同じフィーリングを持ったイノベーティブな存在である。彼等と Jackmaster の Wireblock や Numbers といったレーベルは 2000 年後半からレコードをリリースし始め、スクウィーやポスト・ダブステップから LA Beats 周辺ともシンクロしながら頭角を現し、Warp との契約後、彼等はエレクトロニック・ミュージックを背負う新たな才能として活躍。Hudson Mohawke と Rustie が 2000 年後半から 2015 年までに残した音源を聴き返すと、その当時には形容出来なかった感情的な部分が Post Rave という単語にピッタリと収まる。Mr. Mitch がユーロダ

ンス・ユニット Eiffel 65 のヒット・シングル「Blue」をスクリュー
させ、トランスのスクリューやハッピーハードコアのブレイク部
分のみを使ったミックスなどが Post Rave 文脈として流れてくる
が、それらの作品から感じられる心地よさや白昼夢感は、Rustie
の『Sunburst EP』や『Glass Swords』から既に感じ取れるも
のであった。Hudson Mohawke と Rustie の音楽に感じられる音
楽的文化をコラージュする感覚は、iPod などのシャッフルでまっ
たく違うジャンルが続けて再生され、時に驚く程に似ている世界観
を持った事に気づく様な、予知していなかった所から急に投げ込ま
れるプレゼントの様な感覚がある。

Rustie – Sunburst EP

　そして、彼等の甘く切ないメロディや弾ける様な刹那感はハッ
ピーハードコアのメロディにも似ている。その背景には、Terror
Danjah、Darkstar、Joker
のファンクやソウル感と
Daedelus、Lapalux、
Dorian Concept の哀愁やポップ感とも共鳴し、SNS の発展と共
にジャンルを超えて瞬時に影響を与え合える環境が出来上がってい
たからだろう。Hudson Mohawke は、インタビューで Rave ミュー
ジックを熱心に追いかけていた頃から、高揚感のある響きを持つ音
楽に興味を持っていたと発言。Hudson Mohawke は最初に好き
になった音楽がハードコアな Rave ミュージックだったらしく、
ヒップホップのトラック制作を始めてからもクラブでそれらの音楽
を聴いていたと語っている。彼は 10 代前半でイギリスの DMC の
ファイナリストとなり、DJ Mayhem という名義でハッピーハー
ドコアの DJ としても活動。ターンテーブリストのメンタリティ
と Rave ミュージックのバックグラウンドを活かした楽曲を作り出
し、Kanye West との共同

LuckyMe Rave At The Poetry Club

制作や Drake、Pusha T、A$AP Rocky、Lil Wayne のプロデュー
スも行いながら、自身のシングル「Chimes」には UK ハードコア・
アーティスト Gammer のリミックス (Re-Edit) を収録。Hudson
Mohawke/DJ Mayhem としてハッピーハードコアやトランスを
プレイしており、Boiler Room で公開された Cloudo、Rustie、
Jackmaster との b2b ではハッピーハードコアを中心にプレイし
ている。彼等の世代がハッピーハードコアから受けた影響は音楽制
作の面よりも、音楽の捉え方や体験の仕方という部分で影響を与え
ているのかもしれない。

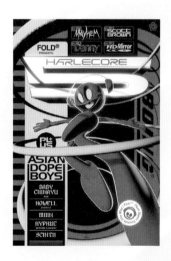

　PC Music を代表するアーティストの一人である Danny L
Harle は、Ed Sheeran のシングル「Beautiful People (feat.
Khalid)」にハッピーハードコア・テイストのリミックスを提供し、
ハッピーハードコアやマキナ、ガバにフォーカスした自身主催の
HARLECORE というパーティーも行っており、DJ Mayhem や
Scott Brown が出演。Danny L Harle 以外にも、PC Music に
はハッピーハードコアやガバからの影響をポップに解釈したトレン
ディな作品がある。

インターネットによるグローバル化とリサイクル

　2000 年後半から Low End Theory、Electronic Explorations、FACT などのポッドキャストや
Rinse FM のプログラムで最新の音源をチェックするのがダンスミュージック・ファンの間では支流とな

り、iPod の浸透と共に以前よりもポッドキャストや MP3 形式の DJ ミックスというものが身近になって
いった。この頃（2000 年後半）、今よりも持続性の長いクラブ・ヒットが存在していたが、クラブ・ヒッ
トはクラブの空間から発生するものもあれば、ポッドキャストやオンラインの DJ ミックスから生まれてい
くものもあり、オンライン上の DJ ミックスにはパーティーや作品のプロモーション以外にも、商業的な意
味合いも強まる。Discogs と連携して YouTube には続々とレアなレコードの音源がアップされていき、
音楽雑誌よりもインターネット上のディガーやブロガーに影響力が出始め、Facebook のコミュニティや
Wikipedia を通して過去の歴史が学べ、新しい音楽への理解度もさらに高まった。リスナーが生まれる前
の音楽とその日にリリースされた音楽を同時に体験出来る時代になっていたのである。その日その日のトレ
ンドを追うだけではなく、無数にある過去の埋もれた作品やサブジャンルに目を向ける人も増え、トレンド
を生み出していったアーティストやレーベル、DJ 達は過去の音楽をリサイクルしていく。

バブリンとチャンガ・トゥキ

Neophyte - Braincracking (Yellow
Claw Remix)

Pocz & Pacheko – Changa Letal

Diplo 率いる Mad Decent は『Blow Your Head Vol. 2 :
Dave Nada Presents Moombahton』でムーンバートンに火
を付け、その中でもムーンバートンとブレイクコアを合体させた
ムーンバーコアで特別異彩を放っていたオランダの Munchi は一
躍注目の的となる。M.I.A. のプロデュースも手掛けながら、自身の
SoundCloud ではガバとジュークを配合させたトロピカル・ガバと
いうスタイルも披露し、PRSPCT のパーティーや Thunderdome
のラジオにも出演。同じくオランダの Yellow Claw はトラップに
トラディショナルなガバのサウンドを混入していき、Neophyte の
リミックスも制作。この時期、オランダという土地の特殊性とガバ
の根深い下地を改めて感じさせられた。その他にも、Kai Wachi、
Ookay、Juyen Sebulba & Rob Pix、Davoodi などがガバキッ
クを使ったトラップを残している。Munchi もクリエイトしてい
たオランダ発祥のジャンルであるバブリンにも再び注目が集ま
り、2011 年に Planet-Mu は Anti-G のアルバム『Presents
Kentje'sz Beatsz』をリリースして 2000 年代のバブリンを紹介。
バブリンとムーンバートンと同じく、その土地独自の発展を遂げた
チャンガ・トゥキも一部で燃え上がる様に盛り上がっていた。ベネ
ズエラのカラカスを発祥の地としたチャンガ・トゥキは、ラプター
ハウスとも呼ばれ、90 年代初頭から長い歴史のあるサブジャンル
/ ライフ・スタイルとされている。テクノとハウスにレゲトンやサ
ルサなどの情熱的な音楽が背景にあり、ハードスタイルやハード・
ハウスの要素も取り入れたアッパーなものから、ゲットー・ハウス
やダブステップをミックスしたベースの効いたトライバルなものま
であり、ヨーロッパやアメリカのダンスミュージックとは違った熱
いバイブスと土着的なメロディが印象的である。チャンガ・トゥキ
をヨーロッパやアメリカのダンスミュージック・シーンに広めたの
が、ダブステップ・アーティストとしてベネズエラで活躍していた
Pacheko と Pocz である。彼等はダブステップや UK ファンキー
を経由して、チャンガ・トゥキをクリエイトし、レーベル Enchufada からリリースされた EP やシングル
でベースミュージック・ファンにチャンガ・トゥキの存在を伝えていた。
チャンガ・トゥキは『¿Quién Quiere Tuki? ¦ Who Wants Tuki?』というドキュメンタリー動画を見
ると、生活や土地の環境と密接に繋がった音楽として他の国にはない魅力がある。中国の SVBKVLT、ウ
ガンダの Nyege Nyege Tapes、インドネシアの Gabber Modus Operandi、ロシアの Little Big など、
その土地で独自発展を遂げていった音楽に注目が集める昨今であるが、その少し前にはこういった事も起き
ていた。そして、イギリスはロンドンでスタートした Boiler Room はアムステルダム、ニューヨーク、ベ

ルリンと規模を広げ、日本では DOMMUNE が毎回濃密なプログラムを行っていた。

さらに進むオールドスクール回帰

　Machinedrum『Room(s)』、Lone『Galaxy Garden』、Ultrademon『Seapunk』というエポックなアルバムが立て続けに発表され、それらのアルバムには 90's Rave ミュージックの煌びやかなサウンドが 2000 年代の音楽と交わり、新しい形を得て映し出されていた。特に、Machinedrum『Room(s)』は音楽メディアと同業者達から大絶賛され、グリッチホップ期を超える人気と評価を Machinedrum に与えた。

　『Room(s)』が一つのキッカケとなり、フットワークとジャングルのコンビネーションはさらに深まってフットワーク・ジャングルやスロウ・ジャングルの盛り上がりに繋がり、ハウスやテクノにもジャングルのエッセンスが注入されたトラックが続々と現れる。2000 年代は Harmonic 313 や Africa HiTech として常にフ

レッシュな作品を発表していた Mark Pritchard が本人名義でリリースした『Lock Off』は、生き証人だからこそ作り出せるオールドスクール・ハードコア・サウンドと 2000 年代のベースミュージックからの影響を重ね合わせた力作で、彼を取り囲むダンスミュージック・シーンに改めて 90 年代の Rave ミュージックの力強さと革新さを理解させた。二部構成で公開された Mark Pritchard の FACT mix 406 はブレイクビーツの壮大な旅と Rave ミュージックの歴史をナビゲートしてくれる素晴らしいミックスで重要度が高い。それまでにも、90 年代から活躍するレジェンド達のホワイト盤を駆使した DJ ミックスが公開されてきたが、Mark Pritchard の FACT mix 406 は構成と選曲の面で見ても最良と言える。

Mumdance & Logos - Genesis EP

　Benton、Dead Man's Chest、Special Request、Tessela がオールドスクールをテクノやジャングルと混合させたモダンなハードコア・トラックを連発し、ハードコアのバックボーンを強く持つ Mumdance は 2015 年に Novelist との『1 Sec EP』、Pinch との『Big Slug / Lucid Dreaming』、そして盟友 Logos と作り上げた『Proto』でベースミュージックの枠を大きく広げた。Mumdance の『Twists & Turns』と Logos の『Glass EP』、彼等のコラボレーション作『Genesis EP』からは彼等が体験してきた Rave ミュージックの様々な側面が現われており、ハードコア・テクノを通過してきた人であれば無意識に反応してし

まうものがある。Logos の初期 Rave 体験はハッピーハードコアとジャングルらしく、Mumdance は自身のラジオプログラムに The DJ Producer を招くなど、ハードコア・テクノとの繋がりもあった。

　その後も、Mumdance は Shapednoise と Logos による The Sprawl や、Altar of Plagues のボーカル James Kelly とのブラックメタル・ユニット Bliss Signal でエクス

Mumdance - Shared Meanings

ペリメンタル化が進むが、DJ セットではブレイクビーツ・ハードコアやテクノのクラシックからドラムン
ベース、ウェイトレス・グライムまでシームレスに繋ぎ合わせた。Mumdance が自身の活動を通して提示
した音楽表現は、Post Rave が出来上がるまでの場所であったのだろう。2018 年に発表したミックス /
コンピレーション『Shared Meanings』は新しい時代の Rave 体験であり、Mumdance は多くのフォロ
ワーを生み出し、それらは Post Rave 周辺やモダンなハードコア・テクノの DNA にも組み込まれている。

ハードコア・テクノのリバイバル/深まるフリーフォーム化

　まえがきでも触れているが、Nina Kraviz や Helena Hauff といったテクノやエレクトロ・シーンで人気
を集める DJ 達が Marc Acardipane の過去作をプレイした事によってハードコア・テクノが再び注目を
集め、ハード化が進んでいたインダストリアル・テクノとも相まってテクノ・シーンでハードコア・テクノ
はリバイバルした。Rising High Records は Lenny Dee『Potato Head EP』、Underground Music
は Lunatic Asylum『Digital Cameleon』といった 90 年代のハードコア・クラシックを再発させ、
Nasenbluten の Mark Newlands はレーベル Old Rope から Memetic、Syndicate、Xylocaine など
のオーストラリアン・ハードコアのレア・トラックを現代に蘇らせた。Michael Wells は Tricky Disco、
GTO、Technohead のデジタル化を進めながら新たに S.O.L.O. 名義での活動を始め、Terrornoize
Industry は Amiga Shock Force と Stickhead の新作を発表し、オールドスクールなハードコア・ヘッ

Minimal Violence – InDreams

ズを歓喜させた。
　メディアもハードコア・テクノを特集し始め、2015 年に Red
Bull Music Academy はハッピーハードコアと J-Core の特集
記事を制作し、2018 年に DJ Mag のポッドキャストに The
Mover のミックスとインタビューが載り、Resident Advisor は
Thunderdome の歴史を特集した『Thunderdome: 25 years of
hardcore』という長文記事を公開。Resident Advisor のポッド
キャストにも、ハードコア・テクノ色のあるミックスが現れ、The
Outside Agency が 3 時間に渡るミックスを提供している。その
後も Mixmag は『GABBER IS BACK, AND "TECHNO PURISM
CAN SUCK IT"』という記事でガバのリバイバルを特集し、
Electronic Beats は Trauma XP、Xol Dog 400、Panacea が
参加した Fuckparade の記事を制作。Vice の YouTube チャンネ
ルでは Rotterdam Terror Corps のドキュメンタリーが公開され、
日本の『Mixmag』は「bpm130 OVER – 速めが世界を制す」という特集を組み、近年のエレクトロニッ
クミュージックにおける高速化についての記事を制作した。ハードコア・テクノ / ガバとまったく接点の無
かった人も、この時期からそれらのジャンルに興味を持ったり、フロアで聴く機会が増えてきたのではない
だろうか。
　ハードコア・テクノ側からもテクノへのアプローチは強まっていき、Industrial Strength Records
はテクノにフォーカスしたサブレーベル Hard Electronic を 2015 年にスタートさせ、Tymon、Dave
Delta(Delta 9)、D.A.V.E. The Drummer & Lenny Dee の シ
ングルをリリースし、Manu Le Malin は Electric Rescue との
ユニット W.LV.S で RAAR と Astropolis Records から作品を
発表。UK ハードコア・シーンでも、The DJ Producer は Luke
McMillan 名義で、The Teknoist は Fyerhammer と Technoist
名義でそれぞれテクノやインダストリアル・テクノを制作。Ghost
in the Machine、[KRTM]、Tripped はハードコア・シーンと
テクノ・シーンの双方で求められていき、Boiler Room の Hard
Dance や Unpolished によってハードコアとテクノはさらに強く
結びついた。

　90 年代のハードコア・シーンの回想だけではなく、新しい世代
のアーティスト達によるハードコア・テクノも続々と出現。2018

年に Gabber Eleganza は『Never Sleep #1』でガバ版ウェイトレス・グライムともいえる実験的な作品を Presto!? からリリースし、Rinse FM にてマンスリーでプログラムをスタートさせ、オールドスクールから最新のハードコア・テクノ／ガバを紹介。ハードコア・テクノ、EBM、インダストリアル、アシッド・ハウスを現代的な感覚で取り込んだ Minimal Violence は Ninja Tune のサブレーベル Technicolour からアルバムをリリース。テクノ・シーンで人気の AnD は自身の Bandcamp で『Closing Trax』というハードコア・テクノのテイストを取り入れた EP をリリースし、その後もメンバーの Andrew Bowen は Slave to Society 名義でハードコア・テクノとブレイクコア色の強い作品を制作している。ドラムンベースの活動を休止させた The Panacea は David Frisch と共に New Frames を結成、インダストリアル・テクノ、EBM、ハードコア・テクノ、ノイズを力技でミックスしたマッシブなテクノ・スタイルを開拓し、R‐Label Group や Haven といったレーベルと共に新境地を切り開いている。

　他にも、Amish Boy、Lake Haze、Tim Tama、Gijensu、Keepsakes といったアーティスト達がハードコア・テクノやガバを独自解釈しており、90 年代から活動しているアーティストと新世代が調和しながらクリエイティブな活動をしていて非常に刺激的である。国内においては 2019 年、渋谷 WWW X にて開催された『FREE RAVE』に Von Bikräv(Casual Gabberz) が出演するなど、2010 年代中頃から日本のダンスミュージック・シーンでも Rave がキーワードとなっている。日本のレコード・ショップの仕入れを見ていても、ハードコア・テクノ／ガバという単語をレビューで多く見るようになった。

これからの展開
　さらに、近年のハードコア・テクノを取り巻く状況で面白い動きが出てきている。ここ数年、非常に素晴らしい女性のパワーエレクトロニクスが立て続けに発表されており、Puce Mary、Dis Fig、Pharmakon、Espectra Negra の作品はどれも個性的で興味深く、ノイズミュージック・ファン以外も引き込む魅力がある。インダストリアル・テクノからの流れからか、それらのパワーエレクトロニクスとハードコア・テクノが一部で融合し始めている。
　E-Saggila はハードコア・テクノ／ガバにパワーエレクトロニクス的な厚みのある攻撃的なノイズをミックスした最上級にハードなサウンドを作り上げ、Estoc はパワーエレクトロニクスなどのノイズミュージックに Miss k8、Sei2ure、Angerfist、Ophidian & Ruffneck などのハードコア・トラックをミックスした音源を公開。彼女達以外でも、Ansome、DJ Speedsick、Slave to Society がパワーエレクトロニクスやフィールドレコーディングの要素をインダストリアル・テクノやハードコア・テクノと掛け合わせた作品を発表している。Minimal Violence や E-Saggila に続くように、Sentimental Rave や Aura T-09 といった女性アーティスト達の作品や DJ ミックスによってモダンなハードコア・テクノはその幅を広げ続けており、テクノ・シーンでは以前から Nina Kraviz を筆頭に Nur Jaber、Esther Duijn、Jasss などの女性 DJ が積極的に Marc Acardipane や The Mover のトラックをプレイしていた事も興味深い。もちろん、Somniac One や Kilbourne などのハードコア・シーンで活躍する女性アーティストの作品もハードコア・テクノに新しい側面を付け足している。ハードコア・シーン全体で見ると、現在のテクノ・シーンと比べるとまだバランス的に女性が少ないと感じる状況であるが、今活躍している彼女達に影響を受けた世代によってそのバランスが崩れる可能性は高い。
　そして、現在。一日に流れてくる情報はとめどなく、様々な景色が共有され、過去も現在もシームレスに繋がっている。過去の音楽もただのノスタルジーだけではなく、新しい視点によって更新されていき、新しい音楽と共に消化されている。一部のレーベル／アーティストはストリーミングから離脱し、Bandcamp に主戦場を移し始め、リスナーがアーティストとレーベルを直接支援し、それによってユニークなフィジカル作品も増えている。時折、このスピード感に我を失いそうにもなるが、明日には何が起きるか分からない楽しみも同時に感じている。冒頭部分に戻るが、Post Rave とはそれぞれ個人の中にある感覚の一つなのだ。これを読んでいる貴方が今どの時代に生きているかは分からないが、その時代の Rave ミュージックを探す旅に乗り出してみて欲しい。きっといい出会いが待っているはずだ。
　寄り道も挟みながら、Rave ミュージックの回帰とその影響、そして Post Rave 感について大まかな流れを執筆してみた。もちろん、これ以外にも他のジャンルやシーンからの後押しや、熱心に続けてきた DJ やパーティーがある事は忘れてはいけない。これからは性別や国に関係なく、もっと自由に活動し、しかるべき評価を受けるアーティストが増える事に期待したい。

Gabber Eleganza インタビュー

インタビュー：梅ヶ谷雄太
翻訳：長谷部裕介

自身主宰のレーベル / コレクティブ Never Sleep の運営を通して、Post Rave シーンを牽引するイタリアの DJ/ プロデューサー。
2011 年頃からガバ / ハードコアをメインとした Rave カルチャーに関する記録をオンライン・アーカイブする活動を開始。有名なガバのフェスティバルや Rave のフライヤー、ポスター、雑誌や Zine など、90 年代の貴重な素材を続々と載せ、オールドスクール愛好家やガバ / ハードコア・ファンから注目を集める。90 年代のガバ・ファッションや Rave の模様を収めた写真、動画はファッション方面でも話題となり、Gabber Eleganza の活動は日本のファッション雑誌にも取り上げられた。DJ としてもオランダやイタリアのオールドスクールなガバ・クラシックから、アンダーグラウンドのカルト・クラシックまで網羅し、そこにダブステップ / グライム、ジャングル、テクノ、実験音楽、ブレインダンスをミックスするスタイルで活躍。Rinse FM にて、Part-Time Raver という自身のプログラムを持っており、最新のダンスミュージックと過去のクラシックや隠れた名曲を繋ぎ合わせ、NTS Radio や Crack Magazine に提供したミックスも高い評価を受けた。ダンサーを交えた DJ セット「The Hakke Show」や Never Sleep が発表するアパレルや写真集、そして、定期的に公開される DJ ミックスなどでガバ / ハードコアと Rave ミュージックを再定義し、リスナーに新たな体験を提供している。2018 年に Gabber Eleganza としての初レコード『Never Sleep #1』を Presto!? から発表。以降は Marc Acardipane と AnD のリミックスも手掛け、Hdmirror とのコラボレーション EP もリリースした。

Q：あなたの出身地と育った環境について教えてください。
A：北イタリアのベルガモで生まれ、田舎の労働者階級エリアの真ん中で育った。父は家でよくレコードを聴いていて、アメリカとイタリアのフォークソングとプログレッシブ・ロックをメインに聴いていた。だけど、僕が音楽を楽しみ始めたのはビデオゲームを通してで、9 歳か 10 歳の時に Rave ミュージックとダンスミュージックに出会ったんだ。
Q：あなたがティーンエージャーだった頃のイタリアの音楽シーンの状況は？

A：イタリアとヨーロッパの国は、アメリカの音楽システムに影響を受けていたけど、僕の地域はあまりMTV等に影響されていないようだった。ヨーロッパでは、パンク、メタル、Rave（テクノ、ハードコア）等の新しい音楽が人気になっていたよ。

Q：ハードコア・テクノ/ガバと出会ったのはいつでしょうか？

A：子供の頃に、地元の Luna Park で出会った。Luna Park には巨大なサウンドシステムがあって、ハウスやハードコアを流していて、僕はすぐにこの未知のもの、ビデオゲーム風の音楽に惹かれていった。顔をパンチされたというか、魔法のように衝撃的だった。

Q：最初に行ったハードコア・テクノ/ガバのパーティーを覚えていますか？

A：最初のパーティーは地元ブレシアにある MaryLady というパブ/ナイトクラブで、当時僕は14歳だった。その夜、今でも活動している Art of Fighters の DJ セットがあったのを覚えているよ。彼等は今もハードコア・シーンをロックし続けている。

Q：あなたの地元にはハードコア・テクノ/ガバのシーンやコミュニティはありましたか？

A：うん、もちろん。1992年から2000年前半は北イタリアで流行していて、その時はオランダよりもイタリアのハードコア・シーンのほうが大きい位だったんだ。その時、僕達は15～18歳だったけど、とても素晴らしい時だった。40人のモーターバイクに乗ったギャングのような Gabbers が道を占領して、ラジカセでポンピングな Rave ミュージックを流していたのを覚えている。インターネットが普及する前に生まれていて良かったと思うよ。

Q：Rave に行きだしたのはいつ頃からですか？　Rave での体験はあなたにどういった影響を与えましたか？

A：最初の Rave は2000年1月で、4000人のハードコア・ヘッズがいた。僕の人生で最も素晴らしい体験だったよ。オランダの DJ Pavo がプレイしていて、ダンスするスペースが無いくらい混んでいて、人が波のように動いていたのをはっきりと覚えている。息が出来なくなりそうだったから、1時間程ダンスフロアから離れた。かなり危険な状態であったと同時に、クレイジーでもあった。このような忘れられない経験は僕の中にずっと残り、永遠に影響を与えるだろう。自分自身のアーティストとしてのアプローチは、この時のいつでも爆発できるようなエネルギーが基になっている。

Q：イタリアのハードコア・テクノ・シーンにおいて、最も重要なクラブや Rave、レコードショップ、そして、あなたのお気に入りのプロデューサーや DJ は？

A：クラブ：ブレシアの Number One と Florida、リミニの Gheodrome、リッチョーネの
　　Cocoricò、イェーゾロの Asylum
近所のレコードショップ：ベルガモの DeeJay Choice と Discostar
お気に入りのイタリアのハードコア DJ とプロデューサー：
　　Claudio Lancinhouse、The Destroyer、The Stunned
　　Guys、Placid K、Digital Boy、Nico & Tetta、Walter
　　One、Armageddon Project、Noize Supressor

Q：イタリアのハードコア・テクノ/ガバ・シーンも、フーリガンなどの社会問題と関わりがありましたか？

A：アウトサイダーなサブカルチャーは、いつも社会問題と関係している。イタリアにフーリガン・ムーブメントは無かったけど、それよりさらに組織化されたウルトラスが存在している。Gabber キッズとウルトラスは同じような社会問題になっていた。

Q：あなたはエクスペリメンタルな音楽も積極的に取り込んでいますが、エクスペリメンタルな音楽との出会いについて教えてください。

A：特定のターゲットを決めず、自分のサウンドを出すことを挑戦しているんだ。自由なアーティストになりたいと考えている。

Q：DJ としてのキャリアをスタートさせたのはいつからですか？その時から楽曲制作も開始されていたのでしょうか？

A：DJ を始めたのは2002年で、数年後に家の近くで行われた

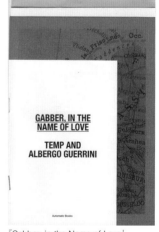

『Gabber, in the Name of Love』

Post Rave

『Gabber, in the Name of Love』

小さな Rave が最初のギグだった。大変だったけど、とても楽しかったよ。楽曲制作を始めたのは10年前からだね。

Q：Gabber Eleganza としての活動が始まったのはいつからですか？

A：2011 年にブログとオンライン・アーカイブでの活動を始めた。それ以前は別のプロジェクトや違う名前で活動していたよ。

Q：あなたはハードコア・テクノ / ガバのパーティー・フライヤーや写真をオンラインにアーカイブされていますが、それらの貴重な素材はどうやって入手されているのでしょうか？

A：アーカイブの多くはオンライン上にある物だけど、価値のある写真、本、雑誌、Zine などを集めている。

Q：イタリアのハードコア・テクノ / ガバのリリースで、あなたのお気に入りの 3 曲を教えてください。

A：DJ Zenith『Flowers of Intelligence』
Armageddon Project『Individuality Control Black Magic』
The Stunned Guys『Traxtorm Connection』

Q：イタリアのハードコア・テクノ / ガバの特色とは何でしょうか？　他の国と違った部分とは？

A：初期は単純で DIY 的だったけど、後にオランダのハードコア・シーンのサウンドやスタイルから影響を受け始めた。

Q：イタリアのハードコア・テクノ / ガバ・シーンには昔からマフィアが関わっていると聞いたことがあるのですが、それは真実なのでしょうか？

A：いやいや、それは完全なフェイクニュースだよ（笑）。

Q：あなたが発行した Zine『Gabber, in the Name of Love』はどういったテーマを扱った物だったのでしょうか？　この他にも過去に Zine は発行されていたのでしょうか？

A：毎年 2、3 冊のペースで、沢山の Zine を発行した。2009 年に発行した初期の Zine は 100% イタリアとオランダのガバ・シーンに関する物だった。

Q：あなたは Zine を発行し、様々な国の Zine を収集してアーカイブされています。あなたにとって、Zine カルチャーとは？　お気に入りの Zine は何ですか？

A：DIY 精神に溢れ、利益を求めず個人的な強い情熱を表現している所が好きだ。お気に入りの一つはイギリスのアシッド・ハウス Zine『Boy's Own』だね。

Q：過去の記録をアーカイブする原動力とは？　ノスタルジーが大きいのでしょうか？

A：ノスタルジアとポストモダニズムが混ざった感情かな。現代の技術とツールで過去を変えるんだ。

Q：あなたのオンラインアーカイブには非常に多くの貴重なフライヤーと写真が公開されています。その中で、特にあなたが気に入っている物は？

A：Hellraiser Rave、『Hellraiser』（映画）の大ファンでもあったからね。
Thunderdome（1995 年から 1997 年）——ホラー映画のアイデンティティは本当に素晴らしいよ。
そして、一般人が撮影した Rave の写真。なぜならフィルターを介さず空気感を感じる事が出来るから。

Q：あなたが行っている Hakke Show はいつから始まったのでしょうか？　プロジェクトに参加しているメンバーはどうやって集まったのですか？

『Gabber, in the Name of Love』

A：最初は Hakke の力を示す為、ダンスパフォーマンスとして始
めた。昔からのガバ友達と共に始めて、徐々に若い人達を加えて行っ
たんだ。

Q：音楽制作のプロセスを教えてください。楽曲を作る時に何を意
識されていますか？

A：曲を作る時は、いつも視覚的なものや理論に基づいたコンセプ
トから始め、そのアイディアをオーディオビジュアル化しようとし
ている。時には難しい事もあるけど、とても楽しい時もある。

Q：Presto!? からリリースされた Gabber Eleganza として最初
のレコード『"Never Sleep ＃ 1"』について。このレコードはアン
ビエントにウエイトレス・グライムとハードコア・テクノがミック
スされた様な実験的な作風でとてもセンセーショナルでした。この
レコードが生まれた背景を教えてください。

Gabber Eleganza – Never Sleep #1

A：ハードコアのエネルギーを、クラシックなキックドラムの音を使わずに表現するというアイディアだっ
た。最初のコンセプトは、キックドラムの音をエネルギーが失われないように変えること。

Q：あなたはファッション・シーンからも支持を受けられており、日本のファッション雑誌にも特集されま
した。ファッションとハードコア・シーンの関係性について、あなたの見解を聞かせてください。

A：ハードコアとガバ・シーンは、他のサブカルチャーの様に、特定のスタイルがあると思う。もし、ブラ
ンドやメディアが敬意を払い近づいてくるのであれば、それは問題ない。他の文化と共存することは好きだ
しね。でも、何もリスペクトなしに取り上げられるのは嫌いだ。

Q：ハードコア・テクノ / ガバはダンスミュージック・シーン全体で近年リバイバルしていますが、その要
因は何だと思いますか？ 少し前までは、ハードコア・テクノ / ガバは通常のダンスミュージック・シーン
のリスナーや DJ 達からは受け入れられていない様に見えましたが、なぜ近年になって受け入れられるよう
になったのでしょうか？

『Hardcore Soul』

A：今、僕達はジャンルが流動的な世界に生きている。全てのものがミックスされていき、新しい世代の人はストリーミングサービスで既に様々な音楽を聴いているので誰も驚かない。現代の人々は考え方が柔軟だよ。僕はリバイバルではなく、それは新しい考えであり、より進化したものであると感じている。音楽だけでなく、環境についてもね。

『Hardcore Soul』

Q：ハードコア・テクノ / ガバ・シーンで最も過小評価されていると思うアーティストは？

A：Armageddon Project、Chaos AD、そして SpeedyQs。

Q：あなたのレーベル兼パーティー Never Sleep が生まれたのはいつですか？

A：最初はモットーとして始まり、それからプラットフォーム（レーベル、マーチ、本、パーティ）の名前になったんだ。

Q：2019 年に出版された『Hardcore Soul』について。本の共同制作者である Mark Leckey と Ewen Spencer とは、どうやって出会いましたか？ この本のテーマとは？

A：『Hardcore Soul』は Northern Soul の週末と、UK Happy Hardcore のパーティーの二つの世界の類似性を探った出版物だ。この二つはお互いが対立しているように見えるが、共有された信念、リズミカルな狂乱と幸福を通して、観衆が彼等を理解出来る手がかりのようなものを与えてくれる。この本は、Leckey のビデオ『Fiorucci madame Hardcore』が基の為、彼が参加することは自然な流れだった。彼とは Instagram で知り合い、後からロンドンで会ったよ。

Q：あなたにとって Post Rave カルチャーとは、どういったものでしょうか？

A：僕にとって Post Rave は原点を知るという事なんだ。そして、それは未来像でもある。Rave は今でも自由で楽しいもので、ずっとそうあるべきだ。

Q：新しい世代のハードコア・テクノ / ガバのリリースで特に注目しているのは？

A：Casual Gabberz の作品が好きだよ。

Q：Gabber Eleganza としてレコードやカセット・テープ、本、T シャツといったフィジカルグッズを定期的に発表されていますが、フィジカルを作る事について、何か特別な意識はありますか？

A：フィジカルはアーティストをサポートする物の一つだ。インディペンデントな文化をサポートすることは重要だと思う。

Q：私はあなたの活動に非常に強く共感しています。あなたの DJ ミックスや音源からは同世代的なフィーリングを感じます。私は 1985 年生まれで、デジタルハードコアと IDM、グリッチのムーブメントを体験し、ブレイクコアに魅了されました。私の世代はギリギリ 90 年代のカルチャーを体験し、希望と不安に満ちた2000 年の始まりを体験しています。P2P とブログによって過去の記録と最前線の情報に無限にアクセス出来た世代でありますが、実体験としては 90 年代の様な大きなムーブメントの無い空虚な世代であった様に感じます。あなたはご自身の世代をどういった様に感じていますか？

A：僕も 1985 年生まれで、君が教えてくれたことと完全に同じものを体感している。多分、僕達は血の繋がっていない兄弟だね（笑）。

Q：今後の活動において目標としている事はありますか？

A：より多くのパフォーマンス、映像に取り組み、さらに大きなプロジェクトにフォーカスしていきたい。

Q：最後に、あなたにとってハードコア・テクノ / ガバとは？

A：A way of life!

あとがき

　『ブレイクコア・ガイドブック』が出版されて少し経った頃、書き終わった時には感じなかった若干の後悔が沸き上がっていた。ブレイクコアというかなり特殊な性質を持った音楽の本を作るのに、完璧とされる物が作れないのは書き始める前から分かっていた。だからといって手抜きは一切しておらず、背伸びをせずに出来る事だけを行ったのが『ブレイクコア・ガイドブック』であった。では、後悔とは何なのかというと、それはハードコア・テクノとの関係についてだった。ブレイクコアは文脈から見ても、ハードコア・テクノから派生したと言える。もちろん、全てがそうではないが、その起源となった所にはハードコア・テクノは欠かせない。それについて書き出すと懐古主義だと思われる可能性があったのと、『ブレイクコア・ガイドブック』はあくまでブレイクコアをテーマとした本であったので、最低限に抑えた。例えば、Patric Catani や Christoph Fringeli(Praxis) についてはもっとピックアップすべき作品はあったが、それらはブレイクコアよりもハードコア・テクノとして紹介すべき部分が強かったのでピックアップしなかった。

　ブレイクコアはハードコア・テクノが生まれた時に持っていた革新的で実験的なものを継承し、形を変えて変化していった。愛憎の関係でもあるが、ハードコア・テクノがなければ、ブレイクコアも生まれていなかったかもしれない。この後に出版される『ハードコア・テクノ・ガイドブック インダストリアル編』では、逆にブレイクコアがハードコア・テクノのサブジャンルに影響を与えて発展させたパターンと、2000 年代のブレイクコアの影響を受けた世代のアーティストも登場している。『ハードコア・テクノ・ガイドブック』シリーズで『ブレイクコア・ガイドブック』の欠けた部分が補完でき、『ブレイクコア・ガイドブック』もようやく完成したといえる。

　『ハードコア・テクノ・ガイドブック オールドスクール編』では数々のレジェンド達にインタビュー出来たが、やはり Marc Acardipane に話を聞けたのはとても嬉しかった。Marc Acardipane との出会いは少し変則的で、Aphex Twin が手掛けたリミックスをまとめた二枚組 CD『26 Mixes For Cash』に Mescalinum United「We Have Arrived (Aphex Twin QQT Mix)」が収録されており、それを聴いたのが最初であった。今でもハッキリと覚えている。「We Have Arrived (Aphex Twin QQT Mix)」は自分が音楽に求めていたものが凝縮され、これを聴く為に生きてきたと思えるほどの感動があった。「We Have Arrived」のオリジナル・ヴァージョンを聴くのはその数年後になるのだが、オリジナル・ヴァージョンを聴いた時にまたも驚いた。以降、Marc Acardipane と彼の数多くの変名、レーベルを調べていくのだが、自分の周りのブレイクコア・アーティストは海外でも日本でも PCP のファンやコレクターが多く、早い段階から PCP の功績を知ることが出来たのは幸いであった。

　14 歳の頃から DHR のファンであった自分にとって、この本で Patric Catani にロングインタビュー出来たのも良い経験となった。デジタル・ハードコアの生みの親である Alec Empire にも幾度となくコンタクトを試みたが、残念ながら参加して貰えなかったのが心残りである。また何かの機会があれば色々と当時の話をお聞きしたいと思う。他にも、Michael Wells はインダストリアル・ミュージックをルーツに持つ自分にとっては雲の上みたいな存在であったので、メールでのインタビューであったがかなり緊張した。インタビュー後も親切に色々と接してくれて、この本のコラムにも情報や意見をくれた。Michael Wells に繋いでくれた Mokum Records にも感謝している。The DJ Producer のインタビューでは音楽に取り組む姿勢について見詰め直したし、昔からお世話になっている Shigetomo Yamamoto 氏にこういった形でお話をお聞き出来たのも嬉しかった。本当にこの本でインタビューをさせて貰ったアーティストに自分は多大な影響を受けている。彼等の素晴らしい作品をこういった形で紹介させて頂けてとても光栄である。

　翻訳を担当してくれた方々と編集の濱崎氏、意見を聞かせてくれて貴重な資料を提供してくれた友人達には心から感謝している。そして、最後まで読んでくださった読者の皆様にも。続編『ハードコア・テクノ ガイドブック インダストリアル編』でまたお会いしましょう。

梅ヶ谷雄太
Yuta Umegatani/Murder Channel

1985 年生まれ、東京都出身。2002 年頃から都内で DJ を始め、2004 年に自身主宰イベント「Murder Channel」をスタート。恵比寿 Milk や中野 heavysick ZERO、吉祥寺 Star Pine's Cafe、渋谷 Lounge Neo、難波 Rockets、名古屋 Cafe Domina、金沢 Manier 等、様々なクラブで回を重ね、2017 年にはブリストル (UK) の The Black Swan にて Murder Channel のイベントも開催。2005 年から海外アーティストも積極的にブッキングし、多くのアーティストの初来日を成功させた。

2007 年からは Murder Channel をレーベルとしてスタートさせ、現在までに 40 タイトル以上の作品を発表。PS3 のゲームソフト『Savage Moon』のサウンド・トラックのリミックス・コンピレーションや、日本の漫画『ドロヘドロ』のオフィシャル・サウンドトラックの監修も務める。その他にも、極端な音楽をメインに紹介する GHz Blog にて不定期にインタビューや特集記事を公開中。

https://SoundCloud.com/murder-channel
https://mxcxtokyo.blogspot.com/
http://ghz.tokyo/

電子音楽解説　第一巻
ブレイクコア・ガイドブック

上巻　オールドスクール・ハードコア・インダストリアル・メタル

A5 判並製 200 ページ　2530 円（税込み）

電子音楽解説 第三巻
ハードコア・テクノ・ガイドブック
オールドスクール編

2021 年 8 月 1 日　初版第 1 刷発行
著者：梅ヶ谷雄太
装幀＆デザイン：合同会社パブリブ
発行人：濱崎誉史朗
発行所：合同会社パブリブ
〒 103-0004
東京都中央区東日本橋 2 丁目 28 番 4 号
日本橋 CET ビル 2 階
03-6383-1810
office@publibjp.com
印刷＆製本：シナノ印刷株式会社

電子音楽解説　第二巻
ブレイクコア・ガイドブック

下巻　ラガコア・ブレイクビーツ・マッシュコア・カットアップ・ジャズ・IDM・エクスペリメンタル・レイブコア・アシッド

A5 判並製 200 ページ　2530 円（税込み）